Em Homenagem ao
Professor Doutor Paulo de Barros Carvalho e ao
Professor Doutor Ricardo Hasson Sayeg

**1ª** COLETÂNEA ACADÊMICA DA ASSOCIAÇÃO DE PÓS-GRADUANDOS EM **DIREITO** DA PUC-SP

CB065699

CIP-BRASIL. CATALOGAÇÃO-NA-FONTE
SINDICATO NACIONAL DOS EDITORES DE LIVROS, RJ

P95

1ª coletânea acadêmica da associação de pós-graduandos em direito da PUC-SP / organização Juliana Ferreira Antunes Duarte, Rodrigo de Camargo Cavalcanti - 1. ed - São Paulo : Letras Jurídicas, 2015.
    352 p. ; 23 cm.

    ISBN 9788582480632

    1. Direito. I. Duarte, Juliana Ferreira Antunes. II. Cavalcanti, Rodrigo de Camargo.

15-23686                       CDU: 34

15/06/2015    17/06/2015

**Juliana Ferreira Antunes Duarte**
**Rodrigo de Camargo Cavalcanti**
Coordenadores

# 1ª COLETÂNEA ACADÊMICA DA ASSOCIAÇÃO DE PÓS-GRADUANDOS EM DIREITO DA PUC-SP

1ª Edição – 2015 – São Paulo – SP

© Associação de Pós-Graduandos em Direito da PUC-SP

©Letras Jurídicas Editora Ltda. – EPP

**Projeto gráfico, diagramação e capa**
Rita Motta - www.editoratribo.blogspot.com

**Revisão**
Rodrigo de Camargo Cavalcanti

**Editor**
Cláudio P. Freire

1ª Edição   2015   São Paulo SP

Reservados a propriedade literária desta publicação e todos os direitos para Língua Portuguesa pela LETRAS JURÍDICAS Editora Ltda. – EPP.

Tradução e reprodução proibidas, total ou parcialmente, conforme a Lei nº 9.610, de 19 de fevereiro de 1998.

**LETRAS JURÍDICAS**
Rua Riachuelo, 217 - 2º Andar - Sala 22 - Centro
CEP 01007-000 – São Paulo – SP
Tel./Fax (11) 3107-6501 – Cel. (11) 9-9352-5354 / 9-9307-6077
Site: www.letrasjuridicas.com.br
E-mail: vendas@letrasjuridicas.com.br

*Impressão no Brasil*

# Conselho Editorial

**COORDENADORES**

Juliana Ferreira Antunes Duarte
Rodrigo de Camargo Cavalcanti

**COORDENADORES ADJUNTOS**

Gisella Martignago
Giselle Ashitani Inouye
João Carlos Azuma
Thiago de Carvalho e Silva e Silva

**MEMBROS**

André Ramos Tavares
Antonio Carlos Matteis de Arruda Júnior
Beatriz Quintana Novaes
Camila Castanhato
Cláudia Haidamus Perri
Daniel Willian Granado
Eduardo Arruda Alvim
Erica Taís Ferrara Ishikawa
Henrique Garbellini Carnio
Lauro Ishikawa
Márcia Conceição Alves Dinamarco
Maria Garcia
Mauricio Pessoa
Nelson Luiz Pinto
Nelson Nazar
Paula Marcilio Tonani de Carvalho
Paulo de Barros Carvalho
Pedro Paulo Teixeira Manus
Renata Cristina Lopes Pinto Martins
Ricardo Hasson Sayeg
Robson Maia Lins
Tacio Lacerda Gama
Teresa Arruda Alvim Wambier
Teresinha de Oliveira Domingos
Thereza Christina Nahas
Thiago Lopes Matsushita
Tulio Augusto Tayano Afonso
Vidal Serrano Nunes Júnior
Wagner Balera
Willis Santiago Guerra Filho

# APRESENTAÇÃO

A Associação de Pós-Graduandos em Direito da Pontifícia Universidade Católica de São Paulo (APGDireito/PUC-SP) nasceu com o intento de congregar esforços e atuar na PUC-SP em prol de uma substantiva promoção da dinâmica política e institucional, premente à consolidação do desenvolvimento individual e coletivo do corpo discente desta Universidade.

Somos cientes da relevância ímpar da PUC-SP no cenário jurídico-acadêmico brasileiro e internacional, relevância esta que é reflexo especialmente da notória competência de seus alunos Pós-Graduandos em Direito.

Desta forma, a fim de difundir a produção da Ciência Jurídica, sob a proposta da interdisciplinariedade dos diversos ramos do Direito, apresentamos a 1ª Coletânea Acadêmica da Associação de Pós-Graduandos em Direito da PUC-SP, resultado da compilação de 14 artigos, selecionados pelo método *double-blind review*, mediante a união de esforços e dedicação dos renomados Juristas e Professores convidados à composição da Comissão de Avaliação da presente obra, ineditamente idealizada pelo corpo discente jurídico de nossa Universidade.

Esta obra é uma Homenagem ao Professor Emérito Paulo de Barros Carvalho e ao Professor Livre-Docente Ricardo Hasson Sayeg, que incessantemente incentivam e fomentam a pesquisa da Pós-Graduação em Direito de nossa Universidade, e cuja dedicação e respaldo, inclusive financeiro, sempre presentes em prol dos alunos e pesquisadores, foram indispensáveis para a concretização deste projeto.

O Professor Emérito Paulo de Barros Carvalho, em seu reconhecido e percuciente conhecimento jurídico que tanto dignifica nossa Universidade, no sempre assíduo compromisso com a academia puquiana, ilumina a

Pós-Graduação, nacional e internacionalmente, contribuindo de forma incessante para o desenvolvimento do ensino e da pesquisa em nossa Instituição.

O Professor Livre-Docente Ricardo Hasson Sayeg, por seu turno, desenvolveu nos últimos tempos a mais notável e vanguardista linha de pesquisa no Mestrado e Doutorado da Faculdade de Direito da PUC-SP, denominada de Capitalismo Humanista, a ponto de inspirar o conteúdo semântico da PEC 383/14, que tem o objetivo de inserir na Ordem Econômica da Constituição Federal o princípio da observância dos direitos humanos. Daí o porque foi ele quem convidamos para contar a respeito dela na presente obra.

Agradecemos, por fim, mas não por último, a todos os Pós-Graduandos em Direito da Comunicade Puquiana, cuja excelência se reflete também no compromisso com a APGDireito/PUC-SP em realizarmos uma Academia da mais alta qualidade técnica e, ainda assim, pró-ativa e determinada na concretização dos mais altos anseios que gravitam o exercício da Ciência.

Desejamos a você uma boa leitura!

Juliana Ferreira Antunes Duarte
*Presidente*

Rodrigo de Camargo Cavalcanti
*Diretor de Imprensa e Comunicação*

# HOMENAGEADOS

## PAULO DE BARROS CARVALHO

Advogado; Pós-Graduado em Administração de Empresas pela FGV em 1968; Especialista em Direito Comercial pela USP em 1969; Doutor em Direito Tributário pela PUC/SP em 1973; Livre-docente em Direito Tributário pela PUC/SP em 1981; Titular em Direito Tributário pela PUC/SP em 1985; Titular em Direito Tributário pela USP em 1997; Professor Emérito pela PUC/SP em 2009; Professor Emérito pela USP em 2009; Professor Emérito da Faculdade de Direito de Itú em 2009; Professor Emérito da Escola Paulista de Direito em 2010; Professor Emérito do Centro de Extensão Universitária em 2012; Membro Titular da Cadeira 14 da Academia Brasileira de Filosofia; Presidente do IBET Instituto Brasileiro de Estudos Tributários; Presidente de Honra do IDEPE – Instituto Geraldo Ataliba; Coordenador da Revista de Direito Tributário da Editora Malheiros; Professor de Direito Tributário e Lógica Jurídica nos cursos de Mestrado e Doutorado da PUC/SP desde 1971; Professor de Filosofia nos cursos de Mestrado e Doutorado da PUC/SP e da USP; Professor de Direito Tributário nos cursos de Graduação, Mestrado e Doutorado da USP desde 1997; Autor de vários livros, entre eles: Curso de Direito Tributário – Editora Saraiva – 26ª edição; Fundamentos Jurídicos da Incidência – Editora Saraiva – 9ª edição; Direito Tributário, Linguagem e Método – 6ª. edição - Editora Noeses; Derivação e Positivação no Direito Tributário – volumes I e II - Editora Noeses; Anotações e memórias de leituras jurídicas e filosóficas (edição limitada) – Editora Noeses; Curso de Derecho Tributario – Marcial Pons – Madrid - Espanha; Diritto Tributario – CEDAM – Bologna – Itália; Derecho Tributario – Fundamentos Juridicos de la Incidencia – Editorial Ábaco de Rodolfo; Depalma – 2a. edição - Buenos Aires – Argentina; Teoria da Norma Tributária – Editora Quartier Latin – 5ª edição; Decadência e Prescrição no Direito Tributário – Editora Resenha Tributária; Comentários ao Código Tributário Nacional, em co-autoria com Rubens de Sousa e Geraldo Ataliba – 2ª. edição – Editora Quartier Latin; A Regra-Matriz do ICM – Tese de concurso, edição não comercial.

## RICARDO HASSON SAYEG

É advogado militante com sólida experiência na área jurídica. É Livre-Docente em Direito Econômico, Doutor e Mestre em Direito Comercial pela PUC-SP. É Professor Associado e Coordenador da Disciplina de Direito Econômico da Faculdade de Direito da PUC-SP. Ministra aulas no Programa de Doutorado e Mestrado, como também, na Graduação. É Acadêmico Titular da Cadeira 32 da Academia Paulista de Direito. Idealizador da teoria do Capitalismo Humanista, é líder do Grupo de Pesquisa do Capitalismo Humanista atuante na PUC-SP. É autor dos livros "O Capitalismo Humanista: Filosofia Humanista do Direito Econômico", "Aspectos Contratuais da Cláusula de Exclusividade no Fornecimento de Combustíveis" e "Práticas Comerciais Abusivas" bem como de vários artigos publicados em revistas especializadas e em obras coletivas, com destaque para o "Tratado Luso-Brasileiro da Dignidade da Pessoa Humana".

# SUMÁRIO

A LINHA DE PESQUISA DA PUCSP DO CAPITALISMO
HUMANISTA E A PEC 383/2014 .................................................................. 1
    *Ricardo Sayeg*

A PROTEÇÃO DO CONSUMIDOR NA CONSTITUIÇÃO FEDERAL
DE 1988: análise da vulnerabilidade e da hipervulnerabilidade do
consumidor ............................................................................................... 13
    *Adolfo Mamoru Nishiyama*

A TEORIA DOS DIREITOS FUNDAMENTAIS ....................................... 37
    *Alenilton da Silva Cardoso*

PENHORA *ON LINE* PARA A REALIZAÇÃO DOS IDEIAIS DO
CÓDIGO DE PROCESSO CIVIL. MEDIDA EXCEPCIONAL? ............. 57
    *Ana Luísa Fioroni Reale*

PRINCÍPIO CONSTITUCIONAL DA PROPORCIONALIDADE:
garantia fundamental ................................................................................ 79
    *Bruna Oliveira Fernandes*

FUNÇÃO SOCIAL DA CIÊNCIA JURÍDICA SOCIAL *FUNCTION
OF SCIENCE* LEGAL ................................................................................ 97
    *Denilson Victor Machado Teixeira*

A TEORIA A PROVA E A CONSTITUIÇÃO JURÍDICA DO FATO
TRIBUTÁRIO ........................................................................................... 107
    *Fabio Seiki Esmerelles*

DA PESSOA FÍSICA PORTADORA DE DOENÇA GRAVE AINDA
NA ATIVIDADE: isenção do Imposto de Renda ................................... 137
   *Juliana Aparecida Rigato*

LOTEAMENTO FECHADO E A COBRANÇA DE CONTRIBUIÇÃO
DOS PROPRIETÁRIOS COM BASE NA TEORIA DA PERDA DE
UMA CHANCE............................................................................................ 161
   *Luis Arlindo Feriani*

A CONSTITUCIONALIDADE DO ARTIGO 285-B DO CÓDIGO
DE PROCESSO CIVIL: análise crítica do processo legislativo a partir
da teoria marxista e pós-marxista e sua relação com o Direito
Constitucional............................................................................................. 191
   *Luiz Felipe da Rocha Azevedo Panelli*

O ESTADO DEMOCRÁTICO DE DIREITO: Democracia Participativa
via Processo Judicial.................................................................................. 213
   *Paulo Junior Trindade dos Santos*

PROMESSA DE COMPRA E VENDA: uma análise atualizada............. 235
   *Rafael Antonio Deval*

RESPONSABILIDADE CIVIL E O PRINCÍPIO *IN DUBIO PRO
DIGNITATE* NAS RELAÇÕES PRIVADAS............................................. 271
   *Raquel Helena Valési*

ALGUMAS CONSIDERAÇÕES SOBRE AS INTERFACES DA LIBERDADE
RELIGIOSA NA DIGNIDADE DA PESSOA HUMANA ...................... 295
   *Silvia Araújo Dettmer*

OBSERVAÇÕES SOBRE A TEORIA ESTRUTURANTE DO DIREITO
DE *FRIEDERICH MÜLLER*...................................................................... 317
   *Vanessa Vilarino Louzada*

QUEM SOMOS EDITORA LETRAS JURÍDICAS .................................. 339

# A LINHA DE PESQUISA DA PUCSP DO CAPITALISMO HUMANISTA E A PEC 383/2014

*Ricardo Sayeg[1]*

Nas minhas pesquisas científicas de Direito Econômico da Faculdade de Direito da PUC-SP, constatei o posicionamento privilegiado do Brasil no PIB (Produto Interno Bruto) em face aos demais países do mundo, flutuando entre a 6ª e 8ª posição mundial.

Por outro lado, na realização da mesma tarefa, também constatei nos Relatórios do Programa do Desenvolvimento da Organização das Nações Unidas (PNUD) que o nosso país encontra-se ranqueado em níveis inaceitáveis de desenvolvimento humano, medido pelo IDH (Índice de Desenvolvimento Humano).

Isto porque, por exemplo, no Relatório de 2014, o Brasil foi ranqueado no IDH na 79ª posição, sem se levar em consideração o necessário ajuste à distribuição de renda, o que, ainda, agrava ruinosamente a referida posição.

Ainda, no relatório em comento foi constatado que 21,40% da população brasileira, ou seja, mais de uma em cada cinco pessoas, está abaixo da linha da pobreza, isto é, que têm renda mensal inferior à US$ 125,00. Vinte por cento de nossa população corresponde a 40 milhões de pessoas,

---

[1] Advogado, Mestre e Doutor. Professor Livre Docente de Direito Econômico e de Filosofia do Direito da PUCSP. Advogado. Presidente da Comissão de Estudos de Direitos Humanos do IASP.

o que representa, mais ou menos a totalidade da população do Canadá. Significa dizer que mais que 40 milhões de pessoas, parcela significativa da população brasileira, equivalente, aproximadamente, a toda a população canadense, vive em condições sub-humanas equiparadas às da população miserável de um país africano. *Id est,* há dentro do Brasil, um Canadá na situação inaceitável de miséria da África.

Ora, este descompasso entre o PIB e o IDH brasileiros, embora tenha sido uma constatação científica por ocasião das pesquisas de Direito Econômico na PUC-SP, impregnou em meu espírito um profundo sentimento de indignação, pois como acontece cotidianamente com qualquer cientista, deparo-me com considerações de ordem ética que não podem ser desprezadas e acabaram por interferir no direcionamento da pesquisa.

Isto não significa que implica na manipulação do trabalho científico a partir dos parâmetros éticos estabelecidos, mas sim, na constatação de que o abismo ético entre o posicionamento brasileiro no PIB e no IDH realmente representa um grave problema nacional que necessita ser diagnosticado, investigado, enfrentado e corrigido por meio de soluções técnicas e científicas, jamais metafísicas.

Foram nestas perspectivas, fundadas na filosofia jurídica do humanismo integral, invocada por ocasião da fundação da Faculdade de Direito da PUC-SP, a qual tem uma identidade claramente tomista e estava esquecida pela prevalência dos professores positivistas que marcaram a nossa Faculdade até então, que desenvolvi, de dentro desta Escola do Saber Jurídico, a teoria juris-econômica do Capitalismo Humanista que imediatamente recebeu o apoio do professor titular de Direitos Humanos Wagner Balera, com quem escrevi o livro que leva este nome, firmando as respectivas bases científicas para os nossos alunos e os pesquisadores interessados.

De fato, o Capitalismo Humanista acabou sendo reconhecido e consagrado, tendo sido aplicado e diretamente citado em inúmeros pronunciamentos judiciais do Tribunal de Justiça do Estado de São Paulo, iniciados pelo então Desembargador Moura Ribeiro, que é Ministro do Superior Tribunal de Justiça. Rotineiramente têm chegado notícias desta aplicação direta e concreta do Capitalismo Humanista por nossos Magistrados, inclusive do Tribunal Regional do Trabalho da 2ª Região.

Como todo desenvolvimento científico, além de estar com meu grupo de pesquisa em constante aprofundamento, para cada vez mais lapidar o Capitalismo Humanista, ainda notou-se que cientistas do Direito e outras correntes, como também, pessoas absolutamente ignorantes passaram a desferir ataques contra a Teoria.

Permeados pelo sentimento de fraternidade, aproveitando os esforços de aprofundamento científico, canalizou-se beneficamente as críticas e, ao invés de revidar com ataques recíprocos, construí com o meu grupo de pesquisa uma estratégia de esclarecimento, explicando cada detalhe do Capitalismo Humanista, que foi alvo de comentários.

Em todo este movimento, foram determinantes as discussões com o Professor Livre Docente Willis Santiago Guerra Filho; e, delas surgiram pesquisadores destacadíssimos como os Professores Doutores Antonio Carlos Matteis de Arruda, Camila Castanhato, Erick Vidigal, João Azuma, Juliana Duarte, Luciana Simões, Terezinha Domingos, defensores convictos do Capitalismo Humanista, que, no elevado nível de Doutorado, assumiram a tarefa de analisar a categoria jurídica dos direitos humanos na ordem econômica sob o prisma do Capitalismo Humanista.

Porém, o auge da consagração da linha de pesquisa do Capitalismo Humanista é ter sido incorporado na Proposta de Emenda Constitucional (PEC) 383 de 2014.

Pela PEC 383 pretende-se que seja explicitado no art. 170 da Constituição Federal que a ordem econômica brasileira seja regida pelo Capitalismo Humanista, que basicamente compreende a garantia do direito de propriedade, assegurando a cada brasileiro ou estrangeiro o exercício de sua liberdade econômica, a fim de que desenvolva e usufrua o máximo de suas individualidades e potencialidades econômicas sem perder de vista a dignidade geral da população, para que se garanta, também e simultaneamente, que cada um do povo tenha níveis dignos de subsistência, com seus direitos humanos fundamentais à moradia, saúde, educação, emprego, consumo e afins.

É que, para inserir na nossa Constituição Federal, como princípio da ordem econômica, a observância dos direitos humanos e o regime do capitalismo humanista, tramita no Congresso Nacional, especificamente na Comissão de Constituição e Justiça e de Cidadania (CCJC) da Câmara dos Deputados, o Projeto de Emenda Constitucional 383/2014 (PEC 383/14), de autoria do Deputado Federal Bala Rocha (SDD), que contou com o apoio concreto de mais 185 Deputados Federais, tanto da situação, como da oposição, dos três maiores Partidos Políticos, PT, PMDB e PSDB, e de mais outros dezesseis Partidos, pela ordem alfa, DEM, PCdoB, PDT, PMN, PP, PPS, PR, PRB, PROS, PRP, PSB, PSC, PSD, PTB, PV e SDD, que subscreveram com ele o projeto apresentado em 20.2.14.

O Deputado Federal Bala Rocha na justificação da aludida PEC consignou o seguinte:

> "A luta e a conquista humana por direitos atravessou a história, e modernamente a discussão mais profunda e atual que se verifica na Europa em crise é a harmonização entre a economia capitalista de mercado e os direitos humanos.
> A Corte Europeia de Direitos Humanos no acórdão Loizidou versus Turquia, de 1995, proclamou que os direitos humanos fundamentais são instrumento de ordem pública.
> Ainda, a Corte Europeia em importantes pronunciamentos – Oneryildiz contra Turquia, 2004; Sporrong et Lönnroth contra Suède, 1982; James et al contra Royaume-Uni, 1986; Chassagnou et al contra France, 1999 – tem tratado o direito de propriedade como inserido nos direitos humanos.
> A doutrina Europeia como se vê na obra dos Professores da Universidade Paris II, Doutores Hennette Vauchez e Roman, na obra de 2013, Droits de l'Homme et libertés fondamentales, reconhecem os direitos humanos enquanto categoria jurídica necessária à luta contra a pobreza e a exclusão social.
> Filósofos, juristas e segmentos sociais debatem a pobreza e a exclusão social como sinônimo de extrema violência, e a questão vai além do debate como mecanismo institucional, porém, não há que olvidar, que a concretização dos direitos da humanidade passa pela positivação como instrumento de coerção para que o Estado garanta o mínimo vital para a humanidade.
> Em seu primeiro documento histórico, recentemente, o Papa Francisco, com a Exortação EVANGELII GAUDIUM, dirigiu-se aos fiéis cristãos a fim de convidá-los para uma nova etapa mundial, afirmando que "assim como o mandamento 'não matar' põe um limite claro para assegurar o valor da vida humana, assim também, devemos hoje dizer 'não a uma economia da exclusão e da desigualdade social. Essa economia mata'.
> Continuando, sua Santidade afirma que "sem igualdade de oportunidades, as várias formas de agressão e de guerra

encontrarão um terreno fértil que, mais cedo ou mais tarde, há de provocar a explosão. Quando a sociedade – local nacional ou mundial – abandona na periferia uma parte de si mesma, não há programas políticos, nem forças da ordem ou serviços secretos que possam garantir indefinidamente a tranquilidade. Isto não acontece apenas porque a desigualdade social provoca a reação violenta de quantos são excluídos do sistema, mas porque o sistema social e econômico é 3 injusto na sua raiz. Assim como o bem tende a difundir-se, assim também o mal consentido, que é a injustiça, tende a expandir sua força nociva e a minar, silenciosamente, as bases de qualquer sistema político e social, por mais sólido que pareça. Se cada ação tem consequências, um mal embrenhado nas estruturas duma sociedade sempre contém um potencial de dissolução e morte. É o mal cristalizado nas estruturas sociais injustas, a partir do qual não podemos esperar um futuro melhor. Estamos longe do chamado 'fim da história', já que as condições de um desenvolvimento sustentável e pacífico ainda não estão adequadamente implantadas e realizadas".
Num plano nacional, a nossa Constituição Federal apresenta como objetivo fundamental da República, em seu art. 3º, a construção de uma sociedade livre, justa e solidária, o desenvolvimento nacional e a erradicação da pobreza e das desigualdades sociais e regionais.
Na atualidade, o verdadeiro desafio da ordem jurídica é dar às cláusulas gerais constitucionais os contornos necessários para que as liberdades e o fim social previstos na ordem econômica constitucional vigente consigam compatibilizarem-se e alcançar a efetividade, ou seja, é imperativo que o conteúdo da norma constitucional seja preenchido, há um só tempo, pelos valores da economia capitalista de mercado e da dignidade da pessoa humana.
Partindo dessa premissa, o professor livre docente Dr. Ricardo Sayeg defende haver o imperativo constitucional de o capitalismo brasileiro que reconhece a propriedade privada ser harmonizado com os direitos humanos na perspectiva da função social da propriedade, de modo que, o Brasil, embora reconheça a economia de mercado necessária ao desenvolvimento nacional, ao mesmo tempo, não se esquece de erradicar a pobreza, bem como, as desigualdades sociais e regionais.
O fundamento constitucional da livre inciativa é de ser compatibilizado com a dignidade geral da população como valor indissociável ao direito à vida, que, por sua vez, está

intrinsecamente ligada ao direito de buscar melhores condições de existência, voltando-se então, para linha do direito econômico e para uma ordem social que necessariamente precisa ser efetivadora dos valores humanos, sob o risco de se afundar na fria estrutura do liberalismo econômico, e, consequentemente perpetuar a pobreza e as desigualdades, contra os objetivos fundamentais da República.

A corrente jurídica do "Capitalismo Humanista" muito tem se destacado na Faculdade de Direito da PUC/SP, na cadeira de Direito Econômico, liderada pelo referido Professor Livre Docente, assim como aplicada em vários acórdãos do Tribunal de Justiça do Estado de São Paulo e do Tribunal Regional do Trabalho da 2ª Região, que partindo destes preceitos, identificou na Constituição Federal a impositividade de instituição de um regime constitucional econômico capitalista humanista, que impõe à economia de mercado a observância dos direitos humanos.

O capitalismo humanista após a aludida pesquisa realizada na PUC/SP passou a ser científica e tecnicamente reconhecido de paradoxal para conceito consubstancial de uma categoria jurídica da ordem econômica constitucional que está, a um só tempo, a garantir a prosperidade privada e pessoal de cada cidadão, na medida de suas potencialidades individuais; e, ainda, a assegurar igual prioridade constitucional a que todos tenham direito a níveis dignos de subsistência, isto é ao mínimo existencial, sem o que jamais serão de fato concretizados os direitos humanos.

É que, enquanto o capitalismo foi além de ser um modo de produção, passando a abranger todos os aspectos da vida atual, ontologicamente edificando uma sociedade capitalista, verifica-se no preâmbulo da Constituição Federal, deontologicamente, a missão de nossa Nação em construir uma sociedade fraterna.

Assim, conquanto o regime constitucional econômico venha a reconhecer e assegurar a propriedade privada, ainda, concomitantemente, embora já instituído, pretende-se pela presente PEC explicitar-se, no texto magno, a ordem econômica do capitalismo humanista, de modo a afirmar que o mercado e a economia nacional estão a serviço de se atingir os referidos objetivos fundamentais da República de construir uma sociedade livre, justa e solidária, promotora do desenvolvimento nacional, que erradica a pobreza e as desigualdades sociais e regionais, nos termos do art. 3º, incisos I, II e III, da Constituição Federal.

> Enfim, que se explicite na Constituição Federal, quanto à regência da ordem econômica, o capitalismo humanista, pois, como bem assevera o ilustre Professor em sua obra "O capitalismo deve avançar no rumo de uma economia humanista de mercado, consagrando, consequentemente, uma análise humanista do Direito Econômico" (p. 176), complementando, afirma que "desenvolvidos são os países em que todo o povo está inserido na evolução política, econômica, social e cultural, conquistando acesso a níveis de vida que atendam, pelo menos, ao mínimo vital, e em que haja respeito à humanidade e ao planeta."

Recebida a aludida PEC na CCJC, o seu Presidente, o Deputado Federal Vicente Cândido (PT), designou como relatora a Deputada Federal Maria do Rosário (PT), com o currículo de uma das maiores autoridades nacionais no tema, eis que foi Ministra da Secretária Nacional de Direitos Humanos, sendo que, por conta desta tramitação, estes dois Parlamentares deixaram bastante evidenciada a diligência, alinhamento, zelo, cuidado e preocupação, que eles têm com a questão dos direitos humanos.

Com efeito, a Deputada Maria do Rosário, na data de 27.11.2014, após meses de estudos e reflexões, apresentou seu parecer pela constitucionalidade da inserção do princípio da observância dos direitos humanos na ordem econômica, conforme substancialmente se vê ao expor que:

> "O intuito da Proposta de Emenda Constitucional de acrescer uma leitura de direitos humanos à ordem econômica se adequada a uma leitura teleológica da Constituição na qual podemos ver a prevalência dos direitos humanos está inscrita nos princípios fundamentais, art. 1º ao 4º, assim como pode ser encontrada em inúmeros outros artigos constitucionais.
> Já se disse que o Prêmio Nobel de Economia Amartya Sen trouxe à ética de volta as análises econômicas ao propor que o desenvolvimento de um país deve ser mensurado pelo nível de liberdade desfrutado por seus cidadãos. A liberdade por ele mencionada é vista a partir da fruição dos direitos humanos de forma interdependente, estando contemplados direitos civis, políticos, econômicos, sociais, culturais, ambientais e democráticos.
> A proposta de Emenda Constitucional ao consagrar o entendimento de que a ordem econômica deve ter entre seus princípios a observância a dos direitos humanos que estão

presentes e permeiam todo o nosso texto Constitucional contribui para a formação de normas e políticas econômicas nas quais os direitos humanos sejam parte essencial.

O caput do artigo 170 da Constituição Federal, ao empregar literalmente a expressão "fim", contempla uma regência constitucional da ordem econômica de caráter finalístico.

Em decorrência, por este caráter finalístico, o citado artigo 170, da Constituição Federal, impõe a missão de que tal regência venha assegurar a todos existência digna conforme os ditames da justiça social, a ponto de se consagrar na doutrina e jurisprudência nacional a noção do Capitalismo Humanista cientificamente capitaneada pelo Grupo de Pesquisa da Faculdade de Direito da PUCSP liderado pelo Prof. Ricardo Sayeg, que, apesar disto, ainda não se encontra consolidada o suficiente para integrar o texto constitucional.

Com este escopo, a Constituição Federal em seu artigo 170, consagra, enquanto princípios da ordem econômica, os nove incisos lá consignados, cujo feixe dá o contorno constitucionalmente institucionalizado da economia brasileira.

Pela análise do artigo 170 como está, verifica-se que conquanto fundado na livre iniciativa e reconhecendo-se a propriedade privada e a livre concorrência, em apertada síntese, o desenho constitucional da ordem econômica vai além e também pressupõe que ela atenda as respectivas perspectivas socioambientais; pois, no final das contas, o que se pretende é o desenvolvimento nacional.

Com efeito, o desenvolvimento nacional, que se encontra consagrado como objetivo fundamental da República Federativa do Brasil, no artigo 3º, II, da Constituição Federal, já há muito é admitido não apenas como crescimento econômico, mas, sim, como um processo evolucionista, emancipador e inclusionista de caráter abrangente.

Em 1986, a Organização das Nações Unidas proclamou a Declaração sobre o Direito ao Desenvolvimento expressamente consignando que "o desenvolvimento é um processo econômico, social, cultural e político abrangente, que visa ao constante incremento do bem-estar de toda a população e de todos os indivíduos com base em sua participação ativa, livre e significativa no desenvolvimento e na distribuição justa dos benefícios daí resultantes".

Pela Declaração, a Organização das Nações Unidas, em seu artigo 1º, promoveu-se o reconhecimento universal de que "o direito ao desenvolvimento é um direito humano inalienável, em virtude do qual toda pessoa e todos os povos estão habilitados a participar do desenvolvimento econômico, social, cultural e político, a ele contribuir e dele desfrutar, no qual todos os direitos humanos e liberdades fundamentais possam ser plenamente realizados"; e, assim, que "o direito humano ao desenvolvimento também implica a plena realização do direito dos povos de autodeterminação que inclui o exercício de seu direito inalienável de soberania plena sobre todas as suas riquezas e recursos naturais."

A Declaração mencionada pontifica, em seu artigo 2º, que "a pessoa humana é o sujeito central do desenvolvimento e deveria ser participante ativo e beneficiário do direito ao desenvolvimento", via de consequência, "todos os seres humanos têm responsabilidade pelo desenvolvimento, individual e coletivamente, levando-se em conta a necessidade de pleno respeito aos seus direitos humanos e liberdades fundamentais, bem como seus deveres para com a comunidade, que sozinhos podem assegurar a realização livre e completa do ser humano e deveriam por isso promover e proteger uma ordem política, social e econômica apropriada para o desenvolvimento."

Portanto, a inclusão do inciso X, previsto na PEC 383/2014, proclamará com clareza que as pessoas individualmente e toda a população não estão a serviço da economia, mas, sim, que a economia está a serviço de todos, enquanto evolucionista, emancipadora e inclusionista com vistas ao desenvolvimento nacional.

Assim sendo, com o reconhecimento da "observância dos direitos humanos", como princípio no artigo 170, da Constituição Federal, se proclamará a conexão necessária entre a ordem constitucional econômica e o objetivo fundamental da República do desenvolvimento nacional.

Por meio disto, o Estado terá base constitucional explícita na ordem econômica para formular normas e políticas nacionais adequadas para o desenvolvimento, que visem ao constante aprimoramento do bem-estar de toda a população e de todas as pessoas, com base em sua participação ativa, livre e significativa e no desenvolvimento e na distribuição equitativa dos benefícios daí resultantes, consoante o artigo 2º, n. 3, da aludida Declaração da Organização das Nações Unidas.

Ressaltamos que a expressão direitos humanos é citada em nossa Constituição sete vezes, não havendo que se falar em qualquer imprecisão normativa em seu uso."

Enfim, com o apoio destes e de todos os Parlamentares sensíveis à causa dos direitos humanos, tudo leva a crer que será aprovada a emenda constitucional que inclui a observância dos direitos humanos entre os princípios da ordem econômica, pois, como diz o Deputado Bala Rocha em sua justificação "o fundamento constitucional da livre iniciativa é de ser compatibilizado com a dignidade geral da população".

Entretanto, na linha das considerações da Deputada Maria do Rosário, de que ainda não há consenso suficiente na sociedade brasileira a distinguir o capitalismo humanista, me cumpre esclarecer didaticamente do que se trata, a fim de dar conhecimento corrente a todo Brasil.

Como se sabe, o capitalismo humanista foi desenvolvido nas pesquisas em nível de livre-docência na PUCSP, para dar eficácia ao artigo 170, da Constituição Federal, que dispõe expressamente o fim de se assegurar a todos existência digna conforme os ditames da justiça social, tal como menciona a Deputada Maria do Rosário.

Portanto, é a própria Constituição que insere a finalidade de se garantir a dignidade geral (de todos) da pessoa humana na ordem econômica.

Ao tratar da dignidade, é a Constituição Federal que remete positivamente a ordem econômica a se integrar ao sistema de direitos humanos que é preexistente.

Essa integração é concretizada pelo método do jus-humanismo normativo, que numa perspectiva quântica de consubstancialidade implica: $2=1$. Veja por exemplo a Santíssima Trindade: $3=1$. O capitalismo (1) + humanista (1) implica (=) a singularidade da existência digna de todos (1). Tanto que, para preparar juristas com este olhar quântico, em conjunto com o Prof. Willis Santiago Guerra vamos, neste ano de 2015, ministrar a disciplina de Direito Quântico no Curso de Mestrado da PUCSP.

Assim sendo, capitalismo humanista é capitalismo com a observância dos direitos humanos (veja a PEC 383/2014) onde, numa perspectiva de consubstancialidade quântica, o capitalismo e os direitos humanos compõem uma única singularidade, qual seja, o desenvolvimento nacional, enquanto direito humano ao bem-estar da população.

Significa que não se admite o capitalismo sem direitos humanos, assim como os direitos humanos sem capitalismo. De inimigos excludentes passam a ser irmãos aliados; e, por esta ótica, o capitalismo de excludente, subjugador e cruel, passa a ser includente, emancipador e dignificante, sem prejuízo de ser assegurador da liberdade e da propriedade privada.

Essa é a missão do capitalismo humanista. Não tem sentido o Brasil estar entre os dez maiores PIBs do mundo e ficar na distante posição de 79º no IDH medido pela ONU. Isto não ocorre nos países centrais do capitalismo. Ocorre na China. Então, eis nossa opção: um capitalismo com o nível de vida equivalente ao da população Norte-americana, Francesa, Alemã ou Japonesa; ou, equivalente à população da China, onde o prêmio Nobel da Paz está preso simplesmente por haver escrito uma carta aberta.

Isto sim é contradição: riqueza e miséria. Felicidade e desespero. Fartura e falta. É o que ocorre no nosso Brasil. Leia-se o relatório do PNUD de 2014, a respeito da desigualdade e miséria.

O capitalismo humanista defende que, embora em um sistema econômico capitalista, mais do que iguais, somos irmãos. Esta é a máxima de Jesus Cristo. É ai que Ele entra na teoria do capitalismo humanista.

Com isso tem-se a liberdade entre irmãos, a igualdade entre irmãos e também a fraternidade entre irmãos, que correspondem às três dimensões dos direitos humanos, que, conforme a doutrina universal e documentos internacionais, são indissociáveis e interdependentes.

O fato deste olhar ser cristão não interfere com o Estado laico, porque direito é objeto cultural e é inegável o Culturalismo Cristão no Brasil. Ser cristão não é necessariamente religiosidade, mas, sim, um estilo de vida, de vida em liberdade, igualdade e fraternidade, e disso o direito pode tratar. Não é imprescindível acreditar no Cristo para se ter estes valores cristãos. Porém em minhas pesquisas na Pontifícia Universidade Católica, entendo que tudo aquilo que assegura a liberdade, a igualdade e a fraternidade como indissociáveis e interdependentes, remete ao Culturalismo Cristão, numa perspectiva secular e laica. Entendo que direitos humanos são a expressão laica e jurídica dos valores Cristãos. Tanto que, Cristo também veio homem.

A fé é de uns, mas a cultura é de todos. Logo, o capitalismo humanista não se trata de um olhar teológico, mas, sim, antropológico.

Jesus, independentemente da divindade, foi um filósofo e pacificador. É no Cristo cultural, antropológico, em que se baseou o desenvolvimento de minha parte, enquanto jurista cristão, do capitalismo humanista.

Todo jurista deve ter clara sua linha filosófica do direito; e, particularmente, essa é a minha, baseada na figura antropológica e quântica de Jesus Cristo, para a perplexidade dos Kelsenianos.

# A PROTEÇÃO DO CONSUMIDOR NA CONSTITUIÇÃO FEDERAL DE 1988: análise da vulnerabilidade e da hipervulnerabilidade do consumidor

*Adolfo Mamoru Nishiyama[1]*

RESUMO

Este trabalho visa à análise, em um primeiro momento, da vulnerabilidade do consumidor como princípio orientador do CDC. Em segundo lugar, há um estudo, sob o ponto de vista constitucional, acerca de algumas pessoas que receberam do constituinte proteção especial em razão de sua hipervulnerabilidade. São as pessoas com deficiência, os idosos, as crianças e os adolescentes.

**Palavras-chave**: Hipervulnerabilidade do consumidor – Constituição – Pessoas com deficiência – Idosos – Crianças – Adolescentes.

ABSTRACT

This paper analyze, at first, the vulnerability of the consumer as a guiding principle of the CDC. Secondly, there is a study on the constitutional point of view, about some people who received the

---

[1] Possui graduação em Ciências Jurídicas pela Universidade Presbiteriana Mackenzie (1991) e mestrado em Direito Constitucional pela Pontifícia Universidade Católica de São Paulo (1997). Doutorando em Direito Constitucional pela Pontifícia Universidade Católica de São Paulo. Atualmente é professor adjunto da Universidade Paulista lecionando Direito Constitucional e Direito Processual Civil. Membro do Tribunal de Ética e Disciplina na OAB/SP (2010/2012). Autor de diversas obras jurídicas pela Editora Atlas. Advogado em São Paulo.

special constitutional protection because of their hypervulnerability. They are people with disabilities, the elderly, children and adolescents.

**Keyword**: Hypervulnerability the consumer's – Constitution – The disabled – Elderly – Children – Adolescents.

## INTRODUÇÃO

A proteção jurídica do consumidor é recente. Atribui-se a John F. Kennedy o surgimento desta preocupação na era moderna quando ele enviou, em 15 de março de 1962, mensagem especial ao Congresso Norte-Americano proclamando como objetivo de seu governo defender os direitos dos consumidores americanos.

Em um primeiro momento, as revoluções burguesas – francesa e industrial – fortaleceram o capitalismo ocidental, principalmente na Europa. Ganhou destaque o liberalismo econômico, que se estendeu para a política e para o direito. Neste período, havia a ideia do Estado mínimo, onde se pregava a não intervenção estatal nas relações privadas. As partes eram livres para contratar. Havia uma igualdade formal entre os particulares. Pregava-se que o consumidor ditava as regras de mercado. Se o consumidor não estivesse satisfeito com um determinado fornecedor, ele procuraria outro. Assim, ele era o rei no mercado de consumo. Os maus fornecedores não sobreviveriam com o passar do tempo.

No entanto, essa ideia de que o consumidor ditava as regras de mercado não se mostrou verdadeira. Na prática, os fornecedores foram se organizando mais rápido do que os consumidores. O mercado passou a ser dominado por empresas que se juntavam e formavam monopólios e oligopólios. O fornecedor passou a ditar as regras de mercado e passou a impor suas condições nas relações de consumo, como, por exemplo, criando contratos de adesão, fazendo vendas casadas, colocando no mercado produtos defeituosos etc.

Neste contexto, houve a necessidade de fortalecimento da parte vulnerável na relação jurídica. O Estado passou a interferir nesta relação para dar igualdade material ao consumidor em face do fornecedor. Criou legislação protetiva, como, por exemplo, elaborando um código de defesa do consumidor.

A legislação passou a prever a nulidade de cláusulas abusivas, inverter o ônus da prova em favor do consumidor, enfim, conferiu armas para o consumidor se defender contra os abusos cometidos pelos fornecedores.

As constituições modernas passaram a prever a proteção jurídica do consumidor, em especial as constituições espanhola e portuguesa. O Brasil não ficou para trás e o constituinte de 1988 também inseriu, no texto constitucional, a proteção do consumidor como um direito e garantia fundamental e também como princípio da ordem econômica. Além disso, determinou ao Congresso Nacional a elaboração de um código de defesa do consumidor.

A nossa constituição foi mais adiante. Em capítulos específicos, procurou dar maior proteção a certas pessoas em razão de sua notória hipervulnerabilidade. É o que acontece com as pessoas com deficiência, as crianças e os adolescentes e os idosos. Essas pessoas também são consumidoras, mas que necessitam de proteção especial. Esse trabalho tem como escopo analisar a hipervulnerabilidade desses consumidores, cuja gênese está no texto constitucional.

# 1 BREVE HISTÓRICO DA DEFESA DO CONSUMIDOR

## 1.1 A Revolução Industrial e a teoria liberal

Os doutrinadores brasileiros, muito tempo antes da promulgação da Constituição Federal de 1988, já debatiam sobre a necessidade de uma legislação específica voltada à defesa do consumidor (COMPARATO, 1977 e BULGARELLI, 1983). No entanto, essa preocupação com a proteção dos consumidores surgiu, em um primeiro momento, na Europa. Foi com a *Revolução Industrial* do século XVIII, iniciada na Grã-Bretanha, e com as transformações do *liberalismo econômico* ocorridas nos séculos XIX e XX que a tutela jurídica do consumidor começou a ser esboçada (SODRÉ, 2009).

A partir do final do século XVIII, um processo de industrialização, que teve início na Grã-Bretanha, varreu a Europa. Com o desenvolvimento da indústria, o mundo ocidental começou a se transformar passando de uma sociedade rural para uma sociedade urbana, estabelecendo-se os fundamentos do capitalismo moderno (PARKER, 2011). A Revolução Industrial proporcionou mudanças profundas na sociedade, dando lugar a inovações tecnológicas que permitiram uma alavancagem no crescimento econômico mundial (PARKER, 2011).

A teoria liberal também teve papel marcante no surgimento da defesa do consumidor. O liberalismo atingiu as esferas social, política e econômica, tendo reflexo no direito com o surgimento do positivismo jurídico, reforçada após a *Revolução Francesa* que fortaleceu a lei e o parlamento com a derrubada das monarquias europeias (NISHIYAMA, 2010).

Na seara do direito, a teoria liberal reforçou o *princípio da autonomia de vontades*. Esse voluntarismo consistia na liberdade de contratação e tinha como base a *igualdade jurídica* dos contratantes. A doutrina tem apontado a influência do *Direito Canônico* na concepção do princípio da autonomia da vontade (MATEO JÚNIOR, 2003).

A *propriedade* – consequentemente os bens ou produtos – passa a circular de acordo com a vontade das partes, tendo como instrumento a figura do *contrato*, que era fonte geradora de direitos e obrigações. Dessa forma, a circulação dos bens ou produtos estava sob a égide da iniciativa privada (BITTAR, 1990).

Sob o ponto de vista do *voluntarismo*, a condição econômica ou social dos contratantes era irrelevante, pois havia a igualdade formal entre partes. Era suficiente a demonstração da autonomia da vontade de contratar. Nessas condições, era inconcebível falar-se em uma proteção jurídica do consumidor, uma vez que este ditava as regras do mercado.

O voluntarismo fortalecia a liberdade de contratar e, portanto, o *direito privado* ganhou robustez. No entanto, esse modelo, com o passar do tempo, mostrou-se insatisfatório e irreal na prática, uma vez que se tornou cristalino o desequilíbrio contratual existente entre consumidores, de um lado, e produtores ou fornecedores, de outro.

A liberdade de contratar, que era o fundamento da autonomia de vontade, passou a ser uma falácia histórica, pois na realidade diária não havia nenhuma liberdade no momento de contratar (MATEO JÚNIOR, 2003). Isso se tornou notório com o surgimento dos contratos de adesão em que o consumidor não tem oportunidade de discutir as cláusulas contidas na avença.

No final do século XIX, ocorrem novas transformações sociais e o individualismo é substituído pelo grupo, ocasião em que surgem as sociedades comerciais e os fornecedores começam a se organizar para limitar a concorrência, criando oligopólios, cartéis e monopólios, atingindo diretamente a sociedade de consumo.

## 1.2 O surgimento da sociedade de consumo

A proteção jurídica do consumidor não era cogitada na Revolução Industrial do século XVIII e nem no liberalismo implantado pela Revolução Francesa.

James Watts inventou a máquina a vapor nos anos 1770. Aperfeiçoada, poderia fornecer energia necessária para a indústria, desde as perfurações de minas até as máquinas das fábricas (PARKER, 2011). A partir da Revolução Industrial, a elaboração manual e artesanal dos produtos não era mais a regra, e sim exceção. Os produtos passaram a ser produzidos em série, tipificados e unificados e com essa massificação dos bens industriais surge o fenômeno do *consumerismo* ou *sociedade de consumo* (*mass consumption society*) (NISHIYAMA, 2010).

A proteção jurídica do consumidor está ligada ao surgimento da sociedade de consumo. Com a consolidação do capitalismo após duas revoluções burguesas, a economia clássica começou a pregar a soberania do consumidor, alegando retoricamente que este atuava conforme os mecanismos impessoais do mercado, solidificando-se a ideia do chamado *consumidor rei* (COMPARATO, 1977). Assim, se o consumidor, por exemplo, não estivesse satisfeito com os produtos ou serviços de um fornecedor procurava outro, geralmente um concorrente. Nessa liberdade de contratação era o consumidor que ditava as regras de mercado, o que se coadunava com a ideia pregada pela teoria liberal. Hodiernamente, essa ideia de *consumidor rei* está ultrapassada mercê do reconhecimento de que o consumidor é vulnerável na relação de consumo, pois passou a ser dominado pela vontade dos grandes grupos econômicos. A vulnerabilidade passou a ser o ponto central na busca de uma proteção jurídica do consumidor. Essa ideia levou o Estado a amparar o consumidor, tanto na esfera legislativa, elaborando leis de proteção do consumidor e sendo implementadas no âmbito do executivo por meio de regulamentos, quanto na seara jurisdicional, decidindo sobre os diversos conflitos decorrentes das relações de consumo.

Com a produção em série e em grande escala, maior número de bens de consumo começou a ser colocado em circulação no mercado, o que gerou aumento dos riscos ao consumidor decorrentes dos erros técnicos e falhas no processo produtivo. Isso resultou em elevado custo social (ROCHA, 1992). Observou-se ainda crescente desindividualização dos produtos e dos adquirentes, "passando a desempenhar papéis de relevo no mercado os artigos *tipificados* e o consumidor ou utente anônimos, e não mais o bem e o comprador totalmente identificados" (LEÃES, 1991). Ressalte-se também o surgimento de práticas comerciais lesivas, tais como: "condicionamento do fornecimento de um produto à aquisição de outro; inobservância de normas técnicas na produção; deflagração de publicidade enganosa (apregoação de qualidades inexistentes, ou de propriedades ilusórias do produto ou do serviço); ausência ou insuficiência de informações aos consumidores ou, ainda, divulgação indevida de informações (depreciativa de ação do consumidor); inclusão de cláusulas contratuais abusivas (como as de garantias e outras); colocação no mercado de produtos ou de serviços viciados (como os casos de diferença de qualidade e de quantidade; de ausência de componente essencial e outros)" (BITTAR, 1990).

Diante desse quadro, o consumidor, atingido por uma expansão produtiva que acarretou na busca cada vez maior da satisfação de suas necessidades e do desejo de adquirir – muitas vezes apenas por impulso – novos bens lançados no mercado, tornava-o cada vez mais frágil e vulnerável diante do poder econômico.

Esse desequilíbrio entre fornecedor (produtor, comerciante, industrial etc.) e consumidor é notado principalmente nas demandas judiciais, pois as grandes empresas ou corporações possuem estrutura jurídica sofisticada com vários advogados, contadores, economistas, enfim, vários profissionais de suporte técnico, enquanto o consumidor muitas vezes não consegue pagar um advogado para defendê-lo (BASTOS e MARTINS, 1989).

Dessa forma, o Estado não ficou alheio a essas transformações econômicas e sociais, passando a proteger a parte vulnerável na sociedade de consumo. Essa proteção empreendida pelo Estado em benefício aos consumidores tomou diversas formas, como, por exemplo, conferindo igualdade de condições nos contratos de consumo, estabelecendo a nulidade de cláusulas abusivas, responsabilizando os fornecedores por lesões causadas aos consumidores etc.

## 1.3 O surgimento da proteção jurídica do consumidor

A proteção jurídica do consumidor, como não poderia deixar de ser, começou a ser esboçada em países industrializados, como na Inglaterra, nos Estados Unidos, na Alemanha e em outros países europeus. O pioneirismo na tentativa de encontrar soluções jurídicas na defesa dos consumidores ocorreu nos países que adotam o sistema do *common law* (BULGARELLI, 1983).

Em 15 de março de 1962, o presidente dos Estados Unidos da América, John F. Kennedy, enviou mensagem especial ao Congresso Norte-Americano proclamando como objetivo de seu governo defender os direitos dos consumidores do seu país:

> "Ao Congresso dos Estados Unidos:
> Consumidores, por definição, somos todos nós. Eles são os maiores grupos econômicos na economia, afetando e sendo afetados por quase toda decisão econômica pública ou privada. Os consumidores respondem por dois terços de tudo gasto na economia. Mas eles são o único grupo importante na economia que não são efetivamente organizados cuja opinião frequentemente não é ouvida" (SODRÉ, 2009).

Esse discurso teve como fundamento quatro direitos básicos dos consumidores: o direito à segurança, o direito à informação, o direito de livre escolha e o direito de ser ouvido, nos seguintes termos:

> "(1) **O direito à segurança** – ser protegido contra o mercado de bens que são danosos à saúde ou vida.
> (2) **O direito à informação** – ser protegido contra informação, publicidade, rótulos ou outras práticas fraudulentas, enganosas ou grosseiramente ilusórias, e de ter acesso às informações de que necessita para fazer uma escolha consciente.
> (3) **O direito de escolher** – assegurar sempre que possível, o acesso a uma variedade de produtos e serviços a preços

competitivos; e nos ramos em que a concorrência não é viável e os regulamentos governamentais são substituíveis, uma garantia de qualidade e serviços satisfatórios a preços justos.

**(4) O direito de ser ouvido** – assegurar que os interesses do consumidor receberão plena e solidária consideração na formulação da política governamental e tratamento justo e pronto em seus tribunais administrativos.

Para promover a mais completa realização dos direitos destes consumidores é necessário que os programas governamentais existentes sejam fortalecidos; que a organização governamental seja incentivada e que, em certas áreas, nova legislação seja promulgada" (SODRÉ, 2009).

A Resolução nº 39 da 248ª Assembleia Geral das Nações Unidas, de 9 de abril de 1985, proclamou os seguintes "Direitos Fundamentais do Consumidor":

> "I – Direito à segurança – garantia contra produtos ou serviços que possam ser nocivos à vida ou à saúde;
> II – Direito à escolha – opção entre vários produtos e serviços com qualidade satisfatória e preços competitivos;
> III – Direitos à informação – conhecimento dos danos indispensáveis sobre produtos ou serviços para uma decisão consciente;
> IV – Direito a ser ouvido – os interesses dos consumidores devem ser levados em conta pelos governos no planejamento e execução das políticas econômicas;
> V – Direito à indenização – reparação financeira por danos causados por produtos ou serviços;
> VI – Direito à educação para o consumo – meios para o cidadão exercitar conscientemente sua função no mercado;
> VII – Direitos a um meio ambiente saudável – defesa do equilíbrio ecológico para melhorar a qualidade de vida agora e preservá-la para o futuro" (GAMA, 2004).

Essa resolução da Organização das Nações Unidas estabelece, nos quatro primeiros direitos fundamentais do consumidor, as mesmas diretrizes contidas no discurso do Presidente Kennedy. Os demais direitos se adequaram às vontades das Nações que sentiram a necessidade de maior proteção do consumidor no tocante à reparação de danos sofridos em decorrência dos produtos e serviços defeituosos colocados no mercado, bem como a necessidade de uma educação voltada ao consumo e à preocupação da proteção do meio ambiente.

As constituições estatais modernas passaram a prever a figura da proteção jurídica dos consumidores em seus textos. A primeira constituição que se ocupou do tema foi a espanhola em 1978, ao prescrever no art. 51 o seguinte:

> "**1.** Los poderes públicos garantizarán la defensa de los consumidores y usuarios, protegiendo, mediante procedimientos eficaces, la seguridad, la salud y los legítimos intereses económicos de los mismos.
> **2.** Los poderes públicos promoverán la información y la educación de los consumidores y usuarios, fomentarán sus organizaciones y oirán a éstas em lãs cuestiones que puedan afectar a aquéllos, em los términos que la ley establezca.
> **3.** En el marco de lo dispuesto em los apartados anteriores, la ley regulará El comercio interior y El régimen de autorización de productos comerciales".

Outro texto constitucional que prevê a figura da proteção jurídica do consumidor é a portuguesa, conforme dispõe o arts. 81, *j*, e 102, *e*:

> "**Art. 81.** Incumbe prioritariamente ao Estado no âmbito econômico e social:
> j) Proteger o consumidor".
> "**Art. 102.** São objectivos da política comercial:
> e) A protecção dos consumidores".

Outros países também inseriram a proteção do consumidor em suas constituições, como, por exemplo: México (1998); Colômbia (1991/1997); Equador (1998); Peru (1993); Venezuela (1999); Argentina (1994); Paraguai (1992) e Guatemala (1998).

A Constituição Federal brasileira de 1988 também faz previsão expressa à proteção do consumidor no art. 5º, inciso XXXII, como direito e garantia fundamental, no art. 170, inciso V, como um dos princípios da ordem econômica e art. 48 do Ato das Disposições Constitucionais Transitórias, onde se prevê que o Congresso Nacional elabore o Código de Defesa do Consumidor, norma essa concretizada com a edição da Lei nº 8.078, de 11-9-1990.

## 2 A PROTEÇÃO JURÍDICA DO CONSUMIDOR NA CONSTITUIÇÃO BRASILEIRA DE 1988

As constituições brasileiras anteriores não prescreveram nenhum tipo de *proteção jurídica do consumidor*. Com efeito, foi o constituinte de 1988 que inseriu essa nova figura jurídica no ordenamento jurídico brasileiro em âmbito constitucional. Essa proteção foi consagrada de forma explícita em alguns artigos e implícita em outros.

Há previsão expressa da proteção do consumidor nos arts. 5º, inciso XXXII, 170, inciso V, e 48 do Ato das Disposições Constitucionais Transitórias, conforme já mencionado anteriormente. Outros dispositivos também merecem destaque: o art. 24, inciso VIII, que atribui competência concorrente à União, Estados e Distrito Federal para legislar sobre responsabilidade por dano ao consumidor e o art. 150, § 5º, que determina que a lei estabeleça "medidas para que os consumidores sejam esclarecidos acerca dos impostos que incidam sobre mercadorias e serviços".

Outros dispositivos constitucionais tratam implicitamente ou também se aplicam de forma reflexa à proteção jurídica do consumidor, tais como o art. 175, parágrafo único, inciso II, determinando à lei dispor sobre os direitos dos usuários de serviços públicos; o art. 220, § 4º, que dispõe sobre a propaganda comercial de tabaco, bebidas alcoólicas, agrotóxicos, medicamentos e terapias nos meios de comunicação e o art. 221, sobre as diretrizes a serem observadas na produção e na difusão de programas de rádio e televisão.

Além disso, os princípios e as regras constitucionais que se aplicam aos cidadãos em geral também podem ser manuseados pelo consumidor para uma ampla proteção, como os princípios da dignidade da pessoa humana (art. 1º, III) e da isonomia (art. 5º, *caput*); regras como o direito à intimidade, à vida privada, à honra e à imagem (art. 5º, X); no âmbito jurisdicional o direito de acesso ao Poder Judiciário (art. 5º, XXXV) e a garantia ao devido processo legal (art. 5º, LIV) etc.

Em síntese, a proteção jurídica do consumidor não se exaure apenas na Constituição Federal brasileira. Ela é a norma fundamental do Estado brasileiro que ilumina todo ordenamento jurídico nacional. Outras normas, inclusive previstas em tratados internacionais, poderão ampliar a figura da proteção jurídica do consumidor. O Código de Defesa do Consumidor não esgotou o tema. Aliás, o próprio legislador ordinário estabeleceu que os direitos previstos no Código de Defesas do Consumidor *não excluem outros decorrentes de tratados ou convenções internacionais de que o Brasil seja signatário, da legislação interna ordinária, de regulamentos expedidos pelas autoridades administrativas competentes, bem como dos que derivem dos princípios gerais do direito, analogia, costumes e equidade* (CDC, art. 7º).

## 3 A VULNERABILIDADE COMO PRINCÍPIO ORIENTADOR DO SISTEMA DE PROTEÇÃO JURÍDICA DO CONSUMIDOR

Os dois sujeitos que integram a relação de consumo são: de um lado, o consumidor e, do outro, o fornecedor. Na dicção da lei, consumidor *é toda pessoa física ou jurídica que adquire ou utiliza produto ou serviço como destinatário final* (CDC, art. 2º, *caput*). O sistema geral de proteção jurídica do consumidor reconhece a vulnerabilidade desse sujeito que adquire produto ou serviço como destinatário final. O vulnerável é aquele que não detém conhecimento específico do produto ou serviço que irá adquirir na relação de consumo e necessita da proteção do Estado.

A doutrina moderna aponta quatro espécies de vulnerabilidade (MARQUES, 2006) do consumidor: a *técnica*, a *jurídica*, a *fática* e a *informacional*.

Na *vulnerabilidade técnica*, o consumidor não detém conhecimento específico sobre o produto ou serviço adquirido e, por isso, pode ser facilmente enganado quanto à especificação e utilidade do bem ou do serviço. É o que pode ocorrer, por exemplo, quando ele adquire um computador novo com tecnologia avançada ou no conserto de seu automóvel junto à concessionária onde o mecânico aponta defeitos no veículo e induz à troca de peças que muitas vezes não precisam ser mexidas.

A *vulnerabilidade jurídica* é a falta de conhecimento jurídico específico, enquadrando-se também o conhecimento contábil e o econômico. Enquanto o fornecedor, muitas vezes, possui um corpo técnico nas áreas jurídica, contábil e econômica para auxiliá-lo em face das demandas judiciais propostas pelos consumidores, estes últimos, na maioria dos casos, não têm condições de contratar um advogado para pleitear seus direitos, seja porque a contratação é custosa, seja porque o valor da demanda é muito baixo.

A *vulnerabilidade fática* também consiste em uma vulnerabilidade socioeconômica. Aqui se enquadra o consumidor hipossuficiente. Quem detém o poder econômico é o fornecedor e esse impõe as condições contratuais para o fornecimento do produto ou serviço. Há uma posição de superioridade econômica do fornecedor em relação ao consumidor. Essa superioridade é concretizada, por exemplo, com a assinatura dos chamados contratos de adesão onde o consumidor não pode discutir as cláusulas contratuais impostas unilateralmente pelo fornecedor.

A *vulnerabilidade informacional*, segundo a doutrina, é o maior fator de desequilíbrio entre o consumidor e o fornecedor, pois esse último é o único verdadeiramente detentor da informação. A informação sobre o produto ou serviço deve ser clara e esclarecedora ao consumidor para que ele possa refletir se vai adquirir ou não aquilo que está sendo oferecido no mercado de consumo. Em muitas ocasiões, o fornecedor omite informações ao consumidor no afã de vender o produto ou serviço, sendo que se a informação fosse prestada adequadamente ele não os adquiriria. É o que ocorre, por exemplo, na aquisição de um imóvel, onde o corretor omite as condições de pagamento – como capitalização de juros, pagamento de prestações trimestrais, mensais ou anuais mais caras –, a espécie de material utilizado na construção etc.

Dessa forma, a vulnerabilidade do consumidor é o ponto central e orientador para a sua proteção jurídica. A vulnerabilidade das pessoas físicas é presumida. Já a vulnerabilidade das pessoas jurídicas deve ser demonstrada em juízo, no caso concreto. Nesse sentido, o Superior Tribunal de Justiça tem adotado a teoria finalista mitigada (NISHIYAMA, 2010) para admitir que o conceito de consumidor também se estenda para algumas pessoas jurídicas.

## 4 A VULNERABILIDADE E A HIPOSSUFICIÊNCIA: DIFERENÇAS CONCEITUAIS

A vulnerabilidade não se confunde com a hipossuficiência do consumidor. A primeira é um princípio básico que rege o Código de Defesa do Consumidor e a segunda é um dos aspectos que está no interior da vulnerabilidade e é ligada, no Código de Defesa do Consumidor, a proteção judicial do consumidor.

O art. 4º, inciso I, do Código de Defesa do Consumidor prevê como um dos princípios informadores da Política Nacional das Relações de Consumo o "reconhecimento da vulnerabilidade do consumidor no mercado de consumo". Dessa forma, o fundamento do código consumerista é a proteção da parte mais fraca contra o mais forte. Na relação entre consumidor e o fornecedor o Estado deve proteger o primeiro, uma vez que há uma presunção legal, *juris et de jure*, de sua vulnerabilidade no mercado de consumo. Há um notório desequilíbrio de forças entre esses dois agentes econômicos nas relações jurídicas que eles celebram entre si.

Já a hipossuficiência é outra expressão utilizada pelo Código de Defesa do Consumidor em seu art. 6º, inciso VIII, ao estabelecer entre os direitos básicos do consumidor "a facilitação da defesa de seus direitos, inclusive com a inversão do ônus da prova, a seu favor, no processo civil, quando, a critério do juiz, for verossímil a alegação ou quando for ele hipossuficiente, segundo as regras ordinárias de experiência". Nesse sentido, nem todo consumidor será hipossuficiente. A hipossuficiência deverá ser provada pelo consumidor em Juízo e analisada pelo magistrado caso a caso. Entendemos que a norma analisada estabelece que o juiz poderá inverter o ônus da prova quando a alegação do consumidor for verossímil e este tiver dificuldade de fazer a prova ou quando ele for economicamente mais fraco e também tiver dificuldade em produzir a prova. Assim, a hipossuficiência é uma espécie de vulnerabilidade fática ou sócio-econômica.

A noção de vulnerabilidade está ligada à parte mais fraca ou débil de um dos sujeitos da relação jurídica consumerista em razão de certas qualidades ou condições da pessoa. O consumidor vulnerável pode ser rico ou pobre, não importa, e estará protegido pelo Código de Defesa do Consumidor da mesma forma. Nesse sentido, a doutrina ensina que:

> "Do princípio da vulnerabilidade previsto no art. 4º, I, retira-se uma presunção (legal) absoluta de vulnerabilidade do consumidor, seja rico ou pobre, analfabeto ou pós-doutor, qualquer consumidor ou sujeito de direito qualificado como consumidor é vulnerável." (MARQUES e MIRAGEM, 2012)

Podemos concluir, portanto, que as noções de vulnerabilidade e hipossuficiência são distintas. A vulnerabilidade é princípio básico que fundamenta a proteção do consumidor, podendo ser este rico ou pobre, e a hipossuficiência é um dos critérios de avaliação do magistrado para decidir sobre a inversão do ônus da prova no âmbito processual.

## 5 A RESPONSABILIDADE CIVIL CONSUMERISTA E A HIPERVULNERABILIDADE DO CONSUMIDOR

A doutrina ensina que a responsabilidade civil está ligada a uma obrigação de reparar danos causados à pessoa ou ao patrimônio de outrem, ou ainda danos causados aos interesses transindividuais difusos ou coletivos (NORONHA, 2003). A maior característica da responsabilidade civil e que a diferencia da responsabilidade penal ou administrativa é o fato dela ser especificamente um "instrumento de compensação" (LOPES, 1992). O Código de Defesa do Consumidor também tratou da responsabilidade civil, uma vez que, diante de uma relação obrigacional legal ou contratual, poderá haver algum tipo de *prejuízo* ao consumidor com a colocação de produtos ou serviços, pelo fornecedor, no mercado de consumo. Esse prejuízo pode ser material ou moral e deve ser reparado pelo fornecedor (KHOURI, 2009).

É certo que a responsabilidade civil passou por uma longa evolução no decorrer do século XX, iniciando-se pela flexibilização do conceito e da prova da culpa, passando depois pela culpa presumida, evoluindo para a culpa contratual, a culpa anônima até chegar-se à responsabilidade objetiva (CAVALIERI FILHO, 2008). A doutrina aponta que a responsabilidade civil nas relações consumeristas é a última etapa da longa evolução da responsabilidade civil (CAVALIERI FILHO, 2008).

Com efeito, com a Revolução Industrial e o desenvolvimento tecnológico e científico os produtos e serviços começaram a ser massificados surgindo uma nova realidade, pois agora a responsabilidade civil não pode ser tratada com as teorias tradicionais. O Código de Defesa do Consumidor trouxe um novo sistema de responsabilidade civil para as relações de consumo em razão da vulnerabilidade do consumidor (CAVALIERI FILHO, 2008).

Dessa forma, o código consumerista brasileiro divide a responsabilidade civil do fornecedor em *responsabilidade pelo fato do produto e do serviço* (arts. 12 a 14) e *responsabilidade por vício do produto e do serviço* (arts. 18 a 20).

Como o objeto desse trabalho é a análise da vulnerabilidade e da hipervulnerabilidade do consumidor limitaremos nosso estudo apenas na *responsabilidade objetiva*.

O art. 12, do Código de Defesa do Consumidor prescreve que: "O fabricante, o produtor, o construtor, nacional ou estrangeiro, e o importador respondem, *independentemente da existência de culpa*, pela reparação dos danos causados aos consumidores por defeitos decorrentes de projeto, fabricação, construção, montagem, fórmulas, manipulação, apresentação ou acondicionamento de seus produtos, bem como por informações insuficientes ou inadequadas sobre sua utilização e riscos" (grifos não estão no original). Pode-se dizer que o sistema geral de responsabilidade adotada pelo código consumerista é o da "responsabilidade objetiva" ou "responsabilidade sem culpa".

O fundamento para o código ter adotado a responsabilidade objetiva se deve aos seguintes fatores: a) *massificação dos produtos e serviços*, pois se antes os produtos eram produzidos artesanalmente, agora são feitos em grande escala e em série o que pode ocasionar defeitos em alguns deles; b) *a vulnerabilidade do consumidor* que é manifestamente a parte mais fraca da relação de consumo e pode vir a sofrer danos econômicos, à sua saúde e segurança com a colocação, pelo fornecedor, de produtos ou serviços no mercado de consumo; c) *a insuficiência da responsabilidade subjetiva*, pois como o consumidor não detém a técnica de produção poderia ficar à mercê do fornecedor, o que dificultaria a defesa em juízo do primeiro em especial a demonstração de que o segundo agiu com negligência, imperícia ou imprudência; d) *o fornecedor há de responder pelos riscos que seus produtos acarretam, já que lucra com sua venda*; e) *em decorrência de antecedentes legislativos*, pois o ordenamento jurídico brasileiro já previa várias hipóteses de aplicação da responsabilidade objetiva, o que foi adotado expressamente no código consumerista (FILOMENO, 2007).

Para que a responsabilidade objetiva esteja devidamente caracterizada há a necessidade de ocorrência comprovada de três elementos fundamentais: a) a existência do defeito; b) o efetivo dano ao consumidor que pode ser patrimonial e/ou moral; e c) nexo de causalidade entre o defeito do produto ou serviço e a lesão do consumidor (MARINS, 1993). No entanto, há causas que excluem a responsabilidade objetiva do fornecedor quando provar: a) que não colocou o produto no mercado; b) que, embora haja colocado o produto no mercado, o defeito inexiste; e c) a culpa for exclusiva do consumidor ou do terceiro (CDC, art. 12, § 3º, I a III).

Antes do surgimento do Código de Defesa do Consumidor os consumidores enfrentavam sérias dificuldades em fazer prova de suas alegações em juízo quando sofriam qualquer espécie de dano, pois a legislação não era eficiente quando se tratava dos litígios voltados aos acidentes de consumo. Assim, os riscos de consumo recaíam sobre os ombros do consumidor, uma vez que o fornecedor respondia apenas no caso de comprovada culpa ou dolo, o que tornava a prova praticamente impossível (CAVALIERI FILHO, 2008). O Código de Defesa do Consumidor transferiu os riscos do consumo do consumidor para o fornecedor em razão da notória vulnerabilidade do primeiro em relação ao segundo.

Se os consumidores vulneráveis necessitam de proteção do código por causa de sua condição, os hipervulneráveis precisam de uma proteção ainda maior. As crianças, adolescentes, idosos e pessoas com deficiência estão em situação de maior vulnerabilidade do que os consumidores no geral e podem sofrer danos patrimoniais e/ou morais mais agravadas. Nesse sentido:

> "A hipervulnerabilidade seria a situação social fática e objetiva de agravamento da vulnerabilidade da pessoa física consumidora, por circunstâncias pessoais aparentes ou conhecidas do fornecedor, como sua idade reduzida (assim, o caso da comida para bebês ou da publicidade para crianças) ou idade alentada (assim, os cuidados especiais com os idosos, tanto no Código em diálogo com o Estatuto do Idoso e da publicidade de crédito para idosos) ou sua situação de doente (assim caso do Glúten e sobre informações na bula de remédios)."
> MARQUES e MIRAGEM, 2012)

Dessa forma, os magistrados devem estar atentos à aplicação da responsabilidade objetiva quando o consumidor for hipervulnerável. Há uma grande dificuldade de o consumidor vulnerável fazer prova dos danos sofridos em decorrência dos acidentes de consumo, situação que é agravada aos consumidores hipervulneráveis. Pode-se dizer que a responsabilidade objetiva prevista no Código de Defesa do Consumidor é um importante meio de proteção dos hipervulneráveis juntamente com a inversão do ônus da prova.

## 6 A HIPERVULNERABILIDADE DE ALGUNS CONSUMIDORES: SUA BASE CONSTITUCIONAL

A Constituição Federal de 1988 procurou proteger algumas pessoas por sua natural vulnerabilidade. É o que acontece, por exemplo, com os consumidores (CF, art. 5º, XXXII) e os trabalhadores urbanos e rurais (CF, art. 7º). Em relação aos consumidores, a vulnerabilidade é o princípio básico que fundamenta a aplicação do Código de Defesa do Consumidor. É o que estabelece o art. 4º, inciso I, do CDC, ao prescrever entre os princípios informadores da Política Nacional das Relações de Consumo o "reconhecimento da vulnerabilidade do consumidor no mercado de consumo".

A Magna Carta brasileira, no entanto, procurou conferir uma proteção jurídica maior a certas pessoas por considerá-las hipervulneráveis. São elas as pessoas com deficiência, os idosos, as crianças e os adolescentes que possuem proteção especial na constituição (NISHIYAMA e DENSA, 2010). Dessa forma, essas pessoas, na qualidade de consumidoras de produtos e serviços, também devem ter proteção especial por sua notória hipervulnerabilidade.

Em relação às pessoas com deficiência, a segunda parte do inciso II do § 1º do art. 227 da Constituição Federal prescreve que o legislador ordinário e a Administração Pública federal, estadual, distrital e municipal tenham como objetivo facilitar o acesso da criança, do adolescente e do jovem com deficiência física, sensorial ou mental, aos bens e serviços coletivos, com a eliminação de preconceitos e obstáculos arquitetônicos. Para concretizar tal dispositivo, conferiu-se competência comum para a União, os Estados, o Distrito Federal e os Municípios, cuidarem da proteção e garantia das pessoas com deficiência (CF, art. 23, II).

O constituinte brasileiro preocupou-se com a integração social da criança, do adolescente e do jovem com deficiência, facilitando-lhes o acesso aos bens e serviços coletivos na qualidade de consumidores. Para a efetivação desse direito, o § 2º do art. 227 do texto constitucional prevê que haja a eliminação das barreiras arquitetônicas e da adaptação de veículos de transporte coletivo, o que deverá ser objeto de lei específica. Nesse sentido, destaque-se o entendimento da doutrina:

> "Determina, no entanto, que tal proteção deverá ser objeto de lei específica, que disporá sobre a adaptação de logradouros e edifícios públicos, assim como de veículos de transporte coletivos. Isso significa que os ônibus e trens, nos termos da lei que vier a ser editada, deverão ter espaços reservados para as pessoas portadoras de deficiência, assim como meios fáceis de ingresso, como, por exemplo, elevadores em entrada especial, para as pessoas com problema de locomoção e, também, sinais sonoros, para as pessoas portadoras de deficiência visual.
> O que o dispositivo constitucional revela, na realidade, é a necessidade de adaptação de logradouros e edifícios públicos, com a eliminação das barreiras, que impedem ou dificultam o acesso das pessoas portadoras de deficiência.
> O parágrafo segundo, apesar de se situar no capítulo referente à família, criança, idoso e adolescente, cuida da adaptação para todos os portadores de deficiência, quer estejam enquadrados no título do capítulo ou não." (ARAUJO, 1994)

Assim, a norma prevista no § 2º estende-se a todas as pessoas com deficiência, não só à criança, ao adolescente e ao jovem. Todos os consumidores com deficiência têm o direito de facilitação do seu acesso aos bens coletivos, com a eliminação de preconceitos e obstáculos arquitetônicos, de acordo com a lei específica.

A hipervulnerabilidade do consumidor pessoa com deficiência encontra-se justamente na dificuldade encontrada por ela em ter acesso aos produtos e serviços dispostos no mercado de consumo. A sua integração social depende muito da facilitação de seu deslocamento aos locais de consumo, sem necessitar da dependência de terceiros.

A dificuldade na acessibilidade talvez seja o problema principal enfrentado pelos consumidores com deficiência visual, de locomoção ou de audição. A acessibilidade é um direito fundamental do cidadão (ARAUJO, 2011). Não só os logradouros e o transporte coletivo devem facilitar o acesso, mas também os locais frequentados pelas pessoas com deficiência, como os *Shoppings*, os cinemas, as escolas, os hospitais etc. Não se trata apenas de colocar banheiro adaptado (ARAUJO, 2011) nesses locais. A acessibilidade significa locais especiais para estacionamento, construção de rampas adaptadas, sinalização sonora, elevadores etc.

Já a proteção do consumidor idoso tem sua gênese no art. 230 da Constituição Federal. A legislação ordinária considera idosa a pessoa com idade igual ou superior a 60 (sessenta) anos (art. 1º da Lei nº 10.741, de 01-10-2003 – Estatuto do Idoso).

A hipervulnerabilidade do consumidor idoso é verificada a partir de dois aspectos:

> "a) a diminuição ou perda de determinadas aptidões físicas ou intelectuais que o torna mais suscetível e débil em relação à atuação negocial dos fornecedores; b) a necessidade e catividade em relação a determinados produtos ou serviços no mercado de consumo, que o coloca numa relação de dependência em relação aos seus fornecedores." (MIRAGEM, 2008)

O primeiro aspecto possui proteção legal. O Código de Defesa do Consumidor considera prática abusiva o fornecimento de produtos ou serviços prevalecendo-se da fraqueza ou ignorância do consumidor, tendo em vista sua idade, saúde, conhecimento ou condição social (art. 39, IV). Além disso, o Estatuto do Idoso assegura ao idoso a inviolabilidade da sua integridade física, psíquica e moral (art. 10, § 2º).

Já o segundo aspecto que denota a hipervulnerabilidade do consumidor idoso está relacionado com a sua maior dependência de determinados produtos ou serviços, fazendo-se presumir que "eventual inadimplemento por parte do fornecedor dê causa a danos mais graves do que seriam de se indicar aos consumidores em geral." (MIRAGEM, 2008) É o que ocorre, por exemplo, com o descumprimento pelo fornecedor das obrigações decorrentes dos contratos de planos de saúde e seguros de saúde. A necessidade e a catividade em relação a estes serviços são evidentes quando as pessoas tornam-se idosas. Muitas vezes, as empresas de plano de saúde começam a limitar procedimentos hospitalares necessários aos idosos ou até mesmo recusar a internação para certas doenças. O aumento exagerado nos valores dos planos de saúde quando o consumidor torna-se idoso é outro aspecto que merece atenção. É uma prática abusiva que é coibida, em especial pelo Poder Judiciário.

Finalmente, a criança e o adolescente podem ser considerados consumidores hipervulneráveis. Sua proteção constitucional decorre do art. 227, *caput*, da Magna Carta. A legislação ordinária considera criança a pessoa até doze anos de idade incompletos e adolescente aquele entre doze e dezoito anos de idade (art. 2º da Lei nº 8.069, de 13-07-1990 – Estatuto da Criança e do Adolescente).

A hipervulnerabilidade do consumidor criança ou adolescente é mais patente com o desenvolvimento das novas tecnologias, como a *Internet*, redes sociais, telefones celulares de última geração, *videogames*, aparelhos digitais etc. Hoje, as informações são velozes, sendo que as crianças e os adolescentes têm acesso mais facilitado aos produtos e serviços no mercado de consumo, o que demonstra a necessidade de maior proteção em relação a estes consumidores. Há pouco mais de duas décadas, as informações eram veiculadas basicamente nos meios de comunicação tradicionais, como as revistas, os jornais, a rádio e, especialmente, a televisão. Atualmente, a *internet* tornou a informação instantânea. As redes sociais – como o *Facebook*, *Twitter*, *Orkut* etc. – se espalharam, o que ajuda na disseminação das informações, sejam elas verdadeiras ou não. Algo que acontece na China ou no Japão em segundos é divulgado nas redes sociais ou na *internet*. Essas informações instantâneas também afetam os consumidores, pois os fornecedores também começaram a ocupar este importante meio de comunicação. Por exemplo, nas redes sociais os provedores rastreiam o perfil de seus usuários com a finalidade de induzir determinadas publicidades em sua página ou conta. Há um verdadeiro bombardeio de informações publicitárias subliminares que induzem o consumidor a adquirir o produto. Essas publicidades afetam sobremaneira as crianças e os adolescentes, o que merece uma proteção por meio da legislação ordinária e fiscalização do Poder Público.

Por outro lado, cabe destacar a necessidade de proteção especial do consumidor criança e adolescente em relação à publicidade de bebidas alcoólicas e produtos fumígeros. Nesse sentido, destaque-se o ensinamento da doutrina:

"É certo afirmar que crianças e adolescentes são vulneráveis (ou melhor, hipervulneráveis) tendo em vista sua condição peculiar de pessoa em desenvolvimento. É necessário o completo desenvolvimento físico e psíquico para que o ser humano possa distinguir, com clareza, entre o certo e o errado, entre o bom e o mau. Esta é a razão pela qual crianças e adolescentes devem ser protegidos são sujeitos especiais de direitos garantidos pela Lei 8.069/1990 e, expressamente, pelo art. 227 da CF/1988." (NISHIYAMA e DENSA, 2010)

É ampla a proteção do consumidor criança e adolescente. Essa proteção deve conjugar o Código de Defesa do Consumidor, o Estatuto da Criança e do Adolescente, outras legislações ordinárias protetivas e, principalmente, a Constituição Federal.

## CONCLUSÃO

A Constituição Federal de 1988 inseriu a proteção do consumidor como um direito e garantia fundamental pela primeira vez na história constitucional do Brasil. O constituinte foi mais além ao estabelecer que a defesa do consumidor é um dos princípios da ordem econômica. Além disso, para que concretamente houvesse uma proteção jurídica do consumidor, determinou em suas disposições transitórias que o Congresso Nacional elaborasse um código de defesa do consumidor.

O sistema geral desse código de defesa do consumidor é a proteção do sujeito vulnerável na relação jurídica de consumo, que é o consumidor. No entanto, a análise de proteção jurídica do consumidor não se deve restringir apenas à legislação ordinária. Deve-se observar o comando maior: a Constituição Federal. Nesse sentido, há previsão expressa na lei fundamental do Estado brasileiro em proteger certas pessoas em razão de sua notória hipervulnerabilidade. São elas: as pessoas com deficiência, os idosos e as crianças e os adolescentes.

Dessa forma, o sistema jurídico brasileiro protege alguns consumidores por sua natural hipervulnerabilidade.

A vulnerabilidade do consumidor não se confunde com a hipossuficiência. A vulnerabilidade é princípio básico que fundamenta a proteção do consumidor, podendo ser este rico ou pobre, e a hipossuficiência é um dos critérios de avaliação do magistrado para decidir sobre a inversão do ônus da prova.

A responsabilidade objetiva é um importante critério previsto no Código de Defesa do Consumidor para a proteção dos hipervulneráveis, uma vez que a prova da culpabilidade do fornecedor, que coloca o produto ou serviço no mercado de consumo, torna-se quase impossível na prática, pois os consumidores não detém a técnica de produção.

O Estado tem a função de atingir determinadas finalidades. No caso do consumidor com deficiência, cabe ao Poder Público facilitar-lhe o acesso aos bens e serviços, com a construção de logradouros adaptados para que haja integração social. O acesso das pessoas com deficiência aos locais onde se encontram os bens e serviços só será possível se houver regulamentação da fabricação de veículos de transporte coletivo adaptados a estas pessoas. Cabe aos legisladores federal, estaduais, municipais e distrital a tarefa de normatizarem como esse acesso se dará na prática.

Já a hipervulnerabilidade do consumidor idoso é patente ao observamos dois aspectos. O primeiro é a redução ou até mesmo a perda de determinadas aptidões físicas ou psíquicas que o torna mais vulnerável em relação à atuação negocial junto aos fornecedores. O segundo é a sua dependência em relação aos seus fornecedores em razão da sua necessidade e catividade de determinados produtos ou serviços, como ocorre com os planos de saúde. Há a necessidade de proteção do Estado nas relações de consumo entre o consumidor idoso e os fornecedores, mormente no tocante aos reajustes nos contratos de planos de saúde.

Finalmente, o consumidor criança e adolescente também é hipervulnerável, pois o seu desenvolvimento intelectual ainda não está completo. Os meios de comunicação, como rádio, televisão, *internet* etc. influenciam na aquisição de produtos e serviços. Hoje, principalmente com a *internet* e as redes sociais, as crianças e os adolescentes têm informações instantâneas e os fornecedores, de olho neste mercado, monitoram todos os passos destes novos consumidores na rede impondo-lhes, por meio de publicidade subliminar, o que eles devem consumir. Há a necessidade ainda de prevenção especial em relação a estes consumidores no tocante à publicidade de bebidas alcoólicas e produtos fumígeros.

# REFERÊNCIAS

ARAUJO, Luiz Alberto David. *Barrados: pessoas com deficiência sem acessibilidade: como, o que e de quem cobrar.* Petrópolis: KBR, 2011.

_____. *A Proteção constitucional das pessoas portadoras de deficiência.* Brasília: Coordenadoria Nacional para Integração da Pessoa Portadora de Deficiência (Corde), 1994.

BASTOS, Celso Ribeiro; MARTINS, Ives Gandra. *Comentários à Constituição do Brasil: promulgada em 5 de outubro de 1988, arts. 5º a 17.* São Paulo: Saraiva, 1989. V. 2.

BITTAR, Carlos Alberto. *Direitos do consumidor.* Rio de Janeiro: Forense Universitária, 1990.

BULGARELLI, Waldírio. A tutela do consumidor na jurisprudência brasileira e de *lege ferenda*. *Revista de Direito Mercantil*, nº 49, p. 41-55, jan./mar. 1983.

CAVALIERI FILHO, Sergio. *Programa de direito do consumidor.* São Paulo: Atlas, 2008.

COMPARATO, Fábio Konder. Consumidor (Proteção do). *Enciclopédia Saraiva do Direito*, nº 18, p. 435-453, 1977.

FILOMENO, José Geraldo Brito. *Manual de direito do consumidor.* 9. ed. São Paulo: Atlas, 2007.

GAMA, Hélio Zaghetto. *Curso de direito do consumidor.* 2. ed. Rio de Janeiro: Forense, 2004.

KHOURI, Paulo R. Roque. *Direito do consumidor: contratos, responsabilidade civil e defesa do consumidor em juízo.* 4. ed. São Paulo: Atlas, 2009.

LEÃES, Luiz Gastão Paes de Barros. As relações de consumo e o crédito ao consumidor. *Revista de Direito Mercantil*, nº 82, p. 13-23, abr./jun. 1991.

LOPES, José Reinaldo de Lima. *Responsabilidade civil do fabricante e a defesa do consumidor.* São Paulo: Revista dos Tribunais, 1992.

MARINS, James. *Responsabilidade da empresa pelo fato do produto*. São Paulo: Revista dos Tribunais, 1993.

MARQUES, Cláudia Lima. *Contratos no código de defesa do consumidor*. 5. Ed. São Paulo: Revista dos Tribunais, 2006.

\_\_\_\_\_; MIRAGEM, Bruno. *O novo direito privado e a proteção dos vulneráveis*. São Paulo: Revista dos Tribunais, 2012.

MATEO JÚNIOR, Ramon. *O novo código civil discutido por juristas brasileiros*. Campinas: Bookseller, 2003.

MIRAGEM, Bruno. *Direito do consumidor*. São Paulo: Revista dos Tribunais, 2008.

NISHIYAMA, Adolfo Mamoru. *A proteção constitucional do consumidor*. 2ª ed. São Paulo: Atlas, 2010.

\_\_\_\_\_; DENSA, Roberta. A proteção dos consumidores hipervulneráveis: os portadores de deficiência, os idosos, as crianças e os adolescentes. *Revista de Direito do Consumidor*, nº 76, p. 13-45, out./dez. 2010.

NORONHA, Fernando. *Direito das obrigações*. São Paulo: Saraiva, 2003, v. 1.

PARKER, Philip. *Guia ilustrado Zahar: história mundial*. Trad. Maria Alice Máximo. Rio de Janeiro: Zahar, 2011.

ROCHA, Sílvio Luís Ferreira da. *Responsabilidade civil do fornecedor pelo fato do produto no direito brasileiro*. São Paulo: Revista dos Tribunais, 1992.

SODRÉ, Marcelo Gomes. *A construção do direito do consumidor: um estudo sobre as origens das leis principiológicas de defesa do consumidor*. São Paulo: Atlas, 2009.

# A TEORIA DOS DIREITOS FUNDAMENTAIS

*Alenilton da Silva Cardoso[1]*

RESUMO

Baseado no processo de evolução pelo qual atravessaram os direitos fundamentais no último século, este artigo procura demonstrar que o direito contemporâneo está operando na construção da sociedade livre, justa e solidária preconizada pela Constituição de 1988. Seu marco teórico é o princípio da dignidade humana em sentido comunitário, realçando a importância do valor da solidariedade como fator indispensável para se chegar ao bem-estar social no Estado Democrático de Direito.

**Palavras-chave**: Direitos Fundamentais – Evolução – Solidariedade – Bem-comum – Estado Social de Direito.

ABSTRACT

Based on the process of evolution by which crossed the fundamental rights in the last century, this article seeks to demonstrate that the contemporary law is operating in the construction of free, fair and caring society envisaged by the 1988 Constitution. Their theoretical framework is the principle of human dignity sense of community,

---

[1] Doutorando em Direito pela Pontifícia Universidade Católica de São Paulo. Mestre em Direito pela Faculdade Autônoma de Direito em São Paulo. Especialista em Direito Tributário e em Direito Processual Civil. Professor da Faculdade de Direito de São Bernardo do Campo e da Universidade de Mogi das Cruzes. Procurador do Município de São Bernardo do Campo - SP. Autor de obras jurídicas.

highlighting the importance of the value of solidarity as essential to reach the social welfare in a democratic state factor.

**Key-Words**: Fundamental Rights - Evolution - Solidarity - Well--common - the Welfare State.

# INTRODUÇÃO

Integrados pela perspectiva material e formal a eles inerente, os direitos fundamentais são proposições jurídicas concernentes às pessoas, retiradas da esfera de disponibilidade dos poderes constituídos, incorporadas no texto de uma Constituição.

Isso nos conduz a analise da diferença entre as expressões "direitos humanos" e "direitos fundamentais", que está na condição de positivação ou não dos valores éticos e humanísticos no sistema jurídico, pois enquanto os direitos humanos são prerrogativas que se colocam até mesmo acima de qualquer ordem posta, os direitos fundamentais são a base normativa dessa própria ordem.

Por precederem aos direitos fundamentais, os direitos humanos são em verdade prerrogativas materiais, que se aproximam do senso ético ou moral, revestidos de juridicidade. Isso significa que não são direitos que podem ser simplesmente concebidos, mas sim, exigidos, já que os direitos fundamentais são declarados formalmente pelos ordenamentos jurídicos, atuando como o suporte de todos os direitos que temos, garantidos pela lei fundamental que reflete sobre toda legislação infraconstitucional.

Nessa cadência lógica, os direitos fundamentais são também humanos na medida em que direitos de natureza de direitos humanos são incorporados na Constituição, funcionando como agenda programática do Estado fomentando as potencialidades do ser humano.

Como se percebe, tanto os direitos humanos quanto os direitos fundamentais são produto de sentimento universal da necessidade ética humana e do dever de solidariedade, cuja finalidade é promover uma melhor qualidade de vida e a plenitude da realização da personalidade humana. Não por outro motivo é que ao lado dos princípios estruturais e organizacionais, encorpam o núcleo substancial da Constituição de um Estado, dotando seus poderes e autoridade de legitimidade, em nome da dignidade da pessoa humana e da supremacia democrática.

Tudo isso porque após a Segunda Guerra mundial, em resposta as atrocidades contra a condição existencial humana que durante tal período foram cometidas, a maior preocupação da ONU foi estabelecer uma nova ordem internacional fundada no prevalecimento de direitos humanos que vinculassem todo o processo de busca de paz pelo mundo, e nessa concepção, os direitos humanos constituem a expressão de valores objetivos, próximos da concepção Kantiana acerca do valor absoluto do ser humano, acima das próprias limitações impostas pelo Estado.

Utilizando método exposição histórico e dialético, dividindo o artigo em cinco partes que tratam basicamente da evolução em dimensões dos direitos fundamentais, vejamos, então, como essa inteligência hermenêutica contribuiu para o progresso ético e moral do Estado de Direito atual.

# 1 AS DIMENSÕES DOS DIREITOS FUNDAMENTAIS

Abordando a discussão sobre a correção dos termos geração e dimensão dos direitos humanos, Willis Santiago Guerra Filho (2005, p. 46-47) aduz que quando um direito é gestado sob uma determinada transformação prospectiva, sua concepção originária não desaparece com o surgimento das mais novas. Sendo assim, quando um direito desenvolvido em uma dimensão aparece na ordem jurídica, traz consigo os fundamentos sucessivos da geração anterior, elevando-se, então, para uma outra dimensão, pois os direitos da geração mais recente tornam-se um pressuposto para entendê-los de forma mais adequada e, também, para melhor realizá-los.[2]

---

[2] A respeito desta concepção, Vladmir Oliveira da Silveira e Ernani Contipelli (Op. Cit) acrescentam que "muito embora os Direitos Humanos estejam ligados a um momento histórico, não são superados com a edição de uma nova dimensão, pois se transformam a partir da dimensão que os precede. Desse modo, os Direitos Humanos nascem e se modificam obedecendo a um núcleo formado pelo sentimento axiológico da sociedade, o qual a partir de um dado fato se adere a um determinado valor, que, por sua vez, passa a ser normatizado tanto internacional como nacionalmente pelos Estados, com indispensável fundamento na ideia de dignidade humana".

De acordo André Ramos Tavares (2008, 454), a existência de várias dimensões é perfeitamente compreensível, pois sendo as necessidades do homem infinitas e inesgotáveis, novos anseios sempre surgem, daí porque se falar que não há um rol eterno e imutável de direitos humanos à qualidade de ser humano, mas sim, um permanente e incessante repensar dos direitos.

A evolução dos direitos fundamentais obedece, assim, a um processo histórico de três momentos, respectivamente: (i) o seu aparecimento com consciência em determinas condições históricas; (ii) a sua declaração positiva como aceitação formal de todos os ordenamentos; e (iii) a sua realização, como concretos e eficazes (BROCHADO, 2006, p. 125).

Na opinião de Paulo Bonavides (2000, p. 585-587), os direitos fundamentais desdobram-se em quatro dimensões sucessivas ou camadas cumulativas superpostas: direitos de primeira, de segunda, de terceira e da quarta gerações, tomando os da segunda, terceira e quarta, do ponto de vista hermenêutico, uma importância contemporânea incomparavelmente superior a todas as questões que outrora, no contencioso constitucional, envolviam as relações entre os poderes, salientando-se, outrossim, que o reconhecimento do surgimento de uma nova dimensão de direitos não implica a supressão das anteriores.

A verdade é que nos dias de hoje os direitos fundamentais possuem uma dimensão objetiva, que se liga à compreensão de que eles não só conferem aos particulares direitos subjetivos, mas constituem também as próprias bases jurídicas da ordem jurídica da coletividade (SARMENTO, 2007, p. 83).

Nisso surge o princípio da dignidade da pessoa humana em sentido comunitário. Embora assuma concreção como direito individual, tal preceito, enquanto princípio, constitui, ao lado do direito à vida, o núcleo essencial dos direitos humanos (GRAU, 2007. p. 196). Obtempera Daniel Sarmento (2007, p. 83) que a ideia da dimensão objetiva prende-se à visão de que os direitos fundamentais cristalizam os valores mais essenciais de uma comunidade política, que devem se irradiar por todo o seu ordenamento, e atuar não só como limites, mas também como impulso e diretriz para a atuação dos Poderes Públicos, e sob esta ótica tem-se que os direitos fundamentais protegem os bens jurídicos mais valiosos, e o dever do Estado não é só o de abster-se de ofendê-los, mas também o de promovê-los e salvaguardá-los das ameaças e ofensas provenientes de terceiros. E para um Estado que tem como tarefa mais fundamental, por imperativo constitucional, a proteção e a promoção dos direitos fundamentais dos seus cidadãos, a garantia destes direitos torna-se também um autêntico interesse público. E não obstante a doutrina assim os considerar e as Constituições os trazerem positivados, hoje o problema dos direitos humanos ultrapassa essas circunscrições, alcançando os direitos de solidariedade, direito à paz, a um meio ambiente saudável, além de direitos positivados surgidos dos avanços científicos da tecnologia e da biociência (BROCHADO, 2006, p. 125).

Na pós-modernidade não se pensa apenas em direitos de cidadãos vinculados à concepção restrita de soberania. Passou-se, também, a universalizar a garantia do direito de solidariedade, para se realizar, enfim, uma sociedade de consenso, pressuposta no reconhecimento recíproco do gênero humano (BROCHADO, 2006, p. 125).

Demais disso, consigne-se que especificamente em relação aos interesses públicos e particulares, o contexto que se estabelece é muito mais de convergência do que o de colisão. Tal situação, que hodiernamente se constitui como regra, beneficia toda a coletividade mediante a proteção plena e efetiva dos interesses dos seus membros (SARMENTO, 2007, p. 83).

Estas particularidades, dentre outras mais, revelam que na tábua de valores constitucionais, os direitos fundamentais despontam com absoluto destaque e centralidade (SARMENTO, 2007, p. 83), razão pela qual podemos afirmar estarmos vivendo um período de personalismo, não de individualismo, calcado nos princípios da dignidade humana e da solidariedade social.

## 2 DIREITOS FUNDAMENTAIS DE PRIMEIRA DIMENSÃO

A passagem do Estado natural ao Estado civil – durante o século XVIII – foi o momento racionalmente decisivo para a implantação da liberdade na ordem de coexistência dos indivíduos (BONAVIDES, 2001, p. 110). Vinculados às chamadas liberdades públicas e à imposição de limites à atuação do Estado, os direitos de primeira dimensão têm por titular o indivíduo livre e autônomo em relação ao exercício de direitos subjetivos (BONAVIDES, 2001, p. 564), englobando, atualmente, os direitos civis e políticos (TAVARES, 2008, p. 455-456), dentre os quais o direito à liberdade, à vida, à integridade física, à propriedade, à cidadania etc.

Na medida em que exigem do Estado a obrigação de não interferir na autonomia individual – e isso se deve ao fato do Estado Liberal haver surgido como uma reação ao Estado absolutista e opressor dos direitos individuais –, os direitos fundamentais de primeira dimensão correspondem às chamadas "liberdades públicas negativas", inaugurando o constitucionalismo do Ocidente (SILVEIRA e CONTIPELLI, Op. Cit).

Com efeito, o Estado Liberal baseou-se numa rígida separação entre Estado e sociedade, reservando-se ao primeiro o dever de assegurar o exercício da propriedade privada, sem, no entanto, intrometer-se nas relações travadas no âmbito da sociedade (SARMENTO, 2007, p. 35), isto porque, consoante a ideologia predominante naquela época, a sociedade, por si só, reunia condições para se auto-regular, sem a necessidade da interferência do Estado.

Grande exemplo disso era a supremacia dada aos Códigos Civis, verdadeiras constituições da sociedade, cujos pilares fundamentais eram a proteção da propriedade e da liberdade de contratar. Era inegável, naquele momento histórico, a prioridade axiológica conferida ao privado em detrimento do público, evidenciando-se esta superioridade na própria ideia de liberdade então cultivada, muito mais identificada com o gozo desimpedido de faculdades privadas do que com a participação na tomada de decisões em nome da coletividade. (SARMENTO, 2007, p. 37).

Fazem parte deste rol, destarte, todos os direitos que objetivam a proteção de posições jurídicas contra intromissões indevidas, garantindo-se a livre manifestação da personalidade e a autonomia de vontade.

Em suma, os direitos fundamentais de primeira dimensão foram o primeiro passo para a noção de dignidade humana que se tem hoje, pois libertaram o indivíduo da condição de súdito, para atribui-lhe a condição de cidadão com direitos salvaguardados pelo Estado.

Se hoje os direitos fundamentais parecem estar pacificados na codificação política, é porque se moveram em cada Estado num processo dinâmico e ascendente, permitindo visualizar a cada passo de sua história uma trajetória iniciada no reconhecimento formal para concretizações parciais e progressivas, até chegar a máxima amplitude nos quadros de efetivação democrática do poder (BONAVIDES, 2000, p. 536).

Essa linha ascensional, baseada nos princípios da liberdade, da igualdade e da fraternidade, profetizou o avanço histórico e gradativo dos direitos fundamentais, assumindo foros de universalização (BONAVIDES, 2000, p. 536), direcionando-se atualmente à realização do bem-estar social, sem, contudo, privar o indivíduo da sua autonomia.

Portanto, apesar da compreensão individualista do direito haver mudado, hoje se voltando à concretização dos direitos fundamentais como pressuposto necessário à correção das desigualdades materiais e melhoria da qualidade de vida, é inegável que os direitos de primeira dimensão constituem a base de toda a teoria dos direitos fundamentais, pois foi a partir deles que se sedimentou o valor da pessoa como fonte do direito.

## 3 DIREITOS FUNDAMENTAIS DE SEGUNDA DIMENSÃO

Pontifica Dalmo Dallari (1995, p. 235), que o Estado liberal, com um mínimo de interferência na vida social, trouxe, de início, inegáveis benefícios tanto para a área econômica quanto para a própria valorização da liberdade humana, aflorando daí técnicas de poder legal no lugar das de poder pessoal. O problema, entretanto, é que dentro desse mesmo quadro a valorização da liberdade individual submeteu toda a ordem social ao individualismo exacerbado, este que, por sua vez, ignorou a natureza associativa do homem e deu margem ao comportamento egoísta.

Pois bem. Representando a busca pela correção da injustiça social então instalada, cujo motivo foi o impacto da industrialização e os graves problemas sociais e econômicos que a acompanham (SARLET, 2005, p. 51), os direitos fundamentais de segunda dimensão são o fruto da ideologia antiliberal do século XX (BONAVIDES, 2000, p. 564), sendo sua principal característica a concepção de que ao Estado incumbe, além da não intervenção na esfera de liberdade pessoal dos indivíduos, a tarefa de colocar à disposição destes últimos os meios materiais necessários para sua qualidade de vida, implementando as condições fáticas que possibilitem o efetivo exercício das liberdades fundamentais (TELLES JR., 2002, 348).

Desde então, o "Estado-polícia" foi substituído pelo "Estado de serviço", que emprega seu poder supremo e coercitivo para suavizar, por uma intervenção decidida, algumas das conseqüências mais penosas da desigualdade econômica. Mas, além disso, o advento da Segunda Guerra Mundial estimulou ainda mais a atitude intervencionista do Estado, que assumiu amplamente o encargo de assegurar a prestação dos serviços fundamentais a todos os indivíduos (DALLARI, 1995, p. 237).

Em última análise, os direitos fundamentais de segunda dimensão objetivam a garantia não apenas da liberdade e da autonomia perante o Estado, mas também e emancipação do ser humano por intermédio do Estado, partindo da premissa de que o indivíduo, no que concerne à conquista e manutenção de sua liberdade, depende em muito de uma postura ativa dos poderes públicos. A nota distintiva destes direitos é sua dimensão positiva, pois além de gerarem amplos movimentos reivindicatórios e o reconhecimento progressivo de direitos, atribuem ao Estado comportamento ativo na realização da justiça social (SARLET, 2005, p. 51).

Enquanto os direitos de defesa – da primeira dimensão – se dirigem a uma posição de respeito e abstenção por parte dos poderes públicos; os direitos a prestações – da segunda dimensão – reconduzem-se ao *status* positivo, pois implicam postura ativa do Estado, no sentido de que este se encontra obrigado a colocar à disposição dos indivíduos prestações de natureza jurídica e material (SARLET, 2005, p. 51).

Esta, portanto, a diferença básica entre os direitos fundamentais de primeira e de segunda dimensão. Ao passo que aqueles exigem uma não intromissão do Estado na vida em sociedade, estes últimos, pelo contrário, exigem uma postura estatal ativa, perfazendo-se a intromissão como necessária à realização de uma ordem social justa e igualitária.

As prestações, compreendem tanto o direito de igual acesso, obtenção e utilização de todas as instituições criadas pelos poderes públicos; quanto o direito de igual participação nas prestações que estas instituições dispensam à comunidade.

Estamos, então, em presença do mais alto valor incorporado à Constituição como fórmula universal de um novo Estado Social de Direito. Por essa ótica a dignidade humana em sentido comunitário já se introduz como o norte interpretativo das presentes reflexões sobre o direito e seu papel na sociedade, constituindo os direitos fundamentais de segunda dimensão uma projeção moral ao gênero humano, que congrega componentes éticos à existência de cada homem (BONAVIDES, 2000, p. 643).

Nesse quadro, o Estado assume feição nitidamente providencialista, inspirada por uma lógica de fomento, que deriva em normas promocionais (LORENZETTI, 1998, p. 153-154), e por isso é possível se afirmar que os direitos em análise transcendem ao indivíduo no que concerne à titularidade, desencadeando, afinal, o fenômeno da solidariedade, que se consagra na terceira dimensão dos direitos fundamentais.

Direitos como o ao pleno emprego, a uma habitação digna, à saúde, dentre outros, foram incorporados pelo constitucionalismo do século XX partindo da premissa de que para sermos livres, necessitamos ter um nível de vida digno e um mínimo de educação (LORENZETTI, 1998, p. 153-154).

Deveras, tão importante quanto garantir a liberdade e a autonomia individual, é viabilizar a todas as pessoas chances iguais de existirem e se desenvolverem, atribuindo-se ao ordenamento jurídico a capacidade de libertar o homem do próprio homem.

E aqui, não se pode deixar de reconhecer o mérito dos direitos fundamentais de segunda dimensão, vinculado materialmente a uma liberdade "objetivada", em cuja a participação do Estado é servir de agente para a concretização dos valores sociais adotados (BONAVIDES, 2000, p. 567).

Todos os princípios constitucionais que obrigam o legislador são garantias institucionais indispensáveis ao pleno exercício da liberdade, e sem os quais esta se converteria numa ficção, conforme ficou demonstrado depois que se ultrapassou a universalidade abstrata dos direitos humanos fundamentais da primeira geração (BONAVIDES, 2000, p. 567).

Daí porque, e para isso citamos Wilson Steinmetz (2004, p. 58), tem-se como apropriado o uso da expressão 'eficácia horizontal', pois os direitos fundamentais de segunda dimensão, além de exigirem um atuar positivo do Estado, também o faz em relação aos particulares que, do ponto de vista jurídico-formal: (i) são igualmente titulares de direitos fundamentais; (ii) direitos e obrigações, nas relações que matem entre si, são regidos, de modo preponderante, pelo direito privado; (iii) no âmbito dos negócios jurídicos e de outros atos jurídicos da vida privada, a autonomia privada opera como princípio fundamental; e (iv) os particulares não podem usar, entre si, da violência legal, por que essa competência é exclusiva do Estado.[3]

A toda evidência, os direitos fundamentais de segunda dimensão, além de atribuir uma nova feição ao ordenamento jurídico, revalorizam sobremaneira os direitos da liberdade, até então concebidos numa oposição irremediável entre o indivíduo e o Estado, e o fazem na medida em que transitam de uma concepção subjetiva para uma concepção de objetiva, atrelada aos princípios e valores da ordem jurídica estabelecida (BONAVIDES, 2000, p. 568).

Se na fase da primeira dimensão os direitos fundamentais consistiam no estabelecimento das garantias fundamentais da liberdade, a partir da segunda dimensão tais direitos passaram a compreender, além daquelas garantias, os critérios objetivos de valores, bem como os princípios básicos que animam a lei maior, projetando-lhe a unidade e fazendo a congruência fundamental de suas regras (BONAVIDES, 2000, p. 568).

Finalmente, a concepção de valores relativos aos direitos fundamentais fez com que o princípio da igualdade, somado ao da liberdade, tomasse um sentido de garantia, realidade que, abalizada no reconhecimento do princípio da dignidade da pessoa humana como valor fonte de todas as reflexões sociológicas e filosóficas, conduz o direito contemporâneo à função de promover os ideais de justiça distributiva e social.

## 4 DIREITOS FUNDAMENTAIS DE TERCEIRA DIMENSÃO

Visto que o individualismo reinou triunfante no século XIX, o final do século XX e início do século XXI presenciaram o início de um tipo completamente novo de relacionamento entre as pessoas, baseado em relações

---

[3] A esse respeito, José Afonso da Silva (2003, p. 136) anota que a experiência histórica acabou por demonstrar que o Estado não é o único opressor do desenvolvimento da personalidade humana. Também o faz, com indiferença cruel, os poderes econômicos, de cujas pressões interessa libertar-se. Hoje o Estado apresenta-se justamente como meio apropriado para realizar a libertação dessas pressões, o que, naturalmente, supõe a ampliação de sua atividade e a intervenção na vida econômico-social que permanecia à sua margem. Esse processo de democratização sucessiva, em luta com os princípios liberais, acentua-se cada vez mais, transformando o conceito tradicional de democracia em democracia social.

difusas conducentes a um sistema jurídico de solidariedade (MORAES, 2003, p. 167-190).

Impulsionada pela concepção de igualdade, consolidada pelos direitos fundamentais de segunda dimensão, o princípio da solidariedade introduziu na ordem jurídica uma ideologia baseada no respeito pela dignidade humana, sobretudo no que se refere à qualidade de vida, e isso fez com que traço de marcação dos direitos fundamentais de terceira dimensão seja fato de se desprenderem, em princípio, da figura do homem-indivíduo, para assumir uma conotação difusa (SARLET, 2005, p. 53).

Como diz Celso Lafer (1988, p. 132), os direitos reconhecidos como do homem em sua singularidade – sejam eles os de primeira ou de segunda geração – têm uma titularidade inequívoca: o indivíduo. Entretanto, na passagem de uma titularidade individual para uma comunitária podem surgir dilemas no relacionamento entre o indivíduo e a coletividade que exacerbam a contradição, ao invés de afirmar a complementaridade do todo e da parte.

Exatamente por isso, os direitos de terceira dimensão são o resultado das novas reivindicações fundamentais do ser humano, geradas, dentre outros fatores, pelo impacto tecnológico, pelo estado crônico de beligerância, bem como pelo processo desencadeado pelo segundo pós-guerra e seus contundentes reflexos nos direitos à paz, à autodeterminação dos povos, ao meio ambiente, à comunicação, enfim, à qualidade de vida do ser humano (SARLET, 2005, p. 53). Dentro desse novo olhar restou então superada a exclusividade da tutela estatal, pois imprescindível a união de esforços para a construção de um mundo melhor, mais justo e menos desigual.

Com certeza, os direitos fundamentais de terceira dimensão são aquilo que uma "sociedade justa" mais aspira para os seus membros, e seu mérito principal, além formatar um plano ético para o direito, é a superação dos primados privado e público[4] pelo reconhecimento dos interesses sociais.

---

[4] Sobre os primados privado e público, assinala Norberto Bobbio (2004, p. 21-27) que o primeiro afirmou-se através da difusão e recepção do direito romano no Ocidente, enquanto que o segundo surgiu da reação contra a concepção liberal do Estado. Para além disso, o direito privado foi durante séculos o direito por excelência, construindo-se o direito público já no Estado Moderno, com o movimento constitucionalista. Praticamente, o primado do público significou o aumento da intervenção estatal na regulação coativa dos comportamentos dos indivíduos e dos grupos infraestatais, ou seja, o caminho oposto ao da emancipação

Em que pesem os avanços alcançados pelas dimensões anteriores, o fato é que tanto a sociedade quanto o Estado continuaram a se mostrar indiferentes ao sofrimento causado pela liberdade econômica, advindo daí o valor da solidariedade como único meio capaz de realizar a dignidade da pessoa humana como gênero e em toda sua plenitude.

Hoje, estamos vivendo uma fase de profundas mudanças, infundidas, principalmente, nos ideais de justiça distributiva e social. É o que podemos chamar de revolução ética do Direito, onde a vida em sociedade exige dos seus membros a consciência e o comprometimento para com o bem-estar dos semelhantes, isto porque, como bem destaca Tércio Sampaio Ferraz Júnior (2003, p. 260), a indiferença em relação ao próximo tira-lhe o sentido de existir, matando o gosto da vida.

Dotados de altíssimo teor de humanismo e universalidade, os direitos da terceira dimensão têm por destinatário o gênero humano, num momento expressivo de sua afirmação como valor supremo em termos de existencialidade concreta (BONAVIDES, 2000, p. 169). Mas, além disso, os direitos de terceira dimensão resultaram do momento em que, pela primeira vez, o homem se deparou com a hipótese da destruição do planeta e do esgotamento dos recursos naturais, gerando-se, assim, um novo dever, para o qual nossos antecessores não destinaram qualquer atenção: respeito às gerações futuras (MORAES, 1997, p. 167-190)

A consequência mais veemente do reconhecimento dessa categoria ampla de interesses foi a de pôr a descoberto a insuficiência estrutural das instituições e métodos guiados pelo ideário liberal, que comportando apenas a referência individual, não se mostrou apto a lidar com os novos fenômenos estruturais e metaindividuais (TAVARES, 2008, p. 458)

---

da sociedade civil em relação ao Estado, emancipação que fora uma das conseqüências históricas do nascimento, crescimento e hegemonia da classe burguesa. Com o declínio dos limites à ação do Estado, cujos fundamentos éticos haviam sido encontrados na prioridade axiológica do indivíduo com respeito ao grupo, e na conseqüente afirmação dos direitos naturais do indivíduo, o Estado foi pouco a pouco se reapropriando do espaço conquistado pela sociedade civil burguesa até absorvê-lo por completo na experiência extrema do Estado total, advindo daí a tardia tomada de consciência quanto ao valor do ser humano. Em suma, a distinção entre o público e o privado se duplicou na distinção política e economia, com a conseqüência de que o primado do publico sobre o privado passou a ser interpretado como primado da política sobre a economia, ou seja, da ordem dirigida do alto sobre a ordem espontânea, da organização vertical da sociedade sobre a organização horizontal.

Já neste ponto, torna-se possível perceber que os direitos fundamentais de terceira dimensão estão voltados à realização do chamado mínimo social, que corresponde a base ao bom funcionamento da organização humana (LORENZETTI, 1998, p. 328).

Os denominados "novos direitos", surgiram como resposta ao problema da "contaminação da liberdade", fenômeno este advindo da degradação propiciada pela nova tecnologia no meio ambiente, na liberdade informática, no consumo, mas, acima de tudo, na qualidade de vida (LORENZETTI, 1998, p. 154).

Na categoria dos direitos em lume, incluem-se a proteção ao patrimônio histórico e cultural da humanidade, ao trabalho, à moradia, à educação, à saúde, ao direito à autodeterminação, à defesa do patrimônio genético da espécie humana, enfim, aos direitos difusos em geral, sempre lembrando que o princípio da dignidade humana constitui o fundamento das preocupações supra. (LORENZETTI, 1998, p. 154)

É exatamente nessa adoção de fins sociais prevalentes à proteção dos fins individuais que o Estado Democrático de Direito se distingue do Estado Liberal individualista. Cada vez mais social, a tendência do Estado contemporâneo é dar prevalência aos interesses coletivos e difusos da humanidade, antes que aos indivíduos (SILVA, 2003, p. 115).

Nesta toada, e para isso trazemos a baila a ponderação de Daniel Sarmento (2000, p. 68), é notório que a premissa antropológica subjacente ao constitucionalismo modificou-se profundamente do advento do Estado Liberal até os nossos dias, pois cediço que o constitucionalismo liberal se assentava numa visão limitativa do homem, ao Estado caberia assegurar a autonomia humana, lhe escapando assegurar aos indivíduos condições reais de subsistência.

Pode-se dizer, portanto, que na visão dos direitos fundamentais de terceira dimensão, o princípio da dignidade da pessoa humana, tanto pela sua magna importância no sistema constitucional, como pela sua fluidez estrutural, equivale à primeira função do ordenamento e a própria legitimação ética da Constituição (SARMENTO, 2000, p. 154).

Não é de hoje que o direito procura se aproximar à mais alta expressão da justiça, que não é a que se realiza apenas com o dar a cada um o que é seu, ou com o tratamento dos cidadãos na proporção de seus méritos, mas também com a constituição de uma ordem social na qual cada homem saiba se dedicar ao bem comum (REALE, 1998, p. 310).

O bem comum, objeto mais alto da virtude justiça, representa, pois, uma ordem proporcional de bens em sociedade, de maneira que o Direito não tem a finalidade exclusiva de realizar a coexistência das liberdades individuais, mas sim a finalidade de alcançar a coexistência e a harmonia do bem de cada um com o bem de todos (REALE, 1998, p. 310).

Como diz Miguel Reale (1998, p. 306-307), o direito constitui-se e desenvolve-se porque os homens são desiguais e aspiram à igualdade. São diversos e sentem uma inclinação igual para felicidade. Querem ser cada vez mais eles mesmos em uma certa tábua igual de valores. Enquanto que a pessoa humana constitui o valor fonte do direito, constitui a justiça o seu valor fim.

O problema, entretanto, é a dificuldade que enfrentam esses direitos, em nível de proteção jurídica, pois o "positivismo formalista", dogmaticamente enraizado em nosso sistema, age no sentido de manter as relações sociais estabelecidas, sem abordar o conflito eminentemente político, rei vindicatório de mudanças sociais (TAVARES, 2008, p. 458)

Está mais do que evidente que o formalismo jurídico em excesso não se coaduna com o princípio da dignidade da pessoa humana, pois constituindo uma categoria axiológica aberta, livre de conceituações puramente positivistas ou dogmáticas, precisa ser analisado não apenas como um limite à atuação do Estado, mas, sobretudo, como um norte para a sua ação positiva (SARMENTO, 2000, p. 70-71).

Queremos dizer que além do dever de se abster à pratica de atos que atentem contra a dignidade humana, cabe ainda ao Estado promover esta dignidade através de condutas ativas, garantindo o mínimo existencial para cada ser humano. Direitos básicos como à alimentação, educação básica, saúde, moradia, dentre outros mais, jamais podem ser avaliados sob visão formalista e pragmática, e para isso a atuação do princípio da solidariedade mostra-se fundamental (SARMENTO, 2000, p. 70-71).

A esta altura, já é possível se verificar, então, que a questão da solidariedade foge no âmbito exclusivamente jurídico, estando seu fundamento na realidade social. Como o direito é fruto da sociedade, dela não podendo se apartar, é absolutamente certo que políticas públicas de transformação social devem-no inspirar, pois se assim não fosse, pouco ou nada serviria para os fins a que se destina.

A verdade, portanto, revela os direitos de terceira dimensão como um horizonte diverso, tratando-se, como diz Fachin (2000, p. 331), de um exercício da solidariedade social que não se capta com esquemas jurídicos, mas constrói-se na vida social e econômica. São, enfim, os direitos de cada pessoa a uma existência condizente com sua qualidade de ser humano, e à altura dos recursos da sociedade global de que a pessoa é membro (TELLES JR, 2002, p. 348), assumindo dupla dimensão: a negativa, que visa impedir a submissão da pessoa humana a ofensas e humilhações; e positiva, que impõe o reconhecimento da autonomia imanente ao homem SARMENTO, 2000, p. 70-71), pressupondo a garantia de condições para o pleno desenvolvimento da sua personalidade.

Essa linha de pensamento é bastante importante para o contínuo processo de efetivação dos direitos fundamentais, notadamente porque uma análise real da sociedade nos leva à constatação de que a opressão contra os direitos fundamentais provêm não apenas do Estado, mas se uma multiplicidade de atores privados. (2007, p. 25).

Por fim, a respeito da ideia de direito social, é relevante refletir a adução de José Luis Bolzan de Morais (1997, p. 76-77), segundo a qual a mesma parece pressupor o atingimento de um outro homem que não aquele produzido pela teoria do direito individual, pois enquanto para este ultimo a titularidade do direito está vinculada ao indivíduo isolado, no âmbito do direito social esse individuo aparece sempre como integrante de uma comunidade, a qual, todavia, não o absorve ou dissolve em seu interior. Isso faz com que seja imprescindível o desapego ao caráter exclusivista do direito individual, reforçando o princípio da solidariedade como meio capaz de reforçar a efetividade do direito social.

## 5 DIREITOS FUNDAMENTAIS DE QUARTA DIMENSÃO

Para alguns doutrinadores, dentre os quais Paulo Bonavides (2000, p. 516-520) e Norberto Bobbio (1992, p. 30), a globalização política na esfera da normatividade jurídica introduz os direitos de quarta dimensão, correspondentes à derradeira fase de institucionalização do Estado social. Na concepção desses autores, os direitos da quarta dimensão consistem nos direitos à democracia, à informação, ao pluralismo, sendo seu corolário as "ações afirmativas" e o "direito a ser diferente", pois o respeito à diversidade é necessário até para que certas culturas não restem dizimadas pela imposição majoritária.

Participando, ainda, de tal postura, Ingo Sarlet (2005, p. 60) assevera que comparada com as posições que arrolam os direitos contra a manipulação genética, mudança de sexo, dentre outras, a tese dos direitos fundamentais de quarta dimensão oferece a vantagem de constituir uma nova fase no reconhecimento dos direitos fundamentais, qualitativamente diversos das anteriores, já que não se cuida apenas de vestir com roupagem novas reivindicações deduzidas.

Discordamos, entretanto, dos aludidos autores. Não obstante a verdadeira democracia precise ser isenta, livre das contaminações, vícios e perversões de populistas manipuladores, é pela concretização dos direitos de primeira, segunda e terceira dimensões que os interesses democráticos se concretizam.

Democracia, informação, ações afirmativas e, principalmente pluralismo, só encontram condições de se materializar se as liberdades públicas, a igualdade e a solidariedade forem respeitadas e garantidas, sendo uma concepção redundante a teoria dos direitos fundamentais de quarta dimensão.

Não podemos olvidar, e para isso invocamos as palavras de Vladmir Silveira e Ernani Contipelli (Op. Cit), que muito embora os chamados direitos humanos de quarta dimensão estejam ligados a um determinado momento histórico, o fundamento dos direitos de terceira dimensão ainda se mostra latente, inexistindo a definição de um paradigma que justifique a existência dos direitos de quarta dimensão.

Os chamados direitos de participação democrática constituem, assim, uma diferenciação qualitativa aplicada a certos grupos (TAVARES, 2008, p. 459), nascendo e se modificando conforme o núcleo formado pelo sentimento axiológico da sociedade, o qual, a partir de um dado fato se adere a um determinado valor, que, por sua vez, passa a ser normatizado tanto internacional como nacionalmente pelos Estados, com indispensável fundamento na ideia de dignidade da pessoa humana (SILVEIRA e CONTIPELLI, Op. Cit.).

Como tal evolução não se encontra definida o bastante para que reste caracterizada uma nova dimensão fundamentalista de direitos, não há dúvida que a quarta dimensão de direitos humanos constitui apenas uma reprodução conjugada das três primeiras dimensões, pois os direitos à democracia, à informação e ao pluralismo fazem parte de quadro conjuntural já existente com as dimensões anteriores.

O conceito de democracia, assevera José Afonso da Silva (2002, p. 43), vem se formando historicamente como um meio de realização de valores essenciais de convivência humana que se traduzem basicamente nos direitos fundamentais do homem, ou seja, um processo de afirmação do povo e de garantia dos direitos fundamentais que o povo vai conquistando no correr da história.

Logo, não existe um diferencial capaz de identificar essa nova realidade de direitos, mas sim, a afirmação dos direitos humanos a partir de um mínimo ético presente, principalmente, em espaços políticos democráticos, nada inovando, portanto, a proposição da quarta dimensão dos direitos em relação ao pluralismo e à diversidade cultural.

## CONCLUSÃO

Constituindo o ponto central dos direitos fundamentais estabelecidos pela Constituição Federal de 1988, a dignidade da pessoa humana passou por um grande processo de transformação até chegar à concepção ética e plena dos dias atuais.

Os direitos fundamentais, que assim são chamados após serem incorporados da ordem pré-estabelecida pelo texto constitucional interno de um país, revelam a ética universal que deve existir nas relações humanas, positivando, pois, o dever de solidariedade, cujo objetivo, além de desenvolver a personalidade humana, é tornar a sociedade um ambiente propício ao bem estar social.

Para tanto, a noção de direitos fundamentais surgiu a partir da conscientização de que para se desenvolverem como seres humanos, os homens precisavam ser civil e politicamente livres – a primeira dimensão dos direitos –, sendo que, num segundo momento histórico, deveriam ser tratados com igualdade – a segunda dimensão dos direitos –, e, ao final, terem o direito difuso a uma sociedade solidária, que garanta a paz, o desenvolvimento humanizado da economia, a preservação do meio ambiente, mas, sobretudo, o direito existencial digno das futuras gerações – a terceira dimensão dos direitos –, consignando que pela falta de um marco paradigmático bem definido, não vislumbramos, ainda, a caracterização de uma quarta dimensão de direitos.

Sempre realçando que o surgimento de uma nova dimensão de direitos não implica a supressão das anteriores, mas sim, o seu aperfeiçoamento, a verdade é que a evolução dos direitos fundamentais trouxe para a sociedade a preocupação com o bem-estar e a justiça para cada ser humano, que não pode ser relegado à indiferença e à neutralidade do sistema puro capitalista.

Com eles, implementou-se uma nova ótica de ver o direito, voltado não para a ruptura do sistema, mas para a sua humanização, direcionando-se para uma ordem finalista, que é assegurar a todos os seres humanos existência digna num ambiente de reconhecimento recíproco de dignidade e justiça social.

Não é por outro motivo, que a concretização dos direitos fundamentais, em todas as suas dimensões, exige dos poderes e, também, da sociedade, uma conduta ativa e positiva, e se assim é, a compreensão dos direitos fundamentais implica a construção de possibilidades para que os mesmos se tornem reais, até para evitar o retrocesso social.

Em suma, a efetividade dos direitos fundamentais – em todas as suas dimensões – é a meta obrigatória para que a democracia e a justiça se instalem na sociedade, o palco de reconhecimento do homem por seu valor existencial.

# REFERÊNCIAS

BOBBIO, Norberto. *A Era dos Direitos*. 7ª impressão. Trad. Carlos Nelson Coutinho, Rio de Janeiro: Editora Campus, 1992.

_____. *Estado, Governo e Sociedade:* para uma teoria geral da política. Trad. Marco Aurélio Nogueira. 11ª edição, São Paulo: Paz e Terra, 2004.

BONAVIDES, Paulo. *Curso de Direito Constitucional*, 11ª edição, São Paulo: Malheiros, 2000.

_____. *Do Estado Liberal ao Estado Social*. 7ª edição, São Paulo: Malheiros, 2001.

BROCHADO, Mariá. *Direito e Ética*: A Eticidade do Fenômeno Jurídico. São Paulo: Landy Editora, 2006.

DALLARI, Dalmo de Abreu. *Elementos de Teoria Geral do Estado*. 19ª edição, São Paulo: Saraiva, 1995.

FACHIN, Luiz Edson. *Teoria Crítica do Direito Civil*. Rio de Janeiro: Renovar, 2000.

FERRAZ JR., Tércio Sampaio. *Estudos de Filosofia do Direito*. 2ª edição, São Paulo: Atlas, 2003.

GRAU, Eros Roberto. *A Ordem Econômica na Constituição de 1988*, 12ª edição, São Paulo: Malheiros, 2007.

GUERRA FILHO, Willis Santiago. *Processo Constitucional e Direitos Fundamentais*. 4ª edição, São Paulo: RCS, 2005.

LAFER, Celso. *A Reconstrução dos Direitos Humanos:* um diálogo com o pensamento de Hannah Arendt, São Paulo: Cia das Letras, 1988.

LORENZETTI, Ricardo Luis. *Fundamentos do Direito Privado*. São Paulo: RT, 1998.

MACHADO, Raquel Cavalcanti Ramos. *Interesse Público e Direitos do Contribuinte*, São Paulo: Dialética, 2007.

MORAES, Maria Celina Bodin de. Artigo: *O Princípio da Solidariedade*. In PEIXINHO, Manoel Messias; et ali GUERRA, Isabela Franco & NASCIMENTO FILHO, Firly (Orgs.). *Os Princípios na Constituição de 1988*. Rio de Janeiro: Lúmen Júris, 2003, p. 167-190.

MORAIS, José Luis Bolzan de. *A Ideia de Direito Social*: o pluralismo jurídico de Georges Gurvitch. Porto Alegre: Livraria do Advogado, 1997.

REALE, Miguel. *A Pessoa:* valor-fonte fundamental do Direito. In Nova Fase do Direito Moderno. São Paulo: Saraiva, 1990.

_____. *Fundamentos do Direito*. 3ª edição, São Paulo: RT, 1998.

SARLET, Ingo Wolfgang. *A Eficácia dos Direitos Fundamentais*. 5ª edição, Porto Alegre: Livraria do Advogado, 2005.

SARMENTO, Daniel (Org.). *A Ponderação de Interesses na Constituição Federal*. Rio de Janeiro: Lúmen Júris, 2000.

_____. *Interesses Públicos versus Interesses Privados*: desconstruindo o princípio do interesse público. Rio de Janeiro: Lúmen Júris, 2007.

SILVA, José Afonso. *Aplicabilidade das Normas Constitucionais*. 6ª edição, São Paulo: Malheiros, 2003.

_____. *Poder Constituinte e Poder Popular (Estudos sobre a Constituição)*. São Paulo: Malheiros, 2002.

SILVEIRA, Vladmir Oliveira da, et. ali CONTIPELLI, Ernani. *Direitos Humanos Econômicos na Perspectiva da Solidariedade*: desenvolvimento integral. In http://www.conpedi.org/manaus/arquivos/anais/salvador/ernani_contipelli.pdf, consultado às 14h10min do dia 19/05/2009.

STEINMETZ, Wilson. *A Vinculação dos Particulares a Direitos Fundamentais*. São Paulo: Malheiros, 2004.

TAVARES, André Ramos. *Curso de Direito Constitucional*, 6ª edição, São Paulo: Saraiva, 2008.

TELLES JÚNIOR, Goffredo. *Iniciação na Ciência do Direito*. 2ª edição, São Paulo: Saraiva, 2002.

# PENHORA ON LINE PARA A REALIZAÇÃO DOS IDEIAIS DO CÓDIGO DE PROCESSO CIVIL. MEDIDA EXCEPCIONAL?

*Ana Luísa Fioroni Reale[1]*

RESUMO

O presente artigo destaca a importância do Instituto da Penhora On line, regulamentada pelo Código de Processo Civil recentemente, como medida destinada à maior e mais rápida satisfação do direito do exequente. Está atrelada a princípios processuais constitucionais no que diz respeito, especificamente, à entrega da tutela jurisdicional de modo mais efetivo e dentro de um tempo razoável, possibilitando ao litigante buscar e deixar o judiciário obtendo uma tutela útil e tempestiva. Observamos que o Código de Processo Civil, mediante a regulamentação da penhora on line em seu atual artigo 655-A, fixa, como regra, a ideia de que ela deverá acontecer de imediato, como primeira possibilidade ao exequente, sem a necessidade de se esgotar as diligências de localização de bens pertencentes ao devedor.

---

[1] Doutoranda em Direito Processual Civil pela PUC/SP. Graduada em Direito pela Fundação de Ensino Eurípides Soares da Rocha Faculdade de Direito de Marília/SP (UNIVEM), no ano de 2001, Mestre em Direito, área de concentração Tutela Jurisdicional no Estado Democrático de Direito, pelo Centro Universitário Toledo de Ensino, Campus Araçatuba/SP, concluído em 2007, e Especialista em Direito Processual Civil para o Mercado de Trabalho e com habilitação para o Magistério Superior, pela Universidade do Sul de Santa Catarina, em parceria com o Instituto Brasileiro de Direito Processual e Escola Luiz Flávio Gomes, em 2008, atuou como Coordenadora do Curso de Direito da UNIC (Universidade de Cuiabá, Campus Sinop – grupo KROTON IUNI), e como Professora Universitária em cursos de graduação na UNIC/MT. Atualmente atua como Advogada e Professora no Curso de Direito da UNINOVE (Universidade Nove de Julho), em São Paulo. Possui experiência na área do Direito, com ênfase em Direito Processual Civil.

**Palavras-chave**: Execução por Quantia – Penhora – Tutela Tempestiva – Satisfação do Exequente.

ABSTRACT

This article highlights the importance of the Institute of "Penhora" Online, regulated by the Civil Procedure Law recently, as a measure to greater and more rapid realization of the right of the creditor. Is linked to procedural constitutional principles with regard specifically to the delivery of legal protection more effectively and within a reasonable time, enabling the search and leave the litigant obtaining a legal guardianship useful and timely. We note that the Civil Procedure Law, by regulating this institute in its current Article 655-A, establishes, as a rule, the idea that it should happen immediately, as first possibility to the petitioner, without the need to exhaust the measures of location of property belonging to the debtor.

**Keywords**: Execution by Right Amount - Seizure - Protection Timely – Creditor Satisfaction.

# INTRODUÇÃO

Pretendemos com esse artigo trazer algumas ideias sobre a importância da penhora on line em nosso sistema processual civil. Sendo a penhora o primeiro ato executivo a se realizar em processo de execução por quantia certa, correspondendo, para o exequente, uma garantia de que seu crédito inadimplido será satisfeito no momento oportuno, importante que ela se dê do modo mais efetivo possível.

Com sua regulamentação em nosso sistema, instituindo a Lei 11.382/06 o artigo 655-A no Código de Processo Civil, tornou-se possível que, diante de uma obrigação por quantia não cumprida, após o prazo estabelecido pela lei para o pagamento, valores existentes em contas bancárias do executado já pudessem ser penhorados por meio de um sistema eletrônico para garantir o direito do credor, evitando que o devedor pudesse, eventualmente, desviá-los, visando o não cumprimento desta obrigação.

Nesse sentido, procuramos traçar um paralelo entre a relação do processo e a Constituição Federal, a finalidade efetiva do processo de execução e os valores que devem imperar para a interpretação do citado dispositivo legal, voltando-se à finalidade da execução, que corresponde a satisfação do direito do exequente; já que estes valores foram considerados pelo legislador ao instituir essa regra jurídica, tendo por base vários preceitos constitucionais.

## 1 O PROCESSO DE EXECUÇÃO

Antigamente o indivíduo fazia justiça com as próprias mãos. Não existia um órgão com a finalidade de determinar quem estava ou não com a razão em um litígio.

O devedor respondia pelas suas dívidas pessoalmente, com o seu corpo, sua liberdade, ou até mesmo com a própria vida. Tempos depois é que a dívida corporal foi transferida para seu patrimônio.

O Estado, então, chamou para si o monopólio da jurisdição, retirando do indivíduo a possibilidade de fazer justiça a seu modo. A força foi substituída pelo Direito.

O processo de execução ou a fase executiva existe para que determinada obrigação seja cumprida, realizada no caso concreto, quando esta não for satisfeita de maneira espontânea. A atividade executiva possui a função de assegurar a observância do comando contido nas decisões judiciais, ou das obrigações contidas nos títulos executivos extrajudiciais que possuem força executiva por si só, outorgadas pela lei.

O processo/fase de conhecimento tem por finalidade a formação de um título executivo. Através dele, o magistrado irá decidir, de acordo com as provas trazidas aos autos, quem realmente demonstrou ter razão no curso do feito, se o autor, ou o réu. Por meio dele, nenhum efeito jurídico é produzido no mundo dos fatos; somente a partir do momento que o indivíduo possuir um título executivo e o executar, se necessário for, é que haverá modificação no mundo dos fatos, retornando à situação que existia antes do descumprimento da obrigação.

Assim, será recomposto o equilíbrio quebrado pelo descumprimento da obrigação, mediante a prática de atos de constrição, por uma autoridade judicial, baseado em um título executivo. O Estado, utilizando-se do seu poder de força, fará com que o devedor cumpra a sua obrigação, por meio de atos que recairão sobre o seu patrimônio.

## 2 EXECUÇÃO POR QUANTIA CERTA CONTRA DEVEDOR SOLVENTE

Este procedimento executivo existe para que o exequente possa, por meio dele, ver-se satisfeito diante de uma obrigação de pagamento não cumprida. É regulamentado pelo Código de Processo Civil e corresponde ao procedimento executivo mais usual que temos.

Quando o executado é acionado em juízo para que referida obrigação seja cumprida, terá um prazo para efetuar esse pagamento, sob pena de se realizar a penhora. Assim, a penhora corresponde ao primeiro ato de execução e se destina à apreensão e depósito de bens que componham o patrimônio do devedor para que se dê a satisfação do direito do credor.

A penhora, trazendo o conceito de Alexandre Freitas Câmara (2012, p. 304), é "o ato pelo qual se apreendem bens para empregá-los, de maneira direta ou indireta, na satisfação do crédito exequendo. Trata-se, pois, de ato de apreensão judicial de bens, sendo certo que os bens penhorados serão empregados na satisfação do direito exequendo".

É ato executivo de extrema importância para o processo, pois faz gerar determinados efeitos, tais como, segundo a classificação mencionada por Alexandre Câmara (2012, p. 305), a garantia do juízo, embora não seja mais a regra do sistema para a apresentação dos embargos à execução; a individualização dos bens que suportarão as atividades executivas; o direito de preferência quando o bem foi penhorado em mais de uma execução, envolvendo os credores quirografários (efeitos processuais); a retirada do executado da posse direta do bem penhorado e fazer tornar ineficaz os atos de alienação ou oneração do bem apreendido judicialmente (efeitos materiais).

## 3 A RELAÇÃO DO PROCESSO COM A CONSTITUTIÇÃO

A Constituição corresponde a um conjunto de princípios e regras que regulamentam as necessidades das pessoas, as aspirações sociais. É a lei fundamental do Estado. O direito processual constitucional significa o estudo do sistema processual que se inicia pelos princípios e garantias previstos na Constituição.

É muito importante a análise do sistema processual tendo em vista os princípios e garantias constitucionais. Para a aplicação do direito material ao caso concreto, os dispositivos constitucionais têm sempre que ser respeitados, uma vez que estes também se refletem no processo, pois são eles que irão realizar, efetivar as suas normas e cuidar da preservação do sistema constitucional ao controlar a constitucionalidade de suas normas.

O intérprete deve buscar a aplicação do direito ao caso específico, sempre tendo como pressuposto o exame da Constituição Federal. O sistema processual é um instrumento de atuação dos dispositivos estabelecidos na Constituição. É o processo que dará efetividade a essas normas.

A importância do direito processual constitucional está em entender o que os princípios constitucionais estão querendo dizer e como eles atuam e incidem sobre o sistema processual. Conhecendo o significado e o alcance desses princípios, as leis infraconstitucionais serão bem elaboradas e os magistrados interpretarão a lei constitucional de maneira adequada.

## 4  O PRINCÍPIO DA EFETIVIDADE NO TOCANTE AO PROCESSO DE EXECUÇÃO

Os princípios são normas que se encontram em um grau mais elevado às demais normas jurídicas. Desempenham uma grande importância dentro do ordenamento jurídico, possuindo um sentido vago e indeterminado, dando margem a interpretação pelo magistrado ao solucionar determinado caso em concreto.

De acordo com o dicionário Houaiss da Língua Portuguesa (HOUAISS.; VILLAR.; MELLO FRANCO, 2001, p. 299-300), princípio significa "o primeiro momento da existência de algo, ou de uma ação ou processo; começo, início; o que serve de base a alguma coisa: primeira causa, raiz, razão; ditame moral; regra, lei, preceito".

Têm a função de organizar um sistema jurídico. São normas jurídicas, mas não iguais às normas comuns presentes no ordenamento infraconstitucional; são normas hierarquicamente superiores, devendo essas, consideradas inferiores, ser subordinadas àquelas. Vale dizer, as normas jurídicas infraconstitucionais devem ser elaboradas e interpretadas de acordo com os princípios constitucionais correspondendo a valores adotados pela sociedade, uma vez que o ordenamento proíbe que normas que o integram ofendam qualquer princípio.

Embora o princípio seja considerado norma, existem outras formas de normas jurídicas: são as regras jurídicas, as regras de direito. Assim, a norma jurídica é o gênero e existem as espécies que não os princípios e as regras.

Os princípios são abertos, não se destinam a um caso, a uma hipótese de incidência, se aplicam aos mais variados casos possíveis. São hierarquicamente superiores às regras mesmo que estejam no mesmo plano normativo. Eles auxiliam a aplicação concreta da regra. São ferramentas indispensáveis, principalmente quando existe conflito entre regras.

As regras são específicas, pré-destinadas a incidir a uma espécie de caso. Não são amplas e se voltam a uma só situação.

Não existe antinomia jurídica entre princípios, no sentido de que não há confronto entre eles, e sim, harmonização, pacificação; diferentemente das regras jurídicas. Os princípios podem muito bem se harmonizar entre si, uma vez que expressam valores a serem realizados, como já mencionava Norberto Bobbio, em sua clássica obra Teoria do Ordenamento Jurídico (1997).

O operador do Direito irá adotar aquele que mais se enquadra ao caso em concreto específico, aquele que melhor se adapta às exigências do caso para a solução do conflito de interesses, fazendo uso do princípio da razoabilidade/proporcionalidade, no sentido de fazer valer o princípio mais razoável e adequado ao caso.

Os princípios presentes nas Constituições não são isolados, devendo ser analisados juntamente com os demais que compõem o Corpo Constitucional, pois todos se relacionam.

Em contrapartida, existindo um choque entre duas regras jurídicas, uma deve ser retirada do ordenamento jurídico, pois, essas impõem uma exigência, proibindo ou permitindo alguma coisa, que por sua vez, pode ser cumprida ou não e nada mais; diferentemente, havendo desavenças entre princípios, nenhum será excluído, podendo o operador do Direito adotar qual aquele que mais se enquadra ao caso concreto, especificamente, utilizando-se o critério da razoabilidade.

O magistrado ao decidir baseando-se nos princípios, leva em conta o que realmente ele significa, o que está querendo transmitir, podendo analisar vários ao mesmo tempo. Ele irá compreender os valores que esses consagram para decidir.

Celso Antônio Bandeira de Melo (1981, p. 237) leciona que a violação de um princípio jurídico é muito mais grave que a transgressão a uma norma qualquer, uma vez que agride a todo o sistema normativo, a saber:

> A desatenção ao princípio implica ofensa não apenas a um específico mandamento obrigatório, mas a todo o sistema de comandos. É a mais grave forma de ilegalidade ou inconstitucionalidade, conforme o escalão do princípio atingido, porque representa insurgência contra todo o sistema, subversão de seus valores fundamentais, contumélia irremissível a seu arcabouço lógico e corrosão de sua estrutura mestra.

Quando uma Constituição entra em vigor, está apta a produzir efeitos jurídicos, mas só será considerada efetiva quando houver o processo de interação entre os seus princípios, normas e a sociedade. Ela possui legitimidade, mas deverá ganhar legitimação por parte dos seus destinatários. Ocorrerá a interação quando a sociedade assimilar e praticar os princípios e normas constitucionais. Quanto mais a Constituição adquirir efetividade, mais ela estará apta a garantir o exercício dos direitos dos indivíduos (NOGUEIRA DA SILVA, 2001).

Claro está que a norma processual em comento neste artigo se afina a vários princípios constitucionais, onde, citaremos, a título de exemplo, apenas dois: o princípio do amplo acesso à justiça, previsto no artigo 5º, XXXV da Constituição Federal, que abrange o ingresso e a saída satisfatória do litigante à justiça; bem como o princípio da razoável duração do processo, instituído na Constituição, de modo expresso, recentemente pela Emenda Constitucional nº 45 (art. 5º, LXXVIII) e que estabelece que a parte tem o direito à prestação da tutela jurisdicional pleiteada dentro de um espaço de tempo razoável para que o mesmo seja realizado a contento, ou seja, o processo precisa ser efetivo.

Quando se fala em efetividade, estamos nos referindo à realização do direito da parte. Não basta que seja garantido o acesso ao poder judiciário àquele que se afirma titular de um direito, faz-se necessário que ele tenha condições de efetivamente ter realizado seu direito, levando consigo aquilo pretendido quando o direito lhe pertencer. Segundo o processualista João Batista Lopes (2007. p. 35):

> O termo efetividade, segundo um clássico dicionarista, é sinônimo de realidade, e efetivo significa real, positivo, verdadeiro, existente, certo. Na linguagem técnico-processual o vocábulo vem sendo empregado, geralmente, para indicar a realização dos fins colimados pelo processo.

No mesmo sentido, observamos as considerações do jurista E. D. Moniz de Aragão, a saber (2011. p. 251):

> A efetividade da lei processual, portanto, depende fundamentalmente da inteligência dos que a interpretam e aplicam; dentre eles avultam naturalmente os juízes, por ser primordial o papel que desempenham. Todavia é inegável que magistratura alguma jamais poderá contar com um corpo de sábios (nem seria conveniente) e tampouco os intérpretes da lei e os demais operadores do Direito chegam à perfeição. Pelo contrário, uns e outros são produtos do meio em que vivem, representam a sociedade que integram. Logo, seria utópico pretender que a efetividade do processo pudesse ser alcançada a despeito da lei, conquanto seja correto esperar que apesar de seus defeitos bons juízes apliquem-na satisfatoriamente, ao passo que maus juízes sempre se conduzirão insatisfatoriamente.

Atento a essa realidade, nosso atual Código de Processo Civil foi, em 2006, bastante modificado. O legislador, vigilante e atento a essa necessidade, promoveu mudanças na lei processual civil com o intuito de garantir, de maneira mais adequada e real, os direitos do credor. Nas palavras do referido autor citado acima (LOPES, 2007. p. 33):

> Reclamada pela comunidade jurídica, que sentia as consequências da falta de efetividade da jurisdição executiva, a reforma foi assim justificada na Exposição de Motivos relativa ao cumprimento de sentença: é tempo, já agora, de passarmos do pensamento à ação em termos de melhoria

dos procedimentos executivos. A execução permanece o 'calcanhar de Aquiles' do processo. Nada mais difícil, com freqüência, do que impor no mundo dos fatos os preceitos abstratamente formulados no mundo do direito. Em razão disso, muito se discutiu em seminários e congressos sobre a necessidade de alterações no sistema e, vencidos os entraves burocráticos, chegou-se finalmente à aprovação dos projetos que cuidavam do cumprimento da sentença e, mais recentemente, da execução de título extrajudicial.

Assim, convivemos hoje com várias regras jurídicas que se destinam à realização do direito do exequente de modo mais célere e comprometido.

A exemplo, podemos citar as formas de incentivo ao cumprimento das obrigações criadas pela lei 11.382/06, que estão previstas nos artigos 652-A e 745-A do CPC. A primeira reduz pela metade o pagamento dos honorários de advogado fixados pelo magistrado ao deferir a petição inicial executiva, se o pagamento se realizar no prazo estabelecido pela lei, qual seja, 3 dias; a segunda permite o pagamento parcelado do débito em execução, oportunizando ao devedor um meio de se ver livre, de maneira menos onerosa, de uma obrigação que recai sobre si e ao credor de ter seu crédito satisfeito, sem o transtorno do aguardo do percurso das etapas processuais executivas.

Além dessas novas normas, tantas outras foram criadas; a multa de 10% sobre o valor da condenação nas execuções de sentença envolvendo quantia certa, quando o devedor não cumpre sua obrigação no prazo de 15 dias; a liquidação de sentença não mais como uma ação autônoma; a consolidação do processo sincrético referente às obrigações por quantia certa contra devedor solvente, dada pela Lei 11.232/05, pois que nosso ordenamento já contava com essa estruturação nas obrigações de fazer e não fazer desde 1994 e nas obrigações de entrega de coisa desde 2002; o recebimento dos embargos à execução, em regra, sem a suspensão do curso da execução e sem a garantia do juízo; dentre outras.

O presente estudo também se refere a uma mudança operada no Código de Processo Civil, advinda pela Lei n° 11.382/06. Trata-se do que se denominou de Penhora On line, que será tratada no item abaixo.

# 5 A PENHORA ON LINE NO ORDENAMENTO JURÍDICO BRASILEIRO

Sabe-se que o grande problema do processo civil no que se refere à sua efetividade, sempre foi e ainda é, o processo de execução. Muito embora, como o próprio nome diz, a execução compreenda a realização de atos materiais concretos de invasão patrimonial (nos casos de execução por quantia) para que se dê a satisfação do direito do exequente, não é raro ele não receber aquilo que lhe é devido. Comumente esse fato se verifica em concreto, infelizmente.

Isto se dá, muitas vezes, pela própria atuação "legal" do executado. Falamos em atuação legal no sentido de que o executado tem à sua disposição inúmeros mecanismos para agir em juízo, dentro do procedimento que o Código de Processo Civil lhe permite agir, mas, ao mesmo tempo, com ampla possibilidade de procrastinar o feito se assim o desejar, de fazer com que realmente o exequente não receba o que de direito. Não há como deixar de reconhecer, até mesmo em respeito aos princípios que asseguram às partes o devido processo legal, contraditório e ampla defesa, que em muitos momentos o executado se encontra em situação privilegiada em relação ao exequente.

Há alguma contradição na última parte desta assertiva? Entendemos que sim. Como pode ser privilegiado o executado em detrimento do exequente, sendo que foi este quem precisou movimentar a máquina judiciária para ver realizado seu direito? Que precisou desembolsar dinheiro, tempo, suportar angústias para a realização concreta de algo que já encontra previsão em um documento (título executivo) que atesta, pelo menos em princípio, a existência de seu direito?

Sim, porque segundo nos ensinou LIEBMAN (1980. p. 22), existe em nosso sistema o que se chama de Eficácia Abstrata do Título Executivo, significando dizer que se o título se apresentar aparentemente em ordem, ao juiz não competirá à análise da existência ou não da obrigação constante dele, simplesmente ordenará a prática de atos de execução para a satisfação do direito do exequente. Nestes termos:

> Podemos assim completar o conceito do título executório dizendo que ele é fonte *imediata*, *direta* e *autônoma* da regra sancionadora e dos efeitos jurídicos dela decorrentes (v.,

adiante, n. 32). A eficácia abstrata reconhecida ao título é que explica seu comportamento na execução; aí está o segredo que torna o instrumento ágil e expedito capaz de permitir a realização da execução sem depender de qualquer nova demonstração da existência do crédito.

No mesmo sentido, leciona Cândido Rangel Dinamarco (2009. p. 214):

> Da própria conceituação do título executivo resulta que sua *eficácia* consiste na aptidão a autorizar a realização dos atos de constrição e coação inerentes à execução forçada. Diante da existência do título executivo, que já está nos autos ou o exequente lhe comprova logo ao propor a demanda inicial da execução (CPC, art. 614, inc. I), o juiz simplesmente prescinde de qualquer verificação acerca da existência ou inexistência do crédito alegado; manda citar ou intimar o executado (conforme se trate de execução por título extrajudicial ou judicial) e passa em seguida aos atos de constrição, *abstraindo-se* dessa existência ou inexistência porque nesse momento basta a probabilidade expressa em título executivo. Diz-se portanto abstrata a *eficácia* executiva dos títulos (Liebman), nesse sistema em que as defesas do executado são eventuais e em princípio dependentes da oposição de uma resistência formal caracterizada pela impugnação ou pelos embargos à execução; se os os embargos ou a impugnação não forem opostos a execução prosseguirá até ao fim, com a satisfação do credor, sem que o juiz se pronuncie sobre existir ou não a relação jurídico-material em razão da qual é feita.

É obvio que não podemos generalizar os casos. Sabe-se que comportamentos não desejados, desleais, também podem ser praticados pelo exequente ao requerer em juízo atividades de execução. Não há dúvida. Porém, não podemos trabalhar essas situações como a regra que deve imperar em nosso sistema. Ou seja, é preciso que o exequente tenha em suas mãos ferramentas para fazer uso, destinadas à realização efetiva do seu direito, claro que respeitando os direitos do executado, segundo determina a Constituição Federal e o próprio Código de Processo Civil, em seu artigo 620, ao estatuir o princípio da menor onerosidade do devedor.

Observando o artigo 655, I do nosso Código, encontramos a seguinte redação: "A penhora observará, preferencialmente, a seguinte ordem...

I - dinheiro, em espécie ou em depósito ou aplicação em instituição financeira" (BRASIL, Lei 5.869/1973). Trata-se de uma situação nova? Esse artigo foi criado pela citada lei? A resposta para essas indagações é negativa. Muito embora ela tenha modificado a redação deste inciso, nosso ordenamento jurídico já previa, neste mesmo inciso I, a penhora de dinheiro como preferencial. Se assim o é, porque não verificávamos, na prática, a realização de penhoras desta natureza? Porque foi preciso a inclusão do artigo 655-A para a realização dessas penhoras?

Não obstante tenha nosso sistema processual civil previsto, desde há muito tempo, a possibilidade de penhora de dinheiro como preferencial a outros bens citados nos demais incisos do artigo 655, essa prática não se realizava. A penhora de dinheiro, antes da inovação que iremos trabalhar nessa ocasião, deveria se realizar via ofício e até que o exequente fizesse seu requerimento requisitando informações à Entidade Supervisora do Sistema Bancário sobre a existência de ativos financeiros em nome do executado, até que a resposta lhe fosse enviada, também via ofício, e até que se fizesse realmente a penhora, muito tempo se passava e se o devedor quisesse, teria tempo suficiente para esvaziar suas contas bancárias e frustrar o direito do credor.

Diante disso, mediante prática já utilizada na Justiça do Trabalho, o legislador regulamentou a possibilidade de se fazer a penhora de dinheiro por meio eletrônico, on line, em um período muito curto de tempo. O juiz, mediante uma senha que lhe é fornecida, preenche um documento eletrônico identificando o executado e o valor a ser bloqueado. Essa requisição é enviada aos bancos e se a resposta for positiva com relação aos ativos existentes em seu nome, já se realiza o bloqueio, observando o valor indicado pelo magistrado. Neste sentido, a lei 11.382/06 incluiu no Código de Processo Civil o artigo 655-A, que assim dispõe (BRASIL, Lei 5.869/1973):

> Art. 655-A. Para possibilitar a penhora de dinheiro em depósito ou aplicação financeira, o juiz, a requerimento do exeqüente, requisitará à autoridade supervisora do sistema bancário, preferencialmente por meio eletrônico, informações sobre a existência de ativos em nome do executado, podendo no mesmo ato determinar sua indisponibilidade, até o valor indicado na execução. (Incluído pela Lei nº 11.382, de 2006).
> § 1º As informações limitar-se-ão à existência ou não de depósito ou aplicação até o valor indicado na execução. (Incluído pela Lei nº 11.382, de 2006).

> § 2º Compete ao executado comprovar que as quantias depositadas em conta corrente referem-se à hipótese do inciso IV do caput do art. 649 desta Lei ou que estão revestidas de outra forma de impenhorabilidade. (Incluído pela Lei nº 11.382, de 2006).
> § 3º Na penhora de percentual do faturamento da empresa executada, será nomeado depositário, com a atribuição de submeter à aprovação judicial a forma de efetivação da constrição, bem como de prestar contas mensalmente, entregando ao exeqüente as quantias recebidas, a fim de serem imputadas no pagamento da dívida. (Incluído pela Lei nº 11.382, de 2006).
> § 4º Quando se tratar de execução contra partido político, o juiz, a requerimento do exeqüente, requisitará à autoridade supervisora do sistema bancário, nos termos do que estabelece o caput deste artigo, informações sobre a existência de ativos tão-somente em nome do órgão partidário que tenha contraído a dívida executada ou que tenha dado causa a violação de direito ou ao dano, ao qual cabe exclusivamente a responsabilidade pelos atos praticados, de acordo com o disposto no art. 15-A da Lei nº 9.096, de 19 de setembro de 1995. (Incluído pela Lei nº 11.694, de 2008).

A partir desta regulamentação, podemos vislumbrar que esse dispositivo passou a garantir de modo mais efetivo o direito de crédito do exequente, possibilitando a ele que, em um menor espaço de tempo, possa obter a satisfação esperada e que inclusive o levou a bater às portas do judiciário. Isso porque, com a realização da penhora on line, o processo não irá caminhar para as fases de expropriação de bens, que são fases tortuosas e demoradas para que se tenha essa satisfação, sendo o dinheiro colocado em indisponibilidade e entregue ao credor no momento oportuno. Assim, aduz Demócrito Reinaldo Filho (2009):

> Embora a gradação legal de bens que podem ser indicados à penhora (art. 655 do CPC) não tenha um caráter absoluto e o Juiz possa, observando as circunstâncias de um caso concreto, decidir pela constrição de outro bem, ele deve ser bastante restritivo quando tiver de assim optar. A opção por outro bem que não o dinheiro, para garantir a execução, implica em assumir uma série de dificuldades práticas que terminam inelutavelmente por levar o processo a não atingir o seu fim (de satisfação do direito de crédito do credor).

Todos os outros bens elencados no art. 655 têm uma maior ou menor dificuldade de conversão para dinheiro, mas quase sempre essa conversão implica em um procedimento longo e penoso (avaliação, publicação de editais, praça ou leilão), com o surgimento de inúmeros incidentes processuais nesse caminho, tornando, na prática, o processo de execução – por essa única razão, de ter de expropriar e converter bens do executado em dinheiro – de pouca (ou quase nenhuma efetividade).

Não há dúvidas de que se trata de uma regra perfeitamente alinhada à preceitos, inclusive, constitucionais. Na realidade, o processo deve ser visto e estudado a partir da Constituição; para se buscar a solução de conflitos de interesses instaurados, é importante que o magistrado realize em concreto o direito da parte à luz das normas constitucionais. Segundo estabelece o brilhante processualista civil Cássio Scarpinella Bueno (2013. p. 52-3):

> No sistema processual civil vigente, importa mais, de acordo com as premissas adotadas por este Curso, verificar em que condições os modelos executivos desenhados abstratamente pelo legislador podem (ou devem) ser modificados pelo magistrado à luz das necessidades de cada caso concreto. De que maneira a tipicidade dos atos executivos pode, legitimamente, sempre em conformidade com o "modelo constitucional do processo civil", dar lugar à prática de atos atípicos para a prestação efetiva da tutela jurisdicional. É desse prisma de análise que as diversas técnicas que podem e que não podem ser empregadas pelo Estado-juiz devem ser analisadas.

Complementando esse raciocínio, segue entendimento de Glauco Gumerato Ramos, a saber (2008. p. 361):

> É evidente que todas as mazelas sociais não serão sanadas através do direito processual civil. Mas não é menos evidente que o processo civil brasileiro está comprometido em viabilizar a *terceira onda renovatória* em prol do *enfoque de acesso à justiça*, de que os deu notícia Mauro Cappelletti. O direito processual da atualidade permite um processo civil mais *simples* e consequentemente mais *útil* em seus resultados – com a devida vênia daqueles que são céticos com a *reforma*. O direito processual civil contido no CPC pós-reforma está se mostrando pródigo em oferecer ao jurisdicionado

as *técnicas processuais* capazes de adequadamente viabilizar a tutela dos direitos através do processo jurisdicional. Basta que se tenha boa vontade em analisar, operar e concretizar esse novo direito processual civil, com uma nova base científica que o legitima perante a ordem constitucional e o chamado *modelo constitucional de processo civil*.

É certo que existe, ainda, resistência no tocante à realização da penhora on line, isso pela própria previsão da lei de que a execução deve se dar de maneira menos gravosa para o executado. Nesse sentido, encontramos algumas decisões judiciais indeferindo requerimentos de penhora on line, entendendo que ela somente seria possível após ter o credor diligenciado na tentativa de localização de bens do devedor e quando esta diligência for tida como infrutífera, considerando ser essa penhora excepcional.

Com a devida vênia, esse entendimento não é o que prevalece a partir da edição da Lei 11.382/06. É óbvio que esse instituto não deve ser utilizado sem critério e que as garantias relacionadas ao executado devem ser sempre respeitadas, em razão das garantias constitucionais que lhe assistem. Mas em real e boa verdade, dizer que, por primeiro, pelo menos como regra, o exequente tenha que procurar bens do devedor a serem penhorados e que somente após é que se teria a possibilidade de realização de uma penhora de dinheiro feita via on line, é fazer cair por terra a norma jurídica prevista no artigo 655-I do Código de Processo, as garantias constitucionais destinadas à tutela do direito do credor, bem como a intenção do legislador ao promover todas as recentes mudanças em nosso ordenamento jurídico. Citando, mais uma vez, João Batista Lopes (2007. p. 37):

> Bem se vê, pois, que não é suficiente a vontade do legislador para fazer valer a garantia constitucional da *razoável duração do processo*, que, segundo PAULO HOFFMAN, deve ser definida segundo os critérios da complexidade de cada caso, do comportamento das partes e da atuação dos juízes e dos auxiliares da Justiça. A concretização desse ideal depende de vários fatores, notadamente da modernização da máquina judiciária, cuja análise não cabe nesta breve exposição. Por outro lado, aos juízes foi reservado papel relevante no sentido de coibir o abuso do direito de defesa, uma das causas da lentidão processual cujas conseqüências são por todos conhecidas. Não se poderá, também, prescindir da colaboração

dos servidores da Justiça, muitas vezes esquecidos, quando se discute o tema da morosidade processual. De todo o exposto, espera-se que as recentes reformas processuais mantenham vivo o debate a respeito da necessidade de se conferir mais efetividade à prestação jurisdicional para se atender aos anseios das partes, dos operadores do direito e da sociedade.

Dizemos como regra porque a ordem de nomeação de bens à penhora não é rígida e absoluta, podendo haver a inversão quando o executado pleiteá-la, para que possa se dar de forma menos gravosa para ele, mas, ao mesmo satisfatória ao exequente. O Superior Tribunal de Justiça já vinha se posicionando, nesse sentido, até que editou a Súmula 417, estabelecendo que, na execução civil, a penhora de dinheiro na ordem de nomeação de bens não tem caráter absoluto.

Podemos vislumbrar que o poder judiciário tem desempenhado uma conduta condizente com a real intenção do legislador brasileiro atual, preocupado com a insatisfação das pessoas que procuram pelos serviços jurisdicionais, aplicando em concreto as normas previstas na lei, adequando-as a cada caso específico. O Superior Tribunal de Justiça firmou entendimento no sentido de que não se faz necessário que se realize busca sobre bens existentes no patrimônio do executado, podendo, quando, a requerimento do exequente, se realizar, como primeira possibilidade, a verificação de ativos financeiros em nome do executado, segundo estabelece o artigo 655, I do Código de Processo Civil.

Nessa linha de raciocínio, segue algumas decisões preferidas por este Tribunal Superior, a saber:

> AGRAVO REGIMENTAL EM AGRAVO EM RECURSO ESPECIAL. BENS DE DIFÍCIL ALIENAÇÃO OFERECIDOS À PENHORA. DEFERIMENTO DE PENHORA ON LINE. POSSIBILIDADE. REEXAME DO CONJUNTO FÁTICO-PROBATÓRIO. SÚMULA 7/STJ. 3ª Turma. DJe 07.05.2013. DECISÃO AGRAVADA MANTIDA.
> 1.- Com a edição da Lei n.º 11.382/2006, consolidou-se o entendimento de que o dinheiro, em espécie, ou depósito, ou aplicação financeira (art. 655, I do CPC) é o primeiro bem a ser penhorado, na ordem legal.
> 2.- A jurisprudência desta Corte é firme no sentido de que pode a constrição recair sobre dinheiro, sem que isso implique

afronta ao princípio da menor onerosidade da execução, previsto no art. 620 do Código de Processo Civil.
3.- Concluindo o Judiciário estadual que os bens oferecidos à penhora são de difícil alienação, a revisão desta conclusão demanda, necessariamente, o revolvimento do acervo fático-probatório da causa o que impede a abertura da via especial, ante o óbice da Súmula 7 deste Tribunal.
4.- Agravo improvido.

ADMINISTRATIVO. PROCESSUAL CIVIL. AUSÊNCIA DE VIOLAÇÃO DO ART. 535 DO CPC. PENHORA ON LINE. BACEN JUD. INDEFERIMENTO NA ORIGEM POR INVIABILIZAR A SOBREVIVÊNCIA DIGNA DO EXECUTADO. AUSÊNCIA DE PROVAS.
REEXAME. IMPOSSIBILIDADE. INCIDÊNCIA DA SÚMULA 7/STJ. RECURSO ESPECIAL CONHECIDO EM PARTE E IMPROVIDO. 1 Turma. Junho de 2013.
DECISÃO
Vistos.
Cuida-se de recurso especial interposto por BANCO CENTRAL DO BRASIL, com fundamento no art. 105, inciso III, alíneas "a" e "c", da Constituição Federal, contra acórdão proferido pelo Tribunal Regional Federal da 2ª Região.
O julgado negou provimento ao recurso de agravo regimental do recorrente nos termos da seguinte ementa (fls. 95/96, e-STJ): "PROCESSO CIVIL E ADMINISTRATIVO. PENHORA. BACEN-JUD. DESNECESSIDADE. PRECEDENTES JURISPRUDENCIAIS.
1. Agravo interno, interposto pelo Banco Central do Brasil, requerendo a reconsideração da decisão monocrática que negou seguimento ao agravo de instrumento, em que se pretendia a reforma da decisão que indeferiu o pedido de bloqueio online e penhora, através do convênio BACEN-JUD.
2. A jurisprudência admitia a penhora por meio eletrônico somente em caráter excepcional, depois de esgotados todos os meios disponível no sentido de localizar bens, do executado, passíveis de penhora.
3. Entretanto, com o advento da Lei 11.382/06, que alterou a redação do art. 655 do CPC, o dinheiro em depósito ou aplicado em instituição financeira passou a ocupar, juntamente com o dinheiro em espécie, o primeiro lugar na ordem de penhora, sendo certo que o art. 655-A, introduzido pelo mesmo dispositivo legal, autoriza expressamente o juiz, mediante

requerimento do exequente, a determinar a indisponibilidade de ativos financeiros através de meio eletrônico.
4. Diante da previsão legal específica quanto à penhora preferencial de ativos financeiros, deve ser admitida a possibilidade de imediata utilização do sistema "Bacen-Jud", sem que haja necessidade de prévio exaurimento das demais tentativas de localização de bens do executado, eis que inserido no meio jurídico como instrumento de penhora de dinheiro.
5. Revela-se indispensável, contudo, que a penhora por meio eletrônico dos valores não coloque em risco o regular funcionamento da empresa ou a sobrevivência digna do executado, conforme a hipótese, nem recaia sobre bem impenhorável, a ser aferido após a concretização da medida, conforme a hipótese, pelo juízo da execução.
6. In casu, não há prova contundente nos autos de que a constrição, no montante estipulado, em relação ao agravado, não inviabilizaria sua sobrevivência de forma digna.
7. A decisão atacada não merece reparo, uma vez que o agravante não trouxe argumento que alterasse aquela conclusão.
8. Ademais, para fins de prequestionamento, basta que a questão tenha sido debatida e enfrentada no corpo do acórdão, sendo desnecessária a indicação de dispositivo legal ou constitucional (STF, RTJ 152/243; STJ, Corte Especial, RSTJ 127/36; ver ainda: RSTJ 110/187).
9. Recurso conhecido e desprovido."

Em nosso entendimento, jamais a norma jurídica deve ser interpretada no sentido de modificar o desejo da lei para instituir, dessa conduta, uma regra a ser seguida.

Referidos julgados deixam clara a posição do STJ no sentido de que a penhora on line, quando realizada, não implica, necessariamente, prejuízo ao executado. Penhora é ato executivo, como tantos outros existentes, decorrente de obrigação não cumprida, fazendo instaurar execução que o executado mesmo deu causa. Essa ideia se coaduna à satisfação do direito do credor, tendo este a possibilidade de receber seu crédito o quanto antes.

Também vem atrelado ao fato de o legislador, diante de valores existentes em nosso ordenamento, privilegiar a efetividade do direito do credor, frente à eventual prejuízo a ser causado ao executado, isso, ainda, com ressalvas, pois a orientação da jurisprudência na busca do equilíbrio entre a satisfação do crédito e a garantia do executado foi consolidada na Súmula 317 do STJ.

De acordo com Cássio Scarpinella Bueno (2013. p. 254):

> Compreendida a "penhora on line" na forma proposta por este Curso, portanto, não há espaço para duvidar que o emprego dessa técnica constritiva independe da prévia frustração de outras diligências, quaisquer que sejam elas, tendentes à localização de bens penhoráveis do executado. Nesse sentido, corretamente, já decidiu a Corte Especial do STJ: REsp 1.112.943/MA, rel. Min. Nancy Andrighi, j. un. 15.09.2010, DJe 23.11.2010 (recurso repetitivo). A primeira Seção do mesmo Tribunal, por sua vez, já teve oportunidade de decidir que a desnecessidade de esgotamento prévio de diligências relativas à descoberta de bens penhoráveis do executado para legitimar a "penhora on line" não subsiste nem mesmo no âmbito da cobrança das dívidas tributárias, a despeito do art. 185-A di Código Tributário Nacional, incluído pela Lei Complementar n. 118/2005. Também para esses casos, deve prevalecer a regra mais recente e mais afinada aos princípios regentes da tutela jurisdicional executiva, o art. 655-A do CPC.

Ainda, na mesma linha de raciocínio, na busca de atribuir-se ao exequente, o quanto antes, seu crédito inadimplido, o STJ proferiu decisão recente em Recurso Especial (REsp n 1.370.687 - MG) permitindo, inclusive, a realização do arresto executivo, previsto nos artigos 653 e 654 do CPC, de modo on line, via bacen jud, utilizando-se, para sua fundamentação, por analogia, o próprio artigo 655-A do mesmo diploma legal, que se refere à penhora on line.

## CONCLUSÃO

Desta forma, em nosso entendimento, caminha bem o judiciário na interpretação e aplicação da lei federal visando maior efetividade ao credor exequente, que se vê na obrigação de movimentar a máquina judiciaria a fim de alcançar e realizar em concreto um direito que lhe pertence.

A questão posta no projeto do novo Código de Processo Civil, estabelecendo que a penhora on line somente poderia acontecer quando não mais existisse recurso a ser interposto quanto à decisão executada, segundo pensamos, restringe de modo descabido o uso dessa importante ferramenta de efetividade do processo de execução, sendo um real retrocesso em relação aos ideais buscados, no sentido de o processo ser justo, tempestivo e adequado para àquele que buscou o judiciário visando alcançar o que se deseja.

Se a execução provisória se faz do mesmo modo que a definitiva, não há nenhum sentido lógico, com todo respeito, a inclusão dessa disposição legislativa. Deve haver sempre o equilíbrio entre o direito do exequente e a proteção do executado, nestes termos, inclusive, a edição da Súmula 417 do STJ. O que não se pode aceitar, são regras que pendam mais para o lado do executado, em detrimento do exequente, que conseguiu, com os avanços legislativos, importantes mecanismos relacionados à execução que possam lhe atender com efetividade.

Esse ponto foi posto como destaque na votação do projeto do Novo Código de Processo Civil na Câmara dos Deputados. Esperamos que isso seja revisto, sob pena de termos um extremo retrocesso no tocante à tão importante instituto.

## REFERÊNCIAS

BOBBIO. Norberto. *Teoria do ordenamento jurídico*. trad. Maria Celeste C. J. Santos; ver. téc. Cláudio De Cicco; apres. Tércio Sampaio Ferraz Junior. 9 ed. Brasília: Editora Universidade de Brasília, 1997.

BRASIL, Lei 5.869 de 11 de janeiro de 1973. Presidência da República. Casa Civil. Subchefia para assuntos jurídicos. Disponível em: <http://www.planalto.gov.br/ccivil_03/Leis/L5869.htm>

BRASIL, Superior Tribunal de Justiça. Deferimento de Penhora On Line. Agravo Regimental em Agravo em Recurso Especial n. 294756/SP. Relator: Sidnei Beneti. DJe 07.05.2013. Disponível em: <http://www.stj.jus.br/SCON/jurisprudencia/toc.jsp?tipo_visualizacao=null&livre=penhora+on+line&b=ACOR&thesaurus=JURIDICO>. Acesso em 25.06.2013.

BRASIL, Superior Tribunal de Justiça. Penhora On Line. Recurso Especial n. 1372443. Relator: Humberto Martins. 19.06.2013. Disponível em: <http://www.stj.jus.br/SCON/jurisprudencia/toc.jsp?tipo_visualizacao=null&livre=penhora+on+line&b=ACOR&thesaurus=JURIDICO>. Acesso em 25.06.2013.

BUENO, Cassio Scarpinella. *Curso Sistematizado de Direito Processual Civil*. Tutela Jurisdicional Executiva. 6 ed. Vol. 3. São Paulo: Saraiva, 2013.

CÂMARA, Alexandre Freitas. *Lições de Direito Processual Civil*. 21 ed. v. 2. São Paulo: Atlas, 2012.

CONSTITUIÇÃO DA REPÚBLICA FEDERATIVA DO BRASIL. Presidência da República. Casa Civil. Subchefia para assuntos jurídicos. Disponível em: <http://www.planalto.gov.br/ccivil_03/Constituicao/Constituicao.htm>.

DINAMARCO, Cândido Rangel. *Instituições de Direito Processual Civil*. 3 ed. Vol. IV. São Paulo: Malheiros, 2009.

HOUAISS, Antonio; VILLAR, Mauro de Salles; FRANCO, Francisco Manoel de Mello. *Dicionário Houaiss da Língua Portuguesa*. Rio de Janeiro: Editora Objetiva, 2001.

LIEBMAN, Enrico Tullio. *Processo de Execução*. Com notas de atualização do Prof. Joaquim Munhoz de Mello. São Paulo: Saraiva, 1980.

LOPES, João Batista. *Reforma da execução civil e efetividade do processo*. Revista do Advogado, São Paulo, ano XXVII, n. 92, p. 35, julho de 2007.

MELO, Celso Antonio Bandeira. Eficácia das Normas Constitucionais sobre Justiça Social. *Revista de Direito Público*, Ano XIV, vol. 57/58, janeiro/junho, São Paulo: Revista dos tribunais, 1981.

MONIZ DE ARAGÃO, E. D., Efetividade do Processo de Execução, in Wambier, Luiz Rodrigues; Wambier, Teresa Arruda Alvim (Org.). *Coleção Doutrinas Essenciais*: processo civil; v. 8, Tutela Executiva. São Paulo: Editora Revista dos Tribunais, 2011.

NOGUEIRA DA SILVA, Paulo Napoleão. *Constituição e Sociedade*. Rio de Janeiro: Editora Forense, 2001.

RAMOS, Glauco Gumerato. *Processo jurisdicional civil, tutela jurisdicional e sistema do CPC*: como está e como poderá estar o CPC brasileiro. In: DELFINO, Lucio.; ROSSI, Fernando.; MOURÃO, Luiz Eduardo Ribeiro.;

CHIOVITTI, Ana Paula (Coord.). *Tendências do Moderno Processo Civil Brasileiro. Aspectos Individuais e Coletivos das Tutelas Preventivas e Ressarcitórias*. Belo Horizonte: Editora Fórum, 2008.

REINALDO FILHO, Demócrito. *A penhora on line*: a utilização do sistema BacenJud para constrição judicial de contas bancárias e sua legalidade. Disponível em: <http://www.jus.com.br>. Acesso em: 03 mai. 2009.

# PRINCÍPIO CONSTITUCIONAL DA PROPORCIONALIDADE: garantia fundamental

*Bruna Oliveira Fernandes[1]*

RESUMO

O estudo da proporcionalidade deve partir de uma concepção pós-positiva que reconhece o aspecto axiológico do Direito e a existência de outras normas jurídicas, os princípios, que não se enquadram no conceito de regras com aplicação direita por meio de mera subsunção. Os princípios garantem os direitos fundamentais das pessoas, mas não existe um princípio absoluto. A proporcionalidade é um princípio que permite a coexistência dos demais princípios e a preservação do conteúdo essencial dos direitos fundamentais que conflitam nos casos concretos em virtude do choque de interesses. Ela não se confunde com a razoabilidade. A aplicação da proporcionalidade requer a observância de três subprincípios que consideram as peculiaridades de cada lide específica: adequação, necessidade ou exigibilidade e proporcionalidade em sentido estrito. Os subprincípios conciliam racionalidade e valoração à solução das situações litigiosas mais difíceis em que não se pode simplesmente desconsiderar totalmente uma das normas jurídicas. A proporcionalidade é um garantia do Estado Democrático de Direito.

**Palavras-chave:** Aplicação do direito. Proporcionalidade. Proteção dos direitos fundamentais.

---
[1] Meste em Direito Tributário pela Pontifícia Universidade Católica de São Paulo - PUC - SP. Inscrita na Ordem dos Advogados do Brasil (PI) sob o número 7190. Graduada em Direito pela Sociedade de Ensino Superior Piauiense (2009).

ABSTRACT

The study of proportionality should start from a post-positivist conception that recognizes the axiological aspect of the law and the existence of other legal norms, the principles, that do not fall within the concept of rules with the right application by mere subsumption. The principles guarantee the fundamental rights of people, but there is not an absolute principle. Proportionality is a principle which allows the coexistence of other principles and preserving the essence of the fundamental rights that conflict in specific cases due to the clash of interests. It should not be confused with reasonableness. The application of proportionality requires compliance with three subprinciples that consider the peculiarities of each specific deal: adequacy, necessity or exigibility and proportionality in the strict sense. The subprinciples reconcile rationality and valuation to the solution of the hard cases contested situations where you can't just completely disregard a provision of the norms. Proportionality is a guarantee of the democratic state.

**Keywords:** Application of the law. Proportionality. Protection of fundamental rights.

# 1 PÓS-POSITIVISMO

Após a Segunda Guerra Mundial, e especificamente após o regime totalitário instalado na Alemanha em meados de 1933 a 1945 – o regime nacional-socialista, o nazismo –, houve uma preeminente necessidade de se repensar o "direito" até então predominante. O nazismo utilizou-se largamente da estrita legalidade formal como instrumento de opressão e de massacre populacional, ressaltando o clássico problema da separação entre a legalidade e a legitimidade, o direito e a moral, o direito e a justiça.

O positivismo jurídico, que prevalecia até então, entendia o direito como conjunto de regras que eram identificava não pela análise de seu conteúdo, mas sim de sua forma e de sua formulação. Se um pessoa estivesse em uma situação não coberta por estas regras a ela não se aplicaria o direito (DWORKIN, 2002, p. 28).

Como reação a todos os horrores ocorridos na Europa no período entre as duas Grandes Guerras Mundiais surgiu uma nova corrente jusfilosófica, ainda em construção e em transição, a qual se tem chamado de "pós-positivismo".

Dworkin notou que para os casos difíceis de decisões envolvendo direitos fundamentais as regras eram insuficientes e os juízes recorriam a outro tipo de padrão como os princípios, políticas, entre outros, estes irrelevantes para o positivismo jurídico (2002, p. 36).

Nessa nova escola jusfilosófica há a "juridicização" dos valores através dos princípios com o intuito de proteger a pessoa humana, sua dignidade e sua liberdade, pois o direito deve ser promover o equilíbrio e a harmonização das relações sociais para a promoção da vida humana, função antes deturpada pelo positivismo, que podia ser reduzido à expressão *dura lex, sed lex*.

Com o (res)surgimento dos direitos humanos no pós-positivismo, houve um deslocamento do centro do direito, que deixou de ser ocupado pela propriedade e pelo controle social por parte do Estado, para ser ocupado pelo próprio homem, cidadão no seu mais amplo sentido, não como mero detentor de direitos eleitorais, mas como pessoa consciente de seus direitos e deveres gerais, acarretando uma alteração na própria finalidade do direito.

A Constituição, a partir do movimento neoconstitucionalismo, deixa de ser apenas a Carta política de estruturação estatal e para ser o diploma que reúne os valores mais caros da sociedade, passando a ter superioridade jurídica formal e material, que impõe sua observância a todos os agentes públicos e particulares.

> As Constituições fazem no século XX o que os Códigos fizeram no século XIX: uma espécie de positivação do Direito Natural, não pela via racionalizadora da lei, enquanto expressão da vontade geral, mas por meio dos princípios gerais, incorporados na ordem jurídica constitucional, onde logram valoração normativa suprema, ou seja, adquirem a qualidade de instância juspublicista primária, sede de toda a legitimidade do poder. Isto, por ser tal instância a mais consensual de todas as intermediações doutrinárias entre o Estado e a Sociedade (BONAVIDES, 2011, p. 293).

Para garantir a manutenção de sua superioridade fez-se necessária a previsão de meios de controle dos atos normativos infraconstitucionais, bem como da legalidade e da legitimidade, aumentando o potencial da eficácia constitucional, tudo para assegurar às pessoas que os princípios insculpidos na Carta Magna sejam concretizados.

O ordenamento jurídico continua escalonado e hierarquizado, no topo da *pirâmide jurídica* está a Constituição. Mas dentro da própria Constituição também há hierarquia de normas, porém com prevalência dos princípios constitucionais, estruturas abertas, com maior grau de abstração e de generalidade, os quais irradiam efeitos em todo o resto do sistema e permitem a interpretação inteligível, com aplicação do direito através da argumentação e não mais apenas da mera subsunção do conceito do fato ao conceito da norma.

## 2 PRINCÍPIOS CONSTITUCIONAIS

A Constituição da República Federativa do Brasil é a base do ordenamento jurídico brasileiro. Ela dita os caminhos para que sejam editadas, cumpridas e preservadas todas as demais normas. Sua função essencial é evidenciada em todo seu longo texto: o equilíbrio do Estado Federado e a proteção e promoção dos direitos das pessoas.

Destacando a função de proteção do homem, Ulisses Guimarães, em seu discurso de lançamento da nova ordem constitucional, em diversos trechos, enfaticamente, afirmou que a Constituição Federal é o "Estatuto do Homem",

> tipograficamente é hierarquizada a precedência e a preeminência do homem, colocando-o no umbral da Constituição e catalogando-lhe o número não superado, só no art. 5º, de 77 incisos e 104 dispositivos (1988, p. 3).

O Estatuto do Homem, além de assegurar os direitos básicos (pois sem os respectivos instrumentos de efetivação, estes de nada valeriam), assegura também as garantias para que os direitos constitucionalmente assegurados possam se concretizar.

Os princípios são fundamentais para a construção, o conhecimento e aplicação das normas jurídicas. São as normas-chaves do sistema jurídico como bem acentua Paulo Bonavides:

> A proclamação da normatividade dos princípios em novas fórmulas conceituais e os arestos das Cortes Supremas no constitucionalismo contemporâneo corroboram essa tendência irresistível que conduz à valoração e eficácia dos princípios como normas-chaves de todo o sistema jurídico; normas das quais se retirou o conteúdo inócuo de programaticidade, mediante o qual se costumava a neutralizar a eficácia das Constituições em seus valores reverenciais, em seus objetos básicos, em seus princípios cardeais (2011, p. 286).

Das lições de Renato Lopes Becho, baseado em Aristóteles, ressaltamos a sua referência aos "princípios por natureza" e aos "princípios por decisão", noções fundamentais para a compreensão do tema objeto deste trabalho. Os primeiros estão no núcleo, no ápice ou na fundação do direito, não importando sua localização exata no texto; os segundos são frutos de decisões políticas, frutos da positivação (2011, p. 343). Os princípios por natureza, portanto, não precisam estar explicitados, ao contrário dos princípios por decisão.

Para Willis Santiago dentre todos os princípios destaca-se um específico: o princípio da proporcionalidade:

> (...) para evitar o excesso de obediência a um princípio que destrói o outro, e termina aniquilando os dois, deve-se lançar mão daquele que, por isso mesmo, há de ser considerado o "princípio dos princípios": o princípio da proporcionalidade. (2009, p. 68).

Por ser fundamental para o equilíbrio do ordenamento e do Estado Democrático de Direito é que nesta oportunidade nos ateremos especificamente ao princípio da proporcionalidade: a nosso ver um sobreprincípio implícito na Constituição de 1988 que interfere em vários outros princípios e regras, sendo de fundamental importância para todo o sistema jurídico.

## 3 PRINCÍPIOS *VERSUS* REGRAS

Antes de adentrarmos no tema "proporcionalidade", é imprescindível que façamos uma distinção entre princípios e regras, que formam a norma jurídica atuando conjunta ou separadamente.

Robert Alexy reúne as categorias "regra" e "princípio" sob o conceito de norma jurídica. "Ambos podem ser formulados por meio das expressões deônticas básicas do dever, da permissão e da proibição. Princípios são, tanto quanto as regras, razões para juízos concretos de dever-ser, ainda que de espécie muito diferente" (2011, p. 86).

Alexy elenca em sua Teoria dos Direitos Fundamentais, em meio a vários critérios de diferenciação entre as regras e os princípios, o grau de generalidade e abstração: enquanto o grau dos princípios é relativamente alto, o das regras é relativamente baixo. Ele afirma ainda que o critério adequado para diferenciação não é somente a diferença gradual, quantitativa, pois essa é insuficiente; a real diferença é percebida em uma análise qualitativa.

Segue o autor aduzindo que os princípios são normas, as quais ordenam que algo seja realizado na maior medida possível dentro das possibilidades fáticas e jurídicas existentes, são mandamentos de otimização satisfeitos em graus variados (ALEXY, 2011, p. 90). Já as regras, sempre são ou não satisfeitas, não havendo grau de satisfação, e, assim, ele afirma: "Toda norma é ou uma regra ou um princípio" (2011, p. 91).

Dworkin refere-se à aplicação das regras com base no "tudo ou nada", aplicando-as ou não (2002, p. 39), elas não possuem uma dimensão de peso que é peculiar dos princípios (*ibid*, p. 42).

Para Robert Alexy a diferença é percebida mais facilmente em casos de conflitos de regras e de tensão entre princípios no momento da aplicação do direito. O conflito de regras é solucionado com a invalidação de um das regras, ou com a inclusão de uma cláusula de exceção.

Porém no caso de colisão entre princípios (e dos direitos fundamentais por eles resguardados), não se deve invalidar totalmente um deles, sob pena de se aniquilar o direito que ele garante: haverá precedência de um sobre o outro em determinadas circunstâncias, e ambos continuarão válidos no ordenamento.

Os princípios têm pesos diferentes de acordo com as peculiaridades dos casos concretos, eles possuem apenas um mandamento *prima facie*. Assim se as circunstâncias mudarem, a precedência e o peso também pode mudar, desta forma nenhum princípio goza em si mesmo de precedência sobre o outro, nenhum princípio é absoluto.

Para Willis Santiago a distinção está na estrutura lógica e deontológica, e também na técnica de aplicação: as regras se vinculariam a fatos hipotéticos específicos, com descrição de um fato com sua qualificação prescritiva e sua sanção, enquanto os princípios transportariam uma prescrição genérica a ser realizada na medida do jurídico e faticamente possível (2009, p. 149).

Os princípios "devem ser entendidos como indicadores de uma opção pelo favorecimento de determinado valor, a ser levada em conta na apreciação jurídica de uma infinidade de fatos e situações possíveis" (GUERRA FILHO, 2007, p. 9).

Percebe-se, assim, que os princípios devem atuar tanto na aplicação de uma regra suficiente ao caso (já que ela deve concretizar os valores dos princípios, pois, caso ela seja contrária, será juridicamente inválida) quanto nos casos em que a regra for insuficiente.

E por último, distinção fundamental para a concepção da proporcionalidade como princípio, considera-se que o princípio pode ser implícito, decorrente do regime constitucional adotado (princípios por natureza), enquanto a regra deve estar explicitada, ou seja, não existe regra implícita.

## 4 PRINCÍPIO DA PROPORCIONALIDADE

Como já afirmado, uma das acepções dos princípios reflete-os como mandamentos de otimização, os quais ordenam que algo seja realizado na maior medida possível dentro das possibilidades fáticas e jurídicas existentes (ALEXY, 2011, p. 90).

Vê-se ínsita à própria noção de princípio a influência da máxima da proporcionalidade, um "princípio de relativização", pois ele promove a otimização das demais normas jurídicas ao passo que determina sua aplicação da melhor maneira possível (GUERRA FILHO, 2001, p. 5).

Sem dúvida, a proporcionalidade é um princípio fundamental que garante a máxima realização das outras normas conforme as circunstâncias fáticas e jurídicas do caso e essa sua característica é o seu diferencial que lhe põe em superioridade relativamente aos demais, promovendo os direitos fundamentais. Sobre a conexão dos princípios e da proporcionalidade Alexy afirma:

Essa conexão não poderia ser mais estreita: a natureza dos princípios implica a máxima da proporcionalidade, e essa implica aquela. Afirmar que a natureza dos princípios implica a máxima da proporcionalidade, com suas três máximas parciais da adequação, da necessidade (mandamento do meio menos gravoso) e da proporcionalidade em sentido estrito (mandamento de sopesamento propriamente dito), decorre logicamente da natureza dos princípios, ou seja, que a proporcionalidade é deduzível dessa natureza (2011, p. 117).

Sobre a importância para o direito desse princípio implícito na Constituição da República, Willis Santiago aduz de forma sintética e com clareza:

> A conclusão a que se quer chegar, então, é a que o princípio máximo procurado, que por sua especialidade, tanto se diferencia dos demais acha-se expresso na já mencionada máxima de proporcionalidade. A imposição nela contida é a de que se realiza através do Direito, concretamente e cada vez melhor, o que for jurídica e faticamente possível, para obter se a otimização no adequamento da norma, com seu dever-ser de entidade ideal, à realidade do Direito.
> É esse equilíbrio a própria ideia do Direito, manifestado inclusive na simbologia da balança, e é a ele que se pretende chegar com o Estado de Direito e Democracia. A proporcionalidade na aplicação é o que permite a coexistência de princípios divergentes, podendo-se mesmo dizer que entre eles e a proporcionalidade existe uma mútua implicação, já que os princípios fornecem valores para serem sopesados e sem isso eles não podem ser aplicados (2009, p. 157).

O equilíbrio imposto pela proporcionalidade deve ser observado tanto pelo Estado nas suas atuações frente aos particulares, quanto pelos próprios particulares entre si, para que se aproxime ao máximo do ideal de justiça:

> A ideia do direito, o "espírito das leis", contudo, é a justiça, esse elemento sutil que anima o direito, para torná-lo propriamente correto, podendo se manifestar em situações concretas, desde que saibamos como partejá-la, repartindo adequada e proporcionalmente com os envolvidos o que naquele

momento e desde antes lhes seja devido, em respeito à sua dignidade e igualdade de sujeitos às dores e sofrimentos dos que se sabem finitos no infinito insabido (GUERRA FILHO, 2006, p. 72).

E por ser umbilicalmente ligada à própria noção de justiça e de direito, a proporcionalidade confirma sua superioridade, atingindo o status de sobreprincípio. Willis Santiago ressalta, então, que sua localização não é somente no ápice da pirâmide, mas também na base do ordenamento, nos atos de aplicação e criação do direito.

O princípio em análise, primeiramente no desenvolvimento da doutrina germânica, era associado apenas ao Direito Administrativo; sua transposição e identificação no Direito Constitucional devem-se à grande influência do Tribunal Constitucional Alemão, o qual rechaçava os excessos e as inadequações nas condutas estatais em geral, de forma que estes deveriam ser justificados pela necessidade frente aos interesses públicos (GUERRA FILHO, 2007, p. 64).

Bonavides esclarece que o contexto da proporcionalidade sofreu os impactos da atual, e em construção, escola jusfilosófica:

> Ocorre, porém, que o princípio da proporcionalidade, enquanto princípio constitucional, somente se compreende em seu conteúdo e alcance se considerarmos o advento histórico de duas concepções de Estado de Direito: uma, em declínio, ou de todo ultrapassada, que se vincula doutrinariamente ao princípio da *legalidade*, com apogeu no direito positivo da Constituição de Weimar; outra, em ascensão, atada ao princípio da *constitucionalidade*, que deslocou para o respeito dos direitos fundamentais o centro de gravidade da ordem jurídica (2011, p. 398).

O destaque da proporcionalidade está na promoção dos princípios evitando-se que ao entrar em conflito algum deles tenha-se seu núcleo essencial atingido, preservando-se os direitos fundamentais.

A doutrina passou a identificar três aspectos (subprincípios) desse princípio, os quais lhe dão seu conteúdo: (i) adequação, (ii) exigibilidade e (iii) proporcionalidade em sentido estrito. Os três devem estar presentes cumulativamente para que a máxima da proporcionalidade seja atendida.

A adequação é constatada se o meio, a conduta escolhida, for apto para atingir, para fomentar, em si próprio, o fim almejado: para tanto, deverá ser realizada uma análise da medida isoladamente e hipoteticamente. Tal aspecto é argutamente chamado por Paulo Bonavides de "pertinência ou aptidão" (2011, p. 396).

A exigibilidade ou necessidade é configurada se, dentre as condutas possíveis, a escolhida tiver sido a menos onerosa para alcançar o fim: é uma análise comparativa para se chegar à melhor opção, ou seja, o meio deve ser o mais eficaz e o menos danoso, amplamente difundido como o meio mais suave.

E, por último, a proporcionalidade em sentido estrito, que reflete a ponderação, o sopesamento entre a restrição do direito atingindo e a promoção do segundo direito envolvido na colisão/tensão, ou seja, se a restrição do direito é compatível com a realização do fim.

Alexy afirma que a proporcionalidade em sentido estrito é a lei do sopesamento e decorre da relativização em face das possibilidades jurídicas, enquanto a adequação e a necessidade decorrem das possibilidades fáticas (2011, p. 117).

Em sentido estrito, a proporcionalidade exige a correspondência entre o fim a ser alcançado por uma disposição normativa e o meio empregado e "quando maior for o grau de não-satisfação ou de afetação de um princípio, tanto maior terá que ser a importância da satisfação do outro" (ALEXY, 2011, p. 593)

Mas enquanto Alexy não explicita um limite para essa relativização, esse sopesamento, Willis Santiago o propõe com o intuito evitar a total anulação de um dos princípios ou direitos em questão, assegurando um núcleo mínimo para que não seja violada a dignidade da pessoa humana.

> Isso significa, acima de tudo, que não se fira o "conteúdo essencial" (Wesensgehalt) de direito fundamental, com o desrespeito intolerável da dignidade da humana, bem como que, mesmo que havendo desvantagens para, digamos, o interesse das pessoas individual ou coletivamente consideradas, acarretadas pela disposição normativa em apreço, as vantagens que trás para interesses de outras ordens superam as desvantagens (GUERRA FILHO, 2005, p. 8).

Virgílio Afonso da Silva adverte que a análise da proporcionalidade em sentido amplo deve obedecer a uma ordem de verificação das sub-regras (como ele as denomina): primeiramente, verifica-se a adequação; depois, a necessidade/exigibilidade; e por fim, a proporcionalidade em sentido estrito.

Silva tendo em vista considerar a proporcionalidade como regra a conceitua como uma regra de interpretação e de aplicação do direito, que é "empregada especialmente nos casos em que um ato estatal, destinado a promover a realização de um direito fundamental ou de um interesse coletivo, implica a restrição de outro, ou outros direitos fundamentais". Tal conceito é restritivo e nota de rodapé, o próprio autor reconhece que há casos não abrangidos por essa noção (2002, p. 25).

Entendemos, contudo, que, além da sua estrita observância na interpretação e na aplicação do direito, a proporcionalidade também deve ser considerada no ato de criação, na edição das leis e nas decisões judiciais e administrativas, sendo bem mais do que uma simples técnica hermenêutica ou uma regra com aplicação e consequência normativa pré-estabelecidas. Considerá-la desta forma restringe seu alcance e reduz a proteção aos direitos fundamentais das pessoas.

A proporcionalidade promove os princípios básicos da República Federativa do Brasil, como o princípio da igualdade:

> A regra da igualdade não consiste senão em quinhoar desigual– mente aos desiguais, *na medida em que se desigualam.* Nesta desigualdade social, *proporcionada* à desigualdade natural, é que se acha a verdadeira lei da igualdade. O mais são desvarios da inveja, do orgulho, ou da loucura. Tratar com desigualdade a iguais, ou a desiguais com igualdade, seria desigualdade flagrante, e não igualdade real. Os apetites humanos conceberam inverter a norma universal da criação, pretendendo, não dar a cada um, na razão do que vale, mas atribuir o mesmo a todos, como se todos se equivalessem. (BARBOSA, oração aos moços, p.25) (grifos nossos).

Nesse sentido de "igualdade dentro das proporções", exposto por Rui Barbosa, deixa de haver a "igualdade-identidade" para surgir "igualdade--proporcionalidade", condizente com a realidade social atual (BONAVIDES, 2011, p. 434):

> Os princípios da isonomia e da proporcionalidade, aliás, acham-se estreitamente associados, sendo possível, inclusive, que se entenda a proporcionalidade como incrustada na isonomia, pois como se encontra assente em nossa doutrina, com grande autoridade, o princípio da isonomia traduz a ideia aristotélica – ou, antes pitagórica, como prefere Del Vecchio – de "igualdade proporcional", própria da "justiça distributiva", "geométrica", que se acrescente àquela "comutativa", "aritmética", meramente formal – aqui, igualdade de bens; ali, igualdade de relações (GUERRA FILHO, 2009, p. 92).

Willis questiona se o princípio da proporcionalidade é um direito fundamental ou uma garantia fundamental. O mesmo questionamento ele afirma poder ser feito em relação a outros princípios, como o da isonomia. E a resposta é a de que ambos os princípios não são apenas direitos subjetivos, e sim garantias fundamentais (2005, p. 7).

A máxima da proporcionalidade impõe a realização de um direito na melhor medida possível (fática e juridicamente), sendo garantia oponível contra uma ação ou omissão, total ou parcial, dos Poderes Públicos, ou até mesmo de particulares. A proporcionalidade assegura a proteção e a promoção dos direitos das pessoas frente à atuação estatal.

As complexidades das relações sociais da atualidade não são, em sua maioria, passíveis de resolução pela simples subsunção de regras com antecedentes fáticos pré-definidos. Os casos difíceis não são passíveis de resolução pela subsunção ou pela invalidação de um dos princípios, visto que isso feriria a dignidade das pessoas por aniquilar seus direitos fundamentais.

É diante desse quadro, realista e atual, que a aplicação do princípio da proporcionalidade ganha primordial importância como forma de garantia fundamental para a preservação ao máximo (fática e juridicamente) dos direitos em questão. Entretanto, percebe-se a delicadeza existente ao decidir pela preponderância de um princípio sobre o outro, de um direito fundamental sobre o outro.

Para dar maior credibilidade e segurança à realização da ponderação, surge então o procedimento que promove a racionalidade jurídica intersubjetivamente controlável, especialmente através da fundamentação das decisões judiciais.

Dessa forma queremos aduzir que a proporcionalidade é a essência da Constituição, está implícita em seus princípios e direitos fundamentais, decorre da sua forma política e representa o dever de respeito dos cidadãos; ao passo que a promoção dos direitos de um tem limite nos direitos dos outros, assim como a imposição de deveres deve ser a suficiente para o equilíbrio da sociedade.

Atualmente ela é tema constante nos Tribunais Superiores, mas nota-se que a preocupação com a vedação aos excessos não é tão recente no Brasil. Guerra Filho afirma que no seio jurisprudencial uma das primeiras aparições das noções de proporcionalidade no Brasil se deu relativamente a matéria tributária quando o Ministro Orosimbo Nonato, referindo-se ao tributo cobrado pelo Município de Santos, afirmou que "'o poder de taxar não pode chegar à desmedida do poder de destruir', concluindo que 'não se abatem pardais usando bazucas'" (2009, p. 128-9).

O interessante julgado referido na citação merece alguns comentários nesse trabalho: Na cidade de Santos um tributo (imposto de licença sobre cabines de banhos) foi majorado e um contribuinte sentindo-se impossibilidade de continuar sua atividade comercial pleiteou socorro ao Judiciário.

O juiz reconheceu, mesmo sem dispositivo normativo expresso (ressalta-se que o caso ocorreu sob a vigência da Constituição de 1946), a possibilidade do ente tributante de majorar seus tributos, entretanto, não de forma ilimitada, exacerbada e excessiva, pois isso acarretaria o comprometimento da continuidade da livre iniciativa dos cidadãos e de pronto declarou a inconstitucionalidade do ato de majoração da exação.

Mas ao chegar ao Supremo a decisão de inconstitucionalidade não foi mantida porque restou comprovado que o que estava impossibilitando a continuidade da atividade lícita não era o tributo, este não foi desproporcional, e nem exorbitante, mas sim outros contratos privados firmados pelo contribuinte. Independente do resultado é salutar o reconhecimento de tal embasamento já em 1951:

> EMENTA: Majoração excessiva de imposto. Nullus census sine lege. O exercício do poder de taxar e seus limites. Conhecimento do Recurso Extraordinário pela alínea c do art. 101, n. III da Constituição Federal e seu desprovimento. (RE 18.331-SP, rel. Orosimbo Nonato. 21.07.1951).

No caso houve o sopesamento as circunstâncias fáticas (situação econômica do contribuinte) e jurídicas (limites ao poder de tributar) para concluir que o tributo não excedia o poder de tributar do Fisco. Porém desde então o tema não tem evoluído na aplicação pelos Tribunais.

## 5 PRINCÍPIO DA RAZOABILIDADE

É importante fixarmos a distinção entre razoabilidade e proporcionalidade, as quais de forma leiga são utilizadas como sinônimos. A dificuldade de apurar a verdadeira distinção técnica está na confusão feita pela doutrina e pela jurisprudência, que, na grande maioria das vezes, atrelam os dois princípios e com isso dificultam ainda mais a disseminação no meio técnico das suas reais diferenças e peculiaridades.

O Supremo Tribunal Federal em vários julgados utiliza ambos os princípios sem fazer qualquer nota distintiva e sem verificar o real conteúdo da proporcionalidade, como por exemplo, no Recurso Extraordinário 640.452 RG/RO, ou na ADI nº. 855/PR, ou ainda na ADI 3.324/DF. Vejamos especificamente a ADI 2.551/DF:

> **TRIBUTAÇÃO E OFENSA AO PRINCÍPIO DA PROPORCIONALIDADE.** - O Poder Público, especialmente em sede de tributação, **não pode agir imoderadamente, pois a atividade estatal acha-se essencialmente condicionada pelo princípio da razoabilidade,** que traduz limitação material à ação normativa do Poder Legislativo. - O Estado não pode legislar abusivamente. A atividade legislativa está necessariamente sujeita à rígida observância de diretriz fundamental, que, encontrando **suporte teórico no princípio da proporcionalidade, veda os excessos normativos e as prescrições irrazoáveis do Poder Público.** O princípio da proporcionalidade, nesse contexto, acha-se vocacionado a inibir e a neutralizar os abusos do Poder Público no exercício de suas funções, qualificando-se como parâmetro de aferição da própria constitucionalidade material dos atos estatais. - A prerrogativa institucional de tributar, que o ordenamento positivo reconhece ao Estado, não lhe outorga o poder de suprimir (ou de inviabilizar) direitos de caráter fundamental constitucionalmente assegurados ao contribuinte. É que este

dispõe, nos termos da própria Carta Política, de um sistema de proteção destinado a ampará-lo contra eventuais excessos cometidos pelo poder tributante ou, ainda, contra exigências irrazoáveis veiculadas em diplomas normativos editados pelo Estado. (ADI 2551 MC-QO, Rel. Min. Celso de Mello, julgamento em 2-4-03, Dj em 20-4-06)

O julgado faz referência aos princípios como sinônimos, ou como se a razoabilidade fosse decorrência do princípio da proporcionalidade.

O princípio da razoabilidade não é de origem germânica, mas sim anglo-saxônica, e remonta a época posterior aos primeiros sinais da proporcionalidade. A razoabilidade surgiu do princípio da irrazoabilidade da Inglaterra já em 1948, como aduz Virgílio Afonso (2002, p.29). Guerra Filho afirma que por influência da doutrina argentina, transformou-se em razoabilidade (2001, p. 283).

A polêmica é expressiva até no que diz respeito à sua origem. Há autores que, inclusive, igualam a proporcionalidade germânica à razoabilidade estadunidense, como é o caso de Suzana de Toledo Barros (2000, p. 173) ou Celso Antonio Bandeira de Mello (2006, p. 108).

Afonso da Silva ressalta que a razoabilidade é nada mais, nada menos do que uma das três acepções da proporcionalidade, qual seja: a adequação. Enquanto a proporcionalidade é bem mais ampla e não se esgota na verificação da adequação do meio escolhido (2002, p.33).

No mesmo sentido de Virgílio Afonso também é a doutrina de Humberto Ávila para quem a diferenciação é a seguinte: a proporcionalidade é analisada frente a dois bens protegidos por princípios constitucionais diferentes com verificação dos meios e fins, enquanto na razoabilidade a verificação é de uma situação pessoal do sujeito (exame concreto-individual) sem análise da relação meio-fim, mas apenas do meio adequado para a consecução do fim (2005, p. 110).

Mas é preciso ressaltar uma diferença essencial entre os dois princípios: a proporcionalidade é a proibição do excesso, o controle dos meios em si e destes relativamente aos seus fins, ou seja, uma análise meio-fim. A razoabilidade é a proibição do absurdo, do irrazoável, através dela afere-se o fim em si próprio, é se ele for justificável, se ele for condizente com o direito será razoável.

Desta forma, a análise da razoabilidade sempre deve preceder a análise da proporcionalidade, e esta deve se atentar para a sequência da adequação, da necessidade e da proporcionalidade em sentido estrito.

## CONCLUSÃO

Conclui-se que é preciso mais rigor no tratamento da matéria "proporcionalidade" no Brasil, tanto pelo Judiciário, que é o intérprete oficial do Direito, quanto pelos doutrinadores, acadêmicos e demais membros do Executivo e do Legislativo.

A proporcionalidade é inata tanto aos princípios e direitos fundamentais quanto à forma estrutural do Estado – Democrático de Direito. Ela está implícita na Constituição como um princípio por natureza.

O princípio da proporcionalidade é a garantia constitucional que as pessoas possuem de que os direitos fundamentais somente serão restringidos na medida, fática e juridicamente, necessária, e sempre de forma justificável, e, ainda assim, sem que haja aniquilação total do direito.

Os direitos fundamentais possuem um núcleo intocável, núcleo essencial que reflete a própria dignidade da pessoa humana, e por isso esse mínimo não pode ser extinto no momento de ponderação e sopesamento.

A promoção de um direito que gera reflexo negativo em outro deve ser comedida sob pena de desvirtuar o equilíbrio do sistema jurídico. E é exatamente por isso que o princípio da proporcionalidade – de observância obrigatória – deve ser aplicado coerentemente nos casos.

## REFERÊNCIAS

ALEXY, Robert. *Teoria dos Direitos Fundamentais*. 2ª ed. São Paulo: Malheiros: 2011.

ÁVILA, Humberto. *Teoria dos princípios: da definição à aplicação dos princípios jurídicos*. 4ª. ed. 2ª tiragem. São Paulo: Malheiros, 2005.

BARBOSA, Rui. *Oração aos moços*. 5ª ed. Rio de janeiro: Edições Casa de Rui Barbosa, 1999.

BARROS, Suzana Vidal de Toledo. *O princípio da proporcionalidade e o controle de constitucionalidade das leis restritivas de direitos fundamentais.* 2ª. ed. Brasília: Brasília Jurídica, 2000.

BECHO, Renato Lopes. *Filosofia do Direito Tributário.* São Paulo: Saraiva, 2009.

_____. *Lições de Direito Tributário.* São Paulo: Saraiva, 2011.

BONAVIDES, Paulo. *Curso de Direito Constitucional.* São Paulo: Malheiros, 2011.

CARRAZZA, Roque Antônio. *Curso de direito constitucional tributário.* 28ª ed. São Paulo: Malheiros, 2012.

DWORKIN, Ronald. *Levando os direitos a sérios.* trad. Nelson Boeira. – São Paulo: Martins Fontes, 2002.

GUERRA FILHO, Willis Santiago. *Teoria da Ciência Jurídica.* 2ª ed. São Paulo: Saraiva, 2009.

_____. *Processo Constitucional e Direitos Fundamentais.* 6ª ed. São Paulo: SRS, 2009.

_____. *Teoria Processual da Constituição.* 3ª ed. São Paulo: RCS, 2007.

_____. (Anti-)Direito e força de lei. *Panóptica*, Vitória, ano 1, n. 4, dez. 2006, p. 65-81. Disponível em: <http://www.panoptica.org>. Acesso em: 19.11.2012.

_____. *O Princípio da proporcionalidade em Direito Constitucional e em Direito Privado no Brasil.* Disponível em http://www.mundojuridico.adv.br/sis_artigos/artigos.asp?codigo=701. Acesso em: 19.11.2012.

GRAU, Eros Roberto; GUERRA FILHO, Willis Santiago. *Princípio da Proporcionalidade e Teoria Geral de Direito.* Estudos em homenagem a Paulo Bonavides. São Paulo: Malheiros, 2001.

GUIMARÃES, Ulisses. Discurso proferido na sessão de 5 de outubro de 1988, publicado no *DANC* de 5 de outubro de 1988, p. 14380-14382.

MELLO, Celso Antônio Bandeira de. *Curso de Direito Administrativo*. 21. ed. – São Paulo: Malheiros, 2006.

SILVA, Luís Virgílio Afonso da Silva. *O proporcional e o razoável*. Revista do Tribunal nº. 798: 2002, p. 23-50. Disponível em: <http://www.revistas.unifacs.br/index.php/redu/article/viewFile/1495/1179>. Acesso em: 28.09.2012.

# FUNÇÃO SOCIAL DA CIÊNCIA JURÍDICA
# SOCIAL *FUNCTION OF SCIEN*CE LEGAL

*Denilson Victor Machado Teixeira[1]*

RESUMO

A ciência jurídica apresenta função social destacada, porquanto o jurista, em sintonia com os problemas sociais que afligem as pessoas, deve propiciar uma sociedade mais justa e solidária, e tendo por primado a redução das desigualdades sociais. Aliás, o papel do jurista propriamente dito é justamente o de descrever o Direito [objeto da ciência jurídica], através de proposições jurídicas, as quais serão utilizadas como subsídios sólidos para o aperfeiçoamento da norma [produção e aplicação], de tal modo que o Direito seja um forte instrumento de transformação social, mormente pacificador e realizador positivo das necessidades das pessoas, visando à concretização do bem-estar social.

**Palavras-chave**: Ciência jurídica. Função social. Aprimoramento ético-jurídico.

ABSTRACT

The legal science has a distinctive social function, because the jurist, in line with the social problems that afflict people, they should provide a more just and caring society, and for a rule to reduce social inequality. Moreover, the role of the jurist as such is precisely to describe the law [object of legal science], through legal propositions,

---

[1] Doutor em Filosofia do Direito (PUC/SP). Professor universitário (UNIFENAS/MG). Doutrinador e Advogado

which will be used as subsidies for the improvement of solid rule [production and application], such that the Law is a powerful instrument of social transformation, especially peacemaker positive and fulfilling people's needs, aiming the implementation of social welfare.

**Keywords**: Legal science. Social function. Ethical and legal improvement.

# INTRODUÇÃO

Etimologicamente, *ciência* significa conhecimento, pois que deriva de *scire*, ou seja, saber.

> Em um sentido genérico, sinônimo de conhecimento, ciência. Na tradição filosófica, a sabedoria significa não só o conhecimento científico, mas a virtude, o saber prático: "Por sabedoria (*sagesse*), entendo não apenas a prudência, mas um perfeito conhecimento de tudo o que os homens podem saber" (Descartes, *Princípios da filosofia*). (JAPIASSÚ; MARCONDES, 1996, p. 240).

Ademais, impõe-se destacar que o objeto da ciência jurídica é o *direito*.

> (...) a palavra "direito" não é unívoca nem tampouco equívoca, mas análoga, pois designa realidades conexas ou relacionadas entre si. Deveras, esse termo ora se aplica à "norma", ora à "autorização" dada pela norma de ter ou de fazer o que ela não proíbe, ora à "qualidade do justo" etc., exigindo tantos conceitos quantas forem as realidades a que se refere. Em virtude disso, impossível seria dar ao direito uma única definição.
> Mas, devido ao princípio metódico da divisão do trabalho, há necessidade de se decompor analiticamente o direito, que é objeto de várias ciências (sociologia jurídica, história do direito, Jurisprudência etc.), constituindo assim o aspecto em que será abordado. (DINIZ, 2009, p. 4).

Lado certo, também se deve registrar que "a ciência jurídica é considerada ora como *scientia*, pelo seu aspecto teórico, ora como *ars*, pela sua função prática" (DINIZ, 2009, p. 5).

Neste ínterim, cabe ao jurista, fundante num método (conjunto de princípios de avaliação da evidência) criterioso, e através da técnica (conjunto dos instrumentos), tender-se ao objeto, para o fim de problematizar, pensar e descrever o Direito como ciência, mormente com ênfase na epistemologia jurídica.

> A ciência jurídica, porém, apenas pode descrever o Direito; ela não pode, como o Direito produzido pela autoridade jurídica (através de normas gerais ou individuais), *prescrever* seja o que for. (...). A distinção revela-se no fato de as proposições normativas formuladas pela ciência jurídica, que descrevem o Direito e que não atribuem a ninguém quaisquer deveres ou direitos, poderem ser verídicas ou inverídicas, ao passo que as normas de dever-ser, estabelecidas pela autoridade jurídica – e que atribuem deveres e direitos aos sujeitos jurídicos – não são verídicas ou inverídicas mas válidas ou inválidas, tal como também os fatos da ordem do ser não são quer verídicos, quer inverídicos, mas apenas existem ou não existem, somente as afirmações sobre esses fatos podendo ser verídicas ou inverídicas. (KELSEN, 1998, p. 82).

Ainda, vale enaltecer o aspecto histórico da ciência jurídica:

> (...) criação da chamada Escola Histórica do Direito, surgida na Alemanha no século XVIII. Entretanto, a primeira grande elaboração teórica do Direito deve-se aos romanos, que incorporaram para isso as categorias forjadas pelos gregos para o conhecimento em geral. (GUERRA FILHO, 2009, p. 31).

# 1 A DOGMÁTICA JURÍDICA E A SUA FUNÇÃO SOCIAL

Diz FERRAZ JUNIOR (2003, p. 49) que:

> Afinal, não podemos esquecer que o estudo dogmático do direito está ligado a uma dupla abstração. Ou seja, como não existe sociedade sem dogmas, pois, sem pontos fixos de referência, a comunicação social (interação humana) é impossível (por exemplo, sem a fixação básica do sentido das palavras é-nos impossível falar um com o outro, daí a idéia

de língua como um *código*), toda comunidade elabora suas normas. Todavia, as normas só não bastam. Sua ambigüidade e vagueza (afinal elas se expressam por palavras) exigem também regras de interpretação. É preciso saber dizer não só qual é a norma, mas também o que ela significa. Ora, as normas (ou dogmas de ação) são, elas próprias, um produto abstrato, e as regras sociais de interpretação (dogmas que dizem como devem ser entendidas as normas) são também um produto abstrato. Temos, pois, um produto abstrato, as regras, que tem por objeto outro produto abstrato, as normas. Daí a dupla abstração (no sentido de isolar normas e regras de seus condicionamentos zetéticos). Pois bem, o objeto do conhecimento jurídico-dogmático é essa dupla abstração, que o jurista elabora num grau de abstração ainda maior (regras sobre as regras de interpretação das normas).

Neste contexto, o jurista [eminentemente quem faz ciência – doutrinador –, e não o estritamente técnico, como é o caso do professor de direito, advogados, magistrados, membros do Ministério Público, da Defensoria Pública etc.] deve emitir juízos [opiniões] descritivos sobre a norma em si – utilizando-se de método lógico e eficaz, como ocorre com a *tópica*, ou seja, a arte de pensar por problemas – inclusive, sob o contexto social, até porque o Direito tem como pano de fundo a resolução dos conflitos das pessoas que vivem em sociedade, pois dia-a-dia estamos diante de situações [individuais ou coletivas] que travam a harmonia do convívio social.

Assim, em não havendo uma disposição natural dos discordantes, caberá ao Direito nortear a pacificação, judicial ou extrajudicialmente, não obstante haver a possibilidade real do aplicador da norma desvirtuar-se da sua função nobre, impondo ao arrepio da lei, julgamentos injustos.

Ainda, ensina-nos DINIZ (2005, v. 2, p. 704):

> FUNÇÃO SOCIAL DA DOGMÁTICA JURÍDICA. *Teoria geral do direito*. Atuação social da dogmática jurídica como dependente da ação dos fatores do meio. Tais fatores exprimem-se em graus diversos de sublimação; produzem nos indivíduos um efeito prático, suscetível de modificar sua conduta e concepção do mundo ou de reforçar-lhes o sentimento dos valores sociais. A dogmática jurídica não explica o fenômeno, mas ensina e diz como deve ser feito, delimitando as possibilidades abertas pela questão da decidibilidade.

Exerce função relevante não só para o estudo do direito, mas também para a aplicação jurídica. Viabiliza como elemento de controle de comportamento humano, ao permitir a flexibilidade interpretativa das normas e ao propiciar, por suas criações teóricas, a adequação das normas no momento de sua aplicação. A ciência jurídica é um instrumento de viabilização do direito. A dogmática é marcada por uma concepção do direito que conduz a autoridade à tomada de decisão. A dogmática jurídica tem uma função social, ante a relevância do fator social, nos processos de conhecimento. O conhecimento é visto como uma atividade capaz de servir de mediação entre os dados da realidade e a resposta comportamental do indivíduo. Assim, gera expectativas cognitivas, uma vez que as sínteses significativas da ciência garantem a segurança e a certeza de expectativas sociais, pois diminuem os riscos de falha na ação humana. Dessa forma, será possível, com um certo grau de certeza, dizer quem agiu correta ou incorretamente. A ciência é vista como uma agência de socialização, por permitir a integração do homem e da sociedade num universo coerente. A função social da dogmática jurídica está no dever de limitar as possibilidades de variação na aplicação do direito e de controlar a consistência das decisões, tendo por base outras decisões (Tércio Sampaio Ferraz Jr.).

## 3 A CIÊNCIA JURÍDICA NA DIMENSÃO SOCIAL

Por assim dizer, entende-se que a ciência jurídica deve estudar a conduta humana numa dimensão social, conforme delineada pelo *pensamento cossiano* [Carlos Cossio, jurista argentino, 1903-1987], ou seja, cultural em uma visão ontológica do Direito. É a aplicação da *teoria egológica*, donde se abstrai o direito como conduta humana.

Nesta esteira, segundo DALLARI (2009, p. 108):

> o fim do Estado é o bem comum, entendido este como o conceituou o Papa João XXIII, ou seja, o conjunto de todas as condições de vida social que consintam e favoreçam o desenvolvimento integral da personalidade humana.

Não obstante, evidencia-se uma concepção sociológica do Direito, nas lições de MONTORO (2009, p. 77):

O direito não existe a não ser para os homens vivendo em sociedade, e não se pode conceber uma sociedade humana em que não haja ordem jurídica, (...). Isto se exprime em latim pelo adágio conhecido *Ubi societas, ibi jus* (Onde há sociedade, há direito).

Decerto que o ser humano é por natureza um vivente [integrante] em sociedade, cujas regras são delineadas por ela própria e voltadas a si mesma, as quais deverão ser cumpridas, sob pena de se infringir regramentos sociais, estando passível de punição pela conduta antissocial.

Sob tal contexto, preceitua TELLES JUNIOR (2009, p. 381):

> A sociabilidade *própria* dos seres humanos, a *convivência* norteada pelo *bem-comum* como condição do *bem individual* das pessoas, o regime da *recíproca dependência*, o sistema de *direitos* e *deveres* entrelaçados, tudo isto exige, como é óbvio, *regulamentação* adequada, *ordenação* congruente. Exige *disciplinação* racional.
> (...). Afinal, o Direito é uma *DISCIPLINA DA CONVIVÊNCIA*.
> (...), para a ordem na comunidade, o Direito é a *disciplina da convivência* por excelência. É importantíssima. Dela depende o reino efetivo do *bem-comum* e o empenho da *justiça* no entrechoque dos interesses. Dela dependem as garantias do *respeito pelo próximo*, ou seja, do respeito de cada um pelas pessoas e pelos direitos dos outros, assim como do respeito dos outros pela pessoa e pelos direitos de cada um. Dela depende a correlação impositiva entre direitos e deveres.

Nesse diapasão, REALE (2004, p. 91) estatui que "a plena compreensão do Direito só é possível de maneira *concreta* e *dinâmica*, como dimensão que é da vida humana."

Enfim, contribui NADER (2010, p. 19-21), sobre o *Direito como processo de adaptação social*:

> As necessidades de paz, ordem e bem comum levam a sociedade à criação de um organismo responsável pela instrumentalização e regência desses valores. Ao Direito é conferida esta importante missão. A sua faixa ontológica localiza-se no mundo da cultura, pois representa elaboração humana. O Direito não corresponde às necessidades individuais, mas

a uma carência da coletividade. A sua existência exige uma equação social. Só se tem direito relativamente a alguém. O homem que vive fora da sociedade vive fora do império das leis. O homem só, não possui direitos nem deveres.

Para o homem e para a sociedade, o Direito não constitui um fim, apenas um meio para tornar possível a convivência e o progresso social. *Apesar de possuir um substrato axiológico permanente, que reflete a estabilidade da "natureza humana", o Direito é um engenho à mercê da sociedade e deve ter a sua direção de acordo com os rumos sociais.*

As instituições jurídicas são inventos humanos que sofrem variações no tempo e no espaço. Como processo de adaptação social, o Direito deve estar sempre se refazendo, em face da mobilidade social. A necessidade de ordem, paz, segurança, justiça, que o Direito visa a atender, exige procedimentos sempre novos. Se o Direito se envelhece, deixa de ser um processo de adaptação, pois passa a não exercer a função para a qual foi criado. Não basta, portanto, o *ser* do Direito na sociedade, é indispensável o *ser atuante*, o *ser atualizado*. Os processos de adaptação devem-se renovar, pois somente assim o Direito será um instrumento eficaz na garantia do equilíbrio e da harmonia social.

Este processo de adaptação externa da sociedade compõe-se de normas jurídicas, que são as células do Direito, modelos de comportamento social, que fixam limites à liberdade do homem, mediante imposição de condutas. Na expressiva síntese de Cosentini, "... *o Direito não é uma criação espontânea e audaciosa do legislador, mas possui uma raiz muito mais profunda: a consciência do povo... O Direito nasce da vida social, se transforma com a vida social e deve se adaptar à vida social.*"

(...). De uma forma enfática, Pontes de Miranda se refere ao Direito como um fenômeno de adaptação: "O Direito não é outra coisa que processo de adaptação"; "Direito é processo de adaptação social, que consiste em se estabelecerem regras de conduta, cuja incidência é independente da adesão daqueles a que a incidência da regra jurídica possa interessar." A vinculação entre Direito e necessidade, essencial à compreensão do fenômeno jurídico como processo adaptativo, é feita também por Recaséns Siches, quando afirma que "o Direito é algo que os homens fabricam em sua vida, sob o estímulo de umas determinadas necessidades; algo que vivem em sua existência com o propósito de satisfazer àquelas necessidades..."

# CONCLUSÃO

A ciência jurídica apresenta função social destacada, porquanto o jurista deve propiciar uma sociedade mais justa e solidária, e tendo por primado a redução das desigualdades sociais.

Aliás, o papel do jurista propriamente dito é justamente o de descrever o Direito [objeto da ciência jurídica], através de proposições jurídicas, as quais serão utilizadas como subsídios sólidos para o aperfeiçoamento da norma [produção e aplicação], de tal modo que o Direito seja um forte instrumento de transformação social, mormente pacificador e realizador positivo das necessidades das pessoas.

Evidentemente que cabe ao Estado a responsabilidade pela produção do *direito posto*, devidamente materializado constitucional ou infraconstitucionalmente, em direitos sociais como educação, saúde, alimentação, trabalho, moradia, lazer, segurança, previdência social, proteção à maternidade e à infância, assistência aos desamparados etc., como ocorre na República Federativa do Brasil, através do art. 6º do texto constitucional de 1988.

Ora, não restam dúvidas de que a ciência jurídica contribui sobremaneira para o aprimoramento ético-jurídico do corpo societário, em contínuo avanço, até porque a sociedade é dinâmica, e o jurista deve estar em sintonia com os problemas sociais que afligem as pessoas, de tal modo que busque traçar o caminho a ser perseguido para a concretização do bem-estar social.

Destarte, a ciência jurídica pela sua função [descritiva] é normativa, de tal modo que corroboram os usos e costumes da sociedade [fatos sociais], dentro das instituições familiares, religiosas, políticas, econômicas e educacionais. Ademais, a ciência jurídica alavanca o real sentido gnoseológico, dentro do *princípio da imputação* [descrição de uma ordem normativa da conduta dos homens entre si], pois que possibilita a averiguação do binário verídico/inverídico no mundo do *ser*. Porém, a normatização em si caberá ao Direito [objeto], em seu sentido prescritivo [*potestas normandi*].

# REFERÊNCIAS

BRASIL. *Legislação*. Disponível em: <http://www.presidencia.gov.br/legislacao/>. Acesso em: 30 jun. 2013.

DALLARI, Dalmo de Abreu. *Elementos de teoria geral do estado*. 28. ed. São Paulo: Saraiva, 2009.

DINIZ, Maria Helena. *A ciência jurídica*. 7. ed. São Paulo: Saraiva, 2009.

_____. *Dicionário jurídico*. 2. ed. São Paulo: Saraiva, 2005. v. 2.

FERRAZ JUNIOR, Tercio Sampaio. *Introdução ao estudo do direito*. 4. ed. São Paulo: Atlas, 2003.

GUERRA FILHO, Willis Santiago. *Teoria da ciência jurídica*. 2. ed. São Paulo: Saraiva, 2009.

JAPIASSÚ, Hilton; MARCONDES, Danilo. *Dicionário básico de filosofia*. 3. ed. Rio de Janeiro: Jorge Zahar, 1996.

KELSEN, Hans. *Teoria pura do direito*. 6. ed. São Paulo: Martins Fontes, 1998.

MONTORO, André Franco. *Introdução à ciência do direito*. 28. ed. São Paulo: Revista dos Tribunais, 2009.

NADER, Paulo. *Introdução ao estudo do direito*. 32. ed. Rio de Janeiro: Forense, 2010.

REALE, Miguel. *Lições preliminares de direito*. 27. ed. São Paulo: Saraiva, 2004.

TELLES JUNIOR, Goffredo. *Iniciação na ciência do direito*. 4. ed. São Paulo: Saraiva, 2009.

# A TEORIA A PROVA E A CONSTITUIÇÃO JURÍDICA DO FATO TRIBUTÁRIO

*Fabio Seiki Esmerelles[1]*

## RESUMO

O presente estudo tem por objetivo analisar a construção jurídica do fato tributário à luz da teoria da prova, tomando por base as categorias do Construtivismo Lógico-Semântico. Os conceitos de sistema do direito positivo, realidade social e realidade jurídica servirão como fundamento para explicar a dinâmica normativa das provas que dá sustentação à construção jurídica do fato. É por meio das provas em direito admitidas que se sustenta a incidência tributária, na qual se demonstra a efetiva ocorrência do fato jurídico tributário, bem como os critérios formadores da relação jurídica tributária.

**Palavras-chave**: Tributário. Construtivismo Lógico-Semântico. Fato Jurídico Tributário.

## ABSTRACT

The objective of this study is to exam the construction of legal fact base on the theory of proof, according to the assumptions of Logical Semantic Constructivism. The concepts of law system, social reality and legal reality are going to provide a theoretical basis of our studies, demonstrating the theory of proof that supports the construction of legal fact.

**Keywords**: Tax. Logical-Semantic Constructivism. Tax legal fact.

---

[1] Tem experiência na área de Direito, com ênfase em Direito Tributário

# INTRODUÇÃO

O presente estudo tem por objetivo analisar a fenomenologia da incidência tributária, percorrendo o caminho da construção do fato jurídico tributário à luz da teoria das provas.

Este trabalho tomará por base o pensamento do professor Paulo de Barros Carvalho, no qual os pressupostos e as categorias do Construtivismo Lógico-Semântico serão aplicados para analisar a relação entre o fato jurídico tributário e a teoria da prova.

Como fundamento básico deste estudo será analisada a fenomenologia da incidência tributária a partir dos conceitos de sistema, realidade social, realidade jurídica e norma jurídica. Com base nessas premissas será possível explicitar a dinâmica normativa das provas que dá sustentação à construção jurídica do fato.

A relação entre o fato jurídico tributário e a teoria da prova também será analisada a partir das categorias da semiótica, especialmente no que diz respeito ao ato de percepção do objeto e da interação entre os signos. Neste ponto, ficará clara a distinção entre objeto dinâmico e objeto imediato, bem como entre fato e evento.

Serão apresentados ainda os principais aspectos da teoria da prova, que darão ensejo à apropriada subsunção do fato à norma. Além disso, será abordada a relação dos princípios constitucionais tributários informadores da teoria das provas.

Por fim, com base nos conceitos apresentados neste trabalho, que propiciam sua utilização no âmbito pragmático, será feita uma breve abordagem do Capítulo V (Das Provas), do Decreto 7.574, de 29 de setembro de 2011, que regulamentou o processo de determinação dos créditos tributários da União Federal.

## 1 CONSIDERAÇÕES INICIAIS: DIREITO POSITIVO, REALIDADE JURÍDICA E NORMA JURÍDICA

### 1.1 Sistema do direito positivo e sistema da Ciência do Direito

Um sistema pode ser caracterizado como um conjunto de elementos ordenados sob um vetor comum. Tércio Sampaio Ferraz Júnior observa que sistema é uma totalidade construída, composta de várias partes e bem ordenada, organizada[2].

Analisando estas características, o professor Paulo de Barros Carvalho reconhece que as normas jurídicas formam o sistema do direito positivo, na medida em que estão dispostas de maneira hierarquizada e são regidas pela derivação, seguindo um princípio unificador[3]. Do mesmo modo, reconhece que a Ciência do Direito assume foros de sistema, pois está vertido em linguagem eminentemente científica.

Não obstante a classificação de Marcelo Neves dos sistemas em reais e proposicionais[4], pela qual estes seriam construídos por enunciados linguísticos e aqueles seriam formados por objetos do mundo social, parte-se do pressuposto que a linguagem é constitutiva da realidade para o direito positivo. Nesse sentido, não interessaria ao direito os objetos de índole extralinguística.

Distinguindo o sistema do direito positivo do sistema da Ciência do Direito, Paulo de Barros Carvalho afirma que o sistema do direito positivo seria composto pelo: "plexo de normas jurídicas válidas [que] está posto num corpo de linguagem prescritiva, que fala do comportamento do homem na comunidade social"[5]. O sistema da Ciência do Direito, por sua vez, empregaria uma linguagem eminentemente descritiva para discorrer acerca de seu objeto – o direito positivo. É exatamente por este motivo, que o professor afirma que a Ciência do Direito é uma sobrelinguagem ou linguagem de sobrenível[6].

Outra importante constatação, segundo o modelo de Niklas Luhmann, é o sistema do direito positivo pode ser visto como um sistema autopoiético, produzindo sua própria organização e conservando sua identidade como sistema autônomo. Em outras palavras, o sistema do direito positivo se apresenta como auto-referencial e auto-reprodutivo, articulando-se em seu interior por meio de seus próprios elementos.

---

[2] FERRAZ JÚNIOR, Tércio Sampaio, *Conceito de sistema do direito: uma investigação histórica a partir da obra jurisfilosífica de Emil Lask*, São Paulo, RT, 1976, p. 9.
[3] CARVALHO, Paulo de Barros. *Direito tributário, linguagem e método*. São Paulo: Noeses, 2011, p. 214.
[4] NEVES, Marcelo, *Teoria da inconstitucionalidade das leis*, São Paulo, Saraiva, 1992. p. 4.
[5] CARVALHO, Paulo de Barros, *Curso de Direito Tributário*, São Paulo: Saraiva, 2009, p. 11.
[6] Idem p. 3.

Observa-se um fechamento organizacional permite que as informações advindas do exterior do sistema somente sejam processadas e ingressem no sistema na forma que ele o determina. Nesse sentido, é permitido concluir que o sistema do direito positivo é fechado sintaticamente, mas aberto em termos semânticos e pragmáticos[7].

## 1.2 Realidade jurídica e realidade social

Como exposto no item anterior, o sistema do direito positivo e da Ciência do Direito formam realidades distintas. De igual importância é a distinção que se apresenta entre aqueles dois corpos de linguagem e o plano da realidade social. Muito embora estes três planos de linguagem interajam entre si[8], individualmente constituem três sistemas distintos.

Paulo de Barros Carvalho reconhece que há, invariavelmente, um intervalo entre a realidade jurídica e a realidade social. Isso porque a primeira é construída a partir desta última, assumindo a feição de linguagem de sobrenível em relação àquela, com rigoroso processo seletivo[9]. O mesmo se verifica quando se toma a realidade do direito positivo como linguagem objeto e a realidade da Ciência do Direito como metalinguagem.

Pois bem, enquanto linguagem de sobrenível ou metalinguagem em relação à realidade social (linguagem objeto), a realidade jurídica será sempre redutora de complexidade. Neste ponto, a linguagem jurídica separa o setor juridicizado do setor não juridicizado.

Convém salientar outra importante premissa desta teoria: não se transita livremente entre os sistemas. O fato de os corpos de linguagem da realidade social, do direito positivo e da Ciência do Direito interagirem entre si não implica que eles possam interferir uns nos outros.

Para um acontecimento da realidade social ingressar no direito positivo, é necessário que ele seja produzido através da linguagem que o próprio direito positivo prevê para tanto. Do mesmo modo, a linguagem do

---

[7] Idem p.150
[8] Isso porque o direito positivo tem por objeto a realidade social (condutas intersubjetivas) e a Ciência do Direito tem por objeto o próprio direito positivo.
[9] CARVALHO, Paulo de Barros, *Direito tributário: fundamentos jurídicos da incidência*. São Paulo: Saraiva, 2008, p. 117.

direito positivo não tem o condão de modificar a realidade social, sendo necessário a constituição de uma linguagem social para a modificação da conduta. Nesse sentido, pode-se dizer que o direito positivo não toca a realidade social e vice-versa.

O mesmo ocorre com a Ciência do Direito: por mais que fale sobre o direito positivo, o discurso de um jurista jamais poderá alterá-lo. Isto comprova a autonomia destes três corpos de linguagem.

## 1.3 Normas jurídicas

Uma vez isolado o campo do direito positivo, passa-se a análise de seu objeto, qual seja, o conjunto de normas jurídicas válidas posto em linguagem prescritiva em determinando espaço e em certas condições de tempo.

### 1.3.1 Norma jurídica em sentido estrito

Paulo de Barros Carvalho define norma jurídica em sentido estrito como "as significações construídas a partir dos textos positivados e estruturadas consoante a forma lógica dos juízos condicionais, compostos pela associação de duas ou mais proposições prescritivas"[10].

Com base na terminologia adotada por Edmund Husserl, a linguagem prescritiva do direito positivo pode ser vista como um conjunto sígnico que oferece três ângulos de análise: suporte físico (texto de lei), que lhe serve de substrato material, significação, que é a representação que se forma na mente do homem, e significado, que é o termo a relação semântica com o objeto.

Nestes termos, pode-se dizer que os textos de lei, em si considerados, não possuem significações. Eles se apresentam como um substrato de linguagem traduzido em orações, sentenças, que irão compor a mensagem expedida pelo legislador. Tendo em vista que o direito manifesta-se em linguagem, caberá ao operador do direito compreender a linguagem prescritivas de seus textos, para a construção da norma jurídica.

---

[10] CARVALHO, Paulo de Barros, *Direito tributário: fundamentos jurídicos da incidência*. São Paulo: Saraiva, 2008, p. 24.

Outro ponto que merece destaque é a questão da validade da norma jurídica, aqui entendida como a relação de pertinencialidade da norma com o sistema. Assim, uma norma seria válida no sistema jurídico se, e somente se, pertencer a este conjunto, o que ocorre quando ela é produzida consoante o procedimento e pelo órgão previsto pelo sistema.

As proposições prescritivas, para a lógica deôntica, teriam sua valência própria, não podendo dizer que elas sejam verdadeiras ou falsas, valores estes presentes nas proposições descritivas da Ciência do Direito, mas sim que são válidas ou inválidas, em relação a um determinado sistema.

Considerando as normas jurídicas válidas como as significações construídas a partir dos textos de lei, verifica-se que elas estão estruturadas consoante a forma lógica de juízos condicionais, compostos pela associação de dois ou mais enunciados.

Esta associação pressupõe necessariamente uma proposição no antecedente da norma, descrevendo um evento de possível ocorrência no mundo social, e uma proposição no consequente da norma, prescrevendo uma relação jurídica modalizada em obrigatório, permitido e proibido. Tais enunciados estão articulados pelo operador deôntico dever ser, denotando a região do jurídico.

Nesse sentido, é procedente a observação de Lourival Vilanova:

> O que uma norma de direito positivo enuncia é que, dado um fato seguir-se-á uma relação jurídica, entre sujeitos de direito, cabendo, a cada um, posição ativa ou passiva. Mais. Que nessa relação jurídica primária define-se o conteúdo da conduta, modalizando-a como obrigatória, permitida ou proibida[11].

## 1.3.2 Normas individuais e gerais, concretas e abstratas

Em sua completude de significação, a norma jurídica usualmente refere-se a individualidade e a generalidade de seus destinatários. Individual é a norma jurídica direcionada a um indivíduo ou a um grupo de

---

[11] VILANOVA, Lourival, *Causalidade e relação no direito*. 4ª ed. São Paulo: RT, 2001, p. 102.

indivíduos determinados ou determináveis. A generalidade aparece quando a norma jurídica é dirigida a um conjunto de pessoas indeterminadas.

Por outro lado, a norma jurídica concreta diz respeito à conduta especificada no tempo e no espaço, ao passo que a norma jurídica abstrata realiza uma previsão futura e incerta.

Tais características podem ser relacionadas para a construção de normas a) gerais e abstratas; b) gerais e concretas; c) individuais e abstratas e d) individuais e concretas. No que diz respeito ao presente trabalho, as normas gerais e abstratas são aquelas que possuem alto grau de indeterminação, necessitando da expedição de normas individuais e concretas, mais diretamente voltadas ao comportamento das pessoas.

### 1.3.3 A regra-matriz de incidência tributária

A regra-matriz de incidência é um exemplo de norma geral e abstrata. Aurora Tomazini de Carvalho, explicando o significado da expressão regra-matriz de incidência, assevera que:

> (...) emprega-se o termo 'regra' como sinônimo de norma jurídica, porque trata-se de uma construção do intérprete, alcançada a partir do contado com os textos legislados. O termo 'matriz' é utilizado para significar que tal construção serve como modelo padrão sintático-semântico na produção de linguagem jurídica concreta. E de incidência, porque se refere a norma produzidas para serem aplicadas[12].

Estendendo os estudos sobre a regra-matriz de incidência tributária, Paulo de Barros Carvalho concluiu ser ela "norma jurídica geral e abstrata que atinge as condutas intersubjetivas por intermédio do ato jurídico-administrativo de lançamento ou de ato particular, veículo que introduzem no sistema norma individual e concreta"[13].

No antecedente da regra matriz de incidência deparamos com as diretrizes para a identificação de um evento futuro com a conjugação dos

---

[12] CARVALHO, Aurora Tomazini de, *Curso de Teoria Geral do Direito*, São Paulo: Noeses, 2009, p. 362
[13] CARVALHO, Paulo de Barros, *Direito tributário: fundamentos jurídicos da incidência*. São Paulo: Saraiva, 2008, p. 38.

critérios material, temporal e espacial. Já no consequente da regra matriz de incidência encontraremos um critério pessoal (sujeito ativo e passivo) e um critério quantitativo (base de cálculo e alíquota).

Enquanto norma geral e abstrata, a regra-matriz de incidência não traz em sua hipótese a descrição de um evento ocorrido no tempo e no espaço. Pelo contrário, faz alusão a uma classe de eventos, na qual deverão ser preenchidos por acontecimentos ocorridos no mundo social. À esta operação lógica de inclusão de classes dá-se o nome de subsunção.

Este fato demonstra que a incidência da regra-matriz de incidência somente ocorre quando houver a introdução de norma individual e concreta no sistema, isto é, quando o fato ocorrido no mundo social for subsumido à hipótese da regra-matriz de incidência através de linguagem competente. Trata-se do processo de positivação da norma, que pode ser entendido como uma sequência de atos poentes de normas no quadro da dinâmica do sistema[14].

## 2 FATO JURÍDICO TRIBUTÁRIO

### 2.1 Distinção entre evento e fato

As normas gerais e abstratas reivindicam a expedição de norma individual e concreta para efetivamente regular as condutas intersubjetivas, mediante o processo de positivação. Partindo do pressuposto de que não se transita livremente entre o mundo do ser e o mundo do dever ser, pode-se dizer que a linguagem prescritiva de condutas não se relaciona aos comportamentos interpessoais.

Pois bem, para movimentar as estruturas do direito no sentido de motivar as alterações no campo da realidade social, aplicando a norma geral e abstrata e delas se extraindo novas normas, estas individuais e concretas, é preciso ter acesso e conhecer o fato.

---

[14] CARVALHO, Paulo de Barros, *Derivação e positivação no direito tributário*. São Paulo: Noeses, 2011, p. XIX.

Ocorrido o evento no mundo social, não há como se ter acesso direito a ele, pois este se esvai no tempo e no espaço. O evento é uno e irrepetível em todos seus aspectos; é da ordem do intangível, do inefável. Sobram apenas vestígios, marcas deixadas por aquele evento, as quais servirão se base para a construção de um enunciado linguístico.

Tércio Sampaio Ferraz Júnior assegura que o "fato não é pois algo concreto, sensível, mas um elemento linguístico capaz de organizar uma situação existencial como realidade"[15]. Por outro lado, o evento seria um acontecimento de ordem natural, sem qualquer relato em linguagem.

Com efeito, o fato que constitui em realidade o evento que ele atesta ter ocorrido deve assumir proposições de enunciado verdadeiro[16], construído segundo ao uso linguístico próprio daquele sistema. Assim, relatado o evento em linguagem social, tem-se o fato social; vertido este em linguagem jurídica, sobressai o fato jurídico.

Por oportuno, insta reconhecer a similaridade entre as concepções de Língua Normativa (LN) e Língua Realidade (LR) de Tércio Sampaio Ferraz Júnior, e as concepções de linguagem do direito positivo e de linguagem social de Paulo de Barros Carvalho.

Tércio Sampaio Ferraz Júnior diz que o conceito de Língua Realidade (LR) relaciona-se à verificação dos fatos ocorridos, enquanto que a Língua Normativa (LN) é aquela que será o objeto de interpretação pelo sujeito[17]. Paulo de Barros Carvalho, por seu turno, reconhece a existência de uma linguagem social constituidora da realidade que nos cerca, sendo que sobre ela, a linguagem do direito positivo, como discurso prescritivos de condutas, vai suscitar o plano da facticidade jurídica[18].

---

[15] FERRAZ JÚNIOR, Tércio Sampaio, *Introdução ao estudo do direito: técnica decisão, dominação*. São Paulo, Atlas, 2007, p. 280
[16] A verdade, para fins deste trabalho, é tomada segundo a teoria consensual. Fabiana Del Padre Tomé explica que a verdade por consenso "não decorre da relação entre enunciados linguísticos e a realidade sensível, mas do consenso ou acordo entre os indivíduos de determinada comunidade ou cultura" (TOMÉ, Fabiana Del Padre, *A Prova no Direito Tributário*, São Paulo: Noeses, 2011, p. 14).
[17] Idem. p. 280.
[18] CARVALHO, Paulo de Barros, *Direito tributário: fundamentos (...)*, p. 105.

## 2.2 Categorias da semiótica: objeto dinâmico e objeto imediato

A semiótica, estudando o fenômeno da percepção, pode ser concebida como a ciência dos signos ou a "ciência geral de todas as linguagens"[19]. Ela se preocupa com o modo de constituição de todo e qualquer fenômeno de produção de sentido, representados das mais diversas formas, como sinais, palavras, gestos.

Fixada a premissa de que o fato é um enunciado linguístico e o evento um acontecimento natural da ordem no intangível, pode-se dizer que o fato é uma das formas de representação do evento. Analisando este fenômeno de percepção, a semiótica de Charles Sanders Peirce trabalha com a distinção entre dois tipos de objeto: imediato e dinâmico.

Em linhas gerais, o objeto imediato é aquele representado no signo e dinâmico é o objeto de representação pelo signo. Lúcia Santaella esclarece que "a noção de objeto imediato é introduzida por Peirce para demonstrar a impossibilidade de acesso ao objeto dinâmico do signo. O objeto dinâmico é inevitavelmente mediado pelo objeto imediato, que já é sempre de natureza sígnica"[20].

Com efeito, por mais que o objeto imediato tente alcançar todo o objeto dinâmico, ele somente consegue captar parte deste objeto, isto é, algumas de suas qualidades. Segundo Paulo de Barros Carvalho, o objeto dinâmico é intangível e pode ser representado de diversas maneiras pelo objeto imediato (relação assintótica – eles nunca se tocam). Tudo mais que se pretenda conhecer sobre o objeto dinâmico somente os outros objetos imediatos poderão transmitir. Esse modo de recolher novas informações sobre o objeto dinâmico, para além do objeto imediato, é denominada de experiência colateral[21].

Feitas estas considerações, é permitido relacionar os conceitos de objeto dinâmico e objeto imediato de Peirce, respectivamente, com os conceitos de evento e fato de Paulo de Barros Carvalho.

---

[19] SANTELLA, Lúcia, *O que é semiótica*. São Paulo: Ed. Brasiliense, 2006. p. 7.
[20] SANTELLA, Lúcia, *A teoria geral dos signos – semiose e auto geração*. São Paulo: Pioneira, 2000, p. 40.
[21] CARVALHO, Paulo de Barros, *Direito tributário: fundamentos* (...) p. 108.

Sob outro ângulo, a linguagem do direito, por ser metalinguagem em relação à linguagem social, constitui-se como objeto imediato daquela, que pode ser considerada como objeto dinâmico.

## 2.3 Fato Jurídico

A distinção objeto dinâmico e objeto imediato é útil para o reconhecimento da grande distância existente entre o fato jurídico e o evento. Eurico Marco Diniz de Santi lembra que "assim como a representação semiótica na curva de Charles Sanders Peirce, o direito não toca a realidade, que lhe é intangível, o direito só produz novo direito, altera a realidade sem como ela se confundir, construindo suas próprias realidades"[22].

Como visto anteriormente, os eventos ocorridos no mundo dos fenômenos se perdem no tempo e no espaço. É por meio dos fatos, enquanto relatos linguísticos, que se tem conhecimento dos objetos da experiência a que eles se referem. Muito embora os eventos possam ser expressos sob diversas formas de linguagem (econômica, contábil, política etc.), para ingressarem no universo jurídico, há de ser observada a linguagem prescrita pelo direito.

Nesse sentido, o professor Paulo de Barros Carvalho reconhece que a construção do fato jurídico nada mais é do que a constituição de um fraseado normativo capaz de justapor-se como antecedente normativo de uma norma individual e concreta, dentro das regras sintáticas ditadas pelo direito positivo, assim como de acordo com os limites semânticos arquitetados pela hipótese da norma geral e abstrata[23].

Em linhas gerias, a diferença entre um fato qualquer e um fato jurídico está na linguagem que o constitui. O fato jurídico é aquele relatado em linguagem preestabelecida pelo sistema do direito positivo.

Sobre o assunto, Aurora Tomazini de Carvalho lembra que: "todo fato jurídico é, antes de ser jurídico, um fato, pois constitui-se como um enunciado linguístico sobre uma situação existencial, mas nem todo fato é

---

[22] SANTI, Eurico Marco Diniz de, *Decadência e prescrição no direito tributário*. São Paulo: Max Limonad, 2001, p. 53.
[23] Idem p. 130.

jurídico, somente aquele vertido na linguagem competente do direito positivo, capaz de promover os efeitos prescritos pelo sistema"[24].

Pois bem. Efetivando-se o relato do fato jurídico no antecedente da norma individual e concreta, instalam-se os efeitos prescritos no consequente, atrelando dois sujeitos (ativo e passivo) em torno de uma determinada prestação. Isto resultante da eficácia jurídica da norma, que tem o condão de provocar a irradiação dos efeitos que lhe são peculiares. Trata-se da causalidade jurídica que, segundo Lourival Vilanova, não seria propriamente um atributo da norma, mas sim do fato jurídico nela previsto.

### 2.3.1 Fato jurídico tributário

Paulo de Barros Carvalho define fato jurídico tributário como "enunciado protocolar, denotativo, posto na posição sintática de antecedente de uma norma individual e concreta, emitido, portanto, função prescritiva, num determinado ponto do processo de positivação do direito"[25].

É no antecedente da norma individual e concreta que o fato jurídico aparece na sua integridade constitutiva. Isso porque o enunciado descrito na hipótese da norma geral e abstrata somente apresenta uma indicação de classe com as notas que um acontecimento precisa ter para ser considerado como jurídico. A passagem da norma geral e abstrata para a norma individual e concreta, mediante o processo de incidência, se dá exatamente na com a denotação dos critérios previstos na hipótese da norma geral e abstrata.

No antecedente da norma individual e concreta nos deparamos com elementos definidores do fato jurídico, quais sejam, o elemento material relacionado aos elementos espacial e temporal. No que concerne ao elemento material, traz ele a previsão de um comportamento, devidamente representado por um verbo no pretérito, indicando um comportamento já consolidado, seguido de seu complemento, como por exemplo, empresa X prestou serviço, João auferiu renda etc. Quanto aos elementos temporal e espacial, estes dão ensejo ao reconhecimento das circunstâncias de lugar e tempo que delimitam o elemento material.

---

[24] CARVALHO, Aurora Tomazini de, *Curso de Teoria (...)*, p. 506.
[25] Idem p. 136.

Nestas condições, leciona Paulo de Barros Carvalho que "*quem se depara com o fato ingressa, portanto, numa investigação do passado, para surpreender a modificação do mundo exterior a que o relato se refere*"[26].

Cumpre destacar que o momento da constituição do fato jurídico marca o instante do ingresso da norma individual e concreta no sistema do direito positivo, enquanto norma válida, por satisfazer os critérios de pertinencialidade da previsão da norma geral e abstrata, daí extraindo seu fundamento de validade.

Outro, porém, é o momento a que o fato jurídico se reporta. Trata-se da distinção entre a chamada data *do* fato e da data *no* fato.

Uma é a data atribuída à ocorrência do evento (data *no* fato). Outra é a data da constituição jurídica do fato (data *do* fato). Tal distinção permite identificar que as normas que determinam os atos de aplicação ao caso concreto (atos formais) são as de vigência atual, e normas que as determinam as relação jurídica de direito material aplicável são aquelas em vigor na data do evento.

Outra importante constatação é a questão da natureza declaratória ou constitutiva da norma individual e concreta. Como o enunciado prescritivo do fato jurídico tributário se reporta a um acontecimento passado, ele assinala os efeitos declaratórios deste enunciado. Por outro lado, considerando que sem o ato humano de constituição do enunciado prescritivo o fato não existe para o mundo jurídico, pode-se dizer que ele possui efeitos constitutivos. Nesse sentido, a eficácia constitutiva e declaratória podem coexistir na composição da norma individual e concreta.

## 2.4 A subsunção do fato à norma e a fenomenologia da incidência tributária

A essência da fenomenologia da incidência tributária pressupõe falar-se no ato humano de subsunção. Segundo Paulo de Barros Carvalho, "diremos que houve a subsunção, quanto o fato (fato jurídico tributário

---

[26] Idem p. 152,

constituído pela linguagem prescrita pelo direito positivo) guardar absoluta identidade com o desenho normativo da hipótese (hipótese tributária)"[27].

Somente com a concretude do fato jurídico tributário, que o professor Paulo de Barros Carvalho admite instalar-se automática e infalivelmente os efeitos ligados à instituição da relação jurídica tributária. Tal concretude é alcançada apenas quanto a o evento descrito no suposto da norma individual e concreta satisfizer todos os critérios identificados na hipótese da norma geral e abstrata.

Neste ponto, reside a grande diferença entre a teoria de Pontes de Miranda e a teoria do professor Paulo de Barros Carvalho.

Pontes de Miranda trabalha com a concepção incidência automática e infalível no plano factual, segundo o qual ocorrido o suporte fático (evento) no mundo social previsto abstratamente na norma, esta se projeta sobre este acontecimento, dando ensejo ao nascimento do fato jurídico e dos direitos e deveres jurídicos correlatos. Para este autor:

> O processo social de adaptação, a que se chama direito, consiste exatamente em edição de regras jurídicas tais que, ocorrendo os suportes fáticos, elas incidem *necessariamente* (...) Mais ainda: a incidência das regras jurídicas independe de que alguém, ainda os interessados, conheçam a regra jurídica (...) Convém que se insista em proposição tão grave e tão reveladora: a regra jurídica incide automaticamente. Nenhuma dos outros processos sociais de adaptação (a religião, a moral, a arte, a política, a economia, a própria ciência) conseguiu regras com força de incidência absoluta. Só o direito o conseguiu[28].

Ainda segundo este modelo, incidência a aplicação ocorreriam em momentos distintos. Num primeiro momento, a norma jurídica incide sobre o suporte fático, juridicizando-o. Posteriormente, poderia haver ou não o ato humano de aplicação formalizando os direitos e os deveres já constituídos com a incidência.

---

[27] CARVALHO, Paulo de Barros, *Curso (...)*, p. 280
[28] MIRANDA, Pontes de, *Incidência e aplicação da lei*. Conferência pronunciada em solenidade na Ordem dos Advogados – Seção de Pernambuco – no dia 30 de setembro de 1955, p. 53.

Em contraposição, o modelo do professor Paulo de Barros Carvalho pressupõe a existência de uma linguagem prevista pelo direito positivo para o nascimento do fato jurídico tributário e a relação jurídica correspondente. Seguindo essa premissa, a incidência não é automática e infalível quando da ocorrência do evento do mundo social, ela depende da constituição em linguagem competente atribuindo juridicidade ao fato e imputando-lhe efeitos na ordem jurídica. Nesse sentido, leciona o professor: "Para que haja o fato jurídico e a relação entre sujeitos de direito, necessária se faz a existência de uma linguagem: linguagem que relate o evento acontecido no mundo da experiência e linguagem que relate o vínculo jurídico que se instaura entre duas pessoas"[29].

Por outro lado, o professor reconhece que haveria uma incidência automática e infalível com relação ao fato jurídico, na medida em que relatado o evento em linguagem, instauram-se os efeitos jurídicos correlatos. Eis a eficácia jurídica da norma ou a causalidade jurídica do fato jurídico tributário, nos dizeres de Lourival Vilanova.

Outro aspecto de relevante na teoria do professor Paulo de Barros Carvalho é a importância da condição da presença humana na incidência do direito. Segundo ele, "não se dá a incidência se não houver uma ser humano fazendo a subsunção e promovendo a implicação que o preceito normativo determina. As normas não incidem por força própria. Numa visão antropocêntrica, requerem o homem, como elemento intercalar, movimentando as estruturas do direito, extraído de normas gerais e abstratas outras gerais e abstratas ou individuais e concretas"[30].

Seguindo estas concepções, pode-se dizer que o texto de lei não é capaz de juridicizar qualquer fato ou produzir efeito no mundo jurídico. Cabe ao homem interpretar o enunciado normativo, fazendo-o incidir nas situações do mundo fenomênico.

Diante dessas considerações, Autora Tomazini de Carvalho descreve a fenomenologia da incidência da seguinte forma: um homem (aplicador), a partir dos critérios de identificação da hipótese de uma norma geral e abstrata, construída com a interpretação dos textos jurídicos, demarca

---

[29] Idem p. 12-13.
[30] Idem p. 11.

imaginariamente (no plano do ser), a classe de fatos a serem juridicizados. Quando, interpreta a linguagem da "realidade social" (a qual tem acesso por meio da linguagem das provas), identifica um fato denotativo da classe da hipótese, realiza a subsunção e produz nova linguagem jurídica, relatando tal fato no antecedente de uma norma individual e concreta e a ela imputando a relação jurídica correspondente (como proposição consequente desta norma) e, assim, o faz, com a denotação dos critérios de identificação do consequente da norma geral e abstrata (incidida), a qual será representativa de um liame a ser estabelecido no campo social[31].

Adotando esta linha de raciocínio, a fenomenologia da incidência tributária pode ser descrita da seguinte forma: um homem, tendo conhecimento de determinada norma que o obriga ao pagamento de um tributo, identifica um evento ocorrido no mundo social (linguagem social) e o enquadra na hipótese descrita por aquela norma, relatando para o direito, através de linguagem competente, a constituição do fato jurídico tributário e a ele imputando a relação jurídica correspondente, que dá ensejo ao nascimento da obrigação tributária

## 2.5 A relação entre fato jurídico tributário e teoria das provas

Quando se fala em incidência, fica clara a ocorrência de duas operações lógicas: a primeira de subsunção do fato à norma (ou de inclusão de classes) e a segunda de implicação da relação jurídica correspondente.

Para que seja tido como fato jurídico tributário, o acontecimento do mundo social descrito no antecedente da norma individual e concreta deve satisfazer todos os critérios estabelecidos no suposto da norma geral e abstrata. Saliente-se que este fato deverá ser construído segundo a linguagem das provas, para que se dê, verdadeiramente, a subsunção.

Nesse sentido, a teoria das provas serve como mecanismo fundamental para o reconhecimento dos fatos da vida social juridicizadas pelo direito, bem como dado imprescindível ao funcionamento do sistema de normas[32].

---

[31] CARVALHO, Aurora Tomazini de. *Curso (...)*, p. 418-9.
[32] CARVALHO, Paulo de Barros, *Direito tributário: fundamentos (...)* p. 116.

No campo do direito tributário, Fabiana Del Padre Tomé ressalta a importância da teoria das provas: "ao constituir a obrigação tributária e aplicar sanções nessa esfera do direito, não basta a observância das regras formais que disciplinam a emissão de tais atos; a materialidade deve estar demonstrada, mediante a produção de prova da existência do fato sobre o qual se fundam as normas constituidoras das relações jurídicas tributárias"[33].

Com efeito, a teoria das provas irá demonstrar a efetiva ocorrência de determinado fato jurídico tributário descrito no antecedente da norma individual e concreta que documenta a incidência tributária, bem como de fundamentar os critérios formadores da relação jurídica tributária instaurada no consequente da referida norma individual e concreta.

## 3 A TEORIA DA PROVA NA CONSTITUIÇÃO DO FATO JURÍDICO TRIBUTÁRIO

### 3.1 Aspectos gerais: prova e meio de prova

O vocábulo prova possui várias acepções. Fabiana Del Padre Tomé ressalta que o termo é susceptível de ser empregado para aludir: (i) ao fato que se pretende reconstruir; (ii) à atividade probatória; (iii) ao meio de prova; (iv) ao procedimento organizacional; (v) ao resultado do procedimento; ou (vi) ao efeito do procedimento probatório na convicção do destinatário[34].

Dentre essas diversas acepções, a autora propõe a definição de prova no sentido de enunciado, por esta se apresentar "como *fato jurídico em sentido amplo*: (i) *fato*, por relatar acontecimento pretérito; (ii) *jurídico*, por integrar o sistema do direito; e (iii) *em sentido amplo*, por ser apenas um dos elementos de convicção que, conjugado a outros, propiciará a constituição do fato jurídico em sentido estrito, constante do antecedente da norma individual e concreta veiculada pelo ato de lançamento, de aplicação de penalidade ou de decisão judicial administrativa ou judicial"[35].

---

[33] TOMÉ, Fabiana Del Padre, *A Prova no Direito Tributário*, São Paulo: Noeses, 2011, p. 33.
[34] Idem p. 78.
[35] Idem. p. 82

Consoante essa acepção, a prova seria um fato jurídico em sentido amplo que tem por finalidade a constituição do fato jurídico em sentido estrito. Entretanto, isoladamente considerada, a prova não é um fato jurídico tributário pois não tem o condão de propagar efeitos tributários decorrentes do liame vínculo obrigacional que se instaura entre o sujeito ativo e o sujeito passivo em torno do tributo.

Em sua obra, Fabiana Del Padre Tomé considera todas as provas são sempre pessoais, indiretas e documentais:[36] (i) *pessoais* porque, enquanto fato, decorre de um ato humano de aplicação; (ii) *indiretas* porque o fato nunca toca o objeto a que se refere (relação assintótica) e (iii) *documentais* porque devem estar reduzidas a linguagem escrita para assumiram tal condição.

A doutrina distingue, por outro lado, a prova dos meios de prova. Estes, segundo Maria Rita Ferragut, seriam tomados como "o enunciado passível de ser produzido pelas partes, que tem por conteúdo a ocorrência ou incorrência de um determinado acontecimento (...). É, em última análise, a representação, em linguagem competente, dos eventos ocorridos no mundo fenomênico"[37]. São exemplos de meios de prova, a perícia, a prova testemunhal, os documentos.

A presunção e o indício também são considerados meios prova, só que provas indiretas, nas quais a partir de um fato provado, chega-se ao fato que se pretende demonstrar. Segundo Paulo de Barros Carvalho, a presunção seria o "resultado lógico, mediante o qual do fato conhecido, cuja existência é certa, infere-se o fato desconhecido ou duvidoso, cuja existência é, simplesmente, provável"[38]. Nesse sentido, presunção é, pois, uma operação mental que estabelece uma relação de causalidade entre o fato indiciário e o fato probando. Nesse sentido, pode ser considerada como um meio de prova.

O indício, por seu turno, "é todo o vestígio, indicação, sinal, circunstância e fato conhecido apto a nos levar, por meio do raciocínio indutivo, ao conhecimento de outro fato, não conhecido diretamente"[39].

---

[36] Idem p. 104.
[37] FERRAGUT, Maria Rita, *Presunções no direito tributário*. São Paulo: Dialética, 2001, p. 45.
[38] A prova no procedimento administrativo tributário. Revista Dialética de Direito Tributário. Ed. 34. São Paulo: RT p. 109
[39] Idem, p. 50.

## 3.2 A teoria da prova e a constituição jurídica do fato tributário

No processo de positivação das normas jurídicas instituidoras da relação jurídica tributária, os enunciados do suposto da norma geral e abstrata funcionam como modelo para orientar o aplicador do direito na construção dos enunciados constitutivos do fato jurídico tributário e do vínculo relacional entre os sujeitos em torno do tributo. Nesse percurso, exige-se a certificação da ocorrência dos fatos jurídicos tributários produzidos, mediante procedimento próprio e agente competente, através das provas em direito admitidas.

É neste ponto que reside a acuidade da teoria das provas no sistema do direito positivo. É por meio dela que o evento é atestado e os fatos jurídicos são constituídos. Como leciona Paulo de Barros Carvalho, "os acontecimentos do mundo social que não puderem ser relatados com tais ferramentas de linguagem não ingressam nos domínios do jurídico, por mais evidentes que sejam"[40].

Como visto, o sistema do direito positivo produz sua própria realidade, na medida em que determina o modo pelo qual os enunciados linguísticos ingressam em seu interior. Assim, os eventos produzidos na forma imposta pelo direito positivo tão-só ingressam no ordenamento se puderem sustentar-se pelas provas admitidas juridicamente.

O relato do evento materializa-se juridicamente por meio do fato alegado, que é um pressuposto para a produção da linguagem probatória. Como bem adverte Maria Rita Ferragut, os objetos das provas são "os fatos alegados pelas partes, referentes a eventos ocorridos em lapso temporal necessariamente anterior à alegação"[41].

Assim, provado o fato, tem-se a constituição do fato jurídico e o reconhecimento de seu efetivo ingresso no sistema. Como as provas relacionam-se aos fatos alegados, não há que se cogitar a hipótese de comprovação da verdade por correspondência, segundo a qual se exigiria uma identidade entre o enunciado linguístico e a realidade por ele referido. Retomando o paralelo entre objeto dinâmico e objeto imediato, relembre-se

---

[40] Idem. p. 115.
[41] Idem p. 48.

que este último nunca será capaz de representar o primeiro em sua totalidade, na medida em que ele apenas descreve alguma ou algumas de suas características.

Dessa forma, considerando o fato como umas das formas de representação do evento, pode-se dizer que a aferição de sua veracidade, em relação àquele determinado contexto, sempre será relativa. É por este motivo que Fabiana Del Padre Tomé afirma que: "apenas pela relação entre as linguagens de determinado sistema pode aferir-se a veracidade ou falsidade de dada proposição. Um enunciado é verdadeiro, em princípio, quando está em consonância com uma interpretação estabelecida, aceita, instituída dentro de uma comunidade de pertinência. O enunciado verdadeiro não diz o que uma coisa é, mas o que pressupomos que seja dentro de uma cultura particular"[42].

Com base nestas concepções, não se poderia falar em uma verdade universal, ou verdade absoluta, na medida em que (i) a verdade não se dá pela exata correspondência entre o fato e o evento; (ii) o fato representa alguma ou algumas características do evento e (iii) o fato depende sempre do contexto espácio-temporal em que está inserido.

Dentro desse contexto, insere-se a teoria do Falibilismo de Peirce, segundo a qual nosso conhecimento sobre determinando nunca é absoluto, ele oscila num contínuo de incerteza e determinação. O reconhecimento de que os objetos da experiência estão sujeitos a erros de observação, impõe a conclusão de que a verdade será sempre relativa.

Outra relevante constatação decorrente da posição adotada é que não haveria sentido na distinção que a doutrina mais tradicional faz entre verdade material e a verdade formal, sendo que a primeira seria efetiva correspondência entre o fato e o evento, e a segunda que esta relação admitiria destoar da ocorrência concreta. Tárek Moysés Moussallem explica a irrelevância dessa classificação, considerando o caráter autossuficiente da linguagem, pois, segundo ele, toda a verdade seria formal, considerada dentro de um sistema linguístico[43].

---

[42] Idem p. 15.
[43] MOUSSALLEM, Tárek Moysés, *Fontes do direito tributário*, São Paulo: Max Limonad, 2001, p. 39.

## 3.3 Categorias da semiótica: símbolo, índice ou ícone

Como exposto anteriormente, à prova, considerada como fato jurídico em sentido amplo, podem ser aplicadas as categorias da semiótica de objeto dinâmico e objeto imediato. Nesse sentido, o fato alegado, ou seja, aquele se pretende provar, pode ser considerado como objeto dinâmico da prova, enquanto que esta constitui-se como objeto imediato, na medida em que o representa parcialmente.

Por outro lado, considerando o evento na condição de objeto dinâmico, o fato alegado pode ser visto como objeto imediato daquele.

Cabe aqui mencionar outra grande contribuição de Peirce à semiótica que pode ser aplicada à teoria das provas. Tal decorre da classificação dos signos na sua relação com o objeto dinâmico: símbolo, índice ou ícone.

No símbolo, a conexão do signo com o objeto dinâmico é convencionada, sendo que a representação não possui qualquer similitude ou analogia com o objeto. O índice decorre diretamente de uma conexão de existência com o objeto dinâmico, ou seja, "qualquer baliza através da qual uma coisa particular possa ser reconhecida por ser um fato associado à coisa, um nome próprio sem significação, um dedo apontado, são índices degenerativos"[44]. O ícone, por sua vez, mantém relação com o objeto dinâmico por uma conexão de qualidade ou similitude, isto é, trata-se de uma relação de mera comparação.

Na qualidade de signo, a prova pode ser considerada como um índice. Em aprofundando estudo sobre o tema, Clarice Von Oertzen de Araújo afirma que "as provas jurídicas são signos de natureza indicial, pois são elas que possibilitam a aplicação das normas, conectando o sistema ao universo dos fatos e das relações intersubjetivas, os quais atuam na condição de objeto dinâmico dos signos que as regulamentam"[45].

Peirce, citando um exemplo da literatura, recorda que: "aquela pegada que Robson Crusoé encontrou na areia, que ficou gravada da fama, era um índice para ele de que alguma criatura estava em sua ilha" (CP. 4.451).

---

[44] PEIRCE, Charles Sanders. *Escritos Coligidos*. Selecionados e traduzidos por Armando Mora D'Oliveira e Sergio Pomerangblum. São Paulo: Abril Cultural, vol. XXXVI. p. 33.
[45] ARAÚJO, Clarice Von Oertzen de. *Semiótica do Direito*. São Paulo, Quatier Latin, 2005. p. 121.

Traçando um paralelo entre as diferentes nomenclaturas da teoria de Paulo de Barros Carvalho e a classificação dos signos, Clarice Von Oertzen de Araújo conclui que: "a linguagem social e a linguagem da facticidade jurídica são predominantemente indiciais, uma vez que utilizam a função denotativa, referencial à realidade à qual se reportam. Também a linguagem científica é marcadamente indicial, quando descreve determinado fenômeno, seu objeto de investigação"[46].

### 3.4 Constituição jurídica do fato tributário: princípios constitucionais informadores

Consoante a concepção adotada neste trabalho, os fatos da realidade social enquanto não forem constituídos em linguagem jurídica, não interessam ao ordenamento jurídico. Paulo de Barros Carvalho adverte que os "fatos jurídicos não são simplesmente os fatos do mundo social de que nos servimos no dia a dia. *Antes, são enunciados proferidos na linguagem competente do direito positivo, articulados consoante a teoria das provas*"[47].

A fundamentação do fato jurídico tributário na linguagem das provas decorre essencialmente dos princípios constitucionais tributários da estrita legalidade e da tipicidade.

Com efeito, a Constituição Federal outorgou aos entes políticos internos competência para criarem, por meio de lei, normas jurídicas tributárias. Ao discriminar as competências tributárias, a Constituição Federal conferiu às pessoas políticas a possibilidade de instituírem as regras-matrizes de incidência de cada tributo, estabelecendo verdadeiros contornos para a atuação dos entes políticos. Neste contexto, as "pessoas políticas só podem criar *in abstracto* tributos se permanecerem dentro das faixas exclusivas que a Constituição lhes outorgou"[48].

Não obstante o princípio da legalidade genérica previsto no artigo 5º, inciso II da Constituição Federal, segundo o qual *"ninguém será obrigado*

---

[46] Idem p. 122.
[47] CARVALHO, Paulo de Barros, *Direito tributário: fundamentos (...)*, p. 105.
[48] CARRAZA, Roque Antônio, *Imposto Sobre a Renda*, São Paulo: Malheiros, 2005, p. 28.

*a fazer ou deixar de fazer alguma coisa senão em virtude de lei"*, houve por bem o legislador constitucional repetir este comando especificamente para fins tributários no artigo 150, inciso I: *"sem prejuízo de outras garantias asseguradas ao contribuinte, é vedado à União, aos Estados, ao Distrito Federal e aos Municípios exigir ou aumentar tributo sem lei que o estabeleça".*

Regina Helena Costa ressalta as funções cumpridas pela noção de legalidade em matéria tributária, quais sejam: a) exigência de do indispensável veículo legislativo (*função formal*); b) especificação de todos os aspectos à verificação do fato jurídico tributário e respectiva obrigação (*função normativa*) e c) vinculatividade dos órgãos da Administração a seus comandos (*função vinculante*)[49].

No que diz respeito ao princípio da tipicidade tributária, Paulo de Barros Carvalho, afirma que este se define em duas dimensões: o plano legislativo e o da facticidade. No primeiro está a necessidade de que a norma geral e abstrata traga todos os elementos descritores do fato jurídico tributário e os dados prescritores da relação obrigacional, ao passo que no segundo tem-se a exigência da estrita subsunção do fato à previsão genérica da norma geral e abstrata, vinculando-se à correspondente obrigação[50].

Em razão do princípio da tipicidade tributária que se exige o perfeito enquadramento do fato à norma para que nasça a obrigação tributária. É por este motivo que o nascimento da obrigação tributária está condicionado à operação de subsunção. Nesse sentido, somente pode-se cogitar a fenomenologia da incidência tributária se houver a efetiva previsão legal e a correlata subsunção do fato à norma.

Para que se verifique a subsunção, Clarice Von Oertzen de Araújo lembra deve haver uma correspondência icônica entre o enunciado da hipótese da norma geral e abstrata e o enunciado que constitui o fato jurídico, isto é, exige-se uma relação de similaridade entre o fato tipo e o fato jurídico.

---

[49] COSTA, Regina Helena. *Curso de Direito Tributário: Constituição e Código Tributário Nacional.* São Paulo: Saraiva, 2009. p. 62
[50] CARVALHO, Paulo de Barros. *A prova no procedimento administrativo tributário.* In Revista Dialética de Direito Tributário nº 34, p. 105.

Importante ainda destacar que, enquanto limites objetivos[51], os princípios da estrita legalidade e da tipicidade tributária buscam implementar o sobreprincípio da segurança jurídica que, segundo Paulo de Barros Carvalho, é

> (...) dirigido à implementação de um valor específico, qual seja o de coordenar o fluxo das interações inter-humanas, no sentido de propagar no seio da comunidade social o sentimento de previsibilidade quantos aos efeitos jurídicos da regulação da conduta. (...) Essa bidireciondalide passado/futuro é fundamental para que se estabeleça o clima de segurança das relações jurídicas, motivo por que dissemos que o princípio depende de fatores sistêmicos. Quanto ao passado, exige-se um único postulado: o da irretroatividade (...). No que aponta para o futuro, entretanto, muitos são os expedientes principiológicos necessários para que se possa falar na efetividade do primado da segurança jurídica[52].

Por todo o exposto, verifica-se que a construção jurídica do fato tributária é regida especialmente pelos princípios da estrita legalidade e da tipicidade tributária, buscando implementar o sobreprincípio da segurança jurídica, de forma a garantir que as pessoas sujeitem-se à tributação somente se ocorrido a hipótese prevista na norma geral e abstrata.

## 3.5 A pragmática teoria da prova no processo administrativo tributário: Comentários ao Decreto 7.574/2011

Por derradeiro, apenas para destacar o caráter pragmático da teoria das provas no processo administrativo tributária será examinado o

---

[51] Paulo de Barros trabalha com a noção de princípio como norma jurídica que expressa um valor ou um limite objetivo. Princípio como valor se apresenta como uma finalidade a ser seguida pelas demais normas jurídicas, ou seja, sempre que este fim for comum a inúmeras regras, torna-se um fim de todo o sistema jurídico. Tais princípios são colocados num patamar de superioridade e acabam por exercer grande influência na construção das demais normas jurídicas. Como exemplo, podemos citar os valores de justiça, segurança jurídica, certeza do direito. Princípio como limite objetivo pode ser visto como os instrumentos jurídicos utilizados pelo legislador para se chegar a determinado fim. Nesses casos, os valores parecem não estar presentes, mas está na finalidade a ser alcançada pela proposição prescritiva. Podemos citar como exemplo o princípio da legalidade, da irretroatividade, da anterioridade. (CARVALHO, Paulo de Barros. Curso de Direito Tributário. 21ªed. São Paulo: Sarava, 2009. p. 158-164).
[52] Idem p. 166.

Capítulo V – Das Provas do Decreto 7.574/2011, que regulamentou o processo de determinação e exigência de créditos tributários pela União Federal, aplicando-se os conceitos amplamente trabalhados ao longo deste estudo.

> *Art.24.* São hábeis para comprovar a verdade dos fatos todos os meios de prova admitidos em direito (Lei *n. 5.869, de 11 de janeiro de 1973, art. 332).*
> Parágrafo único. São inadmissíveis no processo administrativo as provas obtidas por meios ilícitos (Lei n. 9.784, de 29 de janeiro de 1999, art. 30).

O caput deste artigo repete o comando do art. 332 do CPC, que dispõe: "*todos os meios legais, bem como os moralmente legítimos, ainda que não especificados neste Código, são hábeis para provar a verdade dos fatos, em que se funda a ação ou a defesa*". A liberdade probatória decorre essencialmente do princípio constitucional da ampla defesa no processo judicial e administrativo (art. 5º, LV).

O parágrafo único deste dispositivo traz o princípio constitucional da proibição da prova ilícita (art. 5º, LVI), segundo o qual não é permitido que, a pretexto de se provar determinados fatos, a prova seja obtida em violação a determinados direitos assegurados. Fabiana Del Padre Tomé lembra que a ilicitude não seria uma qualificativo da prova, mas sim o meio pelo qual esta foi produzida ou do modo de sua utilização. Trata-se de um vício na enunciação e nas marcas deixadas por ela (enunciação-enunciada), devendo ser rejeitada a prova cujo processo de produção tenha desrespeitado determinação legal[53].

> Art. 25. Os autos de infração ou as notificações de lançamento deverão estar instruídos com todos os termos, depoimentos, laudos e demais elementos de prova indispensáveis à comprovação do ilícito (Decreto n. 70.235, de 1972, art. 9º, com a redação dada pela Lei n. 11.941, de 2009, art. 25).

Este dispositivo trata sobre a fixação do dever funcional da União Federal de levar ao processo os fatos constitutivos da relação jurídico

---

[53] Idem p. 167.

tributária, utilizando-se das provas admitidas em direito, por ocasião da lavratura do auto de infração ou da notificação de lançamento. Trata-se de um verdadeiro dever da União Federal, em razão do caráter vinculado do lançamento.

Não seria correto falar em ônus da prova da União Federal, neste caso, pois, segundo Fabiana Del Padre Tomé, o ônus da prova "reveste os caracteres de uma faculdade, consistindo em permissão bilateral: o agir necessário para alcançar certa finalidade; se inobservado, contudo, não acarreta punição, mas apenas o não-atingimento do objetivo pretendido"[54].

> *Art. 26. A escrituração mantida com observância das disposições legais faz prova a favor do sujeito passivo dos fatos nela registrados e comprovados por documentos hábeis, segundo sua natureza, ou assim definidos em preceitos legais (Decreto-Lei no 1.598, de 26 de dezembro de 1977, art. 9º, § 1º).*
> *Parágrafo único. Cabe à autoridade fiscal a prova da inveracidade dos fatos registrados com observância do disposto no caput (Decreto-Lei n. 1.598, de 1977, art. 9º, § 2º).*

O caput deste dispositivo exalta a condição dos documentos produzidos pelo sujeito passivo enquanto meio de prova. A escrituração regular e amparada em documentos hábeis, isto é, na forma prescrita pelo direito positivo, serve como meio de prova ao sujeito passivo.

O parágrafo único deste artigo determina o encargo da prova à União Federal, sempre que esta negar a veracidade dos fatos materializados em tais documentos.

> *Art. 27. O disposto no parágrafo único do art. 26 não se aplica aos casos em que a lei, por disposição especial, atribua ao sujeito passivo o ônus da prova de fatos registrados na sua escrituração (Decreto-Lei n. 1.598, de 1977, art. 9º, § 3º).*

Como exposto anteriormente, a União Federal tem o dever funcional de comprovar a ocorrência do fato jurídico. Muito embora seus atos administrativos tenham presunção de legitimidade, o lançamento não fundado em provas deverá ser retirado do sistema.

---

[54] Idem p. 267.

Além disso, mesmo quando da existência de presunções legais (*disposição especial*), à União Federal compete apresentar provas do fato a partir do qual se verifica o raciocínio presuntivo. É imprescindível a prova das circunstâncias que está apta a nos levar, por meio do raciocínio, ao fato presumido.

> *Art. 28. Cabe ao interessado a prova dos fatos que tenha alegado, sem prejuízo do dever atribuído ao órgão competente para a instrução e sem prejuízo do disposto no art. 29 (Lei n. 9.784, de 1999, art. 36).*
> *Art. 29. Quando o interessado declarar que fatos e dados estão registrados em documentos existentes na própria administração responsável pelo processo ou em outro órgão administrativo, o órgão competente para a instrução proverá, de ofício, à obtenção dos documentos ou das respectivas cópias (Lei n. 9.784, de 1999, art. 37).*

Estes dispositivos versam sobre o ônus da prova do interessado e registra o grau de colaboração da União Federal na constituição do fato jurídico da prova, por meio dos documentos que estão em sua posse. Tais preceitos reconhecem que muitas vezes o sujeito passivo não tem condições de provar o fato somente pelos documentos que estão à sua disposição. Por isso, impõem à União o dever de prover os documentos necessários à instrução do processo.

## CONCLUSÃO

Ao longo deste trabalho procurou-se estudar a construção jurídica do fato tributário à luz da teoria da prova, tomando por base as categorias do Construtivismo Lógico-Semântico do professor Paulo de Barros Carvalho.

A noção de sistema e de realidade para o direito positivo leva à conclusão de que não se transita livremente entre os sistemas. Do mesmo modo que a linguagem do direito positivo não tem o condão de modificar a realidade social, a linguagem social não esta apta a modificar a realidade e as estruturas do direito positivo.

Para um acontecimento da realidade social ingressar no direito positivo é necessário que ele seja produzido através da linguagem que o próprio direito positivo prevê para tanto. Entretanto, o texto de lei não é capaz de, por si só, juridicizar o fato social ou produzir efeito no mundo jurídico. Cabe ao homem interpretar o enunciado normativo, fazendo-o incidir nas situações do mundo fenomênico.

No processo de positivação das normas jurídicas instituidoras da relação jurídica tributária, os enunciados do suposto da norma geral e abstrata funcionam como modelo para orientar o aplicador do direito na construção dos enunciados constitutivos do fato jurídico tributário e do vínculo relacional entre os sujeitos em torno do tributo.

Nesse percurso de construção da norma individual e concreta, exige-se a certificação da ocorrência dos fatos jurídicos tributários produzidos, mediante procedimento próprio e agente competente, através das provas em direito admitidas.

É por meio das provas em direito admitidas que se demonstra a efetiva ocorrência de determinado fato jurídico tributário descrito no antecedente da norma individual e concreta, que documenta a incidência tributária, e que se fundamenta os critérios formadores da relação jurídica tributária instaurada no consequente da referida norma individual e concreta.

Não obstante, a construção jurídica do fato tributária deve pautar-se pelos princípios constitucionais da estrita legalidade e da tipicidade tributária, buscando implementar o sobreprincípio da segurança jurídica, de forma a garantir que as pessoas sujeitem-se à tributação somente se ocorrido a hipótese prevista na norma geral e abstrata.

# REFERÊNCIAS

ARAÚJO, Clarice Von Oertzen de. *Semiótica do Direito*. São Paulo, Quatier Latin, 2005.

CARRAZA, Roque Antônio, *Imposto Sobre a Renda*, São Paulo: Malheiros, 2005.

CARVALHO, Aurora Tomazini de, *Curso de Teoria Geral do Direito*, São Paulo: Noeses, 2009.

CARVALHO, Paulo de Barros, *Curso de Direito Tributário*, São Paulo: Saraiva, 2009.

\_\_\_\_\_, *Direito tributário: fundamentos jurídicos da incidência*. São Paulo: Saraiva, 2008

\_\_\_\_\_, *Direito tributário, linguagem e método*. São Paulo: Noeses, 2011.

\_\_\_\_\_, *Derivação e positivação no direito tributário*. São Paulo: Noeses, 2011

\_\_\_\_\_, *A prova no procedimento administrativo tributário*. in Revista Dialética de Direito Tributário. Ed. 34. São Paulo: RT, .

COSTA, Regina Helena. *Curso de Direito Tributário: Constituição e Código Tributário Nacional*. São Paulo: Saraiva, 2009.

FERRAGUT, Maria Rita, *Presunções no direito tributário*. . São Paulo: Dialética, 2001.

FERRAZ JÚNIOR, Tércio Sampaio, *Conceito de sistema do direito: uma investigação histórica a partir da obra jurisfilosífica de Emil Lask*, São Paulo, RT, 1976.

\_\_\_\_\_, *Introdução ao estudo do direito: técnica decisão, dominação*. São Paulo, Atlas, 2007.

NEVES, Marcelo, *Teoria da inconstitucionalidade das leis*, São Paulo, Saraiva, 1992.

PEIRCE, Charles Sanders. *Escritos Coligidos. Selecionados e traduzidos por Armando Mora D´Oliveira e Sergio Pomerangblum*. São Paulo: Abril Cultural, vol. XXXVI.

MIRANDA, Pontes de, *Incidência e aplicação da lei*. Conferência pronunciada em solenidade na Ordem dos Advogados – Seção de Pernambuco – no dia 30 de setembro de 1955.

MOUSSALLEM, Tárek Moysés, *Fontes do direito tributário*, São Paulo: Max Limonad, 2001.

PEIRCE, Charles Sanders. *Escritos Coligidos. Selecionados e traduzidos por Armando Mora D´Oliveira e Sergio Pomerangblum*. São Paulo: Abril Cultural, vol. XXXVI.

SANTELLA, Lúcia, *O que é semiótica*. São Paulo: Ed. Brasiliense, 2006.

\_\_\_\_\_, *A teoria geral dos signos – semiose e auto geração*. São Paulo: Pioneira, 2000.

SANTI, Eurico Marco Diniz de, *Decadência e prescrição no direito tributário*. São Paulo: Max Limonad, 2001.

TOMÉ, Fabiana Del Padre, *A Prova no Direito Tributário*, São Paulo: Noeses, 2011.

VILANOVA, Lourival, *Causalidade e relação no direito*. 4ª ed. São Paulo: RT, 2001.

# DA PESSOA FÍSICA PORTADORA DE DOENÇA GRAVE AINDA NA ATIVIDADE:
isenção do Imposto de Renda

*Juliana Aparecida Rigato[1]*

RESUMO

O presente trabalho pretende se debruçar sobre a isenção tributária do Imposto de Renda da pessoa física portadora de doença grave, nos termos da Lei nº 7.713/88, à luz do sistema tributário, que ainda se mantém no exercício de sua atividade laboral, com objetivo de trazer à luz a relevância da discussão da isenção do referido imposto diante dos fundamentos constitucionais que lhe dão respaldo para tanto, e na salvaguarda da própria dignidade humana como instrumento de efetividade dos direitos humanos, entre eles, o direito social a tal isenção.

**Palavras-chave**: isenção; imposto de renda; pessoa física portadora de doença grave.

ABSTRACT

This paper aims to look into the tax exemption of income tax of an individual carrier of serious illness, according to Law n º 7.713/88, in light of the tax system, which still remains in the exercise of their work activities, in order to bring to light the relevance of the

---

[1] Natural do Mato Grosso do Sul (MS), Juliana Aparecida Rigato é bacharel em Direito (2011) pela Pontifícia Universidade Católica de São Paulo (PUC-SP). É advogada e mestranda da primeira turma de Direitos Humanos na PUC-SP. Atualmente é Professora Assistente de Direitos Humanos e Direitos da Criança e do Adolescente na PUC-SP, em cumprimento ao seu estágio obrigatório de docência.

discussion of the tax exemption on the constitutional foundations that give support to both, and the safeguarding of human dignity as an instrument of enforcement of human rights, including the right to such social exemption.

**Keywords:** free, income tax, individual carrier of serious illness.

# INTRODUÇÃO

O presente artigo versa sobre o alcance da isenção do imposto de renda da pessoa física portadora de doença grave, constante do rol da Lei 7.713/88, e que continua no exercício de sua atividade laboral.

Analisa as hipóteses de a pessoa física estar, ainda, trabalhando e ter seu direito público subjetivo a isenção tributária resguardado por já ter direito adquirido a aposentadoria (e não a requerer), ou independentemente de ter adquirido aquele direito.

No capítulo 1, o fenômeno jurídico da isenção tributária é analisado a partir da consideração de se tratar de um legítimo direito social, para após focar a atenção, neste contexto, da não incidência da legislação tributária, cuja interpretação e integração deve estar sempre e conforme a Constituição.

No capítulo 2, aborda o rol de doenças graves constantes da Lei nº 7.713, de 22 de dezembro de 1.988, bem como o impacto jurídico de eventual convalescença quanto a isenção.

Nos capítulos 3, 4, 5 e 6 os princípios constitucionais e o CTN estarão na pauta das reflexões sobre a isenção eleita.

No capítulo 7 a inexistência de responsabilidade (substituição) tributária será recordada, ao passo que no capítulo 8 o interesse de agir e as ações manejáveis envolvendo a isenção delineada não serão olvidados. E por fim, as considerações finais no capítulo 9.

# 1 ISENÇÃO TRIBUTÁRIA

## 1.1 Legitimidade da isenção tributária como direito social

A evolução dos direitos em gerações[2] (dimensões), partindo da pri-

---

[2] Ressalta-se que é assente na doutrina o entendimento da existência de diversas gerações dos direitos, sem que uma anule ou se sobreponha a outra, mas sim uma complementando a outra.

meira às seguintes, cujas essências são a liberdade, igualdade e a fraternidade, têm como marco inicial a individualidade da pessoa e uma prestação negativa do estado, para a posteriori, contemplar-se uma prestação positiva do estado visando uma igualdade material entre os indivíduos que compõem o corpo social.

Por que não considerar a isenção do imposto de renda de uma pessoa que sofre de uma doença grave, porém que ainda se mantém trabalhando e contribuindo para a força ativa trabalhadora da sociedade, um direito social seu? Que salvaguardar tal direito na busca da igualdade material, objetivando tratar desigualmente os desiguais não legitimaria tal direito social, dando clareza à efetividade da sua legalidade?

Ora, em se tratando de direitos sociais, conquista do Estado Democrático de Direito, para o exercício da fraternidade além de sensibilidade é necessário possuir também sentimento constitucional (BARROSO, 2002, p. 322).

Por sua vez, uma das características do contrato social democrático é a dimensão da fraternidade, pelo que Britto (2003, p. 207-218) fala em "A Constituição Fraternal". E considerando que a República Federativa do Brasil possui uma "Constituição Cidadã", o mais coerente seria é enxergar os ramos do direito com os olhos que se possui, e se tais olhos são cidadãos, por que a isenção do imposto de renda de pessoas em referida situação delicada não deveria ser vista de maneira mais humana?

## 1.2 Incidência da lei tributária isentiva – hipótese de isenção (h.is.)

Na hipótese de isenção a norma jurídica tributária que tributa (tributante) não incide. O tributo não nasce. Não há, como diria Ataliba (2009, p. 83), hipótese de incidência (h.i). Por isso, a norma jurídica tributária aplicável é a isentiva.

Por consequência, não havendo fato imponível por faltar exatamente o aspecto pessoal da hipótese de incidência (h.i.), a pessoa física não é sujeito passivo da obrigação tributária do imposto de renda. É o que ocorre quando a relação tributária envolve uma pessoa portadora de uma das doenças graves, como dispõe a Lei nº 7.713, de 22 de novembro de 1988[3].

---

[3] Lei nº 7.713, de 22 de dezembro de 1988, altera a legislação do imposto de renda e dá

E sem o aspecto pessoal da hipótese de incidência (h.i.) não nasce o débito tributário do imposto de renda. Isso, pois o que ocorre em seu lugar pode ser chamado simplesmente de hipótese de isenção (h.is.).

## 1.3 Interpretação e integração da legislação tributária

Expressamente disciplinada no Código Tributário Nacional, sob a epígrafe do Capítulo IV "Interpretação e integração da legislação tributária", os institutos jurídicos da isenção, analogia e equidade são mencionados.

Na ausência de disposição expressa, a autoridade competente para aplicar a legislação tributária utilizará sucessivamente, na seguinte ordem: *i*) a analogia; *ii*) os princípios gerais de direito tributário; *iii*) os princípios gerais de direito público; e, *iv*) a equidade. Sendo que o emprego da analogia não poderá resultar na exigência de tributo não previsto em lei e que o emprego da equidade não poderá resultar na dispensa do pagamento de tributo devido[4].

Na regência das normas jurídicas está a Lei de Introdução às Normas do Direito Brasileiro, a qual também menciona a analogia[5], bem como na aplicação da lei, aonde o juiz atenderá aos fins sociais a que ela se dirige e às exigências do bem comum[6].

---

outras providências; "Art. 6º Ficam isentos do imposto de renda os seguintes rendimentos percebidos por pessoas físicas: (...) XIV – os proventos de aposentadoria ou reforma motivada por acidente em serviço e os percebidos pelos portadores de moléstia profissional, tuberculose ativa, alienação mental, esclerose múltipla, neoplasia maligna, cegueira, hanseníase, paralisia irreversível e incapacitante, cardiopatia grave, doença de Parkinson, espondiloartrose anquilosante, nefropatia grave, hepatopatia grave, estados avançados da doença de Paget (osteíte deformante), contaminação por radiação, síndrome da imunodeficiência adquirida, com base em conclusão da medicina especializada, mesmo que a doença tenha sido contraída depois da aposentadoria ou reforma;

[4] *CTN, Art. 108. Na ausência de disposição expressa, a autoridade competente para aplicar a legislação tributária utilizará sucessivamente, na ordem indicada:*
*I - a analogia;*
*II - os princípios gerais de direito tributário;*
*III - os princípios gerais de direito público;*
*IV - a equidade.*
*§ 1º O emprego da analogia não poderá resultar na exigência de tributo não previsto em lei.*
*§ 2º O emprego da equidade não poderá resultar na dispensa do pagamento de tributo devido.*
[5] LINDB, art. 4º.
[6] LINDB, art. 5º.

Por sua vez, o Código de Processo Civil, tratando dos poderes, dos deveres e da responsabilidade do juiz, também menciona a analogia[7] e a equidade[8].

Pois bem, à luz do Código Tributário Nacional, não há que se falar em emprego de equidade, porquanto não se trata de dispensa de tributo devido, mas simplesmente de reconhecimento de tributo indevido. Isso porque em se tratando de pessoa física portadora de doença grave, conforme elenca a Lei nº 7.713, de 22 de dezembro de 1988, mas em plena atividade funcional, titularizando ou não direito adquirido a aposentadoria, a hipótese é de isenção (h.is.). Logo, a relação jurídica de direito material não ocorre. O imposto de renda não nasce. Não existe a hipótese de incidência (h.i). Nada é devido.

Quanto à outorga de isenção pela Lei 7.713/88, sua interpretação, nos termos do art. 111 do CTN, deve ser literal[9].

É muito simples: basta a interpretação literal ou estrita da norma jurídica, que no caso encerra concausalidade[10]:

i) ser portador de doença prevista na Lei nº 7.713, de 22 de dezembro de 1988; e

ii) estar aposentado; ou

iii) contar com idade e tempo de contribuição para aposentadoria e não a requerer; ou

iv) tampouco já ter adquirido o direito a aposentadoria e, portanto, ainda permanecer trabalhando.

v) a percepção de rendimentos (rendas ou proventos).

---

[7] CPC, art. 126.
[8] CPC, art. 127.
[9] CTN, art. 111. Interpreta-se literalmente a legislação tributária que disponha sobre: (...) II - outorga de isenção;(...).
[10] Interpretação literal na exata medida de que o texto (dispositivo redigido não se confunde com a norma jurídica correspondente). Norma jurídica é sempre a resultante do texto + interpretação. Pode-se, então, falar em interpretação estrita da norma jurídica. Pois o papel do jurista não se limita a gramática textual, por óbvio. Palavras são apenas rótulos para designar as coisas. O que importa é o sentido, a essência ou realidade dos fenômenos, o que será explorado mais adiante. Quanto a interpretação estrita vide o entendimento jurisprudencial, conforme TRF1, AC nº 0004311-12.2009.4.01.3700/MA, Des. Fed. Luciano Tolentino Amaral, T7, DJ 06/07/2012.

O bem da verdade trata-se (todas essas realidades) de situação ínsita subjacente de concausalidade, subsumível à normatividade jurídica[11] da citada Lei sem nenhum esforço exegético positivista[12].

Nesse diapasão, pode-se discutir doutrinariamente se a interpretação é decorrência típica da atividade do aplicador da norma ou, antes e ortodoxamente, do próprio legislador. Porém, afigura-se necessário tecer considerações sobre metainterpretação, ou seja, como interpretar ou operar a interpretação.

Pois bem, plurais são os métodos, desde o gramatical, lógico e sistemático, informados por elementos históricos e teleológicos, os quais podem oferecer paradigmas interpretativos (MAXIMILIANO, 2002).

Nesse sentido, superando a hermenêutica filosófica clássica, pertinente também as contribuições teóricas da fórmula da ponderação de Robert Alexy, da força principiológica de Ronald Dworkin, da hermenêutica filosófica de Hans-George Gadamer; da dissociação entre texto e norma de Friedrich Müller; e da teoria da decisão e a resposta adequada a Constituição de Lenio Luiz Streck, entre outros.

Em todo caso, é necessário superar o tipo de saber tributário decorrente de mero enfoque especialista formal, que provoca a perda da visão da totalidade, com a consequência de tributando o humano, em certas hipóteses, desumanizar o (não) contribuinte.

Por isso, no próximo item abordar-se-á o foco da interpretação do sistema tributário nacional[13] à luz do sistema constitucional, espelho da totalidade sistêmica dos valores sociais.

---

[11] *"Conforme dito alhures, norma jurídica não se confunde com o texto da norma, o dispositivo legal. Uma norma pode decorrer de vários e distintos dispositivos, bem como um único dispositivo pode conter mais de uma norma"* In: RIGATO, José Aparecido. A persecução penal frente à(s) dignidade(s) humana(s). In: 4º Congresso Virtual Nacional do Ministério Público, 2010. Disponível em http://www.congressovirtualnacionalmp.org.br Acesso em 30 de junho de 2013 às 17:31:13.

[12] De fato, a própria Lei 7.713/88, no seu artigo 3º, §4º dispõe em sua positividade dogmática o seguinte: *"a tributação independe da denominação dos rendimentos"* e, ainda, *"da forma de percepção das rendas ou proventos"*.

[13] Numa metáfora, o direito tributário não é uma ilha isolada, mas integra a totalidade do arquipélago que é o direito, *"cuja interpretação não pode ser feita em tiras"*(GRAU, 1988, p. 166).

## 1.4 Interpretação da legislação tributária conforme a CRFB/88

Em harmonia com o fundamento[14] da brasilidade do Estado Democrático de Direito, a dignidade da pessoa humana[15] norteia os objetivos fundamentais da nação brasileira: i) construir uma sociedade livre, justa e solidária; garantir o desenvolvimento nacional; iii) erradicar a pobreza e a marginalização e reduzir as desigualdades sociais e regionais; iv) promover o bem de todos, sem preconceitos de origem, raça, sexo, cor, idade e quaisquer outras formas de discriminação[16].

Dando continuidade ao raciocínio, a dimensão jurídica da solidariedade legitima, legaliza, fomenta e sedimenta a construção de uma sociedade livre e justa, promovendo o bem de todos, inclusive dos portadores de doenças graves.

São valores sociais sistematizados e espelhados na Carta Maior com os quais devem estar uníssona toda a normatividade jurídica infraconstitucional, seja no momento de sua recepção pela CF superveniente – *in casu*, a de 1988 –, seja no momento de interpretar e aplicar a legislação tributária precedente e/ou posterior[17].

No entanto, a Constituição não é só técnica, como adverte Barroso (2002, p. 322), tem de haver por trás dela a capacidade de simbolizar conquistas e de mobilizar o imaginário das pessoas para novos avanços, o que nomina de **sentimento constitucional**[18].

---

[14] CRFB/88, art. 1º.
[15] CRFB/88, art. 1º, III.
[16] CF, art. 3º.
[17] Referidos valores, estampados na Carta Magna, configuram objeto de constantes, imprescindíveis e aprofundados estudos (meta) jurídicos. E enquanto vetores do sistema político-jurídico vigentes, devem ser constantemente lembrados em nome da necessária e constante redescoberta do sentido e da aplicação do direito tributário.
[18] Diz Barroso: *"O surgimento de um sentimento constitucional no País é algo que merece ser celebrado. Trata-se de um sentimento ainda tímido, mas real e sincero, de maior respeito e até um certo carinho pela Lei Maior, a despeito da volubilidade de seu texto. É um grande progresso. Superamos a crônica indiferença que, historicamente, se manteve em relação à Constituição. E para os que sabem, é a indiferença, não o ódio, o contrário do amor."*

## 2 ISENÇÃO DO IMPOSTO DE RENDA DE PESSOA FÍSICA PORTADORA DE DOENÇA GRAVE

### 2.1 Rol de doenças

A Lei nº 7.713/88, em seu art. 6º, XIV, especifica as doenças graves cujo portador é isento. São estas:
- AIDS (Síndrome da Imunodeficiência Adquirida)
- Alienação mental
- Cardiopatia grave
- Cegueira
- Contaminação por radiação
- Doença de Paget em estados avançados (Osteíte deformante)
- Doença de Parkinson
- Esclerose múltipla
- Espondiloartrose anquilosante
- Fibrose cística (Mucoviscidose)
- Hanseníase
- Nefropatia grave
- Hepatopatia grave
- Neoplasia maligna
- Paralisia irreversível e incapacitante
- Tuberculose ativa

### 2.2 Eventual convalescença

Cumpre consignar que algumas doenças são incapacitantes para o trabalho. Outras não, sendo o parâmetro que as diferencia a sua gravidade. Eventual convalescença, inclusive, não afasta o direito à isenção, como vem entendendo o Superior Tribunal de Justiça.

A Lei nº 7.713/88, quando trata da isenção, condiciona a portabilidade de certas doenças graves e não a incapacidade laborativa.

Nesse diapasão, a gravidade é causa de isenção, certamente pelo sofrimento inerente pelo déficit na qualidade de vida, pelo custo dos medicamentos, pelo risco de recidiva ou agravamento e pela expectativa de diminuição de longevidade ou sobrevida.

Ademais, a gravidade da doença elencada não implica sempre e automaticamente em incapacidade laborativa. As duas não se confundem nem mutuamente se resumem.

Com efeito, o fator subjacente à isenção não é a incapacidade laborativa, mas a gravidade da doença. Embora todas as doenças elencadas sejam graves, algumas são por sua própria natureza realmente incapacitante, como por exemplo, a alienação mental e a paralisia irreversível e incapacitante. Nem por isso, contudo, os conceitos de gravidade e incapacidade sempre se interpenetram.

Pode em muitos casos continuar a produzir um benefício para a sociedade, para o desenvolvimento nacional![19]. Explicita-se: a utilidade do trabalho tem *i)* efeito difuso benéfico *erga omnes* e, *ii)* também, contribui para o plano individual da patologia, pela energia terapêutica de afeto-social, elevando o sentido da vida.

Aliás, impedir ou desestimular portadores de doenças graves o acesso ao trabalho pode até representar hediondo preconceito e discriminação, o que configura grave atentado contra a ordem social. Essa, cuja base contempla o primado do trabalho, a livre iniciativa, e como objetivo-mor o bem-estar e a justiça sociais[20].

Nesse cenário, a tributação indevida seria um desestímulo sem justa causa e sem fundamento a essa mesma ordem social.

## 3 DAS PESSOAS QUE, AINDA, ESTÃO NO EXERCÍCIO DA ATIVIDADE LABORAL

A pessoa física portadora de doença grave elencada na lei isentiva pode eventualmente permanecer trabalhando: i) embora já aposentado, ii) por não ter ainda adquirido o direito a aposentadoria, ou iii) apesar de já ter adquirido direito a aposentadoria.

A maioria dos argumentos aqui aduzidos aproveita as três hipóteses acima. No entanto, com referência àqueles que já titulariam direito

---

[19] CRFB, artigo 3º, II.
[20] Bem à propósito, a Constituição Federal: "Art. 193. A ordem social tem como base o primado do trabalho, e como objetivo o bem-estar e a justiça sociais". Sem esquecer tb o preâmbulo, art. 1º, III e IV; art. 6º e art. 170, da CF

adquirido a aposentadoria sem requerê-la, os tópicos seguintes trazem uma abordagem específica.

### 3.1 Com direito adquirido à aposentadoria

Tendo em vista que para determinada corrente de pensamento é necessário a condição de aposentado[21] para ser beneficiado pela lei isentiva do imposto de renda, faz-se oportuno aprofundar este ponto, a partir do direito a aposentadoria, ainda que não a requeira.

A aquisição do direito à aposentadoria dá-se mediante a ocorrência dos seus requisitos legais: i) tempo de contribuição e ii) idade mínima ou iii) invalidez.

Daí ser pertinente indagar sobre sua natureza jurídica a partir da ocorrência de seus requisitos.

### 3.1.1 Natureza jurídica

#### 3.1.1.1 Constitutividade

Opera-se a aquisição do direito a aposentadoria simplesmente com a ocorrência fático-jurídica dos elementos previstos em lei para aposentar-se, independentemente de qualquer outra formalidade jurídica.

Pensar o contrário, imaginando ser necessária a efetiva aposentadoria e não apenas a prévia e respectiva aquisição do direito, seria confundir uma das causalidades (titularizar o direito a aposentadoria), de uma das hipóteses de isenção, com o exaurimento das consequências daquele direito adquirido à aposentação (receber proventos)

#### 3.1.1.2 Reconhecimento: natureza declaratória

O fato do direito de aposentadoria ser imediato ou posteriormente reconhecido e/ou exercido, tem efeito meramente declaratório – dada a sua natureza constitutiva.

---

[21] A jurisprudência não é pacífica. Alguns julgados do STJ tem entendido que só os aposentados estão isentos (*v.g.* REsp 1.254.371/RJ, relator Min. Mauro Campbell, Segunda Turma, j. 02/08/2011, DJe 09/08/2011 e REsp 1.221.275/SC, relator Min. Teori Zavascki, Primeira Turma, j. 08/02/2011, DJe 16/02/2011).

Destarte, os efeitos irradiantes são retro-operantes, vale dizer, a partir da aquisição do direito à aposentadoria mediante a então implementação de seus requisitos, muito embora seu reconhecimento formal ou gozo possa ser posterior.

Em suma, projeta-se efeitos *ex tunc*.

## 3.2 Receber proventos: mero exaurimento

Juridicamente para a isenção do imposto de renda são requisitos: i) a portabilidade de doença grave elencada, e ii) auferir rendimentos (art. 6º caput), ou iii) receber proventos de aposentadoria (inciso XIV).

Gozar a aposentadoria é um desdobramento possível do direito adquirido a aposentação. Para o benefício isentivo basta a aquisição deste direito pela simples ocorrência fática dos requisitos. Aposentar-se efetivamente é mero exaurimento, usufruir daquele direito já adquirido de se aposentar[22].

Por isso, o fato de continuar exercendo a atividade laborativa, ao invés de requerer aposentadoria, não afasta, não suspende nem elimina o direito a isenção que se adquire automática e simultaneamente à aquisição do direito à aposentação. O detalhe da lei mencionar "proventos" é mero exaurimento do direito à aposentação.

E esse pormenor, a grafia proventos, faz lembrar a advertência de Genaro Carrió de que palavras são apenas rótulos, e não a essência dos fenômenos, que no caso é que deve ser considerada. Vale dizer, a essência é a mesma: Renda! Rendimentos. Este é o sentido estrito da norma.[23]

Tanto é assim que a Lei nº 7.713/88 no artigo 3º, §4º dispõe que *"a tributação independe da denominação dos rendimentos"* e também *"da forma de percepção das rendas ou proventos"*[24]. Logo, o que importa para o direito tributário não são os rótulos.

---

[22] Porém, nem mesmo a aquisição do direito a aposentadoria se faz necessário, porquanto o aspecto pessoal da hipótese de incidência (h.i.) tributária do imposto de renda é não ser portador de uma daquelas doenças graves, pois em sendo a hipótese é de isenção (h.is.), à vista dos fundamentos jurídicos levantados ao longo destas reflexões.

[23] Sentido estrito da norma afigura-se, terminologicamente, mais apropriado em vez do termo interpretação literal, porquanto texto e norma não se confundem.

[24] Lei 7.713/8888. Altera a legislação do imposto de renda e dá outras providências. Art. 3º, § 4º: A tributação independe da denominação dos rendimentos, títulos ou direitos, da localização, condição jurídica ou nacionalidade da fonte, da origem dos bens produtores da renda, e da forma de percepção das rendas ou proventos, bastando, para a incidência do imposto, o benefício do contribuinte por qualquer forma e a qualquer título.

## 4 SUPREMACIA CONSTITUCIONAL DO PRINCÍPIO JURÍDICO DA ISONOMIA TRIBUTÁRIA

Relevante princípio norteador de toda a ordem jurídica e princípio básico da tributação, a isonomia é a igualdade-essência dos direitos humanos e fundamentais que rege as dimensões desses, e por isso, também rege a busca da efetividade dos direitos humanos que se busque garantir por meio da isenção tributária.

A supremacia constitucional do princípio da isonomia em geral[25], e seu desdobramento tributário[26], harmoniza-se no plano internacional com a Declaração Universal dos Direitos Humanos, de 1948, em seus artigos VII e XXIII:

> "Art. VII – Todos são iguais perante a lei e têm direito, sem qualquer distinção, a igual proteção da lei. Todos têm direito a igual proteção da lei contra qualquer discriminação que viole a presente Declaração e contra qualquer incitamento a tal discriminação."
> "Art XXIII. (omissis):
> Inciso I – toda pessoa tem direito ao trabalho, à livre escolha de emprego, a condições justas e favoráveis de trabalho e à proteção contra o desemprego."

A Convenção nº 111 da OIT, ao seu turno, em seu artigo 1º, conceitua a discriminação nas relações trabalhistas, nos seguintes termos:

> "Discriminação é a distinção, exclusão ou preferência fundada em raça, cor, sexo, religião, opinião política, ascendência nacional, origem social ou outra distinção, exclusão ou preferência especificada pelo Estado-Membro interessado, qualquer que seja sua origem jurídica ou prática e que tenha por fim anular ou alterar a igualdade de oportunidades ou de tratamento no emprego ou profissão.

### 4.1 Algumas divagações

Diante do cenário de polêmica (em sede de hermenêutica jurídica) sobre ser ou não necessário para o benefício da lei isentiva do IRPF estar aposentado, algumas perguntas calham.

---

[25] CRFB, art. 5º.
[26] CRFB, art. 150, II.

O princípio da isonomia em que medida dialoga com a aplicação de analogia?

Situações análogas devem merecer soluções análogas?

Seria no mínimo análogo, equivalente[27] para não dizer igualíssima a situação jurídica de titular de direito adquirido à aposentadoria, ainda que não a requeira, com aquele que a requeira, no sentido de que ambos preenchem os requisitos legais de idade e tempo de contribuição?

Seria lícito trata-los desigualmente se ambos são portadores de doença grave elencada na Lei nº 7.713/1988?

Caberia recorrer ao princípio da proporcionalidade em que sentido?

Tanto o aposentado quanto o não aposentado deve manter o mesmo poder aquisitivo, sem o tributo, para poder arrostar os mesmos custos da doença?

Para aqueles que entendem que a analogia é vedada em matéria tributária[28], também podem entender que não se trata de analogia, pois é diametralmente oposta a situação de quem já se aposentou e aquele que está em atividade?

Muito embora paradoxal entre si o afirmar e o negar de aspectos análogos (variável dependente do ângulo de visão), é bem de ver que se trata de enfoques *per si* intrinsecamente coerentes, sem embargo da diversidade à luz da opção que se fizer: se análogo, equivalente aplica-se o princípio da isonomia. Se não análogo, com todo pudor, não há que se falar em analogia, nos termos do CTN, artigo 111, II[29].

---

[27] CRFB, art. 150, II.

[28] O que aliás não é plausível, pois a analogia vedada é aquela que poderá resultar na exigência de tributo não previsto em lei (CTN, art. 108, §1º). Ao contrário, na aplicação da legislação tributária, antes dos princípios e da equidade, aplica-se a analogia, conforme a ordem sucessiva escalonada nos incisos do art. 108 do CTN. Nem se argumenta, por outro lado, com a pseudo unicidade e exclusividade da interpretação literal, estampado no mesmo Código (art. 111, II), para reduzir a norma jurídica isentiva da Lei 7.713/88 --- contrastando com isso a primazia de normas constitucionais, dentre as quais avultam a da isonomia tributária, a do direito fundamental a saúde.

[29] Basta a interpretação estrita, conforme entendimento jurisprudencial de que quanto aos benefícios fiscais, o artigo 111 do CTN tanto veda a interpretação "extensiva" (que concede benefício a quem a lei não favoreceu), quanto hostiliza a interpretação "restritiva" (que retira benesse legal de quem a ela faça jus); o vetor jurisprudencial é a interpretação "estrita" (sinônimo de leitura "isenta", "fiel" (...) ou "exata"). TRF1, AC nº 0004311-12.2009.4.01.3700/MA, Des. Fed. Luciano Tolentino Amaral, T7, DJ 06/07/2012.

Em todo caso, a interpretação, seja qual for o método utilizado, deve estar sempre e conforme os valores sociais salvaguardados na Lei Magna, pois é ela o norte regente e legitimador de todo o ordenamento jurídico.

## 5 OUTRAS NORMAS JURÍDICAS CONEXAS INCIDENTES

### 5.1 Princípio da dignidade da pessoa humana

Informando e conformando toda a ordem jurídica, a dignidade humana é inerente à condição humana. O direito, enquanto conjunto de normas jurídicas de comportamento, para ser legítimo, há de ser apenas seu reflexo. Daí que a dignidade não decorre do direito, mas o inverso (RIGATO, 2010).

Assim, o ordenamento jurídico como um todo só é licito, legítimo, autenticamente democrático se resultante do fluxo e influxo do estado de direito na exata medida em que respeita, protege e promove os direitos fundamentais da pessoa humana (RIGATO, 2010).

E a garantia da vida humana digna passa necessariamente por aquilo que a doutrina tem recorrentemente denominado de mínimo existencial ou vital, permeável por prurimos condicionamentos, dentre os quais se insere o da saúde, cujo direito fundamental indisponível será focado no tópico seguinte.

### 5.2 Direito fundamental a saúde

Versa a Constituição Federal, no art. 196, que a saúde é direito de todos e dever do Estado.

E a efetividade do direito a saúde imbrica-se eloquentemente com os princípios tributários da: *i)* capacidade contributiva e *ii)* progressividade, os quais serão analisados em tópicos ulteriores.

### 5.3 Princípio da não-obstância do exercício de direito fundamental por via da bitributação

Segundo Costa (2009, p. 71):

> *"O princípio da não-obstância do exercício de direitos fundamentais por via da tributação projeta seus efeitos, inicialmente, no próprio Texto Fundamental. Todas as normas constitucionais vedatórias da tributação em determinadas situações ou em relação a determinadas pessoas, bem como aquelas garantidoras do exercício de direitos, representam sua aplicação, tais como as imunidades e os princípios."*

De acordo ainda com Costa (2009, p. 71-72):

> *"Endereça-se também ao legislador infraconstitucional que, ao instituir os tributos, não pode embaraçar o exercício de direitos considerados fundamentais. Ao eleger os fatos que serão apreendidos pelas hipóteses de incidência tributária, o legislador infraconstitucional deve considerar os direitos cujo exercício eventualmente poderá ser afetado pela exigência fiscal, de modo a não obstaculizar seu exercício. A concessão de isenções, por exemplo, pode constituir-se num valioso instrumento de viabilização da eficácia desse princípio."*

## 5.4 Princípio da legalidade tributária

Se o Estado concede isenção de tributo de sua competência, nos limites em que a outorga, consequentemente não pode o intérprete arbitrariamente restringi-la.

Logo, não é lícito ao exegeta fazer interpretação restritiva da norma isentiva em comento, sob pena de violação do princípio da legalidade tributária.

## 5.5 Princípio da capacidade contributiva

A toda evidência, a capacidade contributiva da pessoa física não portadora de doença grave elencada na Lei 7.713/88, certamente não pode ser aplicada à portadora que, ao contrário daquela, padece das agruras da moléstia: acompanhamento médico permanente, constantes dietas e cuidados, medicamentos caríssimos e tratamentos dispendiosos. Ambas, portanto, não tem a mesma capacidade contributiva.

## 5.6 Princípio da progressividade

O imposto de renda é pessoal e, por isso, é escalonado em faixas: de isento a 27,5%. E a faixa de isenção depende i) do montante ou ii) da portabilidade de doença constante do rol da Lei nº 7.713/88.

Não respeitar as faixas, portanto, é ferir o princípio da progressividade.

## 5.7 Proporcionalidade

Proporcionalidade, em sentido técnico-jurídico, não é sinônimo de razoabilidade (SILVA, V. A., 2002).

Seja princípio (RIGATO, 2010), método (NUNES, 2005, p. 327-329), regra (RIGATO, 2010) ou axioma (RIGATO, 2010), o paradigma de proporcionalidade encerra a ideia básica de equilíbrio.

Um dos pioneiros na doutrina brasileira a focar o princípio da proporcionalidade, o Professor Willis Santiago Guerra Filho o identifica como "princípio dos princípios", para resolver o grande dilema de interpretação constitucional, representado pelo conflito entre princípios constitucionais, como princípio meio (GUERRA FILHO, 1999).

Em se tratando de isenção tributária do imposto de renda de pessoa física, sequer há conflito de princípios constitucionais, pois todos aqui invocados não se antagonizam. Ao contrário, harmonizam-se, completando-se.

Contudo, cabe não olvidar da proporcionalidade um de seus elementos: a adequação. Pois a isenção do IRPF portadora de doença grave está conforme a situação onerosa a que aquela está submetida. Dito de outro modo, é inadequado cobrar-lhe referido imposto, na medida que sua capacidade contributiva não é proporcionalmente a mesma da pessoa sadia.

## 6 DO *IN DÚBIO PRO* FISCO

O interesse do Fisco não é certamente um fim em si mesmo. Representa um meio finalístico da sociedade na consecução dos seus objetivos, na realização do bem comum, na medida em que todos os seus membros sejam respeitados. Logo, o *in dúbio pro Fisco* deve ser sempre interpretado em favor da sociedade.

Qual sociedade?

A sociedade que castiga, onera tributariamente os portadores de doença grave que, embora já tenham adquirido o direito à aposentação, continuam laborando em favor da mesma? É admissível desestimular o trabalho? O direito fundamental individual e social do trabalho?! Esse como, inclusive, uma maneira positiva de enfrentar a doença quando não incapacitante.

Ademais, se é possível a aposentadoria, por já preencher os requisitos legais, não pode ser tratado desigualmente (apenado) pelo Fisco que isentaria, quem se aposentasse. Porém, que o tributa na medida em que ainda labora. Não é razoável nem proporcional. É injusto e fere a dignidade humana.

## 7 DO RECENTE PARADIGMA JURISPRUDENCIAL

A Quarta Seção do TRF1, em embargos de divergência (Proc. 0009540-86.2009.4.01.3300 – Relator Des. Federal Luciano Tolentino Amaral), proferiu acórdão unânime, cuja ementa está assim redigida:

> *TRIBUTÁRIO - AÇÃO ORDINÁRIA - IRPF - MOLÉSTIA GRAVE (ART. 6º, XIV, DA LEI Nº 7.713/88) - ISENÇÃO: "RENDIMENTOS" DA ATIVIDADE, NÃO APENAS "RENDIMENTOS" DA INATIVIDADE (PROVENTOS DE APOSENTADORIA/REFORMA) - EMBARGOS INFRINGENTES NÃO PROVIDOS.*
> *1- A isenção, vicejando só em prol dos "inativos portadores de moléstias graves", está descompromissada com a realidade sócio-fático-jurídica; a finalidade (sistemática) da isenção, na evolução temporal desde sua edição em 1988; os princípios da isonomia e da dignidade humana e, ainda, com o vetor da manutenção do mínimo vital.*
> *2- A contextualização fático-jurídica, em olhar conectado com o hoje, da isenção (salvo conduto tributário), que propende a ser vitalícia, é do tipo "geral" e "ex vi legis", a toda situação em que caracterizadas as patologias. Eventual e continuada ampliação do rol das doenças não considera eventuais cura, agravamento, recidivas ou remissão de sintomas.*
> *3- Da institucionalização da isenção (1988) até hoje transcorreram 25 anos. Àquele tempo, a transposição para a inatividade, imperativa e com afastamento obrigatório das atividades,*

era a conseqüência para os males. Mantida a densidade de significado ("ratio legis") para justificar a isenção, que sempre foi o "fato objetivo da moléstia grave em si" e a idéia genérica do incremento de custos para continuidade da vida (perda/redução da capacidade contributiva), abrem-se novas situações: contribuintes conseguem manter-se, em certos casos, em pleno potencial profissional, auferindo proventos de aposentados (rendimentos da inatividade) e, até, valores decorrentes de vínculos ulteriores (rendimentos da atividade).

4- Inimaginável um contribuinte "sadio para fins de rendimentos ativos" e, simultaneamente, "doente quanto a proventos". Inconcebível tal dicotomia, que atenta contra a própria gênese do conceito holístico (saúde integral). Normas jurídicas não nascem para causar estupor.

5- O só conviver com a patologia, à constante sombra da morte ou da má qualidade de vida, alça novos vínculos empregatícios ao grau de terapêutica afeto-social (de higiene mental) e reforço do sentido de existir: tributação seria desestímulo sem justa razão.

6- Cabe ao interprete da norma legal extrair da sua objetividade normativa o seu alcance social, não significando, tal, ampliação dos seus destinatários e/ou os casos de sua incidência.

O Egrégio Tribunal Regional Federal da 1º Região, antes desse julgamento paradigmático, por sua Oitava Turma, na AC 0006591-17.2008.4.01.3400/DF, Rel. Desembargador Federal Souza Prudente, já alcançava os proventos da atividade, conforme se colhe da respectiva ementa do acórdão:

> TRIBUTÁRIO. IMPOSTO DE RENDA. ISENÇÃO. DOENÇA GRAVE. LEUCEMIA. ROL DO INCISO XIV DO ART. 6º DA LEI 7.713/1988. TERMO INICIAL. DATA EM QUE RECONHECIDA A MOLÉSTIA POR LAUDO OFICIAL.
> 1. Estando comprovado ser a parte autora portadora de moléstia grave, nos termos indicados no inciso XIV, artigo 6º, da Lei 7.713/1988, com a alteração trazida pela Lei 11.052/2004, o benefício da isenção de imposto de renda deve ser observado em relação aos rendimentos percebidos a partir da data em que a doença foi diagnosticada, por meio de laudo médico oficial - mesmo que o contribuinte ainda esteja em atividade.
> 2. "Em se tratando de benefício fiscal destinado a propiciar ao contribuinte aposentado ou reformado, em virtude de acidente

*em serviço, bem assim àquele portador de doença grave, maior capacidade financeira para suportar o custo elevado do tratamento permanente enquanto padecer da moléstia, a sua concessão é devida, tanto na atividade como na inatividade, tendo em vista que, em ambas as hipóteses, o sacrifício é o mesmo, prestigiando-se, assim, os princípios da isonomia e da dignidade da pessoa humana, na defesa do postulado maior da proteção e da valorização da vida, na dimensão de respeito ao valor da saúde, como garantia fundamental prevista em nossa Carta Magna (CF, arts. 1º, III, 5º, caput, 196 e 170, caput)." (AC 0006591-17.2008.4.01.3400/DF, Rel. Desembargador Federal Souza Prudente, Oitava Turma,e-DJF1 p.518 de 14/11/2011).*

## 8 COMUNICAÇÃO DIRETA À FONTE PAGADORA

Na hipótese de ausência de fato imponível, ou seja, inexistindo obrigação tributária fora de hipótese de incidência, não pode haver retenção de imposto de renda na fonte[30].

Consequentemente não há que se falar em responsabilidade tributária da fonte, que por isso nada poderá reter. Ou seja, não havendo o sujeito passivo direto (o contribuinte) não pode emergir *ipso jure et ipso facto* o sujeito passivo indireto (fonte pagadora retentora).

Logo, cabível a comunicação direta do interessado à fonte pagadora para que esta, cientificada de sua doença grave elencada na lei, imediatamente deixe de efetuar a retenção do imposto de renda, porquanto indevido.

Imediatamente significa que o Fisco, por ausência de relação jurídica material tributária, não tem crédito, não tem interesse, faltando-lhe consequentemente pertinência subjetiva para qualquer audiência. Do contrário, acarreta procrastinação.

Descabida, assim, a audiência extrajudicial da União ou Fazenda Pública em comunicação administrativa do servidor público dirigida

---

[30] Muitas são as situações práticas em que ocorre a retenção do IRPF. Perante a Justiça do Trabalho, pode ocorrer do *quantum* da indenização trabalhista a retenção do Imposto de Renda. Diante de tal quadro, basta o trabalhador, se e quando, alegar e provar a portabilidade de doença grave para evitar a retenção.

diretamente ao ente ao qual está vinculado, exatamente por ausência daquele interesse[31].

O não pronto reconhecimento pela fonte pagadora configura ato infringente da isenção tributária. Caracteriza, por conseguinte, ato ilícito continuar a (administração pública) reter na fonte Imposto de Renda da pessoa física (servidor), se ciente de doença grave ensejadora de isenção tributária do imposto de renda da mesma.

Logo, como se trata de isenção, o imposto é indevido, não havendo, portanto, qualquer interesse tributário a ser resguardado.

## 8.1 Inexistência de responsabilidade (substituição) tributária

A isenção gera desdobramento. Uma vez indevido imposto de renda, a figura do substituto tributário também é impactada, porquanto incabível a retenção na fonte.

Bem a propósito é a seguinte lição do clássico Aliomar Baleeiro trazida por Ataliba (2009, p. 92) na sua obra "Hipótese de Incidência Tributária":

> "Tudo deve passar-se desse modo na substituição tributária (modalidade de responsabilidade tributária).
> "Em primeiro lugar, o regime jurídico aplicável será o regime do substituído e não o regime do substituto. O substituto está pagando tributo alheio, vai pagar o que deve outro sujeito, nas condições pessoais dele, o substituído. É imperativo que o regime jurídico, legal e constitucional, aplicável seja o da outra pessoa.
> "Se o substituído é imune, ou isento, se tem direito a redução ou dilação tributária, o substituto exercitará os direitos correspondentes (Baleeiro, Direito Tributário Brasileiro, Forense, 10ª ed., p. 480).

---

[31] Aliás, na judicialização de pretensão isentiva, o interesse de ente federal tem sido descartado, como se vê do entendimento do Egrégio Tribunal de Justiça de Mato Grosso do Sul, conforme ementa do acórdão da AC 13136 MS 2009.013136-4 no seguinte excerto: "É da justiça estadual a competência para o processamento e julgamento da pretensão de concessão de isenção em razão de moléstia grave, na forma prevista na Lei nº 7.713/88, considerando que artigo 157, I, da CF concede ao Estado todo o produto de arrecadação do imposto de renda incidente na fonte, notadamente considerando que a questão envolve interesse exclusivamente do ente estadual". Também no Mandado de Segurança Coletivo nº 0603555-49.2012.8.12.0000, julgado pela 4ª Seção Cível do TJMS, se extrai da ementa que: "(...) É da Justiça Estadual a competência para decidir demandas propostas por servidores públicos estaduais questionando a incidência de imposto de renda sobre seus vencimentos (...)."

Em suma, diante da isenção incabível será a retenção do imposto de renda na fonte por inexistência de obrigação (*an debeatur*) e, por conseguinte, de obrigado, de contribuinte, segundo a Lei nº 7.713/88.

# 9 EVENTUAL ACESSO À JURISDIÇÃO JUDICIAL

Uma vez comunicada pelo interessado a sua condição[32] de isento diretamente a sua fonte pagadora, para que não efetue qualquer retenção de imposto de renda, e não atendido, emerge direito público subjetivo de acesso à jurisdição judicial.

## 9.1 Interesse de agir

Segundo o sítio na *Internet* da Receita Federal[33], não gozam de isenção os rendimentos decorrentes de atividade, isto é, se o contribuinte for portador de uma moléstia, mas ainda não se aposentou. Embora não deixa claro a hipótese de já haver o direito adquirido à aposentadoria.

Por esse prisma, já tendo o portador direito adquirido à aposentadoria, presente está o interesse de agir enquanto condição da ação.

## 9.2 Ações manejáveis

Embora o foco principal destas reflexões seja o direito material, o processual, ainda que *en passant,* merece mencionado. Com efeito, várias são as vias de acesso possíveis que podem ser melhor exploradas teoricamente. Em todo caso cabe mencionar algumas.

Sob esse aspecto, diversas são as vias de acesso exploradas teoricamente, seja mandado de segurança individual ou coletivo, ação declaratória individual com antecipação de tutela, ação civil pública ou ação de recepção de indébito tributário.

Se impetrado, por exemplo, Mandado de Segurança, a única autoridade coatora é a que retém na fonte o imposto de renda indevido,

---

[32] A condição de portabilidade de doença grave elencada na lei tributária isentiva deve vir provada por meio de laudo médico específico.
[33] Disponível em: http://www.receita.fazenda.gov.br/GuiaContribuinte/IsenDGraves.htm Acesso em 30 de junho de 2013 às 20:43:28

quando não deveria fazê-lo. Uma vez descabida a intervenção da União ou da Fazenda Pública, por ausência de interesse tributário diante da isenção, a jurisdição competente é a comum estadual, se servidor estadual, tendo em vista também o art. 157, I, da CF[34].

## CONSIDERAÇÕES FINAIS

Diante o todo explicitado, a isenção do imposto de renda de pessoa física que ainda continua no exercício de atividade laboral, configura-se não só como um legítimo direito social, o qual se impõe diante dos fundamentos constitucionais que lhe dão respaldo para tanto. Mas, inclusive, contribuem para a salvaguarda do mínimo existencial, de uma melhor qualidade de vida da pessoa que já sofre de um mal, e consequentemente, garantindo a própria dignidade humana da pessoa contemplada com a isenção, como instrumento de efetividade dos seus direitos humanos.

No entanto, não se restringindo a isso, já que essa humanização da relação tributária contribui para tornar mais social o Estado Democrático de Direito, menos desigual a sociedade, primando pela isonomia entre seus entes considerando as suas disparidades.

## REFERÊNCIAS

ATALIBA, G. *Hipótese de incidência tributária*. São Paulo, Malheiros Editores, 6 edição, 2009.

---

[34] O Tribunal de Justiça de Mato Grosso do Sul tem decidido pela competência da jurisdição comum estadual. É da ementa do acórdão da AC 13136 MS 2009.013136-4 o seguinte excerto: "É da justiça estadual a competência para o processamento e julgamento da pretensão de concessão de isenção em razão de moléstia grave, na forma prevista na Lei nº 7.713/88, considerando que artigo 157, I, da CF concede ao Estado todo o produto de arrecadação do imposto de renda incidente na fonte, notadamente considerando que a questão envolve interesse exclusivamente do ente estadual". Também no Mandado de Segurança Coletivo nº 0603555-49.2012.8.12.0000, julgado pela 4ª Seção Cível do TJMS, se extrai da ementa que: "(...) É da Justiça Estadual a competência para decidir demandas propostas por servidores públicos estaduais questionando a incidência de imposto de renda sobre seus vencimentos (...)."

ÁVILA, H. *Teoria dos princípios: da definição à aplicação dos princípios jurídicos*. São Paulo, Malheiros, 10ª edição revista e ampliada, 2009.

BARROSO, L. R. *O direito constitucional e a efetividade de suas normas: limites e possibilidades da Constituição brasileira*. Rio de Janeiro, Renovar, 6ª edição atualizada, 2002.

BRITTO, C. A. *Teoria da Constituição*. Rio de Janeiro, Forense, 2003.

COSTA, R. H. *Curso de direito tributário: Constituição e Código Tributário Nacional*. São Paulo, Saraiva, 1ª edição, 2ª tiragem, 2009.

BOBBIO, N. *A era dos direitos*. Trad. Carlos Nelson Coutinho. Rio de Janeiro, Campus, 1992. Disponível em http://direitoufma2010.files.wordpress.com/2010/05/norberto-bobbio-a-era-dos-direitos.pdf Acesso em 30 de junho de 2013 às 22:31:41

GRAU, E. R. *A ordem econômica na Constituição de 1988*. São Paulo, Malheiros Editores, 14ª edição revista e ampliada, 2010.

GUERRA FILHO, W. S. *Processo constitucional e direitos fundamentais*. São Paulo, Celso Bastos Editor, 1999.

KANT, I. *Fundamentação da metafísica dos costumes e outros escritos*: texto integral. Tradução Leopoldo Holzbach. São Paulo, Martin Claret, 2006.

MAXIMILIANO, C. *Hermenêutica e aplicação do direito*. Rio de Janeiro, Forense, 19ª edição, 2002.

MOURA, W. L. de. *Alcance da isenção do IRPF para os portadores de doença grave que permanecem trabalhando. Recente paradigma do TRF1*. Conteúdo Jurídico, Brasília-DF: 13 mar. 2013. Disponível em: http://www.conteudojuridico.com.br/?artigos&ver=2.42454&seo=1. Acesso em 30 de junho de 2013 às 22:14:17

NOVELINO, M. *Direito constitucional*. São Paulo, Método, 4ª edição revista, atualizada e ampliada, 2010.

NUNES, R. *Manual de introdução ao estudo do direito*. São Paulo, Saraiva, 6ª edição, 2005.

RIGATO, J. A. *A persecução penal frente à(s) dignidade(s) humana(s)*. In: 4° Congresso Virtual Nacional do Ministério Público, 2010. Disponível em http://www.congressovirtualnacionalmp.org.br Acesso em 30 de junho de 2013 às 22:52:54

_____. *Refletindo paradigmas: o devido processo legal para conferir títulos de doutor, mestre, especialista, licenciado ou bacharel*. Disponível em http://www.ufgd.edu.br/comunicacao/noticias/artigo-refletindo-paradigmas-o--devido-processo-legal-para-conferir-titulos-de-doutor-mestre-especialista-licenciado-ou-bacharel/ Acesso em 30 de junho de 2013 às 23:11:23

_____. *O Direito Penal na proteção da(s) dignidade(s) humana(s)*. Revista Videre, Dourados, MS, ano 2, n. 4, p. 211-229, jul./dez. 2010. Disponível em http://www.periodicos.ufgd.edu.br/index.php/videre/article/viewFile/786/pdf_41 Acesso em 30 de junho de 2013 às 23:30:44

SILVA, J. A. da. *Curso de Direito Constitucional positivo*. São Paulo, Editores Malheiros, 30ª edição, 2008.

SILVA, V. A. da. *O proporcional e o razoável*. Revista dos Tribunais 798, 2002.

# LOTEAMENTO FECHADO E A COBRANÇA DE CONTRIBUIÇÃO DOS PROPRIETÁRIOS COM BASE NA TEORIA DA PERDA DE UMA CHANCE

*Luis Arlindo Feriani*[1]

RESUMO

O presente artigo envolve o estudo a respeito da viabilidade jurídica de cobrança de contribuição (taxa de condominio), pela Associação de Moradores, em loteamentos fechados, com base na teoria da perda de uma chance de não sofrer um prejuizo, considerando-se os serviços prestados a todos, bem como com a consideração de que não há como obrigar qualquer um a associar-se ou manter-se associado.

**Palavras-chave**: Loteamento fechado; cobrança de taxa de administração; possibilidade; responsabilidade civil; teoria da perda de uma chance.

---

[1] Possui graduação em Direito pela Pontifícia Universidade Católica de Campinas (1972). É mestre em Direito Processual Civil pela Pontifícia Universidade Católica de Campinas (2001). É Doutor pela PUC-São Paulo, no programa de Direito Processual Civil (Efetividade do processo), tendo defendido publicamente a tese "Discricionariedade (Limites da atuação no âmbito administrativo e judicial)". Atualmente é proprietário, juntamente com dois de seus filhos e advogados associados, de tradicional Escritório de Advocacia em Campinas. É professor titular da Pontifícia Universidade Católica de Campinas. Tem experiência na área de Direito, com ênfase em Direito Processual Civil e atuação nas áreas de família, sucessões, contratual e imobiliária. Exerceu o cargo de Diretor da Faculdade de Direito da Puc-Campinas, de 1998 a 2001 e de 2006 a 2009, tendo sido eleito por seus pares para o cargo de Conselheiro da Faculdade de Direito da Puc-Campinas, período de 2013 a 2016. É Juiz de Direito, aposentado quando exercia a jurisdição na Capital do Estado de São Paulo, classificada como de entrância final.

ABSTRACT

This article aims to analyze the legal feasibility of the neighborhood association, charge condominium fees in resident-owned subdivisions, based on the loss of a chance theory of not suffering a loss, considering services provided to all citizens, as well as the consideration that no one is obliged to become a member of the association

**Keywords**: resident-owned subdivisions; condominium fees collection; possibility; civil liability; loss of a chance theory.

# 1 IMPORTÂNCIA DA DISCUSSÃO

Tínhamos assente jurisprudência, no sentido da responsabilização de proprietários de imóveis situados em locais que vieram a ser fechados por decisão de assembléias gerais, com convocação de todos os proprietários, e com base na deliberação de percentual mínimo previsto em legislações municipais.

Como fundamento para obrigar os discordantes ao pagamento, também existia conclusão uniforme, no sentido de que obteriam vantagem indevida, acarretando enriquecimento ilícito, caso lhes fosse reconhecida a licitude do não pagamento. A título exemplificativo cita-se o julgado abaixo:

> *STF - AGRAVO DE INSTRUMENTO AI 814234 SP (STF)*
> *Data de Publicação: 15/12/2010*
> *Ementa: Trata-se de agravo de instrumento contra decisão de inadmissibilidade de recurso extraordinário que impugna acórdão assim do:"***LOTEAMENTO RESIDENCIAL** *-Taxa de manutenção -Cobrança -Admissibilidade -Contribuição devidamente aprovada em assembléia -Prova de que, sendo* **proprietário** *de lote, também aceitou os benefícios decorrentes dos serviços prestados pela* **Associação** *do bairro -Irrelevante a não associação, diante benefícios gerados pelos serviços prestados -Mora caracterizada diante a...*

Em recente decisão, o Supremo Tribunal Federal entendeu que, em razão de princípio constitucional, ninguém pode ser obrigado a se associar ou manter-se associado, a associação de qualquer espécie, de maneira que entendeu que as associações de moradores não mais encontram fundamento para cobrar contribuição a esse título.

Com base na referida decisão, alguns juizos de primeiro grau e Tribunais Estaduais, vêm mudando a sua posição anterior, desacolhendo os pleitos das associações, e deixando de condenar os proprietários de imóveis, situados dentro dos loteamentos fechados por deliberações de assembléias, realizadas segundo autorizam as leis municipais, ao pagamento de contribuição para as despesas de manutenção e conservação dos bens e interesses comuns.

Verifica-se, assim, que entre o entendimento de que não se pode admitir o enriquecimento sem causa, e o da não possibilidade de se obrigar alguém a se associar ou manter-se associado a qualquer tipo de associação, prevaleceu este último.

Por outro lado, é muito difícil a aceitação da mencionada conclusão, diante da situação de fato, concreta, com relação ao prejuizo sofrido por aqueles que tinham e continuam tendo justa razão jurídica para o não sofrimento do prejuizo pela ausência de contribuição dos demais proprietários, levando-se em conta que agiram de conformidade com que era e continua sendo previsto pela lei.

Da análise da teoria, de origem francesa, da responsabilização civil por danos causados em razão da perda de uma chance de se ter um resultado favorável, ou de não se ter um prejuizo não previsto, chega-se à conclusão a respeito da viabilidade da sua adoção para o disciplinamento da questão e, no presente trabalho, procurar-se-á evidenciar que a conclusão pela responsabilização é a mais correta e a mais justa, contribuindo para que se encontre a almejada paz social.

Faremos uma análise a respeito da competência legislativa em matéria de urbanismo, englobando a questão do fechamento de loteamentos e enfocaremos a questão sob a ótica da responsabilidade civil. Por fim, concluiremos que é perfeitamente aplicável ao caso a teoria de origem francesa, da perda de uma chance, tratada como perda de oportunidade pelo Egrégio Supremo Tribunal Federal Brasileiro.

## 2 COMPETÊNCIA LEGISLATIVA

A primeira questão que vem à tona, antes de se discutir a pertinência ou não da cobrança de taxa de proprietário de imóvel situado em loteamento fechado, gira em torno do exame analítico-normativo do direito positivado no que diz respeito à sua possibilidade. Para isso temos que analisar a relação de competência dos entes federados, como os limites dos interesses público e privado na participação e no papel que cada um exerça na ocupação e ordenação territorial do país.

Com a delimitação da competência de atuação de cada um dos orgãos federados no processo de ordenamento e ocupação do solo, poderemos ter uma visão mais precisa com relação à legitimidade dos atos praticados, os limites respectivos, evitando-se conflitos no procedimento reorganizacional do ordenamento do solo urbano em benefício do bem estar coletivo, da segurança, bem como do equilibrio do meio ambiente, isto tudo em razão da relação de subordinação e coordenação entre as regras legais.

Como sabemos, no sistema federativo brasileiro, há uma coexistência de esferas superpostas que criam regras legais, dentro de suas respectivas competências, de forma descentralizada para a resolução e alcance de interesses comuns.

Assim, à União compete legislar exclusivamente sobre assuntos de interesse de toda a Nação, por meio de normas gerais, conforme dispõe o art. 22, incisos I ao XXIX, da Constituição Federal.

Com relação à ocupação e ordenamento do solo, segundo a Constituição Federal, compete à União editar normas gerais de urbanismo e estabelecer o plano urbanístico nacional e planos urbanísticos macro regionais, conforme dispõem os arts. 21, XX e XXI e 24, I, e § 1º, da C.F.

Compete, outrossim, aos Estados legislarem, de forma suplementar, mediante lei complementar, sobre assuntos de interesse especificamente regional, conforme giza o art. 25 da C.F., respeitadas as normas e diretrizes gerais estabelecidas pela União, na forma do que dispõe o art. 24, I e § 2º, da C.F., para a elaboração do plano urbanistico estadual e planos urbanisticos regionais.

Aos Municípios compete legislar sobre assuntos de interesse local, inclusive *"promover, no que couber, adequado ordenamento territorial, mediante planejamento e controle do uso, do parcelamento e da ocupação do solo urbano"*, na forma do que dispõe o art. 30, VIII, da Constituição Federal.

No que diz respeito à política urbana, é importante observarmos que o art. 182, da C.F. estabelece que: *"A política de desenvolvimento urbano, executado pelo Poder Público municipal, conforme diretrizes gerais fixadas em lei, tem por objetivo ordenar o pleno desenvolvimento das funções sociais da cidade e garantir o bem-estar de seus habitantes*", ressaltando o art. 30, VIII, da C.F., que é da competência do Município: *"promover, no que couber, adequado ordenamento territorial, mediante planejamento e controle do uso, do parcelamento e da ocupação do solo urbano"*, elaborando, para tanto, o plano diretor.

Constata-se, assim, que a questão urbanística tem sua planificação federal, com limitações relativas às autonomias dos Estados-Membros e Municipios, formando um conjunto harmônico e funcional, agregando competências legislativas exclusivas, privativas, suplementares e concorrentes.

É concorrente a competência para legislar sobre direitos financeiro, tributário, econômico e urbanistico, dentre outros. A competência dos Estados e dos Municipios para a criação de normas jurídicas sofre limitações, uma vez que só podem legislar de forma suplementar ao que foi disposto pela União a respeito da matéria, de maneira que os princípios e diretrizes gerais traçados pela União possam ser aplicados de forma uniforme em todo o território nacional.

Inexistindo norma federal para o tratamento de uma determinada questão, poderá o Estado exercer sua competência plena para legislar a respeito, criando normas gerais quanto ao conteúdo, obrigando os destinatários dentro dos limites da sua autonomia territorial. Caso a União venha a editar norma federal superveniente, sobre a mesma questão específica, normatizada pelo Estado, a norma estadual, se for incongruente com a federal, deixará de ter eficácia.

Da mesma forma, inexistindo norma jurídica de âmbito geral ou regional, poderá o Municipio legislar de forma plena para o tratamento da questão específica, desde que relativa a interesses locais. Existindo norma federal, o Municipio somente poderá exercer sua competência suplementar para criação de normas que apresentem compatibilidade com a norma geral, sob pena de caracterização de inconstitucionalidade.

## 3 MATÉRIA URBANÍSTICA E A COMPETÊNCIA DO MUNICIPIO

É da competência do Municipio legislar sobre assuntos de interesse local, devendo elaborar sua Carta Municipal, em consonância com os preceitos constitucionais federal e estadual.

Dentro de sua esfera de competência, atribuida pela Constituição Federal, tem autonomia e não sofre qualquer limitação.

Para o ordenamento territorial local, cabe ao Municipio executar a Política de Desenvolvimento Urbano por meio do Plano Diretor, que deve ser elaborado de acordo com os ordenamentos federais e estaduais relativos à matéria.

A Constituição Federal não atribuiu ao Municipio a competência de legislar concorrentemente sobre direito urbanistico, conforme se depreende do seu art. 24, I. Todavia, a partir de uma análise sistêmica dos arts. 24, § 3º e art. 30, I, verifica-se que pode, de forma suplementar, considerando-se as disposições das normas federais e estaduais, e as suas necessidades locais, legislar sobre a matéria, ante a inexistência de normas específicas, editadas pela União ou pelo Estado.

## 4 MATÉRIA URBANÍSTICA – COMPETÊNCIA CONCORRENTE

Não se questiona sobre a natureza pública da atividade urbanistica, como também a sua estreita ligação com o interesse local, portanto, com o Municipio, uma vez que não se pode pensar em diretrizes para o desenvolvimento urbano divorciadas do direito urbanístico.

As diretrizes gerais, sem sombra de dúvida, devem ser traçadas pela lei federal (art. 24, I e § 1º, C.F.), porém, não podem invadir a área de competência estadual e municipal, ensinando o consagrado Hely Lopes Meirelles, que:

> *"...não cabe à União subordinar a atividade urbanística dos Estados-Membros e Municípios às suas repartições administrativas, como é muito do agrado do Poder Central. O que a Constituição Federal atribui à União é a faculdade de legislar sobre normas gerais. Legislar é editar regras jurídicas de conduta; não é intervir executivamente nos mais mínimos detalhes. O que se reconhece à União é a possibilidade de estabelecer normas gerais de urbanismo, vale dizer, imposições de caráter genérico e de aplicação indiscriminada em todo o território nacional. Ultrapassados esses lindes, a ação federal atentará contra a autonomia estadual e municipal e incorrerá em inconstitucionalidade".*

Portanto, a todos os entes federativos existe atribuição de competência para o ordenamento físico-espacial do território nacional, cabendo à União a disposição de normas gerais de direito urbanístico, aos Estados as questões de interesse regional, e aos Municípios o dever de legislar sobre assuntos de interesse local.

Dentro desse plano de repartição de competências é que surge uma questão de difícil limítrofe dos entes federativos, onde se tem questionado a legalidade da atividade da União na regulamentação de interesses locais dos Municípios. Embora o Estatuto da Cidade apresente as diretrizes gerais para a política urbana, as atribuições legislativas e administrativas ainda não estão suficientemente delineadas para a realização de uma política de desenvolvimento urbano coerente e sistematizado.

## 5 PRINCÍPIOS E AUTONOMIA LEGISLATIVA MUNICIPAL (ART. 29 DA CONSTITUIÇÃO FEDERAL)

O art. 29 da Constituição Federal dispõe que os Municipios devem observar as suas Leis Orgânicas, os princípios estabelecidos na Constituição Federal e os princípios fixados na Constituição de seus respectivos Estados.

Como a Constituição Federal fala em observação de princípios é de grande importância entendermos o seu significado. O princípio do Federalismo na Constituição Federal vigente se apresenta como estruturador do Estado Democrático de Direito. É caracteristica dessa forma de Estado a existência de diversos orgãos políticos aptos a atuarem em diferentes esferas, podendo agir em conjunto ou isoladamente para a consecução de seus fins, que devem coincidir com os da nação brasileira.

Há um governo central que representa a nação, e governos autonomos federados. A repartição de competências entre o governo central, estaduais e municipais caracteriza o Federalismo, surgindo dessa estrutura a necessidade de se disciplinar a competência legislativa, entendida como a faculdade atribuida à pessoa política para emitir decisões nos termos estabelecidos pela Constituição Federal e pelas leis.

Pelo Federalismo brasileiro, é atribuido ao municipio uma ampla autonomia para a realização das políticas públicas, tanto assim que é entidade pública de direito público interno situado no mesmo nível hierárquico dos Estados, não estando a eles subordinados.

A autonomia financeira, legislativa e administrativa dos Municipios não permite a intromissão discricionária dos governos federal e estadual nas questões de interesse local. Ao Município é delegada a competência para planificar suas metas e ações para o pleno desenvolvimento das funções sociais da cidade, pois é o principal responsável para a efetivação e garantia das funções sociais da cidade. O princípio da subsidiariedade é, portanto, um princípio essencial para que o sistema federativo seja harmônico e se coadune de forma racional na distribuição de funções para a consecução dos objetivos da República Federativa. Por intermédio do referido meio, deve-se atribuir preferência à atuação administrativa ao ente federativo dotado de maior especificidade, ou seja, o exercicio das competências públicas deve corresponder preferencialmente às autoridades mais próximas do cidadão.

Sendo de competência do Municipio a realização de todas as tarefas e incumbências administrativas que se refiram ao interesse local, pode-se concluir que deve ter a possibilidade preponderante de buscar soluções para os problemas vivenciados pelos cidadãos em detrimento das atividades estatais e nacionais no âmbito administrativo, desde que relacionados com assuntos locais.

Celso Antonio Bandeira de Mello, a respeito dos principios constitucionais, ensina que:

> "*Principio é por definição, mandamento nuclear de um sistema, verdadeiro alicerce dele, disposição fundamental que se irradia por diferentes normas compondo-lhes o espírito e servindo de critério para sua exata compreensão e inteligência exatamente por definir a lógica e a racionalidade do sistema normativo no que lhe confere tônica e lhe dá sentido harmônico. É o conhecimento dos princípios que preside a intelecção das diferentes partes componentes do todo unitário que há por nome sistema juridico positivo*".

Assim, princípios constitucionais têm um maior grau de abstração, retratando a ideologia da Constituição, porém, não significa a regulamentação específica de determinado assunto. Dessa forma, o art. 29 da Constituição

Federal não atribui à União e aos Estados-Membros a possibilidade de legislaremm sobre questões específicas de interesse local dos Municipios. Mencionado dispositivo constitucional obriga os Municipios a respeitarem as normas de caráter geral ditadas pela União e pelos Estados-Membros na consecução de suas respectivas competências para cooperação conjunta no desenvolvimento da política urbana.

O princípio da autonomia municipal conferida pelo art. 18 e pelo art. 34, VI, alínea "c", da Constituição Federal, não sofre restrições por conta da necessidade de atendimento aos princípios da própria constituição federal, e das constituições dos respectivos Estados-Membros.

Pois bem, o ordenamento do solo, sob a modalidade de loteamento fechado, não infringe qualquer princípio constitucional federal ou estadual positivado no nosso ordenamento jurídico.

Pelo que se pode constatar, outrossim, vem ao encontro da necessidade de cooperação entre os entes federados, para o equilíbrio do desenvolvimento e do bem-estar em âmbito nacional disposto no parágrafo único do art. 23 da Constituição Federal.

Como os principios juridicos são normas de hierarquia superior, que informam e auxiliam na aplicação das demais normas, têm a função de orientar a interpretação na busca do melhor sentido e das finalidades das normas, agindo como fontes supletivas do Direito, nos casos de ausência de lei específica.

A questão atinente à política urbana está subordinada ao somatório de princípios e objetivos constantes da Constituição. O Tratado sobre cidades, vilas e povoados sustentáveis, elaborado durante a ECO 92 sublinha, com clareza, os princípios que devem nortear a política urbana, baseados em três fundamentos básicos: a) direito à cidadania; b) gestão democrática da cidade; c) função social da cidade e da propriedade.

Pode-se, portanto, concluir que um dos componentes do desenvolvimento urbano é o princípio do desenvolvimento sustentável, onde as pessoas são o centro da preocupação das ações públicas para que as mesmas tenham pleno direito à qualidade de vida e não apenas direito de sobrevivência.

Com relação aos princípios específicos do Direito Urbanistico, pode-se destacar os seguintes: (1) princípio da função social da propriedade; (2) princípio da subsidiariedade; (3) princípio de que o urbanismo é função pública; (4) o princípio da afetação da mais valia ao custo da urbanificação e (5) o principio da justa distribuição dos benefícios e ônus derivados da atuação urbanística.

A concretização da função social da cidade precisa ser condizente com os principios e objetivos fundamentais do Estado Brasileiro, tal como contemplado na Constituição Federal e no Direito Urbanístico, consubstanciado no exercicio da cidadania e na definição das ações voltadas para este sentido, priorizando a realização da justiça social e da busca de uma sociedade justa e solidária.

Os objetivos a serem atingidos, segundo a Constituição Federal, podem ser encontrados basicamente em três artigos:

> *"Artigo 5º Todos são iguais perante a lei, sem distinção de qualquer natureza, garantindo-se aos brasileiros e aos estrangeiros residentes no País a inviolabilidade do direito à vida, à liberdade, à igualdade, à segurança e à propriedade nos termos seguintes:*
> *...XII – é garantido o direito de propriedade;*
> *...XXIII – a propriedade atenderá a sua função social;*
> *...XXIV – a lei estabelecerá o procedimento para desapropriação por necessidade ou utilidade pública, ou por interesse social, mediante justa e prévia indenização em dinheiro, ressalvados os casos previstos nesta constituição.*
> *"Art. 170 A ordem econômica, fundada na valorização do trabalho humano e na livre iniciativa, tem por fim assegurar a todos existência digna, conforme os ditames da justiça social, observados os princípios: II – propriedade privada e, III – função social da propriedade.*
>
> *"Art. 182 A política de desenvolvimento urbano, executada pelo Poder Público Municipal, conforme diretrizes gerais fixadas em lei, tem por objetivo ordenar o pleno desenvolvimento das funções sociais da cidade e garantir o bem estar de seus habitantes.*
> *§ 1º O plano Diretor, aprovado pela Câmara Municipal, obrigatório para cidades com mais de vinte mil habitantes, é o instrumento básico da política de desenvolvimento e de expansão urbana.*
> *§ 2º A propriedade urbana cumpre sua função social quando atende as exigências fundamentais de ordenação da cidade, expressas no plano diretor.*

> § 3º *As desapropriações de imóveis urbanos (...).*
> § 4º *É facultado ao Poder Público Municipal, mediante lei específica para área incluida no plano diretor, exigir, nos termos da lei federal, do proprietário do solo urbano não edificado, sub-utilizado ou não utilizado, que promova seu adequado aproveitamente, sob pena, sucessivamente, de :*
> *I.- parcelamento ou edificação compulsórios;*
> *II.- imposto sobre a propriedade predial e territorial urbana progressivo no tempo.*
> *III.- desapropriação com pagamento mediante títulos da dívida pública de emissão previamente aprovada pelo Senado Federal, com prazo de resgate de até dez anos."*

Partindo-se dos referidos artigos pode-se ter uma visão geral a respeito dos objetivos perseguidos pelo legislador para o regular desenvolvimento do direito urbanístico.

O desenvolvimento sustentável das cidades e o bem estar de seus habitantes não exclui a existência de loteamentos fechados, que se constitui em uma modalidade de utilização do solo, permitindo que se agregue em um único local habitação, lazer, segurança e infra-estrutura adequada, sem causar maiores ônus aos municipios e nem aos demais munícipes.

## 6 EMBASAMENTO LEGAL DOS LOTEAMENTOS FECHADOS NA LEI 6766/79

Com base nesse ordenamento legal, todos os parâmetros urbanisticos federais e municipais relativos à doação de vias de comunicação e espaços livres são observados e regularmente cumpridos, com a única exceção de que são objeto de fechamento, mediante lei municipal que outorga concessão do direito real de uso aos proprietários respectivos. Normalmente, o legislativo municipal outorga ao executivo o poder para firmar um instrumento público ou particular fixando as obrigações dos proprietários em manterem a urbanização e a conservação das vias e praças, o serviço de limpeza geral, impondo e transferindo ao particular o custo da realização da infra-estrutura pública exigida para o loteamento da Lei nº 6766/79.

A Prefeitura Municipal, ao aprovar o projeto de loteamento fechado aplica as mesmas exigências do loteamento comum e depois concede o uso desses equipamentos públicos de uso comum aos proprietários dos lotes, os quais assumem a responsabilidade de manutenção e conservação dos mesmos.

A referida concessão de direito real de uso encontra sustentação no art. 7º, do Decreto-lei nº 271/67:

> "Art 7º.- É instituida a concessão de uso de terrenos públicos ou particulares, remunerada ou gratuita, por tempo certo ou indeterminado, como direito real resolúvel, para fins específicos de urbanização, industrialização, edificação, cultivo da terra, ou outra utilização de interesse social.
> § 1º.- A concessão de uso poderá ser contratada por instrumento público ou particular, ou por simples termo administrativo, e será inscrita e concelada em livro especial.
> § 2º.- Desde a inscrição da concessão de uso, o concessionário fruirá plenamente do terreno para os fins estabelecidos no contrato e responderá por todos os encargos civis, administrativos e tributários que venham a incidir sobre o imóvel e suas rendas.
> § 3º.- Resolve-se a concessão antes de seu termo, desde que o concessionário dê ao imóvel destinação diversa da estabelecida no contrato ou termo, ou descumpra cláusula resolutória do ajuste, perdendo, neste caso, as benfeitorias de qualquer natureza.
> § 4º.- A concessão de uso, salvo disposição contratual em contrário, transfere-se por ato inter vivos, ou por sucessão legítima ou testamentária, como os demais direitos reais sobre coisas alheias, registrando-se a transferência".

É importante, inicialmente, observar que a Lei Federal nº 6766/79, não revogou o Decreto-lei nº 271/67. O entendimento é no sentido de que houve apenas derrogação em alguns aspectos, como por exemplo na definição de loteamento e desmembramento constante do art. 1º, §§ 1º e 2º, do Dec.-lei 271/67, sendo que outras disposições permanecem em vigor, como, por exemplo o artigo 7º, que disciplina a concessão de direito real de uso de bem público.

Da mesma forma, entende-se que vigora o art. 3º do Dec.-lei 271/67, que giza que "aplica-se aos loteamentos a Lei nº 4591, de 16/12/1964, equiparando-se o loteador ao incorporador, os compradores de lotes aos condôminos e as obras de infraestrutura à construção de edificação"

O loteamento fechado, figura não contemplada na Lei Federal nº 6766/79, surgiu como uma nova realidade no nosso país, admitido por lei municipal. É mencionado pelo mestre Hely Lopes Meirelles, que ensina que:

> "Loteamentos especiais estão surgindo, principalmente nos arredores das grandes cidades, visando a descongestionar as metrópoles. Para esses loteamentos não há, ainda, legislação superior específica que oriente a sua formação, mas nada impede que os Municípios editem normas urbanística locais adequadas a essas urbanizações. E tais são os denominados 'loteamentos fechados', 'loteamentos integrados', loteamentos em condomínio', com ingresso só permitido aos moradores e pessoas por eles autorizadas e com equipamentos e serviços urbanos próprios, para auto-suficiência da comunidade. Essas modalidades merecem prosperar. Todavia, impõe-se um regramento legal prévio para disciplinar o sistema de vias internas (que em tais casos não são bens públicos de uso comum do povo) e os encargos de segurança, higiene e conservação das áreas comuns e dos equipamentos de uso coletivo dos moradores, que tanto podem ficar com a Prefeitura como com os dirigentes do núcleo, mediante convenção contratual e remuneração dos serviços por preço ou taxa, conforme o caso" (Direito municipal brasileiro, 11ª ed., São Paulo: Malheiros, 2000, p. 468/469).

É pacífico o entendimento no sentido da legalidade do loteamento fechado. O Superior Tribunal de Justiça, conforme ementa publicada em 11.03.98, ao julgar o Agravo de Instrumento nº 171.731- RJ, assentou que:

> "Embargos Infringentes – Loteamento – Condomínio instituído pelos moradores que aprovaram uma Convenção, registrada no RGI, produzindo efeitos jurídicos, por não invalidada. Loteamento fechado, em que a convenção discrimina o uso de áreas comuns, cujos melhoramentos beneficiam a todos – Constitui enriquecimento ilícito o não pagamento pelos proprietários dos lotes das despesas havidas e as de conservação e administração de Condomínio – Não se configurando aqui a hipótese de mera associação de moradores como entendeu o voto vencido, em que a liberdade de associação tem de ser preservada."

A eminente Ministra Nancy Andrighi, no Recurso Especial nº 490.419, gizou que:

> "O STJ já firmou entendimento no sentido de que os proprietários de imóveis que usufruem dos serviços prestados por sociedade ou associação ao condomínio, ainda que atípico, deve contribuir no rateio das despesas, sob pena de enriquecimento ilícito.
> Na verdade não há que se fazer distinção. A obrigatoriedade ao pagamento das despesas efetuadas por sociedade ou associação em condomínio atípico não advém da caracterização do loteamento como aberto ou fechado, mas sim da efetiva fruição dos serviços prestados por seus moradores".

## 7 DECISÃO DO SUPREMO TRIBUNAL FEDERAL DE SETEMBRO DE 2011

Em setembro de 2011 o Supremo Tribunal Superior prolatou acórdão desautorizando a cobrança mensal do rateio feito por uma associação de moradores, gestora de um loteamento fechado, sob o fundamento de que ninguem pode ser obrigado a se associar ou manter-se associado, de maneira que nenhuma associação tem o poder de obrigar alguém a tonar-se ou manter-se associado, na conformidade do estatuido expressa e claramente pelo art. 5º, II e XX, da Constituição Federal.

Por deliberação do Plenário Virtual, do Supremo Tribunal Federal, foi reconhecida a repercussão geral da questão constitucional, suscitada no Agravo de Instrumento nº 745831, onde se discute a possibilidade, ou não, de associação de proprietários em loteamento urbano exigir de moradores a ela não associados o pagamento de taxas de manutenção e conservação, à luz dos princípios da legalidade e da liberdade de associação previstos na Constituição (caput e incisos II e XX, do art. 5º).

## 8 ANÁLISE DA QUESTÃO PELA PERSPECTIVA DA RESPONSABILIDADE CIVIL

Como é sabido, a responsabilidade civil surgiu com o advento das civilizações, principalmente com o sentimento das pessoas a respeito da necessidade de se manterem em um local fixo.

Para solucionar os conflitos surgiu o Código de Hamurabi, na Babilônia, com a institucionalização da idéia de vingança para com o agressor, fazendo-se justiça com a devolução do dano causado, na mesma proporção, ou seja, retribuindo-se o mal pelo mal, como preconizava a Lei do Talião. Os resultados eram sumamente negativos, uma vez que produzia-se uma nova lesão, a título de reparação da anterior.

Na sequência, surgiu a Lei da XII Tábuas, sendo a responsabilidade objetiva, não dependendo da culpa, apresentado-se apenas como uma reação do lesado contra a causa aparente do dano. Durante o referido período, havia uma idéia de composição, porém, não com o sentido amplo de reparação, mas com a intenção de aplicar uma pena ao ofensor.

O Direito Romano, à época da Lei das XII Tábuas, representa um período transitório entre a composição voluntária e a composição legal. A vítima fazia opção entre a satisfação pela vingança e a obtenção de soma em dinheiro.

À frente, surgiu a *Lex Aquilia de Damno*, de Lúcio Aquílio, que clareou a idéia de reparação do dano através de pecúnia, com a imposição ao patrimônio do ofensor o ônus da reparação, em razão do valor da coisa, estabelecendo a noção de culpa como fundamento da responsabilidade, de maneira que o causador do dano ficaria isento de responsabilidade se ficasse constatada a ausência de culpa, passando a Lex Aquilia a exigir que o agente tivesse agido de forma culposa, e tivesse causado efetivamente o dano, como resultado de sua ação, existindo um liame entre a ação e o resultado.

Essa idéia é válida até os nossos dias no nosso direito, tanto assim que o art. 186, do Código Civil, dispõe que não basta que o agente tenha causado o dano, mas que deve fazê-lo com culpa.

Com o Código Napoleônico houve uma distinção entre a culpa contratual e a culpa delitual, passando as legislações mundiais a disseminar a idéia de que a responsabilidade civil se funda na culpa.

Maria Helena Diniz, ensina que:

> "*Veio a cristalizar a idéia de reparação pecuniária do dano, impondo que o patrimônio do lesante suportasse o ônus da reparação, em razão do valor da 'res', esboçando-se a noção de culpa como fundamento da responsabilidade, de tal sorte que o agente se isentaria de qualquer responsabilidade se tivesse procedido sem culpa.*"

Com o surgimento da Revolução Industrial multiplicaram-se os danos e consequentemente surgiram novas leis e teorias com o objetivo de dar maior proteção às vítimas de eventos danosos.

A base de toda a teorização da responsabilidade civil encontra-se na máxima romana de que não se deve lesar ninguém *(neminem laedere)*.

O art. 927, do Código Civil Brasileiro, evidencia a adoção da teoria subjetiva, ou da culpa, como princípio da responsabilidade civil, assegurando que aquele que causar dano a outrem, fica obrigado a ressarcir os prejuizos que dele decorra.

Com o desenvolvimento da sociedade, verificou-se que a teoria da responsabilidade subjetiva não se afigurava suficiente para abranger todas as situações de reparação, surgindo a teoria da responsabilidade sem culpa, da responsabilidade objetiva ou do risco, não havendo necessidade de se fazer prova da culpa, mas sim do dano e do nexo causal. Assim, para maior proteção das pesssoas, temos que todo risco deve ser garantido, segundo essa teoria.

Segundo ensinamento de Irineu Antonio Pedrotti *"...na acepção jurídica responsabilidade corresponde ao dever de responder (do latim respondere) pelos atos próprios e de terceiros, sob proteção legal, e de reparar os danos que forem causados"*, enquanto que *"civil"* refere-se ao cidadão, assim considerado em sua relação com os demais membros da sociedade, das quais resultam direitos a exigir e obrigações que devem ser cumpridas.

Maria Helena Diniz, define a responsabilidade civil, da seguinte forma:

> *"... é a aplicação de medidas que obriguem uma pessoa a reparar dano moral ou patrimonial causado a terceiros, em razão de ato por ela mesma praticado, por pessoa por quem ela responde, ou de fato, ou coisa ou animal sob sua guarda (responsabilidade subjetiva), ou ainda, de simples imposição legal (responsabilidade objetiva), acrescentando que essa definição guarda, em sua estrutura, a idéia da culpa quando se cogita da inexistência de ilícito e a do risco, ou seja, da responsabilidade sem culpa."*

A ordem jurídica tem por objetivo proteger o lícito e reprimir o ilícito, e para tanto, estabelece direitos e obrigações a todos os cidadãos.

Silvio de Salvo Venosa, ensina que:

> "A responsabilidade em sentido amplo, encerra a noção em virtude da qual se atribui a um sujeito o dever de assumir as consequências de um evento ou de uma ação. Assim, diz-se, por exemplo, que alguém é reponsável por outrem, como o capitão do navio, pela tripulação e pelo barco, o pai pelos filhos menores, etc."

Odoné Serrano Junior, ressalta que:

> "A responsabilidade é a obrigação de reparar um dano, seja por decorrer de culpa ou de outra circunstância legal que a justifique, como a culpa presumida ou por circunstâncias meramente objetivas."

Carlos Roberto Gonçalves, pondera que:

> "Quem pratica um ato, ou incorre numa omissão de que resulte dano, deve suportar as consequências do seu procedimento. Trata-se de uma regra elementar de equilíbrio social, na qual se resume, em verdade, o problema da responsabilidade. Vê-se, portanto, que a responsabilidade é um fenômeno social."

Importante, também, o entendimento exposto por Carlos Alberto Bittar:

> "O direito a reparação nasce com a caracterização da responsabilidade civil do agente, possibilitando ao lesado o acionamento da Justiça, a fim de retirar do respectivo patrimônio o numerário suficiente para repor as perdas experimentadas."

Sergio Cavalhieri Filho, também assenta que:

> "A partir do momento em que alguém, mediante conduta culposa, viola direito de outrem e causa-lhe dano, está diante de um ato ilícito, e deste ato deflui o inexorável dever de indenizar. E nem sempre haverá coincidência entre violação de direito e ilicitude."

No Código Civil Brasileiro, coexistem a teoria do risco (responsabilidade objetiva) e a teoria da culpa (responsabilidade subjetiva), expondo o doutrinador Silvio de Salvo Venosa, que:

> "A história da responsabilidade civil na cultura ocidental é exemplo marcante dessa situação absolutamente dinâmica, desde a clássica idéia de culpa ao risco, das modalidades clássicas de indenização para as novas formas como a perda de uma chance e criação de fundos especiais para determinadas espécies de dano, como danos ecológicos."

Para que seja configurada a responsabilidade exige-se a presença de três elementos: a conduta humana, o nexo de causalidade e o dano ou prejuizo. Quanto a culpa, a doutrina é divergente ao classificá-la ou não como elemento geral da responsabilidade.

A conduta humana é o comportamento humano voluntário que se exterioriza através de uma ação ou omissão, produzindo consequências jurídicas. Por sua vez, o nexo de causalidade é o liame que une a conduta do agente ao dano.

O prejuizo ou dano se traduz como a violação a um interesse jurídico tutelado, seja material ou moral. Deve, assim, ser certo e não hipotético. Porém, como ensina Flávio Tartuce:

> "trata-se de normal decorrência da evolução humana. À medida que se reconhecem direitos, que são criadas novas tecnologias e que o ser humano amplia os seus meios de conquista, também surgem novos prejuizos e, sem dúvida, novas vítimas."

Acompanhando a evolução histórica, a doutrina e a jurisprudência vêm discutindo sobre novas espécieis de danos, quais sejam: dano moral coletivo, dano social e também o dano decorrente da perda de uma chance.

Para melhor compreender a responsabilidade decorrente da perda de uma chance, temos certo que, em algumas hipóteses, a análise dos elementos da responsabilidade civil encontra certa dificuldade, fazendo com que haja uma mitigação do dever de reparação. Trata-se de hipótese em que se consegue visualizar o prejuizo da vítima, todavia, não se consegue vislumbrar o dano certo e determinado, o que torna inviável qualquer tipo de ressarcimento, apesar da violação de interesse juricamente protegido.

Como exemplo é citado o caso da inegável perda do direito do cliente pela inércia desidiosa de seu advogado, que impediu que a causa fosse examinada pelo órgão jurisdicional competente; do médico que não diagnostica corretamente a doença do paciente com câncer ou outra doença grave, retardando o tratamento e fazendo com que sejam mais breves os dias de vida; o concursando que deixa de prestar a prova porque o sistema de transporte contratado falhou, e assim por diante.

Do exame das situações mencionadas, verifica-se que não existe, na primeira análise, superficial, um dano certo e determinado, com carga suficiente para fundamentar eventual reparação, apesar de resultar evidente o prejuizo da vítima, decorrente da legítima expectativa que ela possuia em obter um benefício ou de evitar um prejuizo. Assim, para que seja possível a reparação civil das chances legítimas perdidas, deve-se tipificá-las como se danos fossem, como efetivamente são.

Pode-se, assim, concluir que o sentido jurídico da chance ou da oportunidade é a probabilidade real de alguém obter um lucro ou evitar um prejuizo.

Não significa buscar ressarcimento pela vantagem perdida, e sim pela perda da oportunidade de conquistar a referida vantagem ou de evitar um prejuizo, sem vinculação com o resultado final. Sérgio Savi, ao tratar da indenização pela perda da chance, deixa bastante claro o pensamento, expondo que:

> *"O óbice à indenização nestes casos se dava pela indevida qualificação desta espécie de dano. Normalmente, a própria vítima do dano formulava inadequadamente a sua pretensão. Ao invés de buscar a indenização da perda da oportunidade de obter uma vantagem, requeria indenização em razão da perda da própria vantagem. Ao assim proceder, a vítima esbarrava no requisito de certeza dos danos, tendo em vista que a realização da vantagem esperada será sempre considerada hipotética, em razão da incerteza que envolve os seus elementos constitutivos."*

É importante observar que mesmo no caso de identificação de um dano material, caracterizado pela perda da oportunidade de obter uma vantagem ou de evitar um prejuizo, distinto do resultado final, na verdade, muito colaborou para a evolução da teoria em questão.

É necessário, também, ressaltar que a perda da oportunidade de ganho ou de evitar um prejuizo sob o ângulo do dano material, deve ser séria e real, com exclusão de hipóteses de meras expectativas, conforme ensinamento de Glenda Gonçalves Gondim, que diz que:

> "Assim, a reparação não é do dano, mas sim da chance. Não se admitem as expectativas incertas ou pouco prováveis, que são repudiadas pelo nosso direito. Com efeito, a chance a ser indenizada deve ser algo que certamente iria ocorrer, mas cuja concretização restou frustada em virtude do fato danoso."

Evidente que, não é necessária a constatação no sentido de que o esperado fatalmente iria ocorrer, o que se busca, na verdade, com a caracterização da perda da chance, é a reparação pela perda da oportunidade do ganho ou de se evitar o prejuizo, que não tem relação direta com eventual lucro cessante.

## 9 CONSIDERAÇÕES A RESPEITO DA TEORIA DA PERDA DE UMA CHANCE

A teoria da responsabilidade civil pela perda de uma chance teve sua origem na França, em meados de 1965, quando a Corte de Cassação Francesa, pela primeira vez se utilizou da conceituação, quando da verificação da responsabilidaede civil do médico pela perda da chance de cura ou de sobrevivência do paciente, pelo fato de ter proferido um diagnóstico equivocado, retirando da vítima as chances de cura da doença que lhe acometia. Outras decisões se sucederam com aplicação da mesma teoria, com a consolidação da teoria.

Savatier, em sua clássica obra, no capítulo que trata especificamente de caso em que o fato alegado aumentou as oportunidades de causar um dano efetivamente ocorrido, ensina que:

> "Normalmente, o simples fato de as chances de dano terem sido aumentadas por ação ou omissão faz apenas possível, mas não certa, a ocorrência desse dano. Todavia, tal fato pode ter contribuido, se outras circunstâncias levarem a pensar que, na ausência das chances, o dano não teria ocorrido. Além do mais, a relação de causalidade sendo certa entre o fato alegado e a chance de dano criada, a vítima poderá ser indenizada do valor dessa chance, caso esse valor seja apreciável em dinheiro."

Com base nessas premissas, salienta-se que a apreciação dos Tribunais pátrios sobre o tema, ainda se verifica de forma tímida.

## 10 CONSIDERAÇÕES SOBRE A NATUREZA JURIDICA DA PERDA DE UMA CHANCE: DANO EMERGENTE, LUCRO CESSANTE E DANO MORAL

Na doutrina pátria, não é pacífico o entendimento a respeito da perda de uma chance como dano certo e determinado, uma vez que insistem, alguns autores, na não admissão da cisão entre a possibilidade de ganho ou de se evitar um prejuizo, com o resultado final. Assim, para os adeptos da corrente tradicional, inexistindo possibilidade de se determinar qual seria o resultado final, não há como se cogitar de dano decorrente da perda da chance, uma vez que esta recairia no plano do hipotético, eventual.

Ocorre que, é possível perceber-se o equívoco da vinculação da chance perdida com o hipotético resultado final, uma vez que a oportunidade de ganho ou de se evitar o prejuizo, por si só, já se encontra incorporada ao patrimônio juridico da pessoa, de forma que a sua simples violação dará ensejo à indenização. A chance, na verdadade, não pode ser analisada como a perda de um resultado favorável, e sim como a perda da possibilidade de conseguir o mencionado resultado. Assim, perdendo-se a oportunidade, desde que séria e real, e que, portanto, integra o patrimônio do lesado, estará ocorrendo um prejuizo, que deve ser indenizado.

Parte de nossa doutrina entende que se trata de uma espécie de lucro cessante, e outra parte entende que se trata de uma espécie de dano emergente.

Com relação ao dano emergente, o entendimento da doutrina, importa na efetiva e imediata diminuição do patrimônio da vítima, com relação àquilo que efetivamente ela perdeu, o que encontra-se previsto no art. 402, do Código Civil.

Os lucros cessantes, na conformidade da lei, se constituem naquilo que a vítima deixou de lucrar, é a perda do lucro esperado, algo quase certo, que precisa unicamente ser quantificado. O exemplo citado pelos doutrinadores é o do motorista de táxi que tem o seu veículo abalroado injustamente e que, em razão do evento, alem de sofrer um prejuízo imediato, consistente nos danos causados em seu veículo (dano emergente), sofre outro prejuízo, classificado como lucro cessante, consistente na perda dos ganhos com as corridas durante o período em que o veículo ficar paralisado para conserto. A apuração desse prejuízo será feita com a aplicação da média diária dos seus ganhos, que deverão ser provados nos autos.

Caso a perda de uma chance fosse enquadrada como dano emergente ou lucro cessante, o autor teria que comprovar de forma inequívoca que, se não fosse a existência do ato danoso, o resultado teria se consumado, com a obtenção da chance pretendida, o que é impossível de ser feito. Assim, se a vitória não pode ser provada e confirmada, o mesmo ocorre em relação ao insucesso da obtenção do resultado esperado. Conforme ressalta Sérgio Savi *"no caso de lucros incessantes, o autor deverá fazer prova não do lucro cessante em si considerado, mas dos pressupostos e requisitos necessários para a verificação deste lucro. Já nas hipóteses de perda de uma chance, permanece-se no campo do desconhecido, pois em tais casos, o dano final é, por definição, indemonstrável, mesmo sob o aspecto dos pressupostos de natureza constitutiva."*

Pode-se, portanto, concluir que, o enquadramento do dano pela perda de uma chance não se afina com o dano emergente e nem com o lucro cessante, ante a probabilidade e não a certeza de obtenção do resultado aguardado. Como dizem os doutrinadores que defendem esta espécie de dano, trata-se, na verdade, de uma terceira espécie, que pode ser considerada intermediária entre o dano emergente e o lucro cessante.

Não se pode, outrossim, dizer que se trata de indenização de natureza moral, apenas. É evidente que, além da indenização material, enquadrada nessa terceira e *sui generis* espécie, a vítima pode sofrer também dano moral, além, evidentemente, de outros prejuízos de ordem material, por dano emergente propriamente dito. Podemos imaginar, a título de exemplo, o caso do atleta corredor que, estando há poucos metros do final da corrida, foi agarrado por uma pessoa, que o impediu de chegar em primeiro lugar. Impediu-o de ganhar a corrida. Causou-lhe danos decorrentes da perda da chance e também danos morais, como também outros danos, uma vez que pode, eventualmente, ficar doente, traumatizado, com a necessidade de se submeter a tratamentos médicos e psicológicos. A natureza desse tratamento é de dano emergente. Assim, é possível a coexistência de dano emergente, lucro cessante, dano moral e dano pela perda de uma chance.

No julgamento do Recurso Ordinário n° 00258-2006-016-03-00-9, o Tribunal Regional do Trabalho da 3ª. Região, por sua Colenda 1ª. Turma, enfrentou discussão atinente à tese de perda de uma chance e concluiu que não havia dano material e sim dano moral indenizável. O caso envolvia a não interposição de recurso pertinente, quando a jurisprudência do Tribunal competente era claramente favorável à tese defendida pelos reclamantes e contrário àquela adotada na sentença de primeiro grau. A Turma manteve a decisão de primeiro grau que deferiu a indenização por dano moral no valor de dois mil reais para cada um dos autores que teve a sua expectativa frustrada pela não interposição do recurso cabível (a questão envolvia os "gatilhos salariais do pessoal da FHEMIG).

Constata-se que o tema realmente é novo e merece reflexões para se evitar desvirtuamentos, enquadramentos errôneos e até mesmo uma corrida irresponsável pela busca de indenizações infundadas.

Todavia, não se pode simplesmente fugir da realidade, uma vez que o art. 5º, V, da Constituição Federal se constitui em cláusula geral de responsabilidade, gizando que é assegurado o direito de resposta, proporcional ao agravo, além da indenização por dano material, moral ou à imagem. Depreende-se que quem causar dano a outrem é obrigado a repara-lo proporcionalmente ao agravo.

A mesma estipulação consta do art. 186, do Código Civil, que estabelece que: *"Aquele que, por ação ou omissão voluntária, negligência ou imprudência, violar direito e causar dano a outrem, ainda que exclusivamente moral, comete ato ilícito."* Consta, outrossim, do art. 927 do mesmo Código, que: *"Aquele que, por ato ilícito (arts. 186 e 187), causar dano a outrem, fica obrigado a repará-lo."*

Verifica-se, também, que tratando-se de homicídio, o art. 948, do C.C. diz que: *"No caso de homicídio, a indenização consiste, sem excluir outras reparações...".* O art. 949, para as demais situações de dano, dispõe que: *"No caso de lesão ou outra ofensa à saúde, o ofensor indenizará o ofendido das despesas do tratamento e dos lucros cessantes até ao fim da convalescença, além de algum outro prejuízo que o ofendido prove haver sofrido."*

O Art. 402, para coroar o entendimento aqui esposado, deixa claro que:

> *"Art. 402.- Salvo as exceções expressamente previstas em lei, as perdas e danos devidas ao credor abrangem, além do que ele efetivamente perdeu, o que razoavelmente deixou de lucrar."*

A parte final do referido dispositivo legal engloba no seu contexto a terceira espécie de dano, qual seja a indenização pela perda de uma chance.

Não se pode deixar de considerar que, ao contrário do que ocorria com o Código Civil anterior, que continha enumeração restritiva dos bens protegidos pelo instituto da responsabilidade civil, o código em vigor não contém qualquer obstáculo para o reconhecimento do cabimento da indenização pela perda de uma chance, desde que real e séria, e desde que haja nexo causal entre o ato do ofensor e a perda da chance, seguindo o exemplo de outros sistemas jurídicos estrangeiros, ao prever cláusula geral de responsabilidade pela indenização de qualquer espécie de dano, inclusive o decorrente da perda de uma oportunidade.

O princípio adotado pelo Código tem por fundamento a proteção da vítima. Carlos Alberto Menezes Direito e Sérgio Cavalhieri Filho, aduzem que não é fácil estabelecer até onde o fato danoso projeta sua repercussão negativa no patrimônio da vítima. Assim, deve o juiz, na apreciação do caso real, valer-se de um juízo de razoabilidade, causal e hipotético, levando em conta o desenvolvimento normal dos acontecimentos, caso não tivesse ocorrido o fato ilícito que interrompeu aquela chance de obtenção do resultado esperado.

O Poder Judiciário brasileiro já se manifestou a respeito da responsabilidade civil pela perda de uma chance, aplicando o Código Civil, que em seus artigos 186, 402, 927, 948 e 949, tornam possível o acolhimento de reparação de qualquer tipo de dano injusto causado ao lesado. Exemplo disso foi o julgamento do caso conhecido como sendo do "Show do milhão", em que o entendimento foi favorável à aplicação da teoria em questão. A ementa do acórdão dispõe no seguinte sentido:

> *"Recurso especial. Indenização. Impropriedade de pergunta formulada em programa de televisão. Perda da oportunidade. 1. O questionamento, em programa de perguntas e respostas, pela televisão, sem viabilidade lógica, uma vez que a Constituição Federal não indica percentual relativo às terras reservadas aos índios, acarreta, como decidido pelas instâncias ordinárias, a impossibilidade da prestação por culpa do devedor, impondo o dever de ressarcir o participante pelo que razoavelmente haja deixado de lucrzr, pela perda da oportunidade. 2. Recurso conhecido e, em parte, provido."* (STJ-REsp. nº 788459/Ba, Rel. Ministro Fernando Gonçalves, DJU de 13/03/06, p. 334).

No caso em questão, a autora da ação, chegou à pergunta do milhão, porém, não a respondeu por entender que não existia resposta correta. A pergunta referia-se ao percentual do território brasileiro reconhecido pela Constituição Federal como sendo destinado aos índios, indicando como possíveis as respostas 22%, 2%, 4% e 10%. Considerando-se que nenhuma das respostas encontrava amparo no art. 231, da Constituição Federal, a candidata propôs ação pleiteando o valor de R$500.000,00, que deixara de ganhar em razão da questão erroneamente formulada.

O Juizo de Primeiro Grau, acolheu a teoria da perda da chance e acolheu o pedido com a condenação ao pagamento de R$500.000,00. Houve equívoco do Juizo, uma vez que levou em conta não a possibilidade de a autora acertar a resposta e ganhar o prêmio total, mas, a própria chance, ou seja, o resultado esperado. A sentença foi mantida pelo Tribunal de Justiça da Bahia. O STJ aplicou a teoria da perda de uma chance e acolheu em parte o inconformismo do réu, entendendo que as chances matemáticas que a autora tinha de acertar a resposta da pergunta do milhão, se formulada a questão corretamente, eram de 25%. Assim, reduziu a condenação para R$125.000,00. É interessante a verificação do voto do Ministro relator:

> *"Na hipótese dos autos, não há, dentro de um juizo de probabilidade, como se afirmar categoricamente – ainda que a recorrida tenha, até o momento em que surpreendida com uma pergunta, no dizer o acórdão, sem resposta, obtido desempenho brilhante no decorrer do concurso – que, caso fosse o questionamento final do programa formulado dentro de parâmetros regulares, considerando o curso normal dos eventos, seria razoável esperar que ela lograsse responder corretamente à "pergunta do milhão"...Destarte, não há como concluir, mesmo na esfera da probabilidade, que o normal andamento dos fatos conduziria ao acerto da questão. Falta, assim, pressuposto essencial à condenação da recorrente no pagamento da integralidade do valor que ganharia a recorrida caso obtivesse êxito na pergunta final, qual seja, a certeza – ou probabilidade objetiva – do acréscimo patrimonial apto a qualificar o lucro cessante. Não obstante, é de se ter em conta que a recorrida, ao se deparar com a questão mal formulada, que não comportava resposta efetivamente correta, justamente no momento em que poderia sagrar-se milionária, foi alvo de conduta ensejadora de evidente dano. Resta, em consequência, evidente*

*a perda da oportunidade pela recorrida... Quanto ao valor do ressarcimento, a exemplo do que sucede nas indenizações por dano moral, tenho que ao tribunal é permitido analisar com desenvoltura e liberdade o tema, adequando-o aos parâmetros jurídicos utilizados, para não permitir o enriquecimento sem causa de uma parte ou o dano exagerado da outra. A quantia sugerida pela recorrente (R$125.000,00) – equivalente a um quarto do valor em comento por ser uma 'probabilidade matemática' de acerto da questão de múltipla escolha com quatro itens, reflete as reais possibilidades de êxito da recorrida."*

Vale observar que a incerteza do acerto da resposta foi fato inviabilizador da condenação do réu no pagamento integral do valor que a autora ganharia, se obtivesse êxito na pergunta final. Evidente que o que foi levado em conta foi a perda da chance em si mesma, ou seja, indepentemente do resultado final.

Importante, também, observar que a chance de ganhar o prêmio máximo, como ressaltado no acórdão, já se integrara ao patrimônio da autora quando do ato danoso do réu, que formulou incorretamente a questão final, estando ai a razão do acolhimento da tese da responsabilidade.

Outro fator relevante também é tal como ocorre com o dano moral, o valor da indenização pela perda de uma chance deve ser arbitrado pelo juiz, que levará em conta, com base nos fatos provados nos autos e na sua convicção, as probabilidades reais de atingimento, pelo autor da ação, do resultado esperado. Assim, quanto maiores essas possibilidades, maior deverá ser o valor da indenização.

Para se aferir o dano e fixar a indenização, dependendo da situação, não é fácil, uma vez que não se pode equiparar uma mera e hipotética probabilidade com uma séria e real chance de se atingir uma meta. A reparação, no caso, não pode se fundar na certeza de que a meta seria atingida e que a vantagem perdida resultaria em prejuizo. A análise deve ser feita no campo das probabilidades. O Código Civil, no art. 402, consagrou o princípio da razoabilidade, embasado nas experiências normais da vida e nas circunstâncias especiais do caso concreto, caracterizando, no caso, o lucro cessante como aquilo que a vítima razoavelmente deixou de lucrar, que é o que se aplica à terceira espécie de dano. A probabilidade, no caso, deve ser séria e objetiva em relação ao futuro da vítima, em face da diminuição do benefício patrimonial legitimamente esperado.

## 11 A PERDA DA CHANCE E A PREVISÃO CONSTITUCINAL DE REPARAÇÃO DE TODOS OS DANOS.

Da análise do mandamento constitucional, verifica-se da leitura do artigo 5º incisos V e X, que todos e quaisquer danos merecem reparação, inclusive os decorrentes de perda de uma chance. Apesar de inexistir dispositivo legal específico, o insigne doutrinador Silvio de Salvo Venosa, ressalta que:

> "...há forte corrente doutrinária que coloca a perda da chance como terceiro gênero de indenização, ao lado dos lucros cessantes e dos danos emergentes, pois o fenômeno não se amolda nem a um nem a outro."

Há, sem dúvida, uma diferença importante em comparação com as outras espécies de danos. A perda de uma chance não trata de prejuizo da vítima, apenas de uma probabilidade do prejuizo. Para a concessão de indenização pela perda de uma chance, deverá o magistrado, portanto, analisar cada caso concreto e as reais possibilidades que o lesado tinha de conseguir o benefício pretendido, sempre observando o princípio da razoabilidade.

Considerando-se a evolução dos conceitos e dos elementos da responsabilidade civil, verifica-se que a teoria da perda de uma chance encaixa-se perfeitamente, uma vez que tem por fundamento a reparação dos prejuizos que outrora não se admitia existir, seja porque a análise era vinculada estritamente à conduta culposa, seja pela não utilização das melhores técnicas para a avaliação do dano.

No nosso direito, o instituto da responsabilidade civil vem passando por inúmeras reformulações, principalmente no que diz respeito aos seus requisitos e elementos indispensáveis. Nos dias atuais, para que se atinja o objetivo maior, da paz social, a doutrina e a jurisprudência têm criado mecanismos e artificios, respaldados pelo nosso ordenamento juridico, visando aumentar as possibilidades de reparação efetiva dos danos sofridos pelos lesados de qualquer natureza e condição. A responsabilidade civil pela perda de uma chance está dentro desse contexto, e isso vem sendo acatado, cada vez mais, pela doutrina e pela jurisprudência.

# 12 APLICAÇÃO DA TEORIA DA PERDA DE UMA CHANCE Á FALTA DE PAGAMENTO DE VALOR CONTRIBUTIVO POR PROPRIETÁRIO DE LOTE SITUADO EM LOTEAMENTE FECHADO

Especificamente, no que diz respeito ao loteamento fechado, nos deparamos com a seguinte situação.

Não há vedação pela Constituição da instituição do loteamento fechado. Existe lei municipal prevendo as condições para que seja feito o fechamento. Pela referida lei, não há necessidade de consentimento unânime dos proprietários, quando se trata de fechamento de loteamento já constituido anteriormente como loteamento aberto.

Assim, quando um grupo de proprietários procede na conformidade do que é permitido pela lei, constituindo uma associação de moradores e proprietários e consegue, através de uma assembleia geral, de ampla divulgação e com efetiva possibilidade de participação, a aprovação do fechamento, todos os planejamentos relativos às despesas de instalações e manutenções, etc., são feitos levando-se em conta o número de propriedades beneficiadas, pressupondo-se a adesão por parte de todos os diretamente interessados. Aliás, não haveria razão para raciocinio em sentido contrário, uma vez que, é fato notório que, somente com o fechamento do loteamento, já existe uma valorização das propriedades situadas em seu interior de, no mínimo, trinta por cento (30%), independentemente da localização do loteamento. Por outro lado, a segurança, a tranquilidade, imediatamente faz com que os proprietários passem a deixar os seus filhos, netos, visitas, etc, sairem pelas ruas e praças existentes em seu interior, passando a ser comum, inclusive, as portas, das respectivas residências, permanecerem abertas, o que, evidentemente, trás, para cada um, uma tranquilidade, um equilibrio, uma paz de espirito que não pode ser mensurada por nenhum dos padrões por nós todos conhecidos.

Partindo-se da primeira premissa de que a ação é lícita, amparada pelo ordenamento jurídico, como também da segunda premissa, no sentido de que tem sido amparada pelo Poder Judiciário, que vinha entendendo que haveria enriquecimento sem causa daquele que residindo e se beneficiando das vantagens do empreendimento, simplesmente se negasse a contribuir, a conclusão só pode ser no sentido de que a frustação da expectativa da inexistência do prejuizo, em razão da oposição por parte de algum proprietário, enseja o raciocínio da perda da chance da inexistência do prejuizo, como também o direito de exigir reparação pelo dano causado, independentemente de ser ele associado, ou não, da associação de moradores e proprietários que se encarrega de gerir os negócios no interesse geral.

## CONCLUSÃO

Considerando os termos e fundamentos acima apresentados, é possível concluir que, ao não contribuir, na mesma proporção que os demais proprietários de imoveis situados dentro de um loteamento fechado, por deliberação de Assembleia Geral, mediante regular convocação de todos os proprietários, tudo na conformidade do que é admitido pela lei municipal, aquele que assim procede está frustando a expectativa dos demais proprietários, de não sofrerem o respectivo prejuízo, o que torna legítima a pretensão que busca a devida reparação.

## REFERÊNCIAS

BÍBLIA SAGRADA. Deuteronômio. São Paulo: Paulus, 1990, cap. 22, p. 220/221. BITTAR, Carlos Alberto. *Reparação civil por danos morais*. São Paulo: RT 1993

CAVALIERI FILHO, Sérgio. *Programa de responsabilidade civil*. 7ª ed., revista, ampliada. São Paulo: Atlas, 2007.

DINIZ, Maria Helena. *Curso de direito civil brasileiro: responsabilidade civil*. 17ª ed. São Paulo: Saraiva, 2003, v. 7.

GONDIM, Glenda Gonçalves. *Responsabilidade civil*: teoria da perda de uma chance. *In*: Revista dos Tribunais. São Paulo: Editora Revista dos Tribunais, outubro de 2005, ano 94, v. 840.

NALIM. Paulo Roberto Ribeiro. *Responsabilidade Civil*: descumprimento do contrato e dano extrapatrimonial. 1. ed. Curitiba: Juruá, 1996.

PEREIRA, Caio Mário da Silva. *Responsabilidade civil.* 8ª ed., rev. Rio de Janeiro: Forense, 1998.

SAVI, Sérgio. *Responsabilidade civil por perda de uma chance.* São Paulo: Atlas, 2006.

STOCO, Rui. *Responsabilidade Civil e sua interpretação jurisprudencial.* 4ª ed. São Paulo: Revista dos Tribunais, 1999.

VENOSA, Sílvio de Salvo. *Direito civil:* Contratos em espécie. 2. ed. São Paulo: Atlas, 2002. 3. v.

# A CONSTITUCIONALIDADE DO ARTIGO 285-B DO CÓDIGO DE PROCESSO CIVIL:
análise crítica do processo legislativo a partir da teoria marxista e pós-marxista e sua relação com o Direito Constitucional

*Luiz Felipe da Rocha Azevedo Panelli*[1]

RESUMO

O presente artigo pretende fazer uma breve análise acerca da constitucionalidade do art. 285-B do Código de Processo Civil, recentemente inserido pela Lei 12.810 de 2013. Através da análise de constitucionalidade de tal artigo, pretendo analisar algumas questões recorrentes no processo legislativo, bem como fazer uma leitura aberta sobre a teleologia e axiologia do processo legislativo atual e sua correlação com o constitucionalismo e com os fatores reais de poder que moldam a superestrutura no qual ele atualmente se insere. Apresento uma crítica à influência do poder econômico no processo legislativo.

**Palavras-chave:** Direito Constitucional. Processo Legislativo.

---

[1] Advogado, é graduado em Direito pela Pontifícia Universidade Católica de São Paulo (2010) e mestre em Direito pela Pontifícia Universidade Católica de São Paulo (2014). Atualmente, é doutorando em Direito pela Pontifícia Universidade Católica de São Paulo (início em 2015). Atua principalmente nos seguintes temas: direito constitucional, direitos fundamentais e filosofia do direito.

## ABSTRACT

Scientific article that intends to make a brief analysis of the constitutionality of article 285-B of the civilian procedure code, by analyzing some recurring issues on Brazilian politics and legislative process and its correlation with the actual factors involved in the political balance and power play. It also exposes a critical review of the influence of economic power in the legislative procedures

**Keywords**: Constitutional Law. Legislative Process.

# INTRODUÇÃO

Recentemente, os operadores do direito foram surpreendidos com a inserção do art. 285-B no Código de Processo Civil, pela Lei 12.810 de 2013. Tal artigo tem a seguinte redação: "Art. 285-B. Nos litígios que tenham por objeto obrigações decorrentes de empréstimo, financiamento ou arrendamento mercantil, o autor deverá discriminar na petição inicial, dentre as obrigações contratuais, aquelas que pretende controverter, quantificando o valor incontroverso. Parágrafo único. O valor incontroverso deverá continuar sendo pago no tempo e modo contratados".

Importante lembrar que a Lei 12.810 não é uma lei que teve o procedimento legislativo comum, regrado nos artigos 65 e seguintes da Constituição. Trata-se de uma lei de conversão, tendo se originado com a Medida Provisória 589. Originalmente, a Medida Provisória 589 versava sobre parcelamento de débito de contribuições previdenciárias.

Mesmo um hipotético analista extremamente ingênuo, que acredita em uma neutralidade quase matemática dos altos órgãos políticos do Estado – que, por natureza, nunca agem com neutralidade, característica esta que os torna políticos – percebe que alguma coisa digna de nota se deu na tramitação da referida Medida Provisória. Editada para regular um determinado assunto, passou a reger algo completamente diferente.

Dividi o presente artigo em duas partes, a fim de realizar um corte metodológico que permita ao leitor uma melhor compreensão da correlação que pretendo fazer entre diversos fatores. Na primeira parte, analiso, brevemente, a constitucionalidade do art. 285-B do Código de Processo Civil, em especial a constitucionalidade formal. Na segunda parte, analiso a incidência do que chamo de fatores reais de poder e superestrutura do processo legislativo, fazendo uma análise mais crítica do momento atual do constitucionalismo.

## 1 ANÁLISE DA CONSTITUCIONALIDADE

### 1.1 Constitucionalidade formal

No que tange à constitucionalidade formal do art. 285-B do Código de Processo Civil, creio que é possível afirmarmos, sem medo de errar, que o dispositivo contém uma insanável inconstitucionalidade, que poderá ser facilmente declarada pelo Supremo Tribunal Federal caso a venha ser provocado ou pelos demais órgãos do Poder Judiciário nos diversos litígios que certamente envolverão tal dispositivo.

Como se sabe, a Medida Provisória é um instrumento legislativo absolutamente excepcional, destinado a dar ao Poder Executivo uma ferramenta com que possa contornar situações imprevistas de crise. Nítida exceção à regra da legalidade que é sustentáculo da ideia de República, a Medida Provisória permite que uma determinada norma adquira status de lei ordinária – inovando no ordenamento jurídico e criando direitos e obrigações – antes de passar pelo crivo do Poder Legislativo. Isto gera um desequilíbrio no sistema de freios e contrapesos previsto na Constituição, bem como dá ao Poder Executivo uma tarefa que, primordialmente, não lhe pertence.

Não é incomum encontrarmos quem defenda que a Medida Provisória é uma herança do Decreto-Lei previsto na ordem constitucional anterior. *Data venia*, creio que tal análise é equivocada. A uma porque o decreto-lei não encontrava limitações e vedações que a Medida Provisória encontra no texto da Constituição; a duas porque a interpretação constitucional feita à época da ordem constitucional passada era centrada nas atribuições do Poder Executivo que – como em toda organização política autoritária – preponderava sobre os demais Poderes. A três porque não parece ser correto interpretar dispositivos constitucionais buscando uma linha de continuidade histórica prevista nas Constituições anteriores, já que uma nova Constituição pressupõe algum grau de rompimento com o que antes dela existia. A inauguração de uma nova ordem constitucional não é fato corriqueiro; ocorre quando há, no mínimo, anormalidade no funcionamento institucional.

Por ser a Medida Provisória algo excepcional, sua interpretação deve ser restrita. As vedações previstas no texto da Constituição devem ser observadas durante todo o processo legislativo. Como facilmente se poderá perceber, a tramitação da Medida Provisória 589, que redundou na Lei 12.810, não observou os procedimentos constitucionais.

Primeiramente, há a questão da urgência e necessidade, pressupostos de toda a Medida Provisória. A jurisprudência do Supremo Tribunal Federal assentou que tais requisitos são eminentemente políticos, devendo ser valorados unicamente pelo presidente da República. De fato, não parece ser acertado que o Supremo Tribunal Federal ou qualquer outro órgão do Poder Judiciário se imiscua nas atribuições do Poder Executivo. Recentemente, temos assistido a uma série de decisões polêmicas do Supremo Tribunal Federal que trouxeram à baila reflexões acerca do que convencionalmente se chama de "ativismo judicial". Para impedir o avanço de um Poder sobre outro, o que configura necessariamente desequilíbrio no delicado mecanismo de freios e contrapesos que a luta do constitucionalismo contra o arbítrio forjou ao longo dos Séculos, a ingerência das atribuições deve ser evitada. Compreende-se, portanto, a posição do Supremo Tribunal Federal de não se imiscuir na avaliação do presidente da República acerca da presença dos requisitos constitucionais de necessidade e urgência. Trata-se do que a doutrina norte-americana chama de *"judicial self restrainment"*, e é algo bastante necessário no atual contexto.

Isso não significa, porém, que o presidente da República esteja livre de qualquer controle na edição da Medida Provisória, sendo o único detentor da avaliação sobre os requisitos constitucionais da urgência e necessidade. A Constituição dá ao Congresso Nacional poder de avaliar, por meio de uma comissão especial mista, a presença de tais requisitos, rejeitando a Medida Provisória se a conclusão for negativa. Lamentavelmente, o processo legislativo é desrespeitado, e tal comissão nunca é formada, sendo que os requisitos constitucionais acabam sendo analisados, de forma bastante superficial, pelo Plenário das Casas Legislativas.

O Poder Judiciário, entretanto, pode exercer a atribuição do *"judicial review"* com relação aos requisitos constitucionais de relevância e urgência de forma segura, sem invadir as prerrogativas do Poder Executivo. Basta que seja estabelecido um parâmetro judicial objetivo, que permita antever a decisão judicial, e seja pautado diretamente na Constituição. A solução ideal, me parece, foi dada pelo prof. Celso Antônio Bandeira de Mello, ao afirmar que qualquer matéria que possa, sem prejuízo dos interesses que pretende tutelar, ser encaminhada à apreciação política do Poder Legislativo por meio de projeto de lei com pedido de prioridade, conforme previsto no art. 64 §1º da Constituição, não pode ser alvo de Medida Provisória. Afinal, se a Medida Provisória é excepcional e agressiva à legalidade, tomando o cidadão de surpresa, não deve ser editada se houver processo legislativo menos gravoso que tutele de maneira eficaz o objeto que o Poder Executivo quer regulamentar. Da mesma forma, não parece correto que o dispositivo constitucional que preveja urgência na tramitação de projeto de lei possa ser usado quando não há real necessidade, visto que tal procedimento, assim como o da Medida Provisória, tranca a pauta do Poder Legislativo, o que permite ao Poder Executivo manipular as prioridades estabelecidas pelo Poder Legislativo e, indiretamente, controlá-lo.

Em resumo: (Proposição 1) A interferência de um Poder em outro deve ser a mínima possível. (proposição 2) A edição de Medida Provisória é causa de desequilíbrio no sistema de freios e contrapesos, pois excepciona a regra da legalidade, e permite que o Poder Executivo controle o Poder Legislativo por meio do trancamento da pauta; em menor medida, o mesmo ocorre com o procedimento de urgência na tramitação do projeto de lei, que também tranca a pauta do Poder Legislativo. (conclusão 1) Não é constitucionalmente permitida a edição de Medida Provisória se o interesse que ela pretende resguardar puder ser protegido por meio de projeto de lei com pedido de urgência. (conclusão 2) Não é constitucionalmente permitido o pedido de urgência de projeto de lei se o interesse que tal projeto pretende resguardar não sofrer lesão caso não seja regulamentado em prazo maior do que o constitucionalmente estabelecido para a tramitação do projeto de lei em regime de urgência. A análise destes requisitos por parte do Poder Judiciário deve ser a mais objetiva possível, para evitar ativismo judicial e interferência indevida entre os Poderes; o magistrado deverá se perguntar o que ocorreria com aquele interesse protegido se o encaminhamento ao Poder Legislativo se desse pela via menos gravosa; se a conclusão for pelo não perecimento ou pela ausência de lesão, conclui-se pela inconstitucionalidade formal da Medida Provisória ou do projeto de lei com pedido de urgência.

Diante desse esquema, fácil concluir a gritante inconstitucionalidade formal da Lei 12.810 de 2013, originada de Medida Provisória, pela nítida falta dos requisitos constitucionais de urgência e necessidade.

A inconstitucionalidade formal, porém, não se esgota nisso. A Constituição é clara ao vedar à Medida Provisória a disciplina de determinadas matérias, entre as quais o direito processual civil. Porém, é praxe no Congresso Nacional a proposição de emendas às Medidas Provisórias, a respeito de temas não relacionados com o assunto principal da Medida Provisória que está sendo apreciada. Os motivos para tal prática são vários, porém o principal é que como a Medida Provisória deve ser votada em um período de tempo determinado, sob pena de trancamento de pauta e, após, caducidade, um membro do Congresso Nacional interessado em aprovar uma determinada matéria pode se sentir tentado a propô-la em forma de emenda em Medida Provisória, ao invés de projeto de lei, pois, dessa forma, a apreciação pela Casa é praticamente certa. Como a pauta da Câmara dos Deputados está quase o tempo todo trancada por conta das Medidas Provisórias, os projetos de lei quase não são apreciados – e, quando são, em geral provêm do Poder Executivo.

Não são poucos os exemplos que podemos dar de matérias importantes que foram aprovadas desta forma: a primeira "lei seca", que criminalizava a conduta de dirigir veículo automotor com determinada quantidade de álcool no sangue e a lei que institui o Registro de Identidade Civil (RIC), que visa substituir o antigo e obsoleto RG na identificação civil das pessoas, são dois exemplos que podemos citar. Notemos que o primeiro exemplo – a chamada "lei seca" – é matéria penal, que também não pode ser objeto de Medida Provisória.

Tal prática é de manifesta inconstitucionalidade e deve ser rejeitada o quanto antes. Como se sabe, é da boa técnica legislativa que cada projeto de espécie normativa deve tratar de apenas um assunto – isto inclusive está especificado no art. 7º, I, da Lei Complementar 95 de 1998, que regulamenta o artigo 59, parágrafo único da Constituição, e que é aplicável às Medidas

Provisórias, por conta do disposto no art.1º, parágrafo único da supracitada Lei Complementar. A única exceção são projetos de códigos. Ademais, tal disposição tem um fim teleológico que é de demasiada importância ao Direito Constitucional: ele permite que os membros do Poder Legislativo compreendam o que está na pauta e façam o devido debate, votando de acordo com suas consciências e prestando contas aos seus eleitores. Fere a ideia de representatividade que é tão cara ao constitucionalismo a prática de inserir matérias estranhas em Medida Provisória; pode-se dizer que tal ato é uma burla ao processo legislativo e ao próprio Poder Legislativo.

A burla é ainda maior quando a emenda trata de assunto que a Constituição expressamente veda às Medidas Provisórias. Nesse sentido, cabe a pergunta: por que a Constituição faz tal vedação? Ora, as matérias vedadas às Medidas Provisórias são matérias sensíveis ao Estado Democrático de Direito, devendo ser decididas pelo Poder Legislativo após amplo debate, com grande participação popular, e permitindo aos deputados federais e aos senadores a consulta ao seu eleitorado, à sociedade civil organizada, aos seus partidos e aos seus colegas, bem como aos especialistas que auxiliam o trabalho das comissões do Poder Legislativo. O processo acelerado da Medida Provisória não permite nenhuma dessas providências. Permitir que uma emenda parlamentar em Medida Provisória trata das matérias vedadas seria circunscrever a vedação constitucional. Aqui, é interessante notarmos algo paradoxal, que reforça a argumentação da inconstitucionalidade de tal prática: caso o presidente da República editasse Medida Provisória que tratasse das matérias vedadas, haveria uma clara constatação de inconstitucionalidade. O motivo teleológico da vedação constitucional é que, nos 120 dias de tramitação da Medida Provisória, não haveria tempo hábil para a discussão pelo Poder Legislativo. Porém, no caso de uma emenda parlamentar à Medida Provisória, a emenda ocorre durante o processo, ou seja, no meio do interregno de 120 dias, do que resulta um tempo ainda menor para a apreciação. Com isso, fica claramente destacada a inconstitucionalidade de tal prática.

## 1.2 Inconstitucionalidade material

A inconstitucionalidade material do art. 285-B do Código de Processo Civil não é tão manifesta quanto a sua inconstitucionalidade formal, porém o dispositivo legal também não escapa da análise de inconstitucionalidade material. Notemos que o dispositivo exige que se discrimine as parcelas controversas das incontroversas em contratos de empréstimo, financiamento ou arrendamento mercantil, sendo que as incontroversas devem continuar a ser pagas regularmente. É de se perguntar o porquê do dispositivo ter sido topograficamente alocado nesta parte do Código, e não na parte referente ao pedido. Porém, o que causa estranheza é que o dispositivo protege claramente as instituições financeiras. Isto porque, nos termos do art. 17 da Lei 4.595 de 1964, as instituições financeiras são as pessoas jurídicas ou físicas que têm como atividade a coleta, intermediação ou aplicação de recursos financeiros. Ora, é evidente que quem realiza tais atividades são as instituições financeiras. Duas delas (financiamento e arrendamento mercantil) são exclusivas das instituições financeiras, enquanto a outra (empréstimo) é comumente feito por elas, até porque o particular que queira fazer um empréstimo cobrando juros estará realizando contrato de mútuo oneroso, se sujeitando às limitações da Lei da Usura (Decreto 22.626 de 1933), que não se aplicam às instituições financeiras.

Assim, é absolutamente claro que o dispositivo protege as instituições financeiras, ao garantir que parcelas incontroversas continuem a ser pagas, bem como que sejam descriminadas das controversas. Pertinente lembrarmos que o particular é leigo em relação aos bancos, sendo que os cálculos para se descriminar as parcelas controversas das incontroversas muitas vezes é complexo; ademais, os contratos mantidos com os bancos – que são sempre de adesão – apresentam linguajar técnico quase inacessível ao cidadão comum. Esse é um dos motivos pelos quais se considera a tal relação entre bancos e clientes é uma relação de consumo, nos termos da Súmula 297 do STJ.

Resta perguntarmos: esta proteção que a lei dá aos bancos por meio do art. 285-B é constitucional? Sabemos que, por vezes, a lei protege determinada pessoas, tratando-as de maneira diferenciada. Isso ocorre com os empregados em relação aos empregadores, com os consumidores em relação aos fornecedores, com os civilmente incapazes em relação aos capazes, com os pobres em relação aos ricos e, recentemente, com as polêmicas leis de cotas raciais e sociais.

A doutrina afirma, quase em uníssono, que é possível realizar uma discriminação quando houver uma desigualdade material entre as partes, sendo que a discriminação deve ocorrer apenas para igualar as partes, de forma que, realizada, as partes estejam em igualdade.

Não é o caso, neste artigo, de abordar a complexa sistemática do conceito de igualdade perante a Constituição. Sabemos que a matéria é complexa e envolve uma série intrincada de disputas doutrinárias que, grosso modo, circunscrevem-se às diferentes ideias de Estado, que se refletem no constitucionalismo: de um lado, o Estado de Direito pautado na ideologia do *laissez faire*, em que a igualdade se dá perante a lei, devendo o Estado se abster de quaisquer discriminações; de outro, a ideia de Estado de Direito Social, pautado na ideologia da igualdade plena, em que a igualdade deve ser realizada materialmente, devendo o Estado agir de forma a nivelar a sociedade. Ambas as ideias pertencem ao constitucionalismo clássico e contemporâneo, sendo aceitas como parte do debate do mundo civilizado.

Há Constituições que adotaram claramente uma das linhas. A Constituição de Portugal de 1976 adota a linha da igualdade material – cumpre lembrar que tal Constituição era inicialmente socialista. A Constituição de 1988 não é exatamente clara a respeito, sendo que constitucionalistas dos mais ilustres, como o professor José Afonso da Silva, apontam certa incoerência no texto da Constituição que, quando regra a atividade econômica, privilegia a iniciativa privada, e quando regra a proteção social, privilegia uma ordem focada na igualdade material.

Para a presente análise, porém, importa observar que já foi decidido que as instituições financeiras são equiparadas aos fornecedores na relação jurídica que os une aos consumidores, ou seja, as instituições financeiras são regidas pelo Código de Defesa do Consumidor quando tratam com o consumidor final. Portanto, há uma desigualdade constitucionalmente autorizada em prol do consumidor, já que a Constituição prevê que o consumidor é hipossuficiente (em ao menos uma das formas de hipossuficiência) e, portanto, deve ser protegido. Assim, qualquer desigualdade na relação das instituições financeiras com os consumidores deve se dar em prol do consumidor, parte frágil da relação.

Com essas considerações, fica evidente a inconstitucionalidade material do art. 285-B do Código de Processo Civil. O dispositivo faz uma equiparação em prol dos fornecedores, que são a parte privilegiada da relação jurídica. Ao invés de desigualar para igualar, desiguala para gerar mais desigualdade, o que é inaceitável tanto aos que adotam uma linha de constitucionalismo liberal-clássico (em que o Estado se abstém de interferir e buscar uma igualdade plena, privilegiando a igualdade formal) quanto (principalmente) aos que adotam uma linha de constitucionalismo social-democrático (em que o Estado intervém para sanar desigualdades).

*Mutatis mutandis*, seria o mesmo que o Estado editar uma lei que, em uma relação entre ricos e pobres, privilegia claramente os ricos, ou entre incapaz e capaz, privilegia o capaz. Mesmo que se entenda que a função do Estado não é buscar igualdade material, devendo garantir apenas a igualdade de todos perante a lei (posição hoje minoritária, mas plenamente aceitável), tal dispositivo seria constitucionalmente insustentável, pois claramente privilegia uma das partes.

Assim, o art. 285-B do Código de Processo Civil é uma afronta clara à regra da igualdade prevista no art. 5º da Constituição Federal, bem como à regra constitucional de proteção ao consumidor, prevista nos arts. 5º, XXXII e 170, V da Constituição, devendo ser extirpada do ordenamento jurídico o quanto antes.

## 2 DA SUPERESTRUTURA DO PROCESSO LEGISLATIVO

### 2.1 Da definição de "superestrutura", "base" e *"realpolitik"*. Uma análise marxista do art. 285-B do Código de Processo Civil

Feitas as considerações sobre a inconstitucionalidade, pretendo abordar uma questão mais complexa e intrigante, que diz respeito à *realpolitik* que, em um mesmo momento, é sustentada e sustenta a ordem constitucional atual. Como se sabe, a ordem constitucional de um determinado país existe como um acordo entre diferentes e antagônicas tendências políticas, que procuram um denominador comum para poderem exercer a atividade política normalmente. Isso fica claro ao analisarmos o Direito Constitucional de países cuja democracia é mais avançada e consolidada, como os Estados Unidos. A Constituição atua como um conjunto de regras que balizam a atividade política dos dois grandes grupos antagônicos (liberais e conservadores, com suas inúmeras vertentes) que disputam o poder do país. O papel da Constituição é que essa disputa seja permanente e civilizada, dentro de certas regras básicas que abrangem valores que ambos os lados defendem e sem os quais a atividade política regular não faria o menor sentido.

Não é por outro motivo que não se admite, nas ordens constitucionais mais recentes (como a brasileira), partidos políticos de orientação totalitária, nos termos do art. 17 da Constituição. Tais partidos, pela sua natureza, não podem ser atores normais da disputa pelo poder, pois os valores básicos defendidos pela Constituição são por eles repudiados. A própria ideia de alternância do poder de acordo com regras previamente estabelecidas e de limites ao exercício do poder lhes são estranhas. Os que não veem limites nem na vida humana não conseguirão ver limites na Constituição, que é, por definição, um limite jurídico da potência política.

Para o presente artigo, defino *"realpolitik"* como sendo os fatores reais de exercício de poder e de suas condições, que influem na tomada de decisões políticas ao lado das decisões baseadas em ideologias. Assim, o chamado "presidencialismo de coalizão", que é tão criticado, é um fator do *"realpolitik"* brasileiro, bem como a preponderância do Poder Executivo sobre o Poder Legislativo ou a presença constante da corrupção. O que compõe a *"realpolitik"* são fatos, e não ideologias. Tais fatos simplesmente não podem ser ignorados pelo intérprete do direito, pois se colocam no caminho do exercício democrático do poder. A chamada *"realpolitik"* existe em toda a sociedade e sua compreensão é vital para identificar as forças políticas por trás de uma determinada decisão.

A *realpolitik* se apresenta, nesse contexto, como sustentáculo da Constituição – pois a convergência de forças políticas antagônicas em prol do estabelecimento de limites que reflitam os valores básicos, limitando a própria ideia de potência política é um dos fatores que levam a uma ordem constitucional democrática. Porém, ela também se apresenta como um arranjo de poder sustentado pela Constituição, pois em um Estado Democrático de Direito, a *realpolitik* se exerce tendo a Constituição como limite.

A *realpolitik* atua por meio dos fatores reais de poder. O poder econômico e o poder militar, particularmente, atuam de forma paralela com o poder da sociedade civil, que se organiza em torno de uma causa comum através de uma liderança carismática. Em países de pouca tradição democrática, como o Brasil, isto pode significar uma desconsideração por ideologias facilmente identificáveis, que permitam um controle político-popular efetivo, em prol de um arranjo de governabilidade ideologicamente amorfo, que, pouco a pouco, corrói a tessitura do tecido democrático. Se entendermos democracia como uma sociedade aberta, nos moldes do que explicam Karl Popper e Peter Haberle, veremos que as práticas da *realpolitik* baseada em fatores de poder que vão além da ideologia têm um efeito de bloqueio na participação política-popular dos atores do processo democrático. A *praxis* política torna-se privilégio de um grupo elitizado, que não detém maiores qualidades morais ou intelectuais senão o domínio sobre processos econômicos importantes à sociedade (o que em si já é um desvalor, em uma sociedade realmente democrática).

O resultado desta perversão do processo democrático é uma elitização e concentração de poder, porém sem negligenciar a superestrutura democrática que empresta aos reais detentores do poder – os que controlam o fluxo de capital – um aspecto de legitimidade. Em tal cenário, os reais detentores do poder aparecem como atores normais do processo democrático, que mantém suas instituições – sua superestrutura – em funcionamento, emprestando legitimidade constitucional aos mesmos fatores que corrompem a tessitura democrática.

Este processo pôde ser observado na promulgação do artigo 285-B do Código de Processo Civil. Não houve nenhuma participação democrática efetiva que pudesse legitimar a promulgação de tal artigo. As inconstitucionalidades patentes foram ignoradas e o dispositivo entrou em vigor sem maior alarde nos meios de comunicação dos operadores do direito. Em geral, alterações no Código de Processo Civil são precedidas de grandes debates, como os que ocorreram nas diversas reformas pelas quais o Código passou no início do Século XXI, bem como ocorre atualmente com a proposta de um novo Código. No caso do art. 285-B, além da violência à Constituição e ao processo legislativo lá previsto, não houve qualquer consulta significativa à sociedade. O Congresso Nacional não funcionou como uma caixa de ressonância da sociedade civil organizada.

Diante de tal cenário, é possível se questionar – não sem uma boa dose de receio – se a lição de Marx em "A ideologia alemã", de que o direito (a lei) seria apenas uma forma de estrutura do poder, sintoma de outras relações nas quais se apoia o Estado, pois a forma de vida dos indivíduos acaba sendo definida pelo modo de produção/interação social, que está intimamente pautada na estruturação do poder econômico que, no atual contexto, apresenta-se como predatório. Esse poder econômico encontra nos bancos o seu principal sustentáculo. Não é de hoje que se sabe que os juros extorsivos acabam freando investimentos produtivos, bem como gerando um lucro absurdo para os bancos.

Ao patrocinar a promulgação do artigo 285-B do Código de Processo Civil em franca hostilidade ao texto constitucional, os grupos que defendem os interesses do setor financeiro demonstram uma força muito superior à dos outros atores democráticos. Só o próprio Governo Federal consegue – e mesmo assim, sempre com muito mais fiscalização – forçar o Poder Legislativo a aprovar seus projetos de forma tão rápida[2].

Diante de tal quadro, é possível pensar no processo legislativo sob a luz da teoria marxista da superestrutura. De acordo com Marx, a base da sociedade é formada pelas relações de produção, que formam a base, e que definem a superestrutura que a mantém. A superestrutura é formada pelas instituições políticas, sociais e a forma de organização da sociedade. Não há autonomia entre base e superestrutura; esta existe como reflexo daquela. Trata-se de uma visão radical e passível de crítica, pois ignora outros fatores humanos demasiadamente importantes. O presente artigo, porém, não visa fazer defesa nem crítica da teoria de Marx; visa apenas avaliar criticamente a forma dissimulada da tramitação legislativa de processos importantes, por meio da identificação de fatores reais de poder. A teoria marxista, para

---

[2] Não passou despercebido pela imprensa a facilidade com que se deu a aprovação do dispositivo que criava o art. 285-B, ora criticado. Foi noticiado que, além do Poder Legislativo, o Poder Executivo também foi conivente com os interesses financeiros. Como exemplo de notícia, citamos Leandro Mazzini, jornalista da Universo Online (Folha de São Paulo), que explicou a manobra dos grupos que defendiam a aprovação do dispositivo. Ver em http://colunaesplanada.blogosfera.uol.com.br/2013/05/29/com-manobra-no-senado-dilma-afaga-bancos-em-lei-que-prejudica-devedor/

o presente artigo, é apenas um corte metodológico (uma forma pré-determinada de empreender uma análise de um problema).

De acordo com o Dicionário do Pensamento Marxista: "A metáfora do edifício – base (infraestrutura) e superestrutura – é usada por Marx e Engels para apresentar a ideia de que a estrutura econômica da sociedade (a base ou infraestrutura) condiciona a existência e as formas do Estado e da consciência social (a superestrutura). (...) Em consequência disso, qualquer conjunto particular de relações econômicas determina a existência de formas específicas de Estado e de consciência social que são adequadas ao seu funcionamento, e qualquer transformação na base econômica de uma sociedade leva a uma transformação da superstrutura"[3]

Assim, para a teoria marxista, a forma de representação parlamentar é parte de uma superestrutura de domínio de classes que permite uma dominação efetiva porém disfarçada, de forma que o dominado não se dê conta de seu papel servil. Trata-se, creio, de uma análise equivocada, visto que a forma de representação parlamentar é uma conquista histórica que permitiu a ascensão de todas as classes populares ao poder, bem como foi condição *sine qua non* para a consolidação dos regimes liberais-democráticos em que todas as classes gozaram da mais ampla liberdade política e de nível de bem estar econômico mais elevado em toda a história[4]. Porém, quando o sistema de representação se perverte em práticas corruptas que vão além da capacidade repressora do próprio sistema, tornando-se ele próprio um amálgama de interesses escusos, é possível aplicar a teoria marxista para identificar o real funcionamento do poder corrompido.

Se considerarmos o Direito como um produto cultural e não como uma ciência dura, podemos utilizar a análise que teóricos de orientação marxista fizeram dos elementos culturais em uma sociedade para melhor identificar o funcionamento da estrutura base/sociedade que leva a tal

---

[3] BOTTOMORE, Tom, Dicionário do pensamento marxista. 1ª edição. Rio de Janeiro: Editor Jorge Zahar Ltda, 2001, pág. 38

[4] Aqui cabe um esclarecimento: o fato de entender a teoria marxista como equivocada nesse ponto se deve a uma defesa intransigente da democracia liberal e suas liberdades públicas. Tal defesa não obsta a análise da questão que aqui se coloca – a constitucionalidade do art. 285-B do Código de Processo Civil – seja feita a partir de um ponto de vista marxista, que se opera como um corte metodológico. Não é necessário ser marxista para fazer uma análise marxista.

corrupção do poder. Cito, apenas para exemplificar, Raymond Williams, que analisa o fenômeno cultural do ponto de vista da teoria de Marx. Para Williams, a compreensão do conceito de "base" é o ponto nuclear da compreensão do fenômeno cultural – no qual o Direito e o processo legislativo estão inseridos. Nesse sentido, a corrupção[5] do processo legislativo pode ser entendida pelo domínio do conceito de base/superestrutura. De acordo com Williams: "Na verdade, eu diria que a base é o conceito mais importante a ser estudado, se quisermos compreender as realidades do processo cultural. Em muitos usos da proposição da base e da superestrutura, como uma questão de hábito verbal, a base passou a ser virtualmente considerada como um objeto ou, em casos menos toscos, de maneiras essencialmente uniformes e usualmente estáticas. A base é a existência social real do homem. A base são as relações reais de produção que correspondem a uma fase de desenvolvimento das forças produtivas materiais. A base é um modo de produção em um determinado estágio de seu desenvolvimento. Tomamos e repetimos proposições desse tipo, mas o seu uso é bastante divergente da ênfase de Marx nas atividades produtivas em relações estruturais específicas que constituem o alicerce de outras atividades. Pois enquanto uma determinada fase do desenvolvimento da produção pode ser descoberta e especificada por meio da análise, ela nunca é, na prática, uniforme ou estática. De fato, uma das proposições centrais do sentido da história em Marx é a de que existem contradições profundas nas relações de produção e nas consequentes relações sociais"[6]

No caso do artigo 285-B do Código de Processo Civil, houve, conforme já foi dito, uma forte pressão para a aprovação do dispositivo, que só beneficia – inconstitucionalmente – os bancos. Certamente, os interesses defendidos pelo artigo 285-B do Código de Processo Civil são interesses que compõe o que a teoria marxista chamaria de "base", ou seja, interesses que servem para perpetuar a atual forma de organização econômica, em que o fluxo e acúmulo de capital é privativo de alguns grupos econômicos bem organizados. Já a "superestrutura" seria formada pelo Congresso

---

[5] Uso o termo em sentido amplo. Não quero dizer que, na tramitação da referida Medida Provisória, houve corrupção propriamente dita (crime). Digo que houve uma corrupção – uma malversação – do processo legislativo, que fica corrompido, deturpado.
[6] WILLIAMS, Raymond, Cultura e Materialismo. 1ª Edição. São Paulo: Editora Unesp, 2005, pág. 46

Nacional e pela noção de representatividade que, no fundo, não são uma verdadeira caixa de ressonância dos anseios populares.

Assim, em uma análise estritamente marxista e levando em conta o modelo de "superestrutura e base", o artigo 285-B do Código de Processo Civil significa a manifestação do predomínio do poder real – o poder econômico dos bancos – em prol do poder político, que serve como uma fachada para ocultar os fatores políticos reais. O Congresso Nacional, no casoescancarou o seu papel como ente da superestrutura social, que existe somente para legitimar o funcionamento da base social, que é formada pelo domínio econômico das instituições financeiras. A atividade legislativa e o ideal político de ampla participação previstos na Constituição tornam-se uma mera fachada, pois não podem ser exercidos a contento quando há dominação econômica.

## 2.2 Análise pós-marxista do art. 285-B do Código de Processo Civil, sob o prisma do conceito de "sociedade aberta" de Popper e de *vita activa* de Arendt

Não é necessário, porém, aderirmos inteiramente a uma crítica marxista radical para refutar o art. 285-B do Código de Processo Civil como ilegítimo (além de, obviamente, inconstitucional). É possível expressar uma visão crítica da forma de organização da sociedade e do funcionamento da *realpolitik* sem ter que recorrer ao conceito de superestrutura marxista, que fatalmente acaba ferindo a ideia de Constituição (pois vê o próprio Estado, que a Constituição deve organizar, como uma manifestação da superestrutura).

Uma alternativa pós-marxista para essa análise de Direito Constitucional seria entender que a dogmática de Direito Constitucional, mais do que a dogmática de qualquer outro ramo do Direito, não pode se desassociar da sociologia jurídica, sob pena da reduzir a Constituição a letra morta. A dogmática constitucional – o processo legislativo formal – teria que ser reinterpretado ao lado da sociologia jurídica, para fazer da técnica o oposto de um sinônimo de dominação. Por meio de uma interpretação constitucional atinente aos valores[7] imbuídos no processo legislativo

---

[7] Propositalmente, evitei o uso do termo "princípio", visto que a doutrina é dissonante na sua definição.

– valores que remontam às revoluções liberais do Século XVIII – é possível combater a apropriação do processo legislativo por atores deslegitimados sem renegar a ideologia constitucionalista e seu manto protetor, sem incorrer em um radicalismo marxista que deslegitima toda a Constituição como superestrutura. Comentando da relação de Marx e Webber na análise do Direito, Edmundo Lima de Arruda Júnior explica, exemplarmente, que a crítica ao direito às vezes tem o afã de encarar toda a dogmática como racionalidade instrumental burguesa, ignorando a racionalidade normativa que foi também forjada nas lutas populares através dos Séculos. Diz o autor: "Ademais, a crítica ao direito incide em certa confusão. No afã de exercitar e provocar projetos de mudança, teoricamente e na prática, acaba por considerar-se o ela de 'substituição' ideal da dogmática jurídica – considerada esta como burguesa, ou como mera racionalidade instrumental. Assim sendo, tal crítica desconsidera a especificidade da racionalidade jurídica moderna, reduzindo-a a expressões históricas nas quais há nítido e inegável caráter de técnica para a opressão. Perde-se de vista, dessa maneira, o inegligenciável saldo de lutas populares acumuladas no jurídico – e que deve ser preservado –, como também o rico potencial de racionalidade normativa herdada da Ilustração, cujos princípios maiores ainda não foram devidamente explorados, e que ainda constituem a base para o horizonte das lutas por transformação social"[8].

Há soluções democráticas e atinentes à *praxis* constitucional de tradição liberal que podem tornar o processo democrático mais transparente. Em última análise, uma melhoria no desempenho das instituições representativas, além de ser benéfico para todos, mina a crítica marxista, pois, aos poucos, vai mudando os fatores reais de produção – a base – e vai tornando a superestrutura mais próxima da realidade (paradoxalmente, ela deixa de ser superestrutura).

Como exemplo, poderíamos pensar em aumentar as formas diretas de representação, permitindo uma manobra em torno do Poder Legislativo e dos demais poderes constituídos, de forma a torná-los quase um órgão meramente consultivo. Essa ampliação dos mecanismos de democracia direta

---

[8] ARRUDA Jr, Eduardo Lima de, Direito, Marxismo e Liberalismo, 1ª Edição. Florianópolis: Editora CESUSC, 2001, págs. 92-93.

permitiriam à sociedade uma organização mais natural – mais atinente à "base" – e impediria manipulações por grupos organizados em prol de interesses econômicos na aprovação do artigo 285-B do Código de Processo Civil.

Creio que uma solução menos radical – mais afastada da crítica marxista – seria benéfica, pois a análise da história não ratifica a conclusão de Marx de que o Estado é parte da superestrutura; pelo contrário, o Estado, quando devidamente legitimado por uma Constituição equilibrada, é fator fundamental de desenvolvimento das relações sociais e da busca pela igualdade.

Nesse ponto, observa-se um paradoxo político que se reflete no Direito Constitucional: os adeptos da chamada "democracia direta" são, em geral, refratários ao livre mercado, e defendem um modelo popular de tomada decisões políticas com base na rejeição do paradigma liberal-burguês de representatividade, acreditando que um modelo direto os aproxima mais de uma democracia; ignoram (talvez propositalmente) que os países que tentaram fugir do ideal constitucionalista-liberal no Século XX se transformaram em ditaduras. Já os que defendem um modelo liberal tradicional de constitucionalismo, com instâncias representativas legitimadas pelo voto e limitadas pela lei nem sempre estão dispostos a inserir um sistema de monitoramento político efetivo que dê transparência ao processo político e legislativo.

Talvez um sistema que se apresente viável e que consiga congregar a inegável superioridade do sistema representativo com a participação política efetiva da populaçãoseja uma democracia parlamentar que tenha algum sistema de *recall*, bem como um contato permanente entre representante e representado. Porém, para isso, é preciso que formas autoritárias de governar e legislar, como as Medidas Provisórias e o "presidencialismo de coalizão", ocupem um papel bem menor do que hoje ocupam. Outra medida interessante seria regulamentar o lobby parlamentar, de forma que fique claro quem exerce o lobby e o que é discutido  Konrad Hesse abordou a questão da inexistência de uma separação absoluta entre Estado e Sociedade em uma concepção pura de Estado Democrático de Direito. Se a vida social se tornou impossível sem um ente estatal (o que comprova o desacerto da teoria marxista, que prega a abolição do Estado), é necessário repensar a noção de "unidade política", "Estado" e "sociedade", para que não haja manifestação díspar de vontade. A Constituição retoma um lugar de coordenação e significado social, o que por si só já é um empecilho para manobras como a que levou à promulgação do art. 285-B do Código de Processo Civil.

No sistema de tripartição de Poderes, a fiscalização mútua entre os Poderes é fundamental para o bom desenvolvimento da República. Não se ignora, ainda, a possibilidade de uma participação popular. Assim como há interesses do setor financeiro- na linguagem marxista, dos que controlam a "base", impondo a "superestrutura" – é possível que setores representativos da sociedade civil que se oponham a tal lobby formulem o seu próprio lobby e se organizem politicamente, de forma a defender seus interesses. Para isto, é vital entender o conceito que Arendt expressou em seu "A condição humana", quando tratou de *"vita activa"* como uma espécie de participação permanente e significativa na construção de uma sociedade política. Tal forma de participação idealizada por Arendt, porém, encontra hoje seu principal obstáculo em fatores sociais como a alienação e suas diferentes formas, como o consumismo, o trabalho alienante e extenuante, a mercantilização da cultura, a privatização do espaço público, etc... Curiosamente, são fatores como esses que um analista de orientação marxista entenderia como parte da superestrutura que permite um controle social pelos reais detentores de poder

O constitucionalismo dá fórmulas para lutar contra isso através de mecanismos da democracia direta que, longe de enfraquecer o consagrado sistema de freios e contrapesos de inspiração liberal, complementa-os, tal como as ações populares, os projetos de lei de iniciativa popular, a legitimação extraordinária para a busca de formas de tutela coletiva, etc... além, é claro, de permitir o acesso ao Supremo Tribunal Federal por via direta, desde que o autor da ação tenha legitimidade constitucional para tanto. Uma sociedade organizada pode facilmente provocar um partido político de orientação popular ou uma associação de caráter nacional cujo propósito seja defender o consumidor para que acionem o Supremo Tribunal Federal, por via de Ação Direta de Inconstitucionalidade, a fim de extirpar o aberrante artigo 285-B do Código de Processo Civil do ordenamento nacional.

A Constituição é aberta para as lutas políticas. Ela não só tolera a atividade política, como a incentiva. É possível entender o Direito Constitucional através de uma visão pós-marxista, que é o abandono do conceito de luta de classes com a finalidade de instituir uma ditadura do proletariado, que seria um estágio inicial da abolição do Estado, para um Estado plenamente constitucional, em que a atividade política se dá de maneira permanente e ininterrupta, e os cidadãos se organizem de forma a protagonizar a atividade política, influindo verdadeiramente nos rumos do Estado, realizando o ideal de Arendt de "*vita activa*". Se isso fosse possível – e eu sustento que é – não teríamos o artigo 285-B do Código de Processo Civil, tampouco grandes incentivos tributários para montadoras de automóveis (a verba de tais renúncias fiscais poderiam ser aplicadas na expansão do transporte coletivo), nem teríamos uma cidade como São Paulo moldada pela especulação imobiliária predatória, entre outros reflexos legais. Uma visão pós-marxista refletiria mais um Estado organizado em contato com a sociedade civil, nos moldes do trabalhismo inglês ou do liberalismo[9] norte-americano (que, antes da onda liberal da década de 80 do Século XX, dominaram o cenário político e conseguiram grandes benefícios às massas).

Os conceitos trazido por pensadores como Arendt e Popper têm o condão de nos fazer perceber a democracia e o Direito Constitucional através de uma outra perspectiva: a de um Estado que, dentro dos moldes constitucionais, se comunica continuamente com a sociedade. Estado e sociedade não se confundem, tal como ocorria nos regimes totalitários de inspiração nazista e comunista que aterrorizaram o Século XX, mas se complementam, em um esforço de cooperação e solidariedade.

## CONCLUSÃO

O presente artigo tentou fazer uma análise da constitucionalidade do art. 285-B do Código de Processo Civil. Além de fazer uma análise dos

---

[9] Aqui o termo "liberalismo" deve ser entendido como uma tradição esquerdista constitucional que prega uma política econômica intervencionista, sem oprimir a livre iniciativa, e em que o Estado atua para garantir os direitos dos menos favorecidos. O termo se opõe, na tradição política dos EUA, ao "conservadorismo". Como expoentes do liberalismo temos Kaynes (economista), Dworkin (jurista). Franklin Roosevelt, John Kennedy (políticos, ambos presidentes dos EUA), Gore Vidal (escritor)

aspectos materiais e formais, tentei formular uma análise crítica da forma como ocorre o processo legislativo, a fim de identificar os fatores de distorção oriundos do poder econômico, que não deveriam ser representados em um Congresso Nacional. Em um regime democrático, o Poder Legislativo obedece aos anseios dos cidadãos, e não de grandes grupos econômicos, sempre dentro dos limites constitucionais.

A teoria marxista, apesar de ser radical e atacar a própria ideia de Estado, considerando o constitucionalismo como parte de uma superestrutura – o que é, creio, um erro – é pertinente na identificação dos fatores reais de poder – a chamada *"realpolitik"*.

Também é possível aprofundarmos tal análise por meio da leitura de autores pós-marxistas, que, ao invés de renegar os ideais do Direito Constitucional, os consagram, por meio de proposições que desenvolvem uma sociedade aberta de ampla participação popular nos processos de controle, de forma a impedir lamentáveis equívocos como a promulgação do art. 285-B do Código de Processo Civil, que é eivado de inconstitucionalidade e deveria ser extirpado do ordenamento jurídico brasileiro o quanto antes.

# REFERÊNCIAS

ARENDT, Hannah, *A condição humana*, 10ª Edição. Rio de Janeiro: Editora Forense Universitária 2008.

ARRUDA Jr, Eduardo Lima de, *Direito, Marxismo e Liberalismo*. 1ª Edição. Florianópolis: Editora CESUSC, 2001

BOTTOMORE, Tom, *Dicionário do pensamento marxista*. 1ª edição. Rio de Janeiro: Editor Jorge Zahar Ltda, , 2001

HESSE, Konrad, *Temas Fundamentais do Direito Constitucional*. 1ª Edição. São Paulo: Editora Saraiva 2009

MARX, Karl, ENGELS, Friedrich, *A Ideologia Alemã*, 1ª Edição. São Paulo: Editora Boitempo 2007.

MELLO, Celso Antonio Bandeira de, *Curso de Direito Administrativo*, 24ª Edição. São Paulo: Editora Malheiros 2007

_____. *O conteúdo jurídico do princípio da igualdade*, 3ª Edição. São Paulo: Editora Malheiros2011

POPPER, Karl, *A Sociedade Aberta e seus Inimigos*, 3ª Edição. Belo Horizonte: Editora Itatiaia Limitada1998

SILVA, José Afonso da, *Curso de Direito Constitucional Positivo*, 30ª Edição. São Paulo: Editora Malheiros2008

_____. *Comentário Contextual à Constituição*, 6ª Edição. São Paulo: Editora Malheiros, 2009

WILLIAMS, Raymond, *Cultura e Materialismo*, 1ª Edição. São Paulo: Editora Unesp 2005

# O ESTADO DEMOCRÁTICO DE DIREITO:
Democracia Participativa via Processo Judicial

*Paulo Junior Trindade dos Santos[1]*

RESUMO

Objetiva-se delinear algumas reflexões no que diz respeito ao O Estado Democrático de Direito: Democracia Participativa via Processo Judicial. Assim baliza-se o tema por meio dos mais conceituados processualistas, demonstrando a atual e renovada construção de um processo como instrumento da democracia participativa frente ao Estado Democrático de Direito. Haja vista, a democracia estar por si em constante movimento. Contextualizar-se-á o Processo Judicial ante o Estado Democrático de Direito e as Constituições Contemporâneas onde introjetar-se-á a Democracia Participativa dado o novo espírito participativo do indivíduo.

**Palavras-chave**: Estado Democrático de Direito: Democracia Participativa; Processo.

---

[1] Dotourando (2014-01 em andamento) com Bolsa pela Coordenação de Aperfeiçoamento de Pessoal de Nível Superior (CAPES); e Mestre (2011-2013) com Bolsa pelo Conselho Nacional de Desenvolvimento Científico e Tecnológico (CNPq), ambos em Direito pela Universidade do Vale do Rio dos Sinos (UNISINOS), haja vista, que o curso detém Conceito 6 frente a CAPES. Além disso, eleito para com o pleito de Representante de Discentes do ora Curso (2011-2013). Compõe o Grupo de Estudos: O processo civil contemporâneo: do Estado Liberal ao Estado Democrático de Direito. Pós-Graduando na Especialização em Direito Processual Civel e Trabalhista pela Associação dos Magistrados Trabalhistas da 12 Região (AMATRA12) interronpido devido ao Mestrado. Possui Graduação em Direito pela Universidade do Oeste de Santa Catarina (UNOESC - 2009-02). Área de atuação, Pesquisador/ Investigador Jurídico nas áreas de: 1) Direito Público com enfase em "Teoria Geral do Estado e do Direito Constitucional; além disso, em Direito Processual Civil. quanto ao 2) Direito Privado: enfase em Direito Civil.

# INTRODUÇÃO

O objetivo do ora artigo e demonstrar que o processo judicial faz reavivar de democracia participativa por meio do espirito participativo do individuo. Justifica-se pela superação da democracia representativa. Construir-se-á o artigo por meio dos mais renomados e reflexivos processualistas que construíram algo que vai além das teorias tradicionais, trazendo a baila o processo como elemento emancipatório da democracia.

*O Estado Democrático de Direito*: Democracia Participativa. Observa-se a compatibilização do Direito as Constituições democráticas mais especificamente no que se diz respeito ao Direito Processual. As diversas questões incidem em um processo justo que supera o processo legal, haja vista, que ambos os modelos construídos estão construídos na senda das garantias processuais constitucionais, que de certo modo ocorre uma adjetivação.

*Democracia Participativa via Processo Judicial*. Nasce esta realidade conformativa com a possibilidade de participação popular através do processo que se coloca como meio de realização da democracia, dado ao espírito de participação do individuo. Neste ponto, ver-se-á os escopos processuais que lhes da sustentação, sendo eles, o escopo político, jurídico, social e humanizador. Assim, conformando-se todos estes aspectos em um processo justo, tema a ser tratado melhor abordado o tópico que diz respeito ao contraditório. Quanto ao escopo humanizador do processo faz-se necessária sua adequação neste aspecto pois o entendimento perpassa o próprio termo.

# 1 O ESTADO DEMOCRÁTICO DE DIREITO: DEMOCRACIA PARTICIPATIVA VIA PROCESSO JUDICIAL

Nas Constituições democráticas apresentam alto grau de substancialidade, assim, diz-se que "... o direito (poder) emana do povo, é este, por todos os componentes da sociedade jurídica, construtor do fundamento de confirmação legitimante do direito no espaço procedimental garantido pelo devido processo constitucional."[2] Ocorre desta forma, "... uma

---

[2] LEAL, Rosemiro Pereira. *Teoria Processual da Decisão Jurídica*. São Paulo: Editora Landy, 2002. p 171-172.

reviravolta paradigmática, ao compatibilizar a democracia (como direito e como processo) com a Constituição, voltada a assegurar direitos e deveres, sem a efetividade dos quais a democracia não prospera."[3]

Pode-se concluir que a aplicação real da democracia se dá pela maior participação dos cidadãos, que se utilizam do processo para chegar a participar da construção do dito Estado Democrático de Direito que é buscado e deveria ser veridicamente implantado.[4]

Com as garantias processuais legitimadas constitucionalmente na atualidade supera-se o devido processo legal aportando-se no *processo justo* que tem "...le disposizioni sulle garanzie processuali presenti nelle convenzioni internazionali in materia di Diritti umani."[5]. Nesta senda, as garantias processuais constitucionalizadas democraticamente implementam prolixamente a instituição do processo que reúne princípios de autogarantia popular constitucionalizada do espaço jurídico configuração paradigmática do Estado democrático de direito, no qual se exerce testabilidade e fiscalidade confirmatória ou correcional, ampla e irrestrita, da validade do ordenamento jurídico.[6]

Note-se que "... a democratização do Estado alçou o processo à condição de garantia constitucional; a democratização da sociedade fá-lo-á instrumento de atuação política."[7] Faz-se assim com que venha a se proteger-se o "... o indivíduo e as coletividades não só do agir contra legem do Estado e dos particulares, mas de atribuir ambos o poder de provocar o agir do Estado e dos particulares no sentido de se efetivarem os objetivos politicamente definidos pela comunidade."[8]

---

[3] FREITAS, Juarez; TEIXEIRA, Anderson V.. *Direito à Democracia*: Ensaios Transdisciplinares. São Paulo: Conceito Editorial, 2011. P. 12.

[4] THAMAY, Rennan Faria. *A Democracia efetivada através do Processo Civil*. Lex Humana, v. 3, n. 2, 2011. p. 83-84.

[5] BERTOLINO, Giulia. *Giusto processo civile e giusta decisione*. Tese Doutoural. Disponível em: <http://amsdottorato.cib.unibo.it/119/1/TESI_DI_DOTTORATO_Giusto_processo_civile_e_giusta_decisione.pdf>. Acessado em: 08-08-2012. p. 6

[6] LEAL, Rosemiro Pereira. *Teoria Processual da Decisão Jurídica*. São Paulo: Editora Landy, 2002. p 171-172.

[7] PASSOS, J. J. Calmon de. *Democracia, Participação e Processo*. In: GRINOVER, Ada Pelegrini; DINAMARCO, Cândido Rangel; WATANABE, Kazuo. (Orgs.). *Participação e Processo*. São Paulo: Editora Revista dos Tribunais, 1988. p. 95.

[8] PASSOS, J. J. Calmon de. *Democracia, Participação e Processo*. In: GRINOVER, Ada Pelegrini; DINAMARCO, Cândido Rangel; WATANABE, Kazuo. (Orgs.). *Participação e Processo*. São Paulo: Editora Revista dos Tribunais, 1988. p. 95.

A identidade Estatal da democracia por meio dos cidadãos amplamente ativos, "... que só poderá ser aquela que privilegia e estimulada à participação, tão intensa e constante quanto seja possível,"[9] tende a "... penetrar nos meandros processuais, onde as garantias constitucionalmente previstas dão ao indivíduo meios de assegurar que ele se confronte com o posto e busque um aprimoramento do debate democrático."[10]

En un ordenamiento democrático, la ley expresa (o debería expresar) una exigencia popular que vive en la conciencia de todos los integrantes de la sociedad,[11] por lo tanto, la salvación de los regímenes democráticos radica en la circunstancia de que para hacer vivir una democracia no es suficiente la razón codificada por los preceptos de una Constitución Democrática, sino que se requiere detrás de la Ley Fundamental se encuentre la laboriosa presencia de las costumbres democráticas con las que se predenta y se sepa traducirla, día a día, en una concreta, razonada y razonable realidad. [12]

Pelo exposto, o Estado Democrático de Direito engendra-se nas Constituições que para conhecer se o modelo de Estado é realmente democrático, deve-se examinar qual é o modelo de processo que possuí.

> El sistema procesal debe ser reflejo del modelo de Estado de Derecho democrático, o dicho en otras palabras, una de las formas posibles para conocer si un Estado es democrático es examinando el modelo procesal que posee. Es necesario, por tanto, que el modelo procesal incluya la exigencia y la obligación de motivación y fundamentación de las sentencias judiciales. Este aspecto debe estar regulado y contenido en la ley como una exigencia democrática, y no debe dejarse al arbitrio de los jueces la realización o no de la motivación de una sentencia. El constitucionalismo moderno incluye normas que exigen al poder judicial la motivación y la fundamentación de las resoluciones judiciales. No como

---

[9] SILVA, Ovídio A. Batista da. *Democracia Moderna e Processo Civil*. In: GRINOVER, Ada Pelegrini; DINAMARCO, Cândido Rangel; WATANABE, Kazuo. (Orgs.). Participação e Processo. São Paulo: Editora Revista dos Tribunais, 1988. p. 113.

[10] RIBEIRO, Darci Guimarães. *Da Tutela Jurisdicional às Formas de Tutela*. Porto Alegre: Livraria do Advogado, 2010. p. 96.

[11] CALAMANDREI, Piero. *Proceso y Democracia*. Buenos Aires: Ediciones Jurídicas Europa-America, 1960. p. 86-87.

[12] CALAMANDREI, Piero. *Proceso y Democracia*. Buenos Aires: Ediciones Jurídicas Europa-America, 1960. p. 56.

un derecho de los jueces, de querer o no querer ejercerlo, sino, como un derecho de los ciudadanos y una obligación judicial. [13]

Observa-se que os Estados Democrático de Direito tem reflexo direto nas Constituições pois erigindo-se nelas garantias processuais, apresentando-se estas como exigências democráticas construindo-se um processo que perpasse e reformule seus objetivos e finalidades estimulando pela sociedade complexas altamente conflituais, fa-ze assim necessário que ocorra a contenção do poder arbitrário dos juízes para que o processo torne-se justo exigindo a fundamentação das sentenças judiciais. Pois, assim a reformulação do processo exige que os juízes saiam de sua neutralidade para transformarem-se em protagonistas, "... institucionalizando-se uma magistratura socialmente comprometida e socialmente controlada, mediadora confiável tanto da solução dos conflitos individuais como dos conflitos sociais que reclamem e comportem solução mediante um procedimento contraditório."[14]

Quanto aos poderes instituídos politicamente, "la independencia del juez sólo puede asumir su pleno significado en las democracias que se apoyan en el principio de las división de poderes,"[15] tendo assim o órgão o controle do poder "... institucionalizando-se controles sociais sobre o exercício do poder políticos e do poder econômicos, *servindo o processo como instrumentos de atuação desses controles nas situações que forem constitucional e legalmente definidas.*"[16] Assim sendo, Poder Judiciário, "... através do processo, realizará a participação efetiva da população frente as problemáticas individuais e

---

[13] BENÍTEZ GIRALT, Rafael. *El papel del juez en la democracia*: un acercamiento teórico. 1ª Ed. San Salvador, El Salvador: Consejo Nacional de la Judicatura, Escuela de Capacitación Judicial (CNJ-ECJ), 2006. p. 80.
[14] PASSOS, J. J. Calmon de. *Democracia, Participação e Processo*. In: GRINOVER, Ada Pelegrini; DINAMARCO, Cândido Rangel; WATANABE, Kazuo. (Orgs.). *Participação e Processo*. São Paulo: Editora Revista dos Tribunais, 1988. p. 95-96.
[15] CALAMANDREI, Piero. *Proceso y Democracia*. Buenos Aires: Ediciones Jurídicas Europa-America, 1960. p. 87.
[16] PASSOS, J. J. Calmon de. *Democracia, Participação e Processo*. In: GRINOVER, Ada Pelegrini; DINAMARCO, Cândido Rangel; WATANABE, Kazuo. (Orgs.). *Participação e Processo*. São Paulo: Editora Revista dos Tribunais, 1988. p. 95-96.

sociais que venham a se por."¹⁷ E em decorrência do alto nível de participatividade por meio do processo, maior será a justiça.¹⁸

Evolui-se o processo de sua condição de *meio* para realização de direitos já formulados e *transforma-se* em instrumentos de formulação e realização dos direitos.¹⁹ Complemente-se que o processo torna-se assim um *misto* de efetivação, realização e criação do direito, onde passa a remantizar-se "... o conceito de decisão no direito processual da modernidade, já constitucionalmente positivado por conteúdos proposicionais de operacionalização jurídica da democracia."²⁰

Dessa forma, o processo incluso no modelo de Estado Democrático de Direito supera o que foi dilapidado nas Constituições Democráticas, obtendo-se na atualidade um processo justo que, "... se coloca como meio de realização da democracia", passando a garantir e "... efetivar justiça e realizar a função social de vários institutos de direito material que foram construídos visando a melhor condição de vida dos cidadãos."²¹ Frente a este modelo de Estado o processo surge como solução mais adequada para "... às manifestações de todos os cidadãos, superando a velha noção de que democracia se constrói através da votação e que seja esse o momento mais elevado da democracia."

## 1.1 Democracia Participativa via Processo Judicial

O Estado Democrático de Direito carrega *intrinsecamente* um "caráter transformador"²² que ao "mesmo tempo, a tônica fundada em uma auto

---

[17] THAMAY, Rennan Faria. *A Democracia efetivada através do Processo Civil*. Lex Humana, v. 3, n. 2, 2011. p. 86.
[18] THAMAY, Rennan Faria. *A Democracia efetivada através do Processo Civil*. Lex Humana, v. 3, n. 2, 2011. p. 86.
[19] PASSOS, J. J. Calmon de. *Democracia, Participação e Processo*. In: GRINOVER, Ada Pelegrini; DINAMARCO, Cândido Rangel; WATANABE, Kazuo. (Orgs.). Participação e Processo. São Paulo: Editora Revista dos Tribunais, 1988. p. 95.
[20] LEAL, Rosemiro Pereira. *Teoria Processual da Decisão Jurídica*. São Paulo: Editora Landy, 2002, p 28.
[21] THAMAY, Rennan Faria. *A Democracia efetivada através do Processo Civil*. Lex Humana, v. 3, n. 2, 2011. p. 87.
[22] RAATZ, Igor. *A organização do processo civil pela ótica da teoria do Estado*: a construção de um modelo de organização do processo para o estado democrático de direito e o seu reflexo no projeto do CPC. Revista Brasileira de Direito Processual, Belo Horizonte, v. 19, n. 75, p. 97-132, jul. /set. 2011. p. 25.

determinação democrática enfatiza que os cidadãos deixam de ser alvo da atuação do Estado."[23] Pois o caráter transformador tem como deslinde um Estado Ativo tem como extremo a democracia participativa, haja vista a falha proporcionada, ou melhor, imposta pelos meandros da "democracia representatividade"[24], no que diz respeito sim à eticidade na representação do poder para com a formação do Direito, onde no caso se demonstra inefetivas, essa notada inefetividade[25] que tem como reflexo a sociedade, que usa-se de suas garantias processuais para com a persecução do ordenamento jurídico.

Portanto, essa dessincroniza na "... relação entre a sociedade e o Estado vai refletir a concepção do processo civil que marca o Estado Democrático de Direito.[26] Sendo que, este modelo de Estado de Direito ativo, buscando-se assim a aplicação real da democracia seria através do Poder Judiciário - utilizando-se do processo -, onde, tanto a priori quanto a posteriori, há maior participação dos cidadãos, que se utilizam do processo para chegar a participar da construção do dito Estado Democrático de Direito que é buscado e deveria ser veridicamente implantado.[27]

Defende-se que não tem como o objetivo central a derrocada da democracia representativa pela participativa, mas sim, quer-se o reconhecimento do processo como corpo institucionalizado mais próximos dos indivíduos e das sociedades, onde ambos demonstram-se altamente

---

[23] RAATZ, Igor. *A organização do processo civil pela ótica da teoria do Estado*: a construção de um modelo de organização do processo para o estado democrático de direito e o seu reflexo no projeto do CPC. Revista Brasileira de Direito Processual, Belo Horizonte , v. 19, n. 75, p. 97-132, jul. /set. 2011. p. 25.

[24] Os instrumentos clássicos de controle da legitimidade democrática não guardam, ou nunca guardam, uma perfeita sintonia com a realidade de uma sociedade pluralista em que a democracia moderna transformou-se. (SILVA, Ovídio A. Batista da. *Democracia Moderna e Processo Civil*. In: GRINOVER, Ada Pelegrini; DINAMARCO, Cândido Rangel; WATANABE, Kazuo. (Orgs.). Participação e Processo. São Paulo: Editora Revista dos Tribunais, 1988. p. 106.)

[25] THAMAY, Rennan Faria. *A Democracia efetivada através do Processo Civil*. Lex Humana, v. 3, n. 2, 2011. p. 78-79.

[26] RAATZ, Igor. *A organização do processo civil pela ótica da teoria do Estado*: a construção de um modelo de organização do processo para o estado democrático de direito e o seu reflexo no projeto do CPC. Revista Brasileira de Direito Processual, Belo Horizonte , v. 19, n. 75, p. 97-132, jul. /set. 2011. p. 25.

[27] THAMAY, Rennan Faria. *A Democracia efetivada através do Processo Civil*. Lex Humana, v. 3, n. 2, 2011. p. 83-84.

complexas e conflituais, e, além disso, deixando de ser mero cidadão "... das democracias politicas, que pagam com crescentes inquietações sociais essa falta de espaço político deferido ao indivíduo no seu quotidiano, naquilo que se mostra relevante e nos muitos papéis sociais que, nele, é forçado a desempenhar.[28] Calmon de Passos, ensina peculiarmente, que:

> Pede, portanto, a democracia participativa, não a exclusão do sistema representativo-parlamentar, mas sua ultrapassagem; não a eliminação da intermediação partidária, mas o reconhecimento de sua insuficiência, institucionalizando-se corpos intermediários mais representativos e mais próximos do cidadão e dele mais dependentes; não a desagregação da administração, mas sua descentralização, democratizando-se a decisão regional, local, específica com a participação dos interessados-usuários; não a eliminação da iniciativa privada e da empresa estatal, sim a democratização da empresa, em todas as suas modalidades, colocada, ao lado da propriedade privada e da estatal, como extremos de formas de apropriação, a propriedade pública.[29]

Pelo acima explanado, far-se-á a analise politico-jurídica "... da democracia vigente com vistas a proporcionar, ainda que de maneira singela, uma nova alternativa para o florescimento de um *espírito participativo do indivíduo* na concretização da democracia contemporânea."[30]

Consequentemente dado o *espírito participativo do individuo* (assim como ensina Darci Guimarães Ribeiro) via democracia participativa significa a expansão do poder público ascendente que ultrapassará as fronteiras do estritamente politico (no qual o individuo é figurante apenas como cidadão, onde o adjetivo de participação passa a ser o novo referencial em termos democráticos, inserção e (re)qualificação do povo, para além de

---

[28] Norberto Bobbio, O Futuro da Democracia, Rio, Paz e Terra, 1986, pp 54 a 56; Apud PASSOS, J. J. Calmon de. *Democracia, Participação e Processo*. In: GRINOVER, Ada Pelegrini; DINAMARCO, Cândido Rangel; WATANABE, Kazuo. (Orgs.). Participação e Processo. São Paulo: Editora Revista dos Tribunais, 1988. p. 94.

[29] PASSOS, J. J. Calmon de. *Democracia, Participação e Processo*. In: GRINOVER, Ada Pelegrini; DINAMARCO, Cândido Rangel; WATANABE, Kazuo. (Orgs.). *Participação e Processo*. São Paulo: Editora Revista dos Tribunais, 1988. p. 94.

[30] RIBEIRO, Darci Guimarães. *Da Tutela Jurisdicional às Formas de Tutela*. Porto Alegre: Livraria do Advogado, 2010. P. 95-96.

mero ícone[31]) para alcançar as relações sociais, considerando o individuo também na variedade de seu status e de seus papeis específicos.[32]

> Possono altresí aversi casi in <u>cui la previsione delle attività di partecipazone</u> tende ad offrire a soggetti che sono interessati in modo specifico all'emanazione del provvedimento – apure a far assumere all'emanando provvemento um certo contenuto piuttosto che um altro – um'occasione per influire sullo svolgimento del procedimento di formazione di esso e casi nei quali invence la previsione delle attività di partecipazione tende soprattuto a *consentire all'autorità procedente di raccogliere consensi intorno all loro attività, oppure ad individuare meglio le esigenze e gli interessi ala cui cura tale attività, nel secindo di partecipazione passiva, ma le due ipotesi possono altresì coesistere.*[33] (sublinhou-se)

Com toda essa possibilidade de participação popular através do processo que se coloca como meio de realização da democracia, poderá por proporcionar, claramente, a participação e escutar aquilo que os membros de nossa sociedade têm a dizer, abstraindo as suas dificuldades e celeumas, visando sempre a solução eficaz que, sendo colocada em prática, pode gerar, em decorrência do alto nível de participatividade, maior efetividade da justiça, assim realizando a função social de vários institutos de direito material para os cidadãos.[34] Conclui-se a participação do cidadão pela busca da tutela jurídica "... dei nuovi diritti sta próprio um questa sua coerenza con il pluralismo delle nostre societâ, in cui i valori della persona umana, per potersi affermare compiutamente, debbono trovare un garante imparziale, in grado di ergersi al di siora degli altri pubblici poteri." [35]

---

[31] RIBEIRO, Darci Guimarães. *Da Tutela Jurisdicional às Formas de Tutela*. Porto Alegre: Livraria do Advogado, 2010. P. 100.
[32] PASSOS, J. J. Calmon de. *Democracia, Participação e Processo*. In: GRINOVER, Ada Pelegrini; DINAMARCO, Cândido Rangel; WATANABE, Kazuo. (Orgs.). *Participação e Processo*. São Paulo: Editora Revista dos Tribunais, 1988. p. 94.
[33] PIZZORUSSO, Alessandro. *Partecipazione Popolare e Funzione Giurisdizionale*. In: GRINOVER, Ada Pelegrini; DINAMARCO, Cândido Rangel; WATANABE, Kazuo. (Orgs.). *Participação e Processo*. São Paulo: Editora Revista dos Tribunais, 1988. p. 26.
[34] THAMAY, Rennan Faria. *A Democracia efetivada através do Processo Civil*. Lex Humana, v. 3, n. 2, 2011. p. 86 a 87.
[35] DENTI, Vittorio. *Giustizia e Partezipazione dei Nuovi Diritti*. In: GRINOVER, Ada Pelegrini; DINAMARCO, Cândido Rangel; WATANABE, Kazuo. (Orgs.). *Participação e Processo*. São Paulo: Editora Revista dos Tribunais, 1988. p. 19.

A atual missão do processo judicial perpassa as conceituações e as formulações até hoje dadas a ele, além de propiciar a participação dos cidadãos (ação individual ou ainda por ações coletivas) que será cada vez mais necessária e mais evidente[36], faz-se por assim evidenciar que o processo conjectura-se por alguns escopos, sendo eles, "....o escopo jurídico, o escopo político (preservação do principio do poder, garantia da liberdade e oportunidade de participação) o escopo sociais (principalmente a pacificação com a justiça)"[37], e por fim o escopo humanizador. Avalia-se que o processo evidencia o espirito participativo do individuo acostando-se como elemento intrínseco da democracia, embora saibamos que ela pode ser participativa ou representativa.[38]

*Antes de mais nada, vale destaca que*: o processo construido e-ou arquitetado pelas Cartas Políticas de países de "...orientación democrática, no ha podido dar, en realidad, una fórmula; *ha dado soluciones*; soluciones ocasionales, de emergencia, tendientes a reparar los grandes, los más violentos desequilibrios, pero sin tocar la estructura misma del sistema."[39] Essas soluções podem ser explicitadas através dos escopos, que a seguir lhes explicitarão.

Quanto ao *escopo político do processo*, entes de demonstra-lo, é de notável importância corroborar como Portanova que existe uma complementariedade entre o escopo político e o princípio político (o cida-

---

[36] Neste sentido, deve-se observar obra interessantíssima do eminente jurista Sálvio de Figueiredo Teixeira, onde o autor preleciona um aprimoramento do processo civil como garantia da cidadania, sendo essa noção uma realidade importantíssima, sendo, claramente, esse o motivo de busca de aperfeiçoamento do direito processual civil, não reduzindo sua relevância a uma mera técnica, mas sim o elevando ao patamar de garantidor de direitos e de modo de participação efetiva. Vide: TEIXEIRA, Sálvio de Figueiredo. As garantias do cidadão na justiça, coord. Sálvio de Figueiredo Teixeira, São Paulo: Saraiva, 1993, p.79 e ss.; Apud THAMAY, Rennan Faria. A Democracia Efetivada Através Do Processo Civil. Lex Humana, v. 3, n. 2, 2011, p. 84.
[37] DINAMARCO, Cândido Rangel; WATANABE, Kazuo. (Orgs.). Participação e Processo. São Paulo: Editora Revista dos Tribunais, 1988. p. 412.
[38] Para observar a noção de democracia representativa ver: AMARAL, Roberto. A democracia representativa está morta; viva a democracia participativa. In/; Direito Constitucional. Estudos em homenagem a Paulo Bonavides, São Paulo: Malheiros, 2003, p. 19; Apud THAMAY, Rennan Faria. A Democracia Efetivada Através Do Processo Civil. Lex Humana, v. 3, n. 2, 2011, p. 84.
[39] COUTURE, Eduardo J. Estudios de Derecho Procesal Civil. Tomo I. Buenos Aires: Ediar Soci. Anón. Editores. p. 326

dão participativo no núcleo do Estado).[40] Pois, tanto o escopo, quanto o principio político ambos defluem-se diretamente para com o princípio da democracia participativa "... permite que o cidadão atue no núcleo do Estado através do Processo. O processo, dessa forma, cumpre sua finalidade de possibilitar ao cidadão a concretização dos direitos sociais que a ordem jurídica lhe prometeu."[41]

O *"princípio político processual"*[42], antes mesmo de adentrar diretamente neste aspecto, deve-se salientar que as decisões tomadas pelas instituições reconhecidas pelo Estado detém cunho político, desde a estruturação do Estado Moderno este calcava as decisões somente por meio do Legislativo sendo ele composto por representantes do povo, veja-se que as sociedades complexas e plurais contemporâneas superou-se este modelo de democracia de onde as decisões provinham de uma só fonte, sim o indivíduos "opacos" passaram a reivindicar seus interesses públicos e privados, haja vista as garantias postas nas Constituições do Pós-Guerras, assim por meio do processo judicial aquele indivíduo passa a ser um cidadão ativo que faz abalar até mesmo o modelo democrático tradicional. Portanto, com a democracia participativa, o processo, além de garantir as liberdades públicas, *é instrumento político relevante de participação*.[43] Passa o cidadão ativo "atuar no centro das decisões do Estado"[44] via processo judicial. Justifica essa mudança Calmon de Passos, que:

---

[40] PORTANOVA, Rui. *Princípios do Processo Civil*. 4ª ed. Porto Alegre: Livraria do Advogado, 2001. p, 33-34.
[41] PORTANOVA, Rui. *Princípios do Processo Civil*. 4ª ed. Porto Alegre: Livraria do Advogado, 2001. p, 33-34.
[42] O Princípio Político oportuniza o estudo da questão essencial da democracia, que é *participação do cidadão, através do processo*, para a realização de seu direito individual e social. Assim, entende-se aqui como político o poder da *parte de atuar no centro das decisões do Estado*. Neste campo é que se faz o debate do acesso facilitado ao judiciário, da potencialidade do processo ser instrumento para contestar ações e omissões dos poderes do Estado (inclusive do próprio Poder Judiciário).
Em suma, <u>é a abertura que o processo dá para que o cidadão tenha os meios processuais de atuar no centro decisório do Estado</u>, pondo em questão e vendo discutida e decidida sua pretensão.
Com efeito, em contraponto ao Estado centralizador das concepções individualistas, vive-se o enfoque de uma democracia participativa. (PORTANOVA, Rui. Princípios do Processo Civil. 4ª ed.. Porto Alegre: Livraria do Advogado, 2001. p, 31.
[43] DINAMARCO, Cândido Rangel; WATANABE, Kazuo. (Orgs.). *Participação e Processo*. São Paulo: Editora Revista dos Tribunais, 1988. p. 412.)
[44] PORTANOVA, Rui. *Princípios do Processo Civil*. 4ª ed.. Porto Alegre: Livraria do Advogado, 2001. p, 31.

Essa mudança radical no modo de o homem compreender a si próprio e ao cosmos exigiria a busca de uma nova fonte de legitimação para o poder político. Descartada a legitimação metafísica, cumpria buscar-se uma outra de natureza social, histórica. E ela, inelutavelmente, teve aquela conotação política que se harmoniza com as necessidade e expectativas econômicas então existentes.[45]

Apresentou-se o princípio político notando-se que este se volta às formalidades: trata-se de um processo de portas abertas às postulações da cidadania. Diz com o fato de o processo não ser obstáculo para tais pretensões. Já o *escopo político do processo* toca mais o mérito. Vai tratar de abertura do processo para, superando esquemas puramente formais, tratar – em seu interior – de temas substanciais.[46, 47]

> ... processo a democracia, porquanto, com esse relacionamento, pretende-se, justamente, denunciar a necessário dimensão política do processo jurisdicional e tornar manifestos os vínculos que o pretendem ao processo econômico.
> Essa *reflexão adquire relevo neste momento em que nosso País se dispõe a reformular sua organização política e econômica*, modernizando-a na direção quase unanimemente apontada como a comprometida com o futuro: a democracia participativa.[48] (grifo nosso).

Contudo o *escopo político do processo* encontra-se com o *fenômeno da sociedade* enquanto detentora do poder, ou seja, o fenômeno Estado

---

[45] PASSOS, J. J. Calmon de. *Democracia, Participação e Processo*. In: GRINOVER, Ada Pelegrini; DINAMARCO, Cândido Rangel; WATANABE, Kazuo. (Orgs.). Participação e Processo. São Paulo: Editora Revista dos Tribunais, 1988. p. 88-89.
[46] PORTANOVA, Rui. *Princípios do Processo Civil*. 4ª ed.. Porto Alegre: Livraria do Advogado, 2001. p, 34.
[47] Pelo processo, o cidadão tem a seu dispor instrumento capaz de prover os direitos privados de máxima garantia social com o mínimo de sacrifício das liberdades individuais e coletivas. (PORTANOVA, Rui. *Princípios do Processo Civil*. 4ª ed.. Porto Alegre: Livraria do Advogado, 2001. p, 31.)
[48] PASSOS, J. J. Calmon de. *Democracia, Participação e Processo*. In: GRINOVER, Ada Pelegrini; DINAMARCO, Cândido Rangel; WATANABE, Kazuo. (Orgs.). Participação e Processo. São Paulo: Editora Revista dos Tribunais, 1988. p. 83-84.

(que, na realidade, não deixa de ser também social, tanto quanto o é o jurídico também, precisamente porque o Estado é sempre uma sociedade).[49]

Quanto ao *escopo jurídico do processo*, "... el derecho es un producto depurado y, por así decirlo, cristalizado, de la política"[50], pois este processo de depuração se desenvolve em dois momentos, Calamandrei passa a explicar, que:

> ... la primera fase es legislativa, y posteriormente viene la judicial. Las fuerzas políticas desembocan todas, como un torrente impetuoso que presiona la rueda de un molino, sobre los engranajes de los órganos legislativos; es en el Parlamento donde el choque de la política se aquieta en las leyes. En su trabajo de transformación de la política en derecho, el legislador no toma en consideración el caso particular, la lite ya surgida y preanunciada, el acto del conflicto individual, sino que se coloca en un plano más alto que el de los episodios individuales, apreciando a distancia los intereses colectivos siguiendo desde lo alto, como en un panoram, la dirección y el movimiento progresivo de las corrientes sociales.[51]

Pelo que se observa, o direito desemboca das decisões políticas tomadas pelo Parlamento, tendo como trabalho a transição "... de la política en derecho, el legislador no toma en consideración el caso particular, la lite ya surgida y preanunciada, el acto del conflicto individual,"[52] assim,

> ... extrayendo de este diagnostico social, hecho no sobre el caso individual sino sobre un gran número de ellos, la previsión de que en el futuro ciertos comportamientos típicos pueden dar lugar a determinados conflictos de intereses entre los co-asociados, establece anticipadamente, de manera general a hipotética, aquello que debe valer como justo para

---

[49] DINAMARCO, Cândido R.. *Escopos Políticos do Processo*. In: GRINOVER, Ada Pelegrini; DINAMARCO, Cândido Rangel; WATANABE, Kazuo. (Orgs.). *Participação e Processo*. São Paulo: Editora Revista dos Tribunais, 1988. p. 120.
[50] CALAMANDREI, Piero. *Proceso y Democracia*. Buenos Aires: Ediciones Jurídicas Europa-America, 1960. p. 69-70
[51] CALAMANDREI, Piero. *Proceso y Democracia*. Buenos Aires: Ediciones Jurídicas Europa-America, 1960. p. 69-70
[52] CALAMANDREI, Piero. *Proceso y Democracia*. Buenos Aires: Ediciones Jurídicas Europa-America, 1960. p. 69-70

todos los casos que tengan en concreto los caracteres del tipo abstractamente determinado."[53]

*O instrumento de que se vale o poder político para assegurar a efetividade do modelo adotado é o direito*[54], pois o direito situa-se "... no mundo da cultura, é uma criação do homem, uma das muitas formas pelas quais tenta compreender o *existente para sobre ele interagir, conformando-o e direcionando-o no sentido do atendimento de suas necessidades e realização de suas expectativas.*"[55]

Conclui-se, que o direito somente "... se realiza mediante o consenso dos interessados (processo negocial) ou por via da submissão voluntaria ou autoritativa de um dele ..."[56], assim "... não apenas pressupõe o conflito, como tem como uma de suas virtudes naturais."[57]

Além disso, o direito serve de instrumento para o regime político, e que este tem sua incidência direta na *democracia*, sendo assim, ocorre a "... *positivação do direito democrático que é elaborada no recinto discursivo de juridificação procedimental definidora dos critérios de produção*, aplicação e garantia de direitos.[58]

A comunidade jurídica passa a se instituir por si mesma por uma auto-inclusão processual no sistema democrático constitucionalizado como ocupante legitimada desse espaço jurídico instrumental de uma jurisdição salvadora da realidade hostil à realização de direitos fundamentais.[59]

---

[53] CALAMANDREI, Piero. *Proceso y Democracia*. Buenos Aires: Ediciones Jurídicas Europa-America, 1960. p. 70

[54] Não prescinde ele, portanto, do homem. Nem para a sua formulação nem para sua efetivação. E o meio de que se vale o poder politico para formular e realizar o direito é o processo, em suas várias manifestações. (PASSOS, J. J. Calmon de. *Democracia, Participação e Processo*. In: GRINOVER, Ada Pelegrini; DINAMARCO, Cândido Rangel; WATANABE, Kazuo. (Orgs.). *Participação e Processo*. São Paulo: Editora Revista dos Tribunais, 1988. p. 85-86.)

[55] PASSOS, J. J. Calmon de. *Democracia, Participação e Processo*. In: GRINOVER, Ada Pelegrini; DINAMARCO, Cândido Rangel; WATANABE, Kazuo. (Orgs.). *Participação e Processo*. São Paulo: Editora Revista dos Tribunais, 1988. p. 85-86.

[56] PASSOS, J. J. Calmon de. *Democracia, Participação e Processo*. In: GRINOVER, Ada Pelegrini; DINAMARCO, Cândido Rangel; WATANABE, Kazuo. (Orgs.). *Participação e Processo*. São Paulo: Editora Revista dos Tribunais, 1988. p. 86.

[57] SILVA, Ovídio A. Batista da. *Processo e Ideologia*: o paradigma Racionalista. 2. Ed.. Rio de Janeiro: Editora Forense, 2006. p. 304-305.

[58] MOREIRA, Luiz. *A fundamentação do direito em Habermas*. 2ª. Ed. Belo Horizonte: Mandamentos, 2002.; Apud LEAL, Rosemiro Pereira. *Teoria Processual da Decisão Jurídica*. São Paulo: Editora Landy, 2002, p 75-76.

[59] LEAL, Rosemiro Pereira. *Teoria Processual da Decisão Jurídica*. São Paulo: Editora Landy, 2002, p 30.

Ou melhor, o que se deve produzir no que diz respeito à juridificação procedimental por meio "... das diretrizes políticas a serem seguidas de modo a que os instrumentos jurídicos possam contribuir para o estabelecimento de um Estado democrático,"[60] orientando-se "... decisivamente para o horizonte da participação política, cada vez mais efetiva e abrangente."[61]

Essa orientação que tem como suporte a democracia participativa, passando o individuo a cidadão, tem reflexo direto na produção do Direito, criando-se o que Rosemiro Leal chama de Direito Democrático, onde o processo:

> ...abre, por seus princípios intuitivos (isonomia, ampla defesa, contraditório, um espaço jurídico-discursivo de auto-inclusão do legitimado processual na comunidade jurídica para construção conjunta da sociedade jurídico-politica. Tem-se, assim, no legitimado ao processo, por si próprio, o agente legal (remetente-receptor) do exercício e auto-entrega de sua pessoal cidadania no Estado Democrático de direito.[62]

Por todo exposto, inexiste pureza do direito, pois vê-se contaminado pelo político e o econômico, sendo assim, o processo como instrumento que "parece" ser neutro, estritamente técnico, carregando também está carregado de significação política e tem múltiplas implicações econômicas.[63]

O processo, como técnica de formulação e realização do direito, está fortemente comprometido com a carga ideológica, políticas e *econômicas que conformam o próprio direito a que ele se vincula, instrumentalmente.*[64]

---

[60] SILVA, Ovídio A. Batista da. *Democracia Moderna e Processo Civil.* In: GRINOVER, Ada Pelegrini; DINAMARCO, Cândido Rangel; WATANABE, Kazuo. (Orgs.). *Participação e Processo.* São Paulo: Editora Revista dos Tribunais, 1988. p. 109.
[61] SILVA, Ovídio A. Batista da. *Democracia Moderna e Processo Civil.* In: GRINOVER, Ada Pelegrini; DINAMARCO, Cândido Rangel; WATANABE, Kazuo. (Orgs.). *Participação e Processo.* São Paulo: Editora Revista dos Tribunais, 1988. p. 109.
[62] LEAL, Rosemiro Pereira. *Teoria Processual da Decisão Jurídica.* São Paulo: Editora Landy, 2002, p 150-151.
[63] PASSOS, J. J. Calmon de. *Democracia, Participação e Processo.* In: GRINOVER, Ada Pelegrini; DINAMARCO, Cândido Rangel; WATANABE, Kazuo. (Orgs.). *Participação e Processo.* São Paulo: Editora Revista dos Tribunais, 1988. p. 83.
[64] PASSOS, J. J. Calmon de. *Democracia, Participação e Processo.* In: GRINOVER, Ada Pelegrini; DINAMARCO, Cândido Rangel; WATANABE, Kazuo. (Orgs.). Participação e Processo. São Paulo: Editora Revista dos Tribunais, 1988. p. 86.

A *vocação democrática do mundo moderno*[65] nasce comprometida com determinado pensamento filosófico, quem embasou a compreensão de mundo e do homem que necessariamente defluiu das expectativas econômicas e politicas,[66] capitaneadas pelas Revoluções Industriais idealizadas pela classe Burguesa. Destas expectativas, vislumbra-se que "... a politica, a economia e o direito são indissociáveis, interagindo entre si, determinando uma realidade única: a de convivência humana politicamente e organizada."[67]

A democracia participativa é ensejadora de legitimidade decisoria no que diz respeito as decisoes políticas, realizando-se as mesmas por meio do processo, Leal alude, que:

> É que, quando escrevemos, em direito democrático, sobre *cidadania como conteudo de processualização* ensejadora de legitimidade decisória, o que se sobreleva é o nivelamento de todos os componentes da comunidade jurídica para, individual ou grupalmente, instaurarem procedimentos processualizados à correição (fiscalização) intercorrente da produção e atuação do direito positivado como mdo de auto--inclusao do legislador-político-orifinário (o cidadao legitimado ao devido processo legal) na dinamica testificadora da validade, eficácia, criação e recriação do ordenamento jurídico caracterizador e concretizador do tipo teórico da estabilidade constitucionalizada.[68]

---

[65] Em resumo: a democracia direta assenta no convencimento de que todo e qualquer poder, entregue a si mesmo, livre de controles ou fragilmente controlado, degenera, aliena-se, distancia-se, oprime e desserve.
Nesses termos, é essencial à democracia participativa institucionalizar controles, pela sociedade civil, tanto do poder político quanto do poder econômico. Não a ponto de paralisá-los, fazendo-os inoperantes, mas suficientes para detê-los, quando tornados ameaçadores. (PASSOS, J. J. Calmon de. *Democracia, Participação e Processo*. In: GRINOVER, Ada Pelegrini; DINAMARCO, Cândido Rangel; WATANABE, Kazuo. (Orgs.). *Participação e Processo*. São Paulo: Editora Revista dos Tribunais, 1988. p. 93.)

[66] PASSOS, J. J. Calmon de. *Democracia, Participação e Processo*. In: GRINOVER, Ada Pelegrini; DINAMARCO, Cândido Rangel; WATANABE, Kazuo. (Orgs.). Participação e Processo. São Paulo: Editora Revista dos Tribunais, 1988. p. 87.

[67] PASSOS, J. J. Calmon de. *Democracia, Participação e Processo*. In: GRINOVER, Ada Pelegrini; DINAMARCO, Cândido Rangel; WATANABE, Kazuo. (Orgs.). *Participação e Processo*. São Paulo: Editora Revista dos Tribunais, 1988. p. 86.

[68] LEAL, Rosemiro Pereira. *Teoria Processual da Decisão Jurídica*. São Paulo: Editora Landy, 2002. p 150.

A "... *democracia participativa reclama*: participação nas decisões, sempre que possível; controle da execução, em todas as circunstâncias; acesso às informações, assegurado, no mínimo, a respeito de assuntos mais graves, a setores representativos da sociedade civil."[69]

No que se refere ao *escopo social do processo*, este vai além da pacificação social por meio do processo, ou melhor, o direito processual "... tiene que acudir a ciencias sociales, técnicas y científicas, para que el proceso, permanentemente, sea em justicia más útil y eficiente en lá práctica, conforme a la realidad y los problemas de un país."[70]

Vale aqui mencionar que: "La ciencia procesal y el procesalista deben preocupar-se más que en conceptos y dogmas, en la eficacia del proceso y en las cuasas que la impiden, puesto que hoy la existencia de aquellos es insuficiente para garantizar una adecuada y pronta administración de justicia."[71]

"Ele, o processo, se constitui no mais valoroso elemento vivificador das aspirações de uma sociedade reprimida de justiça social, pois ele encontra no irrestrito acesso ao judiciário, o contraditório, na publicidade e na fundamentação os mais altos desígnios da verdadeira democracia."[72] Portanto, vale ainda mencionar que o processo "... depende en su estrutura fundamental de la concepción que se tenga sobre la relación entre comunidad e individuo."[73]

---

[69] PASSOS, J. J. Calmon de. *Democracia, Participação e Processo*. In: GRINOVER, Ada Pelegrini; DINAMARCO, Cândido Rangel; WATANABE, Kazuo. (Orgs.). *Participação e Processo*. São Paulo: Editora Revista dos Tribunais, 1988. p. 93.

[70] AIZA, Alfonso Guarín. *Observaciones sobre el Derecho Procesal*. In: HERNÁNDEZ VILLARREAL, Gabriel. *Actualidad y el Futuro del Derecho Procesal*: Principios, reglas y puebras. Faculdad de Jurisprudencia, Uiversidad Colegio Mayor de Nuestra Señora del Rosario. Bogotá: Editorial Universidad del Rosario, 2010. p. 93

[71] AIZA, Alfonso Guarín. *Observaciones sobre el Derecho Procesal*. In: HERNÁNDEZ VILLARREAL, Gabriel. *Actualidad y el Futuro del Derecho Procesal*: Principios, reglas y puebras. Faculdad de Jurisprudencia, Uiversidad Colegio Mayor de Nuestra Señora del Rosario. Bogotá: Editorial Universidad del Rosario, 2010. p. 93

[72] RIBEIRO, Darci Guimarães. *Da Tutela Jurisdicional às Formas de Tutela*. Porto Alegre: Livraria do Advogado, 2010. p. 106.

[73] SCHONKE, Derecho procesal civil, tradución de Prieto-Castro, Carrera y Fairén, Barcelona, 1950, p. 15.; Apud AROCA, Juan Montero. *El proceso civil llamado "social" como instrumento "justicia" autoritaria*. AROCA, Juan Montero (Coord.). *Proceso Civil e Ideología*: un prefacio, una sentencia, dos cartas y quince ensayos. Valencia: Tirant lo Blanch, 2006. p. 152

Complemente-se aquí, algo que possa elevar-se assim sendo como um escopo, sendo ele, o *escopo humanizador do processo* (dimensiona-se a teoria de Sánchez) onde a humanização do processo embrinca-se nos significados próprios do termo: "... 1) humanizar significa respetar la dignidad humana en el proceso; 2) humanizar es actualizar el proceso para adecuarlo a la vida moderna; 3) humanizar es acercar el proceso al ser humano."[74] Sánchez ensina ainda, que:

> Humanizar en sentido estricto significa *crear una justicia con rostro humano*. Con ello se pretende dar una respuesta al problema de la conformación del proceso y en general de la actividad judicial como una enorme, anónima, despersonalizada, entraña, lejana, fría, burocrática y deshumanizada maquinaria, cuya manera de ser y funcionamiento escapa a la inteligencia y comprensión del hombre común y entierra su confianza en el aparato judicial. El elevado tecnicismo y abstracción del lenguaje jurídico, el excesivo formalismo y la enorme duración de los litigios, convierten al proceso en un laberinto intimidatorio, que se asemeja, por lo desconcertante, al proceso Kafkiano.[75]

O *escopo humanizador do processo* se dá pelas referencialmente como elemento atualizador em que o processo adapta-se "... a las necesidades y

---

[74] SÁNCHEZ, Juan Marcos Rivero. Proceso, Democracia y Humanizacion. Ponencia presentada al Seminario Internacional de Derecho Comparado denominado: "Ziviljustizsysteme, Zivilgerichtsverfahren und Juristenberufe im internationalen Vergleich", dirigido por los profesores Dr. Peter Guilles y Dr. Takeshi Kojima y que tuvo lugar en la ciudad de Frankfurt a.M. en los meses de enero y febrero de 1992. Disponível em: < http://www.cienciaspenales.org/REVISTA%2013/rivero13.htm>. Acessado em: 05-08-2012.

[75] Wassermann, op. cit., p. 16.;Ver en este sentido Fairén Guillén (Víctor), La humanización del proceso, op. cit., p.197, quién a su vez hace referencia a las observaciones de Sentis Melendo.; Véase así: Wassermann, op. cit., p.17. En igual sentido: Gottwald, op. cit., p.250.; Wassermann, op. cit., p.17.; Apud SÁNCHEZ, Juan Marcos Rivero. Proceso, Democracia y Humanizacion. Ponencia presentada al Seminario Internacional de Derecho Comparado denominado: "Ziviljustizsysteme, Zivilgerichtsverfahren und Juristenberufe im internationalen Vergleich", dirigido por los profesores Dr. Peter Guilles y Dr. Takeshi Kojima y que tuvo lugar en la ciudad de Frankfurt a.M. en los meses de enero y febrero de 1992. Disponível em: < http://www.cienciaspenales.org/REVISTA%2013/rivero13.htm>. Acessado em: 05-08-2012.

características de la vida humana de hoy." [76] Reflete diretamente o ora escopo a um *processo justo*.

Ve-se uno *proceso revolucionário*, e arraigar-se en la sociedad, desde el Estado, como "institución jurídico-política". Solo así se podrá concebir – en el ámbito del enjuiciamiento – el principio supremo de la justicia, el cual, pasando de lo individual a lo personal, le posibilita al ciudadano una esfera de libertad para su defensa integral y efectiva.[77] O processo revolucionário como instituição politico-jurídica reflete como instrumento ao espírito do individuo participativo, Calmon de Passos, ensina, que:

> Superação do entendimento do processo como garantia de direitos individuais, alçado ele a instrumento político de participação na formulação do direito pelos corpos intermediários e de provocação da atuação dos agentes públicos e privados no tocante aos interesses coletivos ou transindividuais por cuja satisfação foram responsáveis.[78]

Sofre assim, o processo por sua evolução natural, que passa por uma revolução intrínseca e extrínseca, moldurada pela democracia participativa, vale aquí mencionar Satta, que: En efecto, de *la acción la revolución* se transporta al juicio, y la antítesis inconcialible se compone en la fórmula: juicio revolucionario, *proceso revolucionario*, tribunal revolucionario.[79]

## CONCLUSÃO

Portanto com o Estado Democrático de Direito se impõe muitas transformações, sendo a principal, há que ocorre no seio da sua sociedade em que tornou-se complexa e plural, que ambienta-se em características

---

[76] BERTOLINO, Pedro J.. El Derecho al Proceso Judicial. Bogotá: Editorial Temís S.A., 2003. p. 10-11

[77] BERTOLINO, Pedro J.. El Derecho al Proceso Judicial. Bogotá: Editorial Temís S.A., 2003. p. 10-11

[78] PASSOS, J. J. Calmon de. Democracia, Participação e Processo. In: GRINOVER, Ada Pelegrini; DINAMARCO, Cândido Rangel; WATANABE, Kazuo. (Orgs.). Participação e Processo. São Paulo: Editora Revista dos Tribunais, 1988. p. 95-96.

[79] SATTA, Salvatore. Derecho Procesal Civil III. Buenos Aires: Ediciones Jurídicas Europa-America, 1971. p. 14.

tipicamente conflituais que perpetram-se diretamente pela via processual tornando este um instrumento realizador da democracia. Ocorre assim que a democracia participativa não é anarquista em meio essa sociedade moderna, mas sim, reflete diretamente no que diz respeito ao espirito participativo do cidadão (ativo). Supera-se a obscuridade do individualismo do Estado liberal de Direito e que este faz-se reativo posteriormente no Estado Social de Direito.

Defendeu-se assim por toda a explanação delineada no trabalho: a utilização do processo judicial, ou melhor, por meio de um processo justo que eleva-se como mecanismo-instrumento efetivador-realizador da democracia direta. Haja vista, que por meio do processo judicial que é um procedimento estatal ele reflete diretamente como sendo uma decisão dos entes institucionalizados. O procedimento garante o contraditório que se reveste na ampla participação dialética no processo.

Ativa-se a democracia participativa pela incidência do novo sujeito com espirito participativo, em que busque este a participação nas decisões das instituições estatais por meio do procedimento, seja processo como instrumento da democracia direta que este lhes garanta o contraditório em um processo justo. Vê-se por obvio que a democracia participativa ganha relevo com o processo.

# REFERÊNCIAS

AIZA, Alfonso Guarín. *Observaciones sobre el Derecho Procesal*. In: HERNÁNDEZ VILLARREAL, Gabriel. *Actualidad y el Futuro del Derecho Procesal*: Principios, reglas y puebras. Faculdad de Jurisprudencia, Uiversidad Colegio Mayor de Nuestra Señora del Rosario. Bogotá: Editorial Universidad del Rosario, 2010.

BENÍTEZ GIRALT, Rafael. *El papel del juez en la democracia: un acercamiento teórico*. 1ª Ed. San Salvador, El Salvador: Consejo Nacional de la Judicatura, Escuela de Capacitación Judicial (CNJ-ECJ), 2006.

BERTOLINO, Giulia. *Giusto processo civile e giusta decisione*. Tese Doutoural. Disponível em: <http://amsdottorato.cib.unibo.it/119/1/TESI_DI_DOTTORATO_Giusto_processo_civile_e_giusta_decisione.pdf>.

BERTOLINO, Pedro J.. *El Derecho al Proceso Judicial*. Bogotá: Editorial Temís S.A., 2003.

CALAMANDREI, Piero. *Proceso y Democracia*. Buenos Aires: Ediciones Jurídicas Europa-America, 1960.

COUTURE, Eduardo J. *Estudios de Derecho Procesal Civil*. Tomo I. Buenos Aires: Ediar Soci. Anón. Editores.

DINAMARCO, Cândido R.. *Escopos Políticos do Processo*. In: GRINOVER, Ada Pelegrini; DINAMARCO, Cândido Rangel; WATANABE, Kazuo. (Orgs.). *Participação e Processo*. São Paulo: Editora Revista dos Tribunais, 1988.

DINAMARCO, Cândido Rangel; WATANABE, Kazuo. (Orgs.). *Participação e Processo*. São Paulo: Editora Revista dos Tribunais, 1988.

LEAL, Rosemiro Pereira. *Teoria Processual da Decisão Jurídica*. São Paulo: Editora Landy, 2002.

PASSOS, J. J. Calmon de. *Democracia, Participação e Processo*. In: GRINOVER, Ada Pelegrini; DINAMARCO, Cândido Rangel; WATANABE, Kazuo. (Orgs.). *Participação e Processo*. São Paulo: Editora Revista dos Tribunais, 1988.

PIZZORUSSO, Alessandro. *Partecipazione Popolare e Funzione Giurisdizionale*. In: GRINOVER, Ada Pelegrini; DINAMARCO, Cândido Rangel; WATANABE, Kazuo. (Orgs.). *Participação e Processo*. São Paulo: Editora Revista dos Tribunais, 1988.

PORTANOVA, Rui. *Princípios do Processo Civil*. 4ª ed.. Porto Alegre: Livraria do Advogado, 2001.

RAATZ, Igor. *A organização do processo civil pela ótica da teoria do Estado*: a construção de um modelo de organização do processo para o estado democrático de direito e o seu reflexo no projeto do CPC. Revista Brasileira de Direito Processual, Belo Horizonte , v. 19, n. 75, p. 97-132, jul. /set. 2011.

RIBEIRO, Darci Guimarães. *Da Tutela Jurisdicional às Formas de Tutela*. Porto Alegre: Livraria do Advogado, 2010.

SÁNCHEZ, Juan Marcos Rivero. *Proceso, Democracia y Humanizacion*. Ponencia presentada al Seminario Internacional de Derecho Comparado denominado: "Ziviljustizsysteme, Zivilgerichtsverfahren und Juristenberufe im internationalen Vergleich", dirigido por los profesores Dr. Peter Guilles y Dr. Takeshi Kojima y que tuvo lugar en la ciudad de Frankfurt a.M. en los meses de enero y febrero de 1992. Disponível em: <http://www.cienciaspenales.org/REVISTA%2013/rivero13.htm>.

SATTA, Salvatore. *Derecho Procesal Civil III*. Buenos Aires: Ediciones Jurídicas Europa-America, 1971.

SILVA, Ovídio A. Batista da. *Democracia Moderna e Processo Civil*. In: GRINOVER, Ada Pelegrini; DINAMARCO, Cândido Rangel; WATANABE, Kazuo. (Orgs.). Participação e Processo. São Paulo: Editora Revista dos Tribunais, 1988.

SILVA, Ovídio A. Batista da. *Processo e Ideologia*: o paradigma Racionalista. 2. Ed.. Rio de Janeiro: Editora Forense, 2006.

THAMAY, Rennan Faria. *A Democracia efetivada através do Processo Civil*. Lex Humana, v. 3, n. 2, 2011.

# PROMESSA DE COMPRA E VENDA: uma análise atualizada

*Rafael Antonio Deval*[1]

RESUMO

O presente artigo visa analisar a Promessa de Compra e Venda desde seu regulamentação no Sistema Jurídico pátrio até os dias atuais. Nesse intuito, partimos da origem do instituto, enquanto instrumento que possibilitou a aquisição de imóveis por meio de pagamento parcelado, e assim, garantido às classes menos favorecidas o acesso à moradia, atravessando as diferentes regulamentações das quais sofreu influência, até sua utilização e aplicação nos dias atuais. Em conclusão, verificamos que a promessa de compra e venda pode ser conceituada como negócio jurídico bilateral de forma livre por meio do qual as partes se obrigam, quando de seu cumprimento, a formalizar a venda e compra cujo objeto e pagamento tenha sido previamente ajustado.

**Palavras-chave:** Promessa. Compra e Venda. Análise. Aplicação.

ABSTRACT

This article aims to analyze the Purchase and Sale Promise Contract since its regulation in the Legal System until today. To that end,

---

[1] Graduado em Direito pela Faculdade de Direito de São Carlos (2004), com Pós-Graduação em Direito Civil e Direito Processual Civil pelo Instituto Nacional de Pós-Gradução - INPG (2008). Mestrando em Direito Civil pela Pontifícia Universidade Católica de São Paulo (iniciado em 2011). Professor de Direito Civil, Direito Processual Civil e Direito Agrário. Co-lidera o grupo de pesquisa Direito Civil e Direitos Humanos, UNICEP. Experiência como advogado na área do Direito Civil e Empresarial.

we start from the origin of the institute as a tool that enabled the acquisition of property through installment payments, and thus secured to the global poor access to housing across the different regulations of which was influenced, to its use and application today. In conclusion, we found that the promise of buying and selling can be conceptualized as a legal transaction bilateral free-form through which the parties agree, when in compliance, to formalize the sale and purchase and payment object which has previously been set.

**Keywords:** Promise contract. Pruchase and sale. Analysis. Application.

# INTRODUÇÃO

No Direito Brasileiro há divergência quanto à natureza jurídica da promessa de compra e venda isso porque a doutrina o estuda quase que em sua maioria a partir dos princípios dos contratos preliminares, posição esta que apesar de majoritária não é compartilhada por todos, que por sua vez defendem ser o compromisso de compra e venda um contrato definitivo.

Se considerarmos a promessa de compra e venda como contrato preliminar, temos que suas regras gerais são tratadas pelos artigos 462 a 466 do Código Civil, contudo, não se trata dos únicos dispositivos legais acerca do tema.

É necessário observarmos que a o tema não é novidade em nosso sistema jurídico, ainda que não tenha sido codificada no diploma de direito privado que imperou por quase todo o século XX, merecendo tal inclusão no Código Civil em vigência, através dos artigos 1.417 e 1.418, que tratam especificamente da promessa de compra e venda.

Além dos dispositivos acima indicados, devemos inda salientar que o direito do promitente comprador do imóvel é considerado Direito Real, nos termos ventilados no inciso VII, do artigo 1.225 do Código Civil.

São vários os títulos da promessa de compra e venda também conhecida por pré-contrato, contrato preliminar, contrato promessa, entre outras denominações, sendo os mais usados a promessa de compra e venda e o compromisso de compra e venda, as quais, apesar de guardarem semelhanças não podem ser confundidos, demonstrando a importância que denominação escolhida importa para diferenciarmos a natureza jurídica de cada um deles.

O intenso uso da promessa de compra e venda justifica a análise mais aprofundada do tema, pois muito embora tenha sido regrado expressamente pelo Código Civil vigente, o tema também foi objeto de positivação de outros dispositivos legais.

## 1 EVOLUÇÃO HISTÓRICA

O contrato é negócio jurídico que surge da vida em sociedade e sua origem tem raízes no escambo promovido na origem da humanidade. Do direito romano advêm os primeiros parâmetros do negócio em questão, onde era conhecido como *pactum de contrahendo*, caracterizando-se como aquele que tem por objeto a celebração de um contrato definitivo, visando então criar uma obrigação futura de *contrahere*.

Saindo do direito romano e focando no direito pátrio observa-se que nem contrato preliminar nem a promessa de compra e venda, espécie daquele gênero receberam tratamento legislativo específico no Código Civil revogado, diploma que por outro lado não afastou a legalidade dos mesmos desde que observados os pressupostos de existência e requisitos de validade, salientando-se desde já que a forma é livre, e ainda, evidentemente, as condições de eficácia necessárias para a produção dos efeitos desejados pelas partes.

No início do século passado, por conta da necessidade econômica nascida da cada vez mais acentuada proliferação da venda e compra de imóveis[2], fruto da aceleração do processo de urbanização, entre outros fatores, passou-se a dar o devido tratamento legislativo ao tema, sendo possível afirmar que no Brasil, a história da promessa de compra e venda confunde-se com a do contrato preliminar.

O Código Civil revogado, em seu artigo 1088, ao disciplinar as regras gerais dos contratos, trouxe a disciplina de que "quando o instrumento público for exigido como prova do contrato, qualquer das partes pode arrepender-se, antes de assiná-lo, ressarcindo à outra as perdas e danos

---

[2] PEREIRA, Caio Mário da Silva. *Instituições de direito civil: contratos, declarações unilaterais de vontade, responsabilidade civil.* Rio de Janeiro: Forense, 2004, vol. III. p. 86.

resultantes do arrependimento, sem prejuízo do estatuído nos artigos 1.095 a 1.097."

O dispositivo revogado permitia-se a qualquer das partes que tivesse contratado preliminarmente enquanto não concluído e finalizado o negócio definitivo, o direito ao arrependimento, limitando a outra a postular indenização pelo interesse negativo, conduta seguida por muitos loteadores com a intenção de revender os lotes a terceiros[3] por preços mais interessantes, em razão da inexistência de disciplina específica para os negócios que envolviam os loteamentos.

A situação existência até em então passou por uma patente alteração com a entrada em vigência do Decreto-Lei n.º 58/37, primeira norma a disciplinar o parcelamento e venda de terrenos a serem pagos em prestação, ainda que só atinente aos loteamentos, o qual regulamentou por meio da disciplina da venda e compra de terrenos, quando então se passou a regular que "os compromissários têm o direito de antecipando ou ultimando o pagamento integral do preço, e estando quites com impostos e taxas, exigir a outorga da escritura de venda"[4].

É válido observar a justificativa contida no Decreto-Lei 58/37: "Dispõe sobre o loteamento e a venda de terrenos para pagamento em prestações [...], Considerando o crescente desenvolvimento do loteamento de terrenos para venda mediante o pagamento do preço em prestações; Considerando que as transações assim realizadas não transferem o domínio ao comprador, uma vez que o artigo 1.088 do Código Civil permite a qualquer das partes arrependerem-se, antes de assinada a escritura de compra e venda; Considerando que esse dispositivo deixa praticamente sem amparo numerosos compradores de lotes, que têm assim por exclusiva garantia a seriedade, a boa-fé e a solvabilidade das empresas vendedoras; Considerando que, para segurança das transações realizadas mediante contrato de compromisso de compra e venda de lotes, cumpre acautelar o compromissário contra futuras alienações ou onerações dos lotes comprometidos [...]".

---

[3] GONÇALVES, Carlos Roberto. *Direito civil brasileiro: contratos e atos unilaterais*. São Paulo: Saraiva, 2004, vol. III. p. 141.
[4] GOMES, Luiz Roldão de Freitas. *Contrato*. Rio de Janeiro: Renovar, 1999. p. 105.

É salutar observar que a disposição legal acima transcrita ainda esta em vigor no direito pátrio, isso porque, as modificações que a sucederam tomaram por base tão somente os negócios que tenham por objeto imóvel urbano, tendo sua aplicação vigente para os negócios que tenham objeto imóvel rural.

O artigo 15[5], do Decreto-Lei 58/37, autorizava a tutela específica, desde que fosse realizado o registro do contrato preliminar, que na realidade se fazia necessária para que o negócio fosse oponível *erga omnes*, conferindo à relação obrigacional eficácia real, outrossim, ainda havia a possibilidade da inserção de cláusula de arrependimento no negócio entabulado[6], ressaltando a especificidade de sua aplicação, no que tange especificamente aos negócios que tenham como objeto imóvel oriundo do parcelamento de solo urbano.

Ainda tratando do Decreto-Lei acima mencionado, seu artigo 22, em suas três redações[7], ventila a hipótese de venda a prazo de imóvel não loteado, cujo preço seja parcelado, também pode ser objeto de promessa de

---

[5] Art. 15. Os compromissários têm o direito de, antecipando ou ultimando o pagamento integral do preço, e estando quites com os impostos e taxas, exigir a outorga da escritura de compra e venda.

[6] Art. 22. Os contratos, sem cláusula de arrependimento, de compromisso de compra e venda e cessão de direito de imóveis não loteados, cujo preço tenha sido pago no ato de sua constituição ou deva sê-lo em uma ou mais prestações, desde que inscritos a qualquer tempo, atribuem aos compromissários direito real oponível a terceiros, e lhes conferem o direito de adjudicação compulsória nos termos dos artigos 16 desta lei, 640 e 641 do Código de Processo Civil.

[7] Art. 22. As escrituras de compromisso de compra e venda de imóveis não loteados, cujo preço deva ser paga se a prazo, em uma ou mais prestações, serão averbadas à margem das respectivas transcrições aquisitivas, para os efeitos desta lei.
Art. 22. Os contratos, sem cláusula de arrependimento, de compromisso de compra e venda de imóveis não loteados, cujo preço tenha sido pago no ato de sua constituição ou deva sê-lo em uma ou mais prestações desde que inscritos em qualquer tempo, atribuem aos compromissários direito real oponível a terceiros e lhes confere o direito de adjudicação compulsória, nos termos dos artigos 16 desta lei e 346 do Código de Processo Civil. (Redação dada pela Lei nº 649, de 1949)
Art. 22. Os contratos, sem cláusula de arrependimento, de compromisso de compra e venda e cessão de direitos de imóveis não loteados, cujo preço tenha sido pago no ato de sua constituição ou deva sê-lo em uma, ou mais prestações, desde que, inscritos a qualquer tempo, atribuem aos compromissos direito real oponível a terceiros, e lhes conferem o direito de adjudicação compulsória nos termos dos artigos 16 desta lei, 640 e 641 do Código de Processo Civil. (Redação dada pela Lei nº 6.014, de 1973)

compra e venda, também gerando direito real ao promissário comprador, direito garantido através do registro do contrato na margem da matrícula do imóvel.

Conforme pontuado na obra de Darcy Bessone[8], apesar da omissão presente no Código Civil de 1.916, a promessa de compra e venda infiltrou-se na legislação pátria por via imprópria, através do § 2 do Código de Processo Civil de 1.939, ao afirmar que, *nas promessas de contratar, o juiz assinará prazo ao devedor para executar a obrigação, desde que o contrato preliminar preencha as condições de validade do definitivo*.

Posteriormente a Lei 649/1949 trouxe alteração para o Decreto-Lei nº 58/1937 permitindo a realização de compromissos de compra e venda pertinentes aos imóveis não loteados, também permitindo a cláusula de arrependimento, diferente do que ocorre com os negócios vinculados aos loteamentos.

A Súmula nº 413 do Supremo Tribunal Federal, que no ano de 1964 confirmou a possibilidade da busca de tutela específica ao dispor que "o compromisso de compra e venda de imóveis, ainda que não loteados, dá direito à execução compulsória, quando reunidos os requisitos legais", cumpre observar que a matéria foi analisada pela referida Corte, levando-se em conta que estava dentro das matérias de sua competência naquele período.

O advento Lei 6.766/1979 foi um marco no direito urbanístico pátrio, derrogou o Decreto 58/1937, uma vez que a nova regra passou a disciplinar todos os procedimentos acerca do parcelamento do solo urbano, conservando a o já garantido na norma revogada quanto à garantia aos adquirentes, cumprida a promessa, à outorga da escritura definitiva pelos alienantes e se necessário à adjudicação compulsória, desde que promovida a averbação[9], dispondo ainda que compromissos de venda e compra realizados sob sua égide são irrevogáveis[10], onde é possível verificar preocupação para que seja observada a função social do contrato ante a importância que questões ligadas ao direito de moradia merecem.

---

[8] BESSONE, Darcy. Da compra e venda: promessa, reserva de domínio & alienação em garantia. – 4ª ed. rev. E ampl. – São Paulo: Saraiva, 1997.
[9] O que fora afastado por construção jurisprudencial, nos termos da súmula 239 do STJ.
[10] Art. 25. São irretratáveis os compromissos de compra e venda, cessões e promessas de cessão, os que atribuam direito à adjudicação compulsória e, estando registrados, confiram direito real oponível a terceiros.

Com o advento do atual Código Civil, introduzido em nosso ordenamento jurídico pela Lei 10.406/2002, que permeado pelos princípios da eticidade, sociabilidade e operabilidade, devendo ainda sempre observar os princípios da boa-fé objetiva, equivalência das prestações e função social do contrato e o compromisso de compra e venda, para além de regrarem-se no campo obrigacional pelas aludidas regras.

A promessa de compra e venda por conta do disposto no Art. 1225, inciso VII[11], passou a configurar no rol dos direitos reais, bem como os Arts. 1427[12] e 1428[13] passaram a indicar os limites de referido negócio em face de terceiros.

## 2 CONCEITO

Para conceituar a promessa de compra e venda, faz-se necessário que sejam analisados todos os aspectos do contrato em questão, em especial as especificações que o diferencia dos contratos preliminares comuns, motivo pelo qual são estabelecidos os subitens a seguir:

### 2.1 Do contrato preliminar unilateral

O contrato unilateral é aquele que, apesar de levar a anuência das partes, somente gerará obrigações para uma delas, ficando assim estabelecida a opção para que um dos contratantes tenha preferência na realização do contrato. Sendo contrato unilateral, apenas uma das partes esta vinculadas às obrigações neles estipuladas, estando a outra parte livre para contratar ou não, sem que isso importe em prejuízo para a parte que esta liberada das obrigações estipuladas no contrato, que somente obrigam a outra parte.

---

[11] Art. 1225. São direitos reais: [...] VII - o direito do promitente comprador do imóvel.
[12] Art. 1417. Mediante promessa de compra e venda, em que se não pactuou arrependimento, celebrada por instrumento público ou particular, e registrada no Cartório de Registro de Imóveis, adquire o promitente comprador direito real à aquisição do imóvel.
[13] Art. 1418. O promitente comprador, titular de direito real, pode exigir do promitente vendedor, ou de terceiros, a quem os direitos deste forem cedidos, a outorga da escritura definitiva de compra e venda, conforme o disposto no instrumento preliminar; e, se houver recusa, requerer ao juiz a adjudicação do imóvel.

Temos assim que a opção de contratar vinculada por prazo certo, quando terminado seu termo, e por opção daquele que estaria obrigada a contratar e não o fizer, estará liberado para contratar com outrem, sem também incorrer em perdas e danos para a outra parte, com exceção em que a obrigação estiver prevista.

O artigo 466 do Código Civil disciplina que sendo unilateral a promessa compra e venda, o promissário comprador, sob pena de ficar a mesma sem efeito, deverá manifestar-se no prazo nela previsto, ou, inexistindo este, no que lhe for razoavelmente assinado pelo promissário vendedor, configurando uma opção, que poderá ser exigida com caráter potestativo. Nesse sentido a lição de Maria Helena Diniz[14], *como se vê a opção é um contrato preliminar, visando, visando um contrahere futuro, com a única diferença de ser unilateral.*

Já Orlando Gomes[15] diferencia a *promessa de compra*, para a qual dizer se *contrato unilateral pela qual uma das partes se obriga a comprar, em certo prazo, determinado bem.* Diz ainda que, a *promessa de venda*, é definida a partir da premissa de que, *sem correlata promessa de comprar e vender é o contrato unilateral pelo qual uma das partes se obriga a vender determinado bem, em certo prazo.*

Dessa sorte, fica claro que no contrato unilateral apenas uma pessoa de obriga, já a outra parte tem a liberdade de efetivar ou não o contrato definitivo, também sendo conhecida por opção, na medida em que, aquele que preliminarmente contratou tem a opção de realizar ou não o negócio principal nos termos e condições pré-estabelecidos, se o beneficiário assim desejar, exercendo assim sua opção de compra ou venda.

## 2.2 Do contrato preliminar bilateral

Por seu turno, o contrato bilateral por sua própria designação indica que se trata de instrumento onde ambas as partes assumem obrigações ao celebrá-lo, onde cada parte poderá exigir da outra as obrigações contratadas, estabelecendo-se já no contrato preliminar todas as condições para contratação do instrumento definitivo.

---

[14] DINIZ, Maria Helena. Tratado teórico e prática dos contratos, 1º volume. 6ª ed. ver. ampl. E atual. De acordo com o novo Código Civil. São Paulo : Saraiva, 2006.
[15] GOMES, Orlando. Contratos. Rio de Janeiro, Forense, 2008, p. 288.

No caso de inadimplemento de uma das partes, em razão das obrigações assumidas, estará obrigada a indenizar a outra parte nas perdas e danos que causa pela não efetivação do contrato principal, verificando-se assim que a solução dada é a tida como normal, ou seja, da *res debita* com sua conversão em pecúnia.

No caso concreto, somente a impossibilidade da realização do contrato principal dará azo a possibilidade da busca da indenização pelas perdas e danos experimentados, isso porque, o contrato preliminar bilateral é aquele onde as partes se comprometem a celebrar o contrato principal, gerando assim a obrigação de concluir referido contrato principal.

Resta observar que a regra contida no artigo 1.088[16] do Código Civil revogado, apesar de não vertido para o Código Civil vigente, a despeito do que se possa pensar de sua leitura rápida, verifica-se que somente resguarda apenas uma das partes, que, conforme leciona Darcy Bessone[17], que *na verdade constituía mola mestra de um sistema unilateral e iníquo, pois que, na imensa maioria dos caos e, sobretudo em face da incessante valorização dos imóveis, o arrependimento somente interessaria ao promitente-vendedor.*

## 2.3 Promessa de compra e venda e contrato preliminar

Diferenciar as negociações preliminares do contrato preliminar[18], este, gênero da promessa, pois aquela consiste na fase em que ocorrem as tratativas prévias, ajustes provisórios, diálogos e entendimentos sobre o negócio a ser realizado, sendo seu momento de verificação anterior à formalização da proposta e essencial à gênese de qualquer negócio jurídico bilateral.[19]

A fase preliminar não é apta a gerar efeitos típicos, e na maioria das vezes sequer é fonte de direito ainda que as partes não se entendam a ponto

---

[16] Art. 1.088. Quando o instrumento público for exigido como prova do contrato, qualquer das partes pode arrepender-se, antes de assiná-lo, ressarcindo à outra as perdas e danos resultantes do arrependimento, sem prejuízo do estatuído nos arts. 1.095 e 1.097.
[17] BESSONE, Darcy. Da compra e venda : promessa, reserva de domínio & alienação em garantia. – 4ª ed. rev. E ampl. – São Paulo : Saraiva, 1997.
[18] SIMÃO, José Fernando. *Direito civil*. São Paulo: Prima, 2004. p. 108.
[19] TARTUCE, Flávio. *A formação do contrato no novo código civil, no código de defesa do consumidor e a via eletrônica.* In: Questões controvertidas no novo código civil. Coord. Mário Luiz Delgado e Jones Figueiredo Alves. São Paulo: Método, 2005, vol IV. p. 261.

de formalizar o negócio imaginado por cada um isoladamente, exceção feita, quando, por exemplo, houver violação do princípio da boa-fé objetiva, surgindo o dever de indenizar se houver dano na fase pré-negocial.

Ultrapassada as observações preliminares, para a correta aferição do que seja a promessa, é essencial o entendimento de que se trata de um contrato, ou seja, verifica-se a convergência de vontades[20] ainda que em razão do negócio jurídico preliminar, apenas uma das partes assuma deveres com o acordo entabulado.[21]

O conceito de promessa é derivado do conceito de contrato preliminar, que como bem observa Mário Luiz Delgado, consiste em uma obrigação de fazer, inconfundível com o dever jurídico previsto no negócio definitivo, que poderá consistir em um vender, comprar, emprestar, constituir hipoteca etc.[22]

No mesmo sentido, Maria Helena Diniz conceitua que o contrato preliminar consiste no negócio jurídico em que uma ou ambas as partes comprometem-se a pactuar, mais tarde, outro negócio, denominado principal, gerando, portanto, por consequência, o dever de concluir outro contrato[23], que deverá observar os elementos essenciais já delineados anteriormente.[24]

---

[20] SIMÃO, José Fernando. *Direto civil*: contratos. São Paulo: Atlas, 2005. passim. Ensina o autor que são duas as espécies de contrato preliminar, a que contém promessa bilateral, formando-se a partir da vontade de ambas as partes que terão a faculdade de exigir da outra a execução do contrato que prometeram firmar, sendo este o caso da promessa de venda e compra de bem imóvel, ou mesmo de cessão de quotas de determinada sociedade empresarial e a que contém promessa unilateral, formando-se a partir da vontade de ambas as partes, mas apenas uma delas terá a faculdade de exigir o seu cumprimento, sendo que seu melhor exemplo é a opção pela qual o vendedor concede ao comprador o direito de exercer a compra da coisa por determinado preço dentro de um prazo acordado pelas partes, e dentro deste prazo, cabe apenas ao comprador o direito de exigir a realização do contrato pois ao vendedor cabe apenas aguardar o exercício do direito do comprador.
[21] Código Civil. Art. 466. Se a promessa de contrato for unilateral, o credor, sob pena de ficar a mesma sem efeito, deverá manifestar-se no prazo nela previsto, ou, inexistindo este, no que lhe for razoavelmente assinado pelo devedor.
[22] ALVES, Jones Figueiredo; DELGADO, Mario Luiz. *Código civil anotado: inovações comentadas artigo por artigo*. São Paulo: Método, 2005. p. 239.
[23] DINIZ, Maria Helena. *Curso de direito civil: teoria das obrigações contratuais e extracontratuais*. São Paulo: Saraiva, 2002, vol. III. p. 49.
[24] *Cf*. Código Civil. Art. 462. O contrato preliminar, exceto quanto à forma, deve conter todos os requisitos essenciais ao contrato a ser celebrado.

Já Rodolfo Pamplona Filho leciona que o contrato preliminar é uma avença por meio do qual as partes estipulam em favor de uma ou mais delas a faculdade de exigir o cumprimento de um negócio jurídico apenas projetado.[25]

Dessa feita, verificada a presença da *res, pretium et consensus* para que se conceitue a promessa de compra e venda que na lição de Nelson Rosenvald consiste no negócio preliminar por meio do qual ambas as partes, ou uma delas, comprometem-se a celebrar no futuro, o contrato definitivo de compra e venda, conferindo garantias quanto à relação substancial em vista.[26]

Cumpre observar a diferenciação apontada por Orlando Gomes[27] acerca da promessa de compra, *contrato unilateral pelo qual uma das partes se obriga a comprar, em certo prazo, determinado bem*, enquanto a promessa de venda *sem correlata promessa de comprar é o contrato unilateral pelo qual uma das partes se obriga a vender determinado bem, em certo prazo*.

Tomando-se todos os conceitos citados, bem como a diferenciação feita por Orlando Gomes, conclui-se que a promessa de compra e venda é conceituada como negócio jurídico bilateral, cuja forma é livre e por meio do qual uma ou ambas as partes se obrigam quando do cumprimento deste, a pactuar a compra e venda cujo objeto e pagamento tenha sido previamente ajustado.

## 2.4 Promessa de compra e venda e compromisso de compra e venda

A despeito de aparentemente se pensar que tanto a promessa quanto o compromisso guardam o mesmo conteúdo, tal afirmação se configura apenas em impressão e equivocado uso dos termos ao nomear as diferentes formas de contratar e os efeitos emanados de cada um dos tipos indicados.

---

[25] PAMPLONA FILHO, Rodolfo. *A disciplina do contrato preliminar no novo código civil brasileiro*. In: Questões controvertidas no novo código civil. Coord. Mário Luiz Delgado e Jones Figueiredo Alves. São Paulo: Método, 2004, vol. II. p. 358.
[26] ROSENVALD, Nelson. *A promessa de compra e venda no código civil de 2002*. Acessado em 04.11.2012 no *site*: http://www.flaviotartuce.adv.br/secoes/artigo/ROSENVALD_COMPRA.doc.
[27] GOMES, Orlando. Contratos. Rio de Janeiro, Forense, 2008, p. 288.

De início é possível verificarmos a diferença pela própria origem etimológica das palavras *promessa* e *compromisso*. A palavra *promessa*, segundo o Dicionário Houaiss, tem a seguinte definição: *1 ato ou efeito de prometer; 2 afirmativa de que se dará ou fará alguma coisa; e 3 compromisso oral ou escrito de realizar um ato ou de contrair uma obrigação.* Já a palavra *compromisso*, segundo a mesma fonte traz o seguinte conceito: *1 obrigação mais ou menos solene assumida por uma ou diversas pessoas; comprometimento; 2 convenção ou comprometimento entre duas ou mais partes litigantes de se sujeitarem a um julgamento ou decisão arbitral; ato escrito pelo qual, antes ou na pendência da lide, as partes interessadas elegem árbitros que a julguem de direito e de fato; e 3 qualquer combinação, ajuste, acordo, convenção, tratado; obrigação, promessa formal ‹os c. internacionais da economia brasileira›.*

A diferenciação tem base inicial na obra *Direitos Reais*, onde Orlando Gomes[28], baseado em Trabuchi e Montesano, distingue a mera promessa de contratar, que se destina *apenas a criar a obrigação de um futuro contrahere*, que comumente prevê a hipótese de arrependimento e sua solução por meio da fixação de perdas e danos; do compromisso de compra e venda, o qual, segundo o mencionado autor, tem sua definição através da *possibilidade, prevista em lei, de se substituir o contrato definitivo por uma sentença constitutiva*, e pela *atribuição, ao promitente comprador, de um direito rela sobre o bem que se comprometeu a comprar.*

A partir dos conceitos acima reproduzidos é possível constatar que é necessária a distinção feita para que seja evitada a aparente ambiguidade, ficando claro que, a promessa encarada de maneira simples é tido como contrato preliminar próprio, enquanto a promessa de compra e venda que guarda os atributos acima indicados é contrato preliminar impróprio, definição extraída da citada obra de Orlando Gomes, e endossada na lição de José Osório de Azevedo Junior [29].

Com base nos preceitos ventilados, conclui-se que a promessa, enquanto contrato preliminar, quando se tiver como objeto bem imóvel,

---

[28] GOMES, Orlando. Direitos Reais. Rio de Janeiro, Forense, 1969.
[29] OSÓRIO JUNIOR, José Osório de. Compromisso de Compra e Venda. São Paulo : Malheiros, 4ª ed. 1998.

adimplida as condições estipuladas pelas partes prescinde da realização de contrato principal, para assim ser realizada a transmissão do bem, que segundo a tradição jurídica brasileira é feita através de escritura, a qual pode ser particular ou público, sendo para tanto verificado as especificações legais para tanto e posteriormente a averbação da mesma junto ao Registro de Imóveis competente.

Já no caso em que se optar pela tabulação do negócio jurídico a partir do compromisso de compra e venda, temos que, adimplida as condições estabelecidas no instrumento, onde o compromissário vendedor entrega o bem ao compromissário comprador, e este pago o preço nas condições estipuladas, fica apenas configurado como *ato devido*, em razão da obrigação assumida e já adimplida, tida como expressão do cumprimento das obrigações assumidas no primeiro contrato.[30]

Ao tratar do tema, José Osório de Azevedo Junior[31], adverte que o *problema é rico em consequências,* na medida em que, entendo a doutrina ser o compromisso de compra e venda contrato preliminar, ainda que considerado impróprio, necessitaria de contrato definitivo para a transmissão do bem dele objeto, consubstanciado pela escritura definitiva.

A despeito da conclusão inicial tomada a partir da conceituação do compromisso de compra e venda, é salutar que, a lição de José Osório de Azevedo Junior é a solução mais apropriada para o tema, vez que, nos termos indicados, a escritura definitiva não se configura em contrato principal, mas sim em obrigação do compromissário vendedor em favor do compromissário comprador, posição esta endossada pela lição de Clóvis do Couto e Silva[32], indica que *além da obrigação de fazer, irradia o pré-contrato a obrigação de dar posse. O credor pré-contratante possui hoje direito à posse do imóvel. Essa obrigação notoriamente é de dar. A obrigação principal e que define o contrato, contudo, é a de fazer.*

---

[30] GOMES, Orlando. Direitos Reais. Rio de Janeiro, Forense, 1969.
[31] OSÓRIO JUNIOR, José Osório de. Compromisso de Compra e Venda. São Paulo : Malheiros, 4ª ed. 1998
[32] SILVA, Clóvis do Couto e. A obrigação como Processo / Clóvis V. do Couto e Silva. Rio de Janeiro : Editora FGV, 2006.

## 2.5 A (in)eficácia das cláusulas de arrependimento e de irrevogabilidade

A promessa de compra e venda irretratável cuja previsão encontra guarida nos artigos 1.417 e 1.418 do Código Civil, cujos efeitos, conforme previsão contida na redação dos artigos indicados prescinde da averbação da promessa de compra e venda na margem da matrícula do imóvel, e tem como finalidade a garantia do promissário comprador ao direito real à aquisição do imóvel objeto do contrato.

A fim de amparar os promissários compradores diante de alguns promitentes vendedores inescrupulosos, criou-se a promessa de compra e venda irretratável, disposta nos artigos. 1.417 e 1.418 do Código Civil. Este contrato, quando registrado no Cartório de Registro de Imóveis, dá ao promissário comprador direito real à aquisição do imóvel.

A cláusula de irretratabilidade trouxe aos negócios imobiliários, realizados nos termos dos artigos acima mencionados maior segurança para as partes contratantes, as quais, desse modo, têm as garantias inerentes ao negócio jurídico. Nesse sentido, preceitua Maria Helana Diniz[33], que *irretratabilidade é a qualidade do ato jurídico que não pode ser desfeito pela vontade das partes, por não apresentar qualquer vício.*

Dessa sorte, promessa de contra e venda realizada com cláusula que indique sua irretratabilidade, configura em obrigação na qual o promissário vendedor compromete-se a vender ao promissário comprador certo bem imóvel, pelo preço, condições e modos avençados, passando-lhe a escritura definitiva do bem assim que se der a quitação das obrigações; e, de outro lado, o adquirente ao pagar o preço e atender a todas as condições contratuais, tem direito real sobre o bem imóvel, podendo requerer a escritura definitiva, ou a sua adjudicação compulsória, no caso de recusa do promitente vendedor.

A Lei nº 6.766/1979, ao tratar da irrevogabilidade da promessa de compra e venda, nos imóveis oriundos do parcelamento do solo urbano, trouxe a seguinte redação em seu artigo 25:

---

[33] DINIZ, Maria H. *Curso de Direito Civil Brasileiro:* Direito das coisas. 20. ed. São Paulo: Saraiva, 2004. v. 4., página 340.

> "São irretratáveis os compromissos de compra e venda, cessões e promessas de cessão, os que atribuam direito a adjudicação compulsória e, estando registrados, confiram direito real oponível a terceiros".

Ainda que verifique a existência de cláusula de irrevogabilidade, o promissário comprador somente não terá garantido o direito real advindo das obrigações assumidas, nos casos assim referenciados por Maria Helena Diniz[34]:

> *a) execução voluntária do contrato, em que o registro da escritura definitiva faz com que a averbação da promessa no Registro de Imóveis seja cancelada;*
> *b) execução coativa, em que a carta de adjudicação compulsória é assentada no Registro de Imóveis;*
> *c) distrato ou resilição bilateral, por mútuo consentimento, em que as partes de livre vontade resolvem tornar a promessa sem efeito, registrando-se tal instrumento (Código Civil, art. 472), a fim de que o promitente vendedor possa dispor do imóvel anteriormente prometido;*
> *d) resolução, com intervenção judicial: aqui, nenhuma das partes, de forma unilateral, poderá rescindir o contrato por inexecução da outra, devendo necessariamente ser requerida a sua resolução judicial, para que o contrato se dissolva.*
> *e) impossibilidade superveniente, oriunda de caso fortuito ou força maior, como destruição total do imóvel, desapropriação, ou, o que se observa atualmente, com a grande oferta de financiamentos no país, em que a não obtenção do crédito bancário poderia se constituir como causa de extinção do contrato.*
> *f) vício redibitório, que trata de vícios ou defeitos ocultos no imóvel, que diminuam o seu valor ou o tornem inapropriado para o uso de sua finalidade (artigo 441 e seguintes do Código Civil.);*
> *g) evicção, que diz respeito a defeitos jurídicos anteriores relacionados ao imóvel, que fazem o promissário comprador perder o bem em relação à terceiro, tendo em vista que sentença judicial reconheceu direito a outrem (artigo 447 e seguintes do Código Civil).*

---

[34] DINIZ, Maria Helena. Curso de Direito Civil Brasileiro: Teoria das obrigações contratuais e extracontratuais. 25. ed. São Paulo: Saraiva, 2009. v. 3.

Dessa sorte em caso de não conclusão do vínculo entre promissário vendedor e promissário comprador por qualquer uma das hipóteses acima ventiladas, será verificada a extinção do direito real oriundo do contrato, por meio do cancelamento de seu registro.

É certo que, ainda que seja verificada a existência de cláusula de irretratabilidade e irrevogabilidade promessa de compra e venda, a eficácia plena para o promissário comprador, haja vista que ela tem como objetivo primordial evitar arrependimento durante a relação contratual, mas não eliminar eventuais causas, como, por exemplo, a mora ou falta de pagamento das prestações, que levem a ser invocada pelo promitente vendedor a cláusula resolutiva tácita.

A eficácia da cláusula de irretratabilidade e irrevogabilidade da promessa de compra e venda está relacionada ao cumprimento das obrigações avençadas entre as partes, de modo que não seja permitido o arrependimento durante a relação negocial.

Somente deixaria de ter eficácia, ou seja, poderia ser retratável e revogável, se a parte se arrependesse no lapso de tempo até o início do cumprimento do contrato de promessa, mesmo que já tivesse sido pago o valor da entrada no ato da assinatura do contrato.

## 3 NATUREZA JURÍDICA

Tomando por base a fixação do tema tratado como sendo a promessa de compra e venda irretratável ou compromisso de compra e venda formas de contratar que, conforme verificado no presente trabalho são semelhantes, ante a diferenciação feita dos mesmos e da simples promessa de compra e venda dada a irretratabilidade da primeira, e a revogabilidade da segunda, e a possibilidade de converter sua extinção em perdas e danos, e não em uma obrigação de dar, como acontece no primeiro caso.

O tipo contratual aqui tratado tem sua disciplina ventilada a partir do Decreto-Lei 58/1937 e pela Lei 6.766/1976, que tem seus principais aspectos determinados no campo dos direitos reais, que segundo disciplina de Maria Helena Diniz[35], se configura a partir da sistemática jurídica brasi-

---

[35] DINIZ, Maria Helena. Tratado teórico e prática dos contratos, 1º volume. 6ª ed. ver. ampl. E atual. De acordo com o novo Código Civil. São Paulo : Saraiva, 2006.

leira um novo direito real, como se pode deduzir dos artigos 1.417 e 1.418 do Código Civil.

Tratando pontualmente cada uma das regras legais retro indicadas quanto à regulamentação da promessa de compra e venda irretratável, que muitas das vezes leva a denominação de compromisso de compra e venda, inicio a partir do Decreto-lei n º 58/37, que em seu artigo 11 permitiu a realização do contrato em espécie por via de instrumento público ou particular. Já o artigo. 4º do referido Decreto-Lei disciplinou seu registro, á margem da inscrição imobiliário do imóvel que leva seu objeto, por averbação, bem como suas transferências e rescisões. Cumpre observar que a lei de registro público em vigência trata apenas do registro, enquanto que o artigo 5º do referido Decreto-Lei conferiu eficácia *erga omnes*, bem como qualificou o direito ventilado no contrato em questão com um direito real:

> "A averbação atribui ao compromissário direito real oponível a terceiro, quanto à alienação ou oneração posterior, e far-se-á à vista do instrumento de compromisso de venda, em que o oficial lançará a nota indicativa do livro, página e data do assentamento."

A outorga da escritura, já configurada neste trabalho como sendo apenas uma obrigação em razão do cumprimento das condições estabelecida na promessa de compra e venda irretratável, tem sua exigência por parte do promissário comprador garantida na redação do artigo. 15 do mencionado Decreto-Lei, podendo para tanto, antecipar ou ultimar o pagamento integral do preço. Já o artigo 16, com a redação dada pela Lei n º 6.014/73 introduziu a hipótese da regularização registral da promessa de compra e venda pela via da adjudicação compulsória, isso no caso de recusa da outorga da escritura definitiva, cujo processo seguirá o rito sumaríssimo, hoje rito sumário.

Todas as especificidades acima indicadas foram trazidas pelo atual Código Civil, foram sintetizados na redação do seu artigo 1.418:

> "O promitente comprador, titular de direito real, pode exigir do promitente vendedor, ou de terceiros, a quem os direitos deste foram cedidos, a outorga da escritura definitiva de compra e venda, conforme o disposto no instrumento preliminar; e, se houver recusa, requerer ao juiz a adjudicação do imóvel."

O artigo retro indicado é objeto de alteração de sua redação através do Projeto de Lei nº 3.780/04, o qual prevê a aquisição da propriedade imobiliária, embora a redação proposta para o artigo ainda se refira à especificamente à "outorga da escritura", pela averbação do compromisso de compra e venda no registro imobiliário, desde que apresentado um recibo para comprovar o pagamento da transação.

Com base na redação proposta, o compromisso de compra e venda seria tomado como contrato perfeito e acabado, enquadrando-o como modalidade de compra e venda, com cláusulas de irretratabilidade e irrevogabilidade. Eis a íntegra do Projeto de Lei e sua Justificação:

> "PROJETO DE LEI Nº 3.780 DE 2004
> Altera a redação do art. 1.418 da Lei nº 10.406, de 10 de janeiro de 2002, que institui o Código Civil.
> O Congresso Nacional decreta:
> Art. 1º – O art. 1.418 da Lei nº 10.406, de 10 de janeiro de 2002, passa a vigorar com a seguinte redação:
> 'Art. 1.418 – O promitente comprador, titular de direito real, poderá requerer, mediante simples averbação no registro imobiliário, a outorga da escritura de propriedade plena do imóvel, para tanto, fazendo acompanhar a prova da respectiva quitação.'
> Art. 2º – Esta Lei entra em vigor na data de sua publicação."

Segundo Sílvio de Salvo Venosa[36], *essa escritura definitiva aí exigida é superfetação burocrática irritante no atual estágio da história do direito imobiliário do país.* A conclusão do referido autor é salutar, na medida em que conforme mencionado, a escritura definitiva não tem mais o caráter de contrato definitivo, vez que se configura apenas como uma obrigação acessória da promessa de compra e venda.

A configuração da promessa de compra e venda irretratável como direito real não esta atrelada à sua forma de contratação, isso porque o contrato preliminar bilateral não garante a formalização do contrato definitivo, geralmente prevendo a possibilidade de arrependimento, a qual

---

[36] VENOSA, Sílvio de Salvo. *Compromisso de compra e venda com eficácia real: direito do promitente comprador.* Acessado em 04.11.2012 no site: http://www.professorsimao.com.br/artigos_convidados_venosa.htm

se resolveria através da fixação de perdas e danos não gerando qualquer direito acerca do bem indicado no contrato preliminar.

Já a promessa ou compromisso de compra e venda realizado com cláusula de irretratabilidade, guardam em seu conteúdo todos os requisitos encontrados no contrato definitivo, garantindo ao promissário comprador, depois de satisfeitas suas obrigações, exigir do promissário vendedor que este lhe outorgue a escritura definitiva, que nesse sentido é tida apenas como tradição efetiva da transmissão do bem, e não contrato principal.

Cumpre salientar que nos casos em que não há previsão da cláusula de arrependimento, segunda a redação conferida pela Lei nº 6.014/1973 ao artigo 22 do Decreto-lei, apesar de conformar o atual Código de Processo Civil, mantem a novidade trazida pela Lei n º 649/49, o qual dispõe:

> *"Os contratos sem cláusula de arrependimento, de compromisso de compra e venda e cessão de direitos de imóveis não loteados, cujo preço tenha sido pago no ato de sua constituição ou deva sê-lo em uma ou mais prestações, desde que inscritos a qualquer tempo, atribuem aos compromissários direito real oponível a terceiros, e lhes conferem o direito de adjudicação compulsória nos termos dos arts. 16 desta lei, 640 e 641 do Código de Processo Civil."*

Já a Lei n º 6.766/79, que regula o parcelamento do solo urbano, ao tratar dos compromissos de compra e venda irretratáveis, estabeleceu em seu artigo 25 a possibilidade da efetivação da adjudicação compulsória, conforme pode ser observado de sua redação:

> *"São irretratáveis os compromissos de compra e venda, cessões e promessas de cessão, os que atribuam direito a adjudicação compulsória e, estando registrados, confiram direito real oponível a terceiros."*

A eficácia real atribuída até então pela legislação esparsa, com o a entrada em vigor do atual Código Civil, trouxe em seu artigo 1.225, inciso VII, que classifica como direito real o direito do promitente comprador, deixando claro que, a obrigação assumida na promessa de compra e venda, agora inegavelmente possui eficácia real.

Apesar de produzir os mesmos efeitos da escritura definitiva, a sentença judicial emanada da ação de adjudicação compulsória, a mesma somente terá seus efeitos verificados ao ser levada o registro, quando então, terá o domínio do bem objeto do contrato transferido para o promissário comprador.

Ressalta-se, contudo que o negócio jurídico ventilado na promessa de compra e venda não perde suas características contratuais, levando-se em conta a demais relações obrigacionais que derivam do contrato em questão. Contudo, ao resguardar os direitos do promissário comprador, o legislador quis salvaguardar os direitos daquele que cumpre regularmente e na integralidade as obrigações contratadas. Ainda que seja verifica a existência de um direito real, este não se configura como direito de propriedade, direito este que fica cada vez mais próximo do promissário comprador na medida em que adimple com as obrigações contratadas, até que o atinge em sua plenitude com o adimplemento de todas as condições avençadas.

## 4 PRESSUPOSTOS DE EXISTÊNCIA E VALIDADE

Enquanto modalidade de contrato preliminar, a promessa de compra e venda é negócio jurídico, e dessa sorte, para que alcance os efeitos desejados, há de conter todos os pressupostos e requisitos inerentes ao contrato que antecede, com exceção da forma, sujeitando-se ainda, para que produza os efeitos desejados pelas partes, a fatores de validade.

Cumpre ressaltar que a doutrina mais moderna vem apontando a existência de três planos nos negócios jurídicos: Plano da existência, de validade e de eficácia. Apesar do Código Civil não ter adotado essa classificação, o seu estudo é de fundamental importância para o entendimento da matéria. Vale ressaltar que a concepção desses se dentro da teoria criada por Pontes de Miranda que, através de exemplos gráficos, tentou explicar tais planos. Trata-se da chamada "escada pontiana"[37] ou da "tricotomia do negócio jurídico".

---

[37] PONTES DE MIRANDA. Francisco Cavalcanti. *Tratado de Direito Privado*. 4ª Ed. São Paulo: Revista dos Tribunais, 1974, t. II, p. 379.

Observando a existência da indicação feita por Pontes de Miranda conforme acima indicada, será utilizada neste trabalho a classificação dada pelo Código Civil, a qual acredita-se necessária para a correta compreensão da modalidade contratual tratada no presente trabalho, em especial, porque na maioria das vezes, a referida modalidade contratual tem como objeto bem imóvel, o qual, no cenário nacional ainda é tido como grande conquista do cidadão, assim entendida como "casa própria".

Dessa sorte, a observância dos pressupostos de existência e validade no momento da formação da promessa de compra e venda é essencial, para que ao executá-lo após o cumprimento das obrigações contratadas as partes não encontrem óbice ou mesmo vicio no contrato preliminar que dificulte a transferência da propriedade que aos poucos foi sendo adquirida com o pagamento das obrigações vinculadas no contrato celebrado.

### 4.1 Da existência

Deste modo, deverá necessariamente conter, enquanto pressupostos de sua existência, a presença de pelo menos dois sujeitos que exteriorizem sua vontade[38] por alguma forma, e um objeto idôneo[39] e ainda possível fisicamente, intuitivamente concluindo-se ainda que são necessários um lugar e um momento no tempo.[40]

Ocorre que, para existir enquanto instrumento apto a conferir às partes a finalidade contratada, não basta existir, devendo cada um dos pressupostos elencados ser adjetivado para que alcance a validade, passo necessário em busca da recepção pelo sistema.

A promessa de compra e venda, embora tido como contrato preliminar deverá observar os requisitos essenciais à formação válida, sua forma, nos exatos termos do artigo 462 do Código Civil[41] pode ser livremente

---

[38] A ideia exclui por consequência a existência de negócios pactuados sob *vis absoluta* e as declarações não sérias.
[39] Infere-se que não existirá negócio jurídico nas hipóteses em que o objeto seja a venda de um terreno na lua ou a morte de um político famoso.
[40] AZEVEDO, Antônio Junqueira de. *Negócio jurídico: existência, validade e eficácia.* São Paulo: Saraiva, 2002. p. 32/34.
[41] Art. 462. O contrato preliminar, exceto quanto à forma, deve conter todos os requisitos essenciais ao contrato a ser celebrado.

eleita pelas partes, a inobservância ao formato escrito poderá gerar sérios problemas, tanto na seara probatória[42] como no tocante a oponibilidade perante terceiros.

A liberdade de forma preconizada pelo Art. 462 do Código Civil deve ser interpretada dentro do sistema em que se encontra, assim como pontua Silvio Rodrigues, "este tipo de negócio, embora a lei não o diga, deve ser celebrado por escrito, pois a prova exclusivamente testemunhal não pode ser admitida em negócios acima de determinado valor."[43]

Assim, apenas após a análise de cada um dos pressupostos de existência e validade, poder-se-á afirmar que a promessa de compra e venda está apto a produzir seus efeitos próprios, ou seja, aqueles almejados pelas partes.

## 4.2 Da validade

No plano da validade, observa-se que os fatores a ela inerentes aos efeitos desejados pelas partes, os quais se irradiam para fora da relação jurídica, representados aqui pelos direitos e deveres, pretensões e obrigações, ações e exceções, ou ainda ensejando a morte das relações jurídicas.[44]

A verificação da validade está ligada a cumprimento do contrato e deste modo à promessa de compra e venda, poderá se sujeitar a termo para que o pagamento seja efetuado, que pode ser realizado em parcela única ou em parcelas cuja forma e vencimento serão avençados entre as partes, condição cujo adimplemento é condição para a conclusão do negócio jurídico, que tem como consequência a aquisição da propriedade do bem objeto do contrato.

Cumpre observar que, inexistindo a fixação de prazo entre as partes para o cumprimento da obrigação avençada, para que seja a parte obrigada

---

[42] *Cf*: Código Civil. Art. 227. Salvo os casos expressos, a prova exclusivamente testemunhal só se admite nos negócios jurídicos cujo valor não ultrapasse o décuplo do maior salário mínimo vigente no País ao tempo em que foram celebrados. Veja ainda o artigo 401 do Código de Processo Civil no mesmo sentido.
[43] RODRIGUES, Silvio. *Direito civil: dos contratos e das declarações unilaterais de vontade*. São Paulo: Saraiva, 2002. p. 128.
[44] MELLO, Marcos Bernardes de. *Teoria do fato jurídico: plano da existência*. São Paulo: Saraiva, 2001. p. 85.

constituída em mora, será necessária a notificação do devedor[45], concedendo-se prazo razoável para que se possa efetuar o pagamento.

E aqui se observa que, o prazo razoável não é aquele tido assim pela parte credora, mas sim, aquele razoável para o cumprimento da obrigação da forma como foi contratada, isso porque, mais uma vez, ao dizer prazo razoável, não houve a conceituação de como o mesmo é verificado, utilizando-se, portanto, os conceitos gerais de direito.

Ainda tratando do plano da validade, devemos levar em conta que a declaração de vontade possui dois elementos, um interno, o qual esta vinculada à intenção ou à vontade real e o outro, denominado como externo, o qual traz a declaração da vontade. É certo que nos negócios jurídicos, coincidem os dois elementos, uma vez que a vontade declarada é expressão da vontade real.

Ainda que a situação acima indicada seja encarrada como sendo a regra, pode existir por motivos diversos a não coincidência dos dois elementos, oportunidade na qual os efeitos jurídicos do contrato serão diversos daqueles esperados, sendo verificada a sua extensão no caso concreto.

A não coincidência acima indicada pode ser proposital ou não, sendo a modalidade não proposital, pode ocorrer por mero erro ou ainda por via de coação física, não divergindo seus efeitos em razão da forma em que ocorrer. No caso de não coincidência dos elementos da expressão da vontade, pode ser verificada em três vias diversas: simulação; reserva mental e; declarações não sérias.

No caso de ser verificada a simulação, o contratante conscientemente e de má-fé, manifesta sua declaração, a qual não corresponde com sua real disposição e sempre de conluio com outra parte, com a intenção de causar prejuízo a terceiro, estranho ou não à relação contratual. Na reserva mental, a manifestação é feita, onde o contratante não deseja o resultado emanado de sua manifestação, muito menos seu conteúdo guarda relação com sua real intenção, reserva operada com a intenção de enganar a outra parte, ou ainda terceiros. O que o contratante expressa diverge daquilo que deseja.

---

[45] Código Civil. Art. 331. Salvo disposição legal em contrário, não tendo sido ajustada época para o pagamento, pode o credor exigi-lo imediatamente.

Em nosso Sistema Jurídico, Código Civil dá prevalência à vontade declarada, não sendo passível este negócio de nulidade ou anulação, nos termos previsto pelo artigo. 110, do referido diploma legal. Já na declaração não séria, o nosso ordenamento não a disciplinou, ela ocorre, por exemplo, quando uma pessoa compra um carro novo e ao mostrar ao seu amigo, fala, em tom de brincadeira, é seu. Todavia, essa manifestação de vontade não produz efeitos jurídicos.

## 5 DOS EFEITOS

Ao tratar dos efeitos advindos da promessa de compra e venda, a intenção é verificar se estes efeitos são obrigacionais, levando-se em conta se tratar de reflexos oriundos de contrato preliminar que em princípio não geria qualquer direito real, contudo, tem-se a redação do inciso VII, do artigo 1.225 do Código Civil vigente, a qual indica que o direito do promissário comprar é elencado como direito real.

O início da reposta acerca do tema já tem sua introdução nas indicações feitas no presente trabalho, na medida em que, reconhece que a escritura que transfere a propriedade do imóvel que é objeto da promessa de compra e venda não é tida como contrato principal, mas sim, como obrigação em razão da conclusão do contrato preliminar.

A introdução ao tema se faz necessária para as tratativas que são a seguir dirimidas.

### 5.1 Dos efeitos entre as partes

A promessa de compra e venda, enquanto contrato preliminar, tem como finalidade a contratação de forma definitiva, sob certo prazo ou condição[46], não importando a sua forma.

Não há vedação para que o contrato definitivo contenha cláusulas além daqueles avençadas na promessa, não configurando qualquer ofensa àquilo que já foi pactuado, desde que observados os limites e contornos

---

[46] VENOSA, Silvio de Salvo. *Direito civil: contratos em espécie*. São Paulo: Atlas, 2005. p. 528.

estabelecidos no negócio anterior e, com efeito, a regra legal deve ser interpretada com razoabilidade para se entender que a exigência é somente quantos aos *requisitos essenciais*.[47]

É certo que, para que seja possível a inclusão de cláusulas no contrato definitivo cujo teor não constava do contrato preliminar, se faz necessário à convergência da vontade das partes, mantendo-se apenas as condições gerais negociadas na situação de não haver concordância acerca das inovações.

No Direito pátrio, conforme leciona Silvio Venosa, o compromisso de compra e venda é contrato perfeito e acabado, sendo clara que a intenção das partes não se sintetiza na conclusão de outro contrato, mas na compra e venda do imóvel de forma definitiva, enquadrando-se como verdadeira modalidade de contrato definitivo. Nesse sentido, o citado autor faz uma crítica ao sistema atual, pois, seria muito melhor para as partes envolvidas se, ao invés de novo contrato, apenas indicassem a quitação daquele já celebrado e registrado, transferindo-se de forma automática a propriedade para o devedor[48].

Comungando da mesma posição, leciona Orlando Gomes que a promessa de compra e venda é mais que promessa, é vontade de contratar emitida pelas partes e por meio dele o contrato final encontra-se perfeitamente delineado, desde que foi pactuado o compromisso[49], e Arnaldo Rizzardo, aduzindo que o domínio, nestes negócios, prossegue com o proprietário apenas a título de garantia e na medida em que os pagamentos vão se realizando, aquele vai se diluindo.[50]

---

[47] PAMPLONA FILHO, Rodolfo. *A disciplina do contrato preliminar no novo código civil brasileiro*. In: Questões controvertidas no novo código civil. Coord. Mário Luiz Delgado e Jones Figueiredo Alves. São Paulo: Método, 2004, vol. II. p. 360.

[48] VENOSA, Sílvio de Salvo. *Compromisso de compra e venda com eficácia real: direito do promitente comprador*. Acessado em 04.11.2012 no site: http://www.professorsimao.com.br/artigos_convidados_venosa.htm. "Muito melhor e mais efetivo seria que a lei lhe desse um tratamento mais dinâmico, permitindo que por simples averbação no registro imobiliário, provando o adquirente ter pago todas as parcelas, que a propriedade se tornasse plena. Exigir-se nova escritura, a famigerada escritura definitiva, tão só para essa finalidade é burocracia e cartorialidade inadmissível na atualidade, atulhando ainda mais nossos tribunais com desnecessárias ações de adjudicação compulsória. Portanto, o Código de 2002 deu apenas meio passo com relação aos compromissos de venda e compra."

[49] GOMES, Orlando. *Contrato*. Rio de Janeiro: Renovar, 1999. p. 107.

[50] RIZZARDO, Arnaldo. *Contratos*. Rio de Janeiro: Forense, 2001. p. 239.

Mesmo tendo sido vinculadas todas as condições na promessa de compra e venda a transferência da propriedade somente é possível mediante novo negócio jurídico, nos termos preconizados pelo ordenamento jurídico, ou seja, escritura pública ou particular, esta última nos casos em que é autorizada em razão do valor da operação. Assim, em princípio não se pode admitir, ainda que todas as obrigações contratadas na promessa de compra e venda se verifique cumpridas, que a mesma sirva como documento hábil à transferência de propriedade na esfera registral.

Verificado o cumprimento das obrigações por parte do devedor, e havendo recusa do credor a celebrar o contato definitivo, caberá ao credor exercer sua pretensão mediante adjudicação compulsória, servindo a sentença de título translativo de propriedade, e neste caso, se o bem ainda compuser o patrimônio do devedor ou de seus sucessores *causa mortis*.

Observa-se que, apesar de prescrito no ordenamento jurídico, o registro do contato não é condição essencial, conforme Súmula 239 do Superior Tribunal de Justiça que diz que "o direito à adjudicação compulsória não se condiciona ao registro do compromisso de compra e venda no car tório de imóveis."

Cumpre observar que a Súmula acima indicada teve sua pública antes da entrada em vigência do atual Código Civil, que trazendo em seu bojo a disciplina do artigo 1.418, não exige o registro da promessa de compra e venda para o direito à adjudicação seja exercido pelo promissário comprador.

A redação do Enunciado 95 do Conselho da Justiça Federal, que interpretando o Art. 1418 do Código Civil, frisa que "o direito à adjudicação compulsória quando exercido em face do promitente vendedor, não se condiciona ao registro da promessa de compra e venda no cartório de registro imobiliário."

Dessa sorte, o fato da supramencionada súmula ter sido edita ainda na vigência do antigo Código Civil, o entendimento acerca de desnecessidade do registro da promessa de compra e venda para a perseguição da adjudicação compulsória se manteve inclusive na redação do dispositivo acima indicado do Código Civil.

É certo que o registro da promessa de compra e venda tem outra função, que não apenas viabilizar a adjudicação compulsória do bem objeto da promessa contratada entre as partes, na medida em que a publicidade do ato imporá seus efeitos a terceiros. A comprovação da quitação da obrigação assumida se faz necessária para a arguição de seus efeitos contra terceiros, caso contrário, os pretensos efeitos contra terceiros não restará qualquer utilidade, vez que o contrato em si não poderá ser sequer executado entre as partes.

Em caso de falecimento dos contratantes, salienta-se que as obrigações de dar não se extinguem com a morte do obrigado, as de fazer, por outro lado, ainda que não sejam classificadas como *intuito personae*, não impõe aos sucessores do devedor a obrigação de cumprir o ajustado por estarem caracterizadas como hipóteses de extinção do contrato.[51]

Segundo Mário Delgado, a partir da leitura da relação obrigacional como um processo, eventual outorga de escritura pública, não se caracteriza propriamente como um fazer, sendo, outrossim, ato essencial ao pagamento e visa em essência transferir a propriedade à luz das regras impostas pelo sistema em tais relações, e assim, encontra-se o fundamento a justificar a transmissão desta modalidade de obrigação em razão da morte do devedor.

Deve-se analisar a situação em que o devedor deixar de cumprir com o avençado, situação verificada quando a obrigação de quitar o preço ou as parcelas ajustadas e nesta hipótese, a faculdade conferida ao credor de resolver o negócio jurídico nos moldes do artigo 475 do Código Civil.

Observando à boa-fé contratual, embora a resolução do negócio seja permitida, esta não poderá estar acompanhada de cláusula de decaimento, esteja o negócio celebrado sob a égide da Lei 6766/1979 ou não, seja em razão do contido no Art. 53 do Código de Defesa do Consumidor, seja por expressa violação do princípio da função social do contrato[52], que dirige o senso ético que deve balizar a conduta dos contratantes.

Para que exercite seu direito de resolução do contrato, o credor deverá constituir do devedor em mora e ainda a concessão de prazo razoável para que o mesmo possa purgá-la, posto que em conformidade com a regra

---

[51] DELGADO, Mário Luiz. *Da intransmissibilidade, causa mortis, das obrigações de prestação de fato*. In: Questões controvertidas no novo código civil. Coord. _____ e Jones Figueiredo Alves. São Paulo: Método, 2005, vol IV.
[52] TARTUCE, Flávio. *A função social do contrato: do código de defesa do consumidor ao novo código civil*. São Paulo: Método, 2005. passim. Segundo o autor, *"princípio geral de direito, de ordem pública, pelo qual o contrato deve ser, necessariamente, interpretado e visualizado de acordo com o contexto da sociedade."*

que regulamenta a venda e compra de imóveis loteados, a pretensão resolutória condiciona-se a estas providências preliminares, ao menos no que tange aos negócios regulados pela Lei 6766/1979, tendo-se ainda que as benfeitorias devam ser indenizadas, invocando-se aqui a teoria do diálogo das fontes.

Ainda que a promessa de compra e venda tenha como objeto imóvel oriundo de loteamento urbano, também não permitirá a inserção de cláusula de arrependimento, sendo esta vedada nos moldes do Art. 25 da Lei 6.766/1979 e na medida em que esta se caracteriza como norma de ordem pública, o preceito em comento é inderrogável pela autonomia privada.

Nos casos em que a promessa de compra e venda não tenha como objeto imóvel derivado de loteamento urbano, em princípio tratar-se-á de contrato paritário, sendo então lícito às partes inserir cláusula de arrependimento no contrato preliminar, ressaltando que aquele que promete vender deverá ressarcir o preço recebido devidamente corrigido.

Cumpre tercer algumas observações acerca da outorga uxória, isso porque, excetuados os regimes que não a exigem, a necessidade da mesma é verificada através da análise conjunta dos artigos 1647, inciso I, 462 e 166, inciso VII, todos do Código Civil e parece que não existem argumentos que autorizem a dispensa da anuência do cônjuge.

Fato é que ausente a necessária legitimação para o negócio em questão, na ausência da autorização do cônjuge, a consequência é a não recepção pelo sistema dos efeitos pretendidos pelas partes.

No caso de uma ou ambas as partes manterem união estável, verifica-se que a Constituição Federal[53] equipara esta situação ao casamento, pode-se sustentar que as regras aplicáveis são as mesmas e na hipótese há de se exigir a anuência do companheiro.

Por outro lado, considerando-se que tal situação tutelada pelo direito pode ser desconhecida pelo pretenso comprador por conta da ausência de registro público da união, o parceiro lesado deverá provar a ausência de boa-fé (subjetiva) daquele, demonstrando, por exemplo, que o pretenso adquirente é conhecido do casal ou que visitou o imóvel em que os últimos

---

[53] Art. 226. A família, base da sociedade, tem especial proteção do Estado. [...] § 3º. Para efeito da proteção do Estado, é reconhecida a união estável entre o homem e a mulher como entidade familiar, devendo a lei facilitar sua conversão em casamento.

residem, cientificando-se da existência da convivência reconhecida pelo ordenamento, sob pena de lhe restar apenas a via indenizatória em face do companheiro que alienou bem do patrimônio comum.

## 5.2 Dos efeitos para terceiros

Além dos efeitos da promessa de compra e venda entre as partes contratadas, também se faz necessária a análise de seus efeitos em relação a terceiros, cuja disciplina esta positivada no parágrafo único do artigo 463 do Código Civil, isso porque, em regra, a eficácia de um negócio jurídico está limitada às partes, contudo, podendo se estender atingindo terceiros estranhos ao negócio, normalmente mediante a observância à publicidade do ato.[54]

Da mesma forma que os terceiros estão obrigados a respeitar as relações negociais entabuladas entre os contratantes, por outro lato os terceiros também devem ter ciência da existência de tais obrigações, as quais se provam por meio da inscrição da minuta do contrato preliminar à margem da matrícula do imóvel no Registro de Imóveis.

Conforme já mencionado, a obrigatoriedade do registro do da promessa de compra e venda "representa instrumento inibitório à prática de negócios jurídicos sucessivos sobre o mesmo bem, com lesão ao direito do primeiro adquirente ou de terceiros que venham a adquirir o bem já negociado"[55], atuando como mecanismo de garantia para o pretenso comprador já que frustrará as tentativas de fraude, sendo o registro requisito indispensável para que tenha efeito *erga omnes*.

Tomando-se o registro da promessa de compra e venda como faculdade e não um dever como a leitura superficial da aludida regra induz a pensar[56], haverá ineficácia relativa posto que o negócio não produzirá efeitos em relação a terceiros, como ocorre também nas hipóteses da não notificação do cedido na cessão de crédito ou na venda a *non domino*.[57]

---

[54] BETTI, Emílio. *Teoria geral do negócio jurídico*. Tomo II. Campinas: LZN, 2003. p. 77.
[55] ALVES, Jones Figueiredo; DELGADO, Mario Luiz. *Código civil anotado: inovações comentadas artigo por artigo*. São Paulo: Método, 2005. p. 240.
[56] VENOSA, Silvio de Salvo. *Direito civil: teoria geral das obrigações e teoria geral dos contratos*. São Paulo: Atlas, 2002, vol. II. p. 423.
[57] AZEVEDO, Antônio Junqueira de. *Negócio jurídico: existência, validade e eficácia*. São Paulo: Saraiva, 2002. p. 60.

A busca junto ao registro competente acerca da existência de promessa de compra e venda registrada à margem da Matrícula do imóvel pretendido configura postura acertada, dado que tal informação é de fácil acesso, impondo-se a quem se alega terceiro de boa-fé o dever de prová-lo mediante a demonstração de uma conduta diligente e proba.

Ainda trantando dos efeitos em razão de terceiros, faz-se necessário observar a hipótese em que terceiro venha a suceder uma das partes da promessa de compra e venda já formalizada. Primeiramente se questionada acerca da anuência da outra parte para que a cessão seja efetivada, providencia essa que não se vislumbra necessária a não ser que tenha sido objeto de especificação entre as partes e conste do instrumento, de caso contrário, a cessão operada deverá apenas ser informada a outra parte, para que seja cumprida a obrigação contratada junto àquele a quem ela agora é devida.

Já no que tange ao cumprimento das obrigações contratadas entre as partes, aquele que suceder qualquer uma delas, deverá aceitar e cumprir na forma em que foi entabulada quando da celebração do contrato, apenas incumbindo àquele que suceder ocupar o lugar do sucedido, recebendo todos os ônus, bem como os bônus derivados da posição ocupada na relação contratual.

Outra indagação que surge, já no crepúsculo do presente estudo, está ligada a validade de penhora eventualmente promovida no imóvel prometido à terceiro, sendo que se o pagamento já estiver finalizado, independentemente da averbação do compromisso junto ao Registro de Imóveis, em razão da violação do direito do comprador esta deverá ser afastada[58]; por outro lado, se ainda pender o pagamento das parcelas ajustadas, devedor deverá ser intimado para que as deposite em Juízo, sendo lícita então penhora do crédito daquele que prometeu vender.

## 5.3 Do contrato com pessoa a declarar

A redação dos artigos 467 a 471 do Código Civil trouxe para o direito patrio figura jurídica ainda não disciplina na matéria contrarual, ou seja, o contrato com pessoa a declarar, instituto já disciplinado pelo direito português nos artigos 452 a 456 de seu Código Civil, e também no direito

---

[58] ALVIM, Arruda. *Direito privado*. São Paulo: Revista dos Tribunais, 2002, vol. I. p. 204.

italiano, por via do artigo 1.321 do Código Civil. Na espécie contratual em questão, o negócio jurídico é celebrado por via da inclusão de cláusula pro amico eligendo, a qual permite a um dos contratantes indicarem outra pessoa que o substitua na relação contratual, adquirindo os direitos e assumindo as obrigações deles decorrentes.

Na lição de Carlos Roberto Gonçalves[59], ao tratar do instituto, diz que "trata-se de avença comum nos compromissos de compra e venda de imóveis, nos quais o compromissário comprador reserva a si a opção de receber a escritura definitiva ou de indicar terceiro para nela figurar como adquirente", e segue, para afirmar que a cláusula "tem sido utilizada para evitar despesas com nova alienação, nos casos de bens adquiridos com o propósito de revenda, com a simples intermediação do que figura como adquirente".

Dessa sorte, é certo que a cláusula contratual que preve a hipótese de sua realização com pessoa a declarar é passivel de aplicação às promessas de compra e venda de imóvel, não sendo verificado qualquer impedimento para sua inclusão na forma contratual mencionada. É verificado que na hipótese em espécie a efetiva cessão de direitos ao promitente comprador, o qual manifesta sua anuencia ao promissário vendedor no momento da celebração do pacto, para a efetição de sua substição em momento posterior.

Cumpre ressaltar que ao conceder a promessa de compra e venda direito real sobre coisa alheia, cujo registro somente opera efeitos em relação à tercerios, nos termos já tratados neste artigo, referido direito passa a integrar o patrimônio do credor, e a substituição deste na relação contratual, com a consequënte alteração do titular do direito real, consuma cessão de direitos.

Ao tratar dos efeitos jurídicos da promessa de compra e venda a Maria Helena Diniz[60], inclui a hipótese de cessão da promessa pelo promissário comprador, "valendo a cessão independentemente do consentimento do promitente-vendedor, ficando, contudo, solidário com o cessionário perante aquele; entretanto, se houver a anuência do promitente vendedor, não há tal solidariedade passiva". A solidariedade refeerida é também referida por Arnoldo Wald[61].

---

[59] GONÇALVES, Carlos Roberto. Principais Inovações do Código Civil de 2002. São Paulo: Saraiva, 2002.
[60] DINIZ, Maria Helena. Curso de Direito Civil Brasileiro. 18ª ed. São Paulo: Saraiva, 2002, vol. IV.
[61] WALD, Arnoldo. Curso de Direito Civil Brasileiro, Direito das Coisas. 4ª ed. São Paulo: Revista dos Tribunais, 1.980.

A relevância da inclusão da cláusula pro amico eligendo está em afastar a solidariedade passiva do promissário comprador/cedente independentemente da anuência do promitente vendedor no ato da cessão, pois antecipadamente a admitiu ao contratar nos termos do art. 467 e seguintes da lei civil.

É verificado que a possibilidade da inclusão da cláusula aqui discutida nas promessas de compra e venda, tem especial condão de facilitar as condições negociais para o mercado imobiliário, que pode transferir seus ativos verificados através dos contratos celebrados na forma acima indicada, e assim se disvincular dos longos prazos que possam ser estabilecidos promover sua capitalização e der andamento em suas atividades fins.

Nos termos ventilados pelo parágrafo único do artigo 468 do Código Civil, indica que a aceitação da pessoa nomeada somente será eficaz de revestida da mesma forma que as partes usaram para o contrato, ressaltando-se que exigido o instrumento público para o contrato, deve a aceitação seguir da mesma forma. Contudo, nos casos em que se admite o instrumento particular, a aceitação também poderá ser verificada da mesma forma, não havendo qualquer impedimento qeu se efetive por meio de escritura pública, dependendo para tanto, apenas da vontade das partes.

Na hipótese da pessoa noemada ser incapaz ou insolvente no momento em que for feita a substituição, esta será ineficaz com relação ao promissário vendedor, produzindo o contrato seus efeitos entre os contratantes originários, conforme indicam os artigos 470, II, e 471 do Código Civil.

Sendo cessão de direitos, a indicação, devidamente aceita pela pessoa nomeada, celebrada pelo instrumento adequado com observância de todas as normas legais aplicáveis, e estando a promessa de compra e venda registrada, dentre eles o princípio da continuidade, cujo registro somente será exigido para que o efeito da substituição seja emanda a terceiros, observando-se a necessidade de seu registro somente nos casos em que o contrato original assim tenha feito.

Cumpre observar que, sendo verificada a insolvência do nomeado, em caso de registro da promessa de compra e venda, o registro poderá ser cancelado por requerimento unilateral da outra parte, ou outras partes, desde que capazes.

A intervenção tanto do promitente vendedor quanto a do promitente comprador se impõe vez que as relações entre os mesmos voltarão a ser regidas pelo contrato original, sendo indispensável a do insolvente reconhecendo seu estado e a ineficácia da cessão. Embora inexigível que o promitente vendedor tenha participado da cessão que deu origem ao ato registrado, não o fez diretamente, mas com o mesmo anuiu ao celebrar o compromisso com a cláusula pro amico eligendo.

## CONCLUSÃO

Após a análise de vários aspectos da promessa de compra e venda, partindo de sua conceituação, formação, e efeitos, sem esgotar o tema, que é vasto, chega-se a conclusão de que a promessa de compra e venda pode ser conceituada como negócio jurídico bilateral de forma livre por meio do qual as partes se obrigam, quando de seu cumprimento, a formalizar a venda e compra cujo objeto e pagamento tenha sido previamente ajustado.

Nos mesmos moldes que todos os contratos, a promessa de compra e venda deve observar em sua formação, tendo em vista o objetivo focado pelas, os pressupostos de existência, validade, bem como os aqueles pertinentes a eficácia, sujeitando-se ainda a todas as demais regras que norteiam as atividades contratuais e negociais.

A promessa de compra e venda, tida como contrato preliminar com as negociações preliminares, de onde confirmamos sua necessidade no ordenamento jurídico, isso porque, nem sempre é possível concluir a compra e venda definitiva, especialmente no tocante a alienação de imóveis, que deve respeitar a forma prevista no Código Civil e por isso mesmo, não se podem confundir estas duas modalidades negociais, bem como por ser a escritura pública, documento essencial à transcrição imobiliária.

O descumprimento da promessa pelo credor após sua conclusão, em especial quanto a eventual recusa na outorga da escritura definitiva pode ser suprida pelo Poder Judiciário, sendo inclusive oponível aos sucessores, observando-se para tanto os prazos gerais de prescrição, vez que a matéria não é disciplinada de forma específica pelo direito pátrio.

Exceção feita aos regimes matrimoniais onde a outorga uxória é dispensada, ou ainda se qualquer dos contratantes viver em união estável verifica-se necessária a referida outorga sem a qual o negócio será anulável, impondo-se, no último caso, que o companheiro demonstre a ciência do pretenso adquirente acerca da situação de união conjugal.

A averbação da promessa de compra e venda à margem da matrícula do imóvel objeto do negócio jurídico constitui fator de eficácia em relação a terceiros, e uma vez promovida, gera obrigação com eficácia real, podendo ser suscitada em relação a qualquer terceiro, contudo, caso tal registro não seja efetivo, a eficácia entre as partes do negócio realizado não sofre qualquer abalo, sendo inclusive possível a adjudicação compulsória do bem nesse caso.

A indicação da pessoa nos termos da cláusula pro *amico eligendo* importa em cessão dos direitos do promitente comprador; estando registrada a promessa, há transferência de direito real sobre imóvel.

Por fim, chega-se a conclusão que a promessa de compra e venda é forma contratual pela qual são realizados inúmeros negócios jurídicos, e amplamente utilizada pelo direito nacional, em especial quando o objeto do negócio são bens imóveis, onde a espécie contratual se mostra apta a atender aos anseios das partes contratantes, bem como, do mercado da construção civil e parcelamento do solo urbano, na medida em que agora é verificada a possibilidade da opção pela cláusula de contratar com pessoa a declarar.

## REFERÊNCIAS

ALVES, Jones Figueiredo; DELGADO, Mario Luiz. *Código civil anotado: inovações comentadas artigo por artigo*. São Paulo: Método, 2005.

ALVIM, Arruda. *Direito privado*. São Paulo: Revista dos Tribunais, 2002, vol. I.

AZEVEDO, Antônio Junqueira de. *Negócio jurídico: existência, validade e eficácia*. São Paulo: Saraiva, 2002.

BESSONE, Darcy. *Da compra e venda : promessa, reserva de domínio & alienação em garantia*. – 4ª ed. rev. E ampl. – São Paulo : Saraiva, 1997.

BETTI, Emílio. *Teoria geral do negócio jurídico.* Tomo II. Campinas: LZN, 2003.

DELGADO, Mário Luiz. *Da intransmissibilidade, causa mortis, das obrigações de prestação de fato.* In: Questões controvertidas no novo código civil. Coord. _____ e Jones Figueiredo Alves. São Paulo: Método, 2005, vol IV.

DINIZ, Maria Helena. *Curso de direito civil: teoria das obrigações contratuais e extracontratuais.* São Paulo: Saraiva, 2002, vol. III.

_____, Maria Helena. *Curso de Direito Civil Brasileiro: Direito das coisas.* 20. ed. São Paulo: Saraiva, 2004. vol. IV.

_____, Maria Helena. Tratado teórico e prática dos contratos, 1º volume. 6ª ed. ver. ampl. E atual. De acordo com o novo Código Civil. São Paulo : Saraiva, 2006.

GOMES, Luiz Roldão de Freitas. *Contrato.* Rio de Janeiro: Renovar, 1999.

GOMES, Orlando. Contratos. Rio de Janeiro: Forense, 2008.

_____, Orlando. Direitos Reais. Rio de Janeiro, Forense, 1969.

GONÇALVES, Carlos Roberto. *Principais Inovações do Código Civil de 2002.* São Paulo: Saraiva, 2.002.

_____, Carlos Roberto. *Direito civil brasileiro: contratos e atos unilaterais.* São Paulo: Saraiva, 2004, vol. III.

MELLO, Marcos Bernardes de. *Teoria do fato jurídico: plano da existência.* São Paulo: Saraiva, 2001.

OSÓRIO JUNIOR, José Osório de. *Compromisso de Compra e Venda.* São Paulo : Malheiros, 4ª ed. 1998.

PAMPLONA FILHO, Rodolfo. *A disciplina do contrato preliminar no novo código civil brasileiro.* In: Questões controvertidas no novo código civil. Coord. Mário Luiz Delgado e Jones Figueiredo Alves. São Paulo: Método, 2004, vol. II.

PEREIRA, Caio Mário da Silva. *Instituições de direito civil: contratos, declarações unilaterais de vontade, responsabilidade civil.* Rio de Janeiro: Forense, 2004, vol. III.

PONTES DE MIRANDA. Francisco Cavalcanti. *Tratado de Direito Privado*. 4ª Ed. São Paulo: Revista dos Tribunais, 1974.

RIZZARDO, Arnaldo. *Contratos*. Rio de Janeiro: Forense, 2001.

RODRIGUES, Silvio. *Direito civil: dos contratos e das declarações unilaterais de vontade*. São Paulo: Saraiva, 2002.

ROSENVALD, Nelson. *A promessa de compra e venda no código civil de 2002*. Acessado em 04.11.2012 no site: http://flaviotartuce.adv.br/artigo/ROSENVALD_COMPRA.doc.

SILVA, Clóvis do Couto e. *A obrigação como Processo / Clóvis V. do Couto e Silva*. Rio de Janeiro : Editora FGV, 2006.

SIMÃO, José Fernando. *Direito civil*. São Paulo: Prima, 2004.

_____. *Direto civil*: contratos. São Paulo: Atlas, 2005.

TARTUCE, Flávio. *A formação do contrato no novo código civil, no código de defesa do consumidor e a via eletrônica*. In: Questões controvertidas no novo código civil. Coord. Mário Luiz Delgado e Jones Figueiredo Alves. São Paulo: Método, 2005, vol IV.

_____. *A função social do contrato: do código de defesa do consumidor ao novo código civil*. São Paulo: Método, 2005.

VENOSA, Silvio de Salvo. *Direito civil: teoria geral das obrigações e teoria geral dos contratos*. São Paulo: Atlas, 2002, vol. II.

_____. *Direito civil: contratos em espécie*. São Paulo: Atlas, 2005.

_____.*Compromisso de compra e venda com eficácia real: direito do promitente comprador*. Acessado em 04.11.2012, no site: http://professorsimao.com.br/artigos_convidados_venosa.htm.

WALD, Arnoldo. Curso de Direito Civil Brasileiro, Direito das Coisas. 4ª ed. São Paulo: Revista dos Tribunais, 1.980.

# RESPONSABILIDADE CIVIL E O PRINCÍPIO *IN DUBIO PRO DIGNITATE* NAS RELAÇÕES PRIVADAS

*Raquel Helena Valési*[1]

RESUMO

O princípio da dignidade humana é o núcleo essencial da Constituição e que dá base para que haja um Estado Democrático de Direito.
Este princípio não deve ter interpretação restritiva, tem função ligada à integração com os direitos fundamentais e é elemento basilar de qualquer legislação.
O direito civil deve estar atrelado ao princípio constitucional nuclear dentre os outros direitos expressos na Constituição e, para alcançar esse propósito, o direito civil constitucional auxiliará no papel de buscar um direito civil mais harmonizado aos princípios fundamentais,

---

[1] Doutoranda e mestre em Direito Civil pela Pontifícia Universidade Católica de São Paulo, Pós Graduada em Direito Processual Civil pela PUC/SP. Atualmente é professora em tempo integral na Universidade São Judas Tadeu (USJT), é professora de direito civil da Universidade Mogi das Cruzes - campus Villa Lobos, professora de direito civil e processo civil Universidade São Judas Tadeu - São Paulo, professora da Pós-Graduação lato sensu da PUC/SP (COGEAE) curso Direito Contratual, professora integrante do Núcleo de Prática Jurídica da UMC. Ex-professora direito civil do Curso Preparatório para Concurso r2 Learning, da Universidade Bandeirante-Anhanguera de São Paulo e ex-professora orientadora de processo civil do Curso Pós-Graduação lato sensu da Uniderp-LFG. Participa também da UMC como professora integrante do Núcleo Docente Estruturante (NDE). Participa como membro efetivo da Comissão de Ensino Jurídico da OAB/SP. Realiza atividades de extensão e atua como professora nos Cursos de Oficina de Contratos e Direito Imobiliário na Escola Superior de Advocacia de São Paulo e Escola Paulista de Direito em São Paulo. Experiência profissional de mais de 18 anos na área de consultoria jurídica, contencioso cível e recuperação de crédito. Nos últimos 18 anos obteve sólida atuação em discutir, analisar e solucionar questões relacionadas a processo civil, contratos e empreendimentos imobiliários.

em especial, às necessidades existenciais da pessoa e com uma releitura da responsabilidade civil.

**Palavras-chave**: Direito civil – Responsabilidade civil – Dignidade da pessoa humana

ABSTRACT

The principle of human dignity is the core of the Constitution, which gives the basic democratic state.
This principle should not be interpreted restrictively, have function associated with the integration and fundamental rights is a basic fact of any legislation.
The civil law must be linked to the constitutional principle nuclear among other rights expressed in the Constitution, and to achieve this purpose, civil law constitutional role to assist in seeking a civil right but harmonized with the fundamental principles, in particular, needs existential and the person with a rereading of liability.

**Keywords**: Civil law – Civil responsibility – Dignity of the human person

# INTRODUÇÃO

Um dos fundamentos da Constituição Federal, previsto no artigo 1º, inciso III, consiste na dignidade da pessoa humana.

Toda a concepção de direitos fundamentais, individuais, sociais ou coletivos passa por uma origem comum: a *dignidade*.

A dignidade é indissociável de autonomia e liberdade e por esta razão que os direitos individuais previstos no artigo 5º da Constituição Federal representa a reafirmação deste valor supremo e que acaba sendo recepcionado em todas as normas infraconstitucionais.

Este princípio é mandamento nuclear do ordenamento jurídico, é alicerce fundamental que se irradia em todas as normas servindo de critério para sua exata compreensão e, desta forma, a violação de um princípio constitucional importa em ruptura da própria Constituição[2].

---

[2] REIS, Carine Gelgado Caúla. A dignidade da pessoa humana como limite ao exercício da liberdade de expressão. *In*: Renan Lotufo (coord.) *Direito Civil Constitucional*, Caderno 3, São Paulo:Malheiros, 2002. p. 243.

Pretendemos aqui realçar a importância desse princípio nas relações individuais (e, coletivas) pois só garantindo as condições existenciais mínimas do ser humano assegurar-se-á direitos e deveres fundamentais e vida saudável em coexistência com os outros seres humanos.

## 1 ANTECEDENTES HISTÓRICOS

A raiz etimológica da palavra "dignidade" provém do latim: *dignus* é " aquele que merece estima e honra, aquele que é importante, humanidade, honradez"[3].

Devemos fazer uma retomada da história para entendermos a evolução da palavra dignidade e o sentido que ela se impõe aos vários contornos das relações humanas e jurídicas.

A ideia do valor intrínseco da pessoa humana está nas raízes do pensamento clássico e no ideário cristão. Tanto no Antigo quanto no Novo Testamento temos referências que faz lembrar que o ser humano foi criado à imagem e semelhança de Deus. Esta premissa é a base do cristianismo e mostra que o ser humano é dotado de um valor próprio e que lhe é intrínseco, não podendo ser transformado em mero objeto ou instrumento[4].

No pensamento filosófico da antiguidade clássica observamos que foi feita a análise da dignidade da pessoa humana no sentido da sua posição social, ou seja, a ocupação do indivíduo e o seu grau de reconhecimento pelos demais membros da comunidade é que fazia ser a pessoa mais digna ou menos digna.

No pensamento estóico, a dignidade era considerada como uma qualidade que é inerente ao ser humano e isso que o distinguia das demais criaturas. Os seres humanos são dotados da mesma dignidade, intimamente ligada a noção de liberdade pessoal[5].

---

[3] MORAES, Maria Celina Bodin de. O conceito de dignidade humana: substrato axiológico e conteúdo normativo. *In*: SARLET, Ingo Wolfgang (Org.) *Constituição, Direitos Fundamentais e Direito Privado*, 3ª edição, São Paulo: Livraria do Advogado, p. 115.
[4] "Não há mais judeu nem grego, não há mais escravo nem livre, não há mais homem nem mulher, pois todos vós sois um em Jesus Cristo". (Gálatas 3:28)
[5] SARLET, Ingo. *Dignidade da Pessoa Humana e Direitos Fundamentais*. São Paulo: Livraria do Advogado, p. 30.

Em Roma, nas formulações de Cícero que alterou a compreensão de dignidade desvinculada do cargo ou posição social, é possível reconhecer a coexistência de um sentido moral (virtudes pessoais, lealdade) e sociopolítico (sentido de posição social)⁶.

Na Idade Média destaca-se o pensamento de São Tomás de Aquino que destaca a dignidade como elemento próprio do homem e ela existe "só no homem como indivíduo, passando desta forma a residir na alma de cada ser humano"⁷.

No âmbito do pensamento jusnaturalista dos séculos XVII e XVIII a concepção da dignidade da pessoa humana passou um processo de racionalização e laicização, mantendo-se, todavia, a noção fundamental da igualdade de todos os homens pois só assim haveria liberdade⁸.

Nessa mesma linha seguiu a concepção de dignidade de Immanuel Kant que, considerando a autonomia ética do ser humano que acaba sendo o fundamento de dignidade, sai do modelo cristão para construir uma concepção sobre dignidade a partir da natureza racional do ser humano que é a que fundamenta a autonomia da vontade e que é entendida como a faculdade de determinar a si mesmo e agir em conformidade com certas leis e isso é atributo só dos seres racionais.

Foi na *Crítica da Razão Prática* de 1788 que Kant traçou a moralidade em novas bases, no que ele denominou "imperativo categórico". Para esse autor havia duas categorias de valores: o preço e a dignidade. As coisas têm preço, as pessoas dignidade⁹.

Kant sustenta que o Homem existe como um fim em si mesmo porque sua natureza o distingue dos outros seres e ainda, a qualidade do ser humano é peculiar e insubstituível porque "coisas" tem um preço que pode em vez dela ser substituída por outra equivalente; mas quando uma coisa está acima de todo o preço e, portanto, não permite equivalente, então tem ela dignidade¹⁰.

---

⁶ SARLET, op.cit., p. 31.
⁷ SARLET, op.cit, p. 115.
⁸ SARLET, op.cit, p. 32..
⁹ SARLET, op.cit, p. 117
¹⁰ "Isso pode ainda ser analisado quando reconhece-se que o meio ambiente, a preservação de todos os recursos naturais e a própria vida de um modo geral deve ter dignidade". SARLET, op.cit, p. 117.

Além disso, nessa linha de raciocínio, Kant afirma que o homem não deve jamais ser transformado num instrumento para a ação de outrem. Embora o mundo da prática permita que certas coisas ou certos seres sejam utilizados como meios para a obtenção de determinados fins ou determinadas ações, e embora também não seja incomum historicamente que os próprios seres humanos sejam utilizados como tais meios, a natureza humana é de tal ordem que exige que o homem não se torne instrumento da ação ou vontade de quem quer que seja.

É possível afirmar que a dignidade da pessoa humana é um valor supremo que dá base a toda atividade ética. Enquanto o homem se põe diante de coisas, atribuindo-lhe valor (no sentido de preço) e finalidade, não tem que se preocupar com a dignidade da coisa, pois esta existe apenas para atender às finalidades impostas pelo mesmo. Quando porém, o homem se põe diante de outro homem, é preciso considerar exatamente esse fato: que se trata de outro homem, que tem dignidade e que, por isso, não pode ser usado como meio para atingir um fim[11].

Do imperativo categórico de Kant fica a noção de que a dignidade é intrínseca ao homem, sendo esta impossível de relativização por parte do Estado ou da sociedade. Para que haja uma real proteção a dignidade, o ser humano, também deve poder ter liberdade de vontade, caso contrário este não seria mais que um mero instrumento de controle da sociedade.

Na condição de expoente de Kant o filósofo alemão Hegel sustenta a noção de dignidade centrada na ideia de eticidade, ou seja, o ser humano não nasce digno (refuta a concepção ontológica da dignidade), mas se torna digno a partir do momento em que assume sua condição de cidadão (não funda sua concepção de dignidade em qualidade inerentes aos seres humanos)[12].

Após ter tecidas estas breves considerações das concepções filosóficas de dignidade e que encontrou em Kant o seu maior expoente (mas não o único) continua-se discutindo ainda no século XX e XXI a concepção da dignidade da pessoa humana, ou seja, ela ocupa lugar central no pensamento filosófico e jurídico pois sempre será tratado como valor fundamental da ordem jurídica.

---

[11] ARAUJO, Vaneska. O lugar da culpa e os fundamentos da responsabilidade civil no Direito Contemporâneo. *In*: HIRONAKA, Giselda (Coord.). *Ensaios sobre Responsabilidade Civil na Pós-Modernidade*. Porto Alegre: 2007, p. 384.
[12] SARLET, op.cit, p. 36.

O estudo da dignidade da pessoa humana é pressuposto de que o homem tão somente pelo fato de sua condição humana e independente de qualquer circunstância, é titular de direitos que devem ser reconhecidos e respeitados por seus semelhantes e pelo Estado.

## 2 DIGNIDADE DA PESSOA HUMANA COMO NORMA FUNDAMENTAL

O respeito à dignidade da pessoa humana, fundamento do imperativo categórico kantiano, de ordem moral, tornou-se um comando jurídico no Brasil com o advento da Constituição de 1988, da mesma forma que já ocorria no mundo, tais como na: Declaração Universal dos Direitos Humanos (1948) que enuncia no seu artigo 1º "Todas as pessoas nascem livres e iguais em dignidade e direitos"[13], também o artigo 1º da Constituição Italiana de 1947 "todos os cidadãos têm a mesma dignidade e são iguais perante a lei". A Lei Fundamental de Bonn (1949), Constituição Portuguesa (1976), Espanhola (1978) e a "recém" promulgada Carta dos Direitos Fundamentais da União Européia (Nice -2000)[14] todas tratam da dignidade em Capítulo ou artigo especial[15].

No Direito Brasileiro a dignidade humana foi consagrada como princípio fundamental no artigo 1º, inciso III da Constituição Federal, atribuindo-se valor supremo, alicerce da ordem jurídica democrática pelo que foi tratada pelo legislador constitucional na ordem econômica (art. 170 CF) e na esfera social quando do planejamento familiar e da paternidade responsável (art. 226 §6º CF), assegurando dignidade a criança e adolescente[16].

---

[13] Parallele à la production des Codes des grands Etats modernes, puis à la prolifération de textes de plus techniques, avu de jour uma espèce de littérature juridique:les Déclarations des Droits de l'Homme. Cella commence aux Etats-Unis d'Amerique, vers l'anne 1.776. VILLEY, Michel. *Le Droit et Les droits de l'homme*. Presses Universitaries de France, p. 9.

[14] "Les conventions internationales dont l'objet consiste à garantir le respect de certains droits subjectifis qualifiès de "fondamentaux", en particulier la Convention des ètas em cas de mèconnaissance de ces droits sur leur territoire et cette responsabilitè este prècisément l'instrument choisi pour contraindre les autoritès nationales à modifier leur droit positif". VINEY, Genèvive. *Traitè de droit civil*. Paris: LGDJ, p. 90.

[15] SARLET, op.cit, p. 118.

[16] MIRANDA, Jorge. *Tratado Luso-Brasileiro da Dignidade da Pessoa humana*, São Paulo:Quartier Latin, 2008, p. 1.093.

Assim, a Constituição enuncia este princípio que deve ser cristalizado na consciência coletiva e que deve servir de norma embasadora e informativa de toda ordem constitucional inclusive das normas ditas Direitos Fundamentais. A dignidade humana é o núcleo essencial da Constituição e que dá base ao Estado Democrático de Direito. O Estado é que existe em função da pessoa humana e não o contrário já que o ser humano constitui a finalidade precípua e não atividade estatal[17].

O reconhecimento deste princípio pela ordem jurídica não significa dizer que a dignidade exista apenas onde à medida que seja reconhecida pelo Direito mas com que com esse reconhecimento dá-se valor que anima e justifica a própria existência do ordenamento jurídico[18].

Nessas condições, dignidade existe não apenas onde existe o Direito porque ela não é concedida por ele, pois como na forma kantiana estabelecera para a ordem moral, é na dignidade humana que a ordem democrática se apoia e constitui-se[19].

## 3 CONSIDERAÇÕES SOBRE UMA POSSÍVEL RELATIVIZAÇÃO DO PRINCÍPIO DA DIGNIDADE DA PESSOA HUMANA

Diante do quanto exposto no Capítulo 2, verificamos que a dignidade, como qualidade intrínseca da pessoa humana, não pode ser ela própria concedida pelo ordenamento jurídico pois jamais poderá ser retirada de nenhum ser humano, todavia, é objeto de violação.

Nesse sentido, quando se fala em direito à dignidade está-se na verdade considerando o direito de reconhecimento, de proteção, de um direito concedido e, que por esta razão, deve ser considerado mais do que uma norma de direito fundamental e sim um princípio fundamental sem único e exclusivo conteúdo ético e moral mas de valor jurídico fundamental[20].

Donnini lembra que " a dignidade humana, por ser um princípio superior, impõe um comportamento correto, equânime, proporcional, ético,

---

[17] TEPEDINO, Gustavo. **Temas de Direito Civil**. Rio de Janeiro:Renovar, 2005, p. 1-22 e 69.
[18] SARLET, op.cit p. 70.
[19] SARLET, op.cit p. 119.
[20] SARLET, op.cit p. 70.

na realização de qualquer negócio jurídico" (DONNINI, 2004) e por isso o reconhecimento da condição normativa da dignidade, assumindo feição de princípio constitucional fundamental, não afasta o seu papel como valor fundamental geral para toda a ordem jurídica. Por esta razão, este princípio pode ser realizado em diversos graus ou formas mesmo porque princípios não podem ser vistos como absolutos[21].

O que desejamos aqui consignar é que este princípio assume preponderância diante dos demais princípios mas que por vezes pode se afastar quando um outro princípio deva prevalecer em função do condição vivida pelo ser humano, por exemplo, o direito à liberdade, sem que isso afaste definitivamente e deixe de conter embutido neste e nos outros princípios a dignidade.

Percebemos que o conteúdo do princípio da dignidade da pessoa humana constitui-se como núcleo essencial dos direitos fundamentais cumprindo a função de limitar a atividade humana e estatal e de integrar os direitos fundamentais e, se é assim, muitas vezes este princípio pode limitar, restringir a dignidade de outras pessoas, se observada como um direito autônomo e não absoluto[22].

Nessas condições, podemos questionar se há situações que a dignidade pessoal, como valor intrínseco de todo ser humano poderia ceder em face de valores sociais mais relevantes quando por exemplo salvaguardar a vida de alguém.

Acreditamos que os bens jurídicos constitucionais devem, na solução do caso concreto, ser aplicados cada um no seu contexto sem que isso implique em colisão e sobreposição de um ou outro princípio fundamental pois só assim haverá unidade da Constituição[23].

Além disso, a dignidade ainda que seja considerada como núcleo essencial dos direitos fundamentais poderá sofrer relativização na medida de que seu conteúdo pode ser julgado, ou seja, a aferição de violação do princípio da dignidade está sujeita a entendimento do um julgador que pode não entender que a prática da tortura – em alguns países legalizadas – pode violar dignidade.

---

[21] SARLET, op.cit p. 71 e 73.
[22] SARLET, op.cit, p. 124.
[23] SARLET, op.cit., p. 125 e. 215.

Nos princípios encontraremos as diretrizes valorativas válidas aplicáveis à interpretação constitucional e devemos adaptá-los à realidade social na qual se insere[24].

Um juízo de ponderação deve ser feito pois o conteúdo de dignidade poderá ser concretizada de forma diferenciada para cada caso, em maior ou menor de grau de intensidade. A dignidade pode ser tida como um bem jurídico nuclear todavia pode ser recepcionada como um valor em aberto pois irá depender da vontade intérprete e em que sentido cultural e social está vinculada, assim, ponderando sobre o assunto: a morte é mais ou menos digna diante da violência contida nos procedimentos para preservação da vida do paciente terminal[25]? É nesse sentido que se faz a ponderação.

Os bens jurídicos constitucionais devem, quando da solução do caso concreto, ser aplicados de tal sorte a terem cada um a sua efetividade assegurada, de modo que, na hipótese de colisões, um não deve ser realizado às custas do outro, impondo-se, à luz do postulado da unidade da Constituição, a otimização dos bens conflitantes, de modo assegurar-lhes o máximo em eficácia e efetividade[26].

## 4 RESPONSABILIDADE CIVIL À LUZ DO PRINCÍPIO DA DIGNIDADE DA PESSOA HUMANA

Para que possamos entender os novos contornos da responsabilidade civil atual devemos analisar o papel do Código Civil e legislações extravagantes em compatibilização com os princípios constitucionais.

A complexidade da sociedade juntamente com os avanços tecnológicos impõe mudanças na Responsabilidade Civil que vem acompanhada de traço individualista que não pertence à realidade constitucional.

Ao propor um novo direito civil mais atrelado aos princípios constitucionais direcionar-se-á a atividade humana na defesa da dignidade do ser humano mas também na redução das desigualdades, da marginalização e na construção de uma sociedade mais justa, solidária e plural.

---

[24] BASTOS, Celso Ribeiro. *Hermenêutica e Interpretação Constitucional*. 2ª ed. São Paulo: Celso Bastos Editor, 1999, p. 134.
[25] SARLET, op.cit., p. 131 e 134.
[26] SARLET, op.cit., p. 215.

O direito civil constitucional tem esse papel de buscar um direito civil mais harmonizado aos princípios fundamentais, em especial, às necessidades existenciais da pessoa.

Por essa razão faz-se essencial a releitura da responsabilidade civil sob o aspecto civil-constitucional pois só assim será possível atender às demandas por indenizações com justiça e efetiva proteção a dignidade à pessoa humana.

A responsabilidade civil tem função preventiva e essa função é consubstanciada no princípio "*neminem laedere*", previsto no artigo 5º, inciso XXXV da Constituição Federal que garante não só proteção aos direitos ofendidos mas também de evitar a lesão[27].

Para José Jairo Gomes "um dos primeiros aspectos sinalizados pela ideia de solidariedade no tocante à proteção da personalidade diz respeito à necessidade de se procurar impedir, de forma eficaz, que a lesão venha a se concretizar". E continua o mesmo autor, " se houver a lesão não terá outra solução senão a reparação do dano através da compensação pecuniária" (GOMES, 2005).

Toda concepção de direito fundamentais, individuais, sociais ou coletivos passam por uma origem comum: a dignidade, esta, é indissociável de autonomia, de liberdade[28].

O papel dos tribunais tem fundamental relevância para alcançar os novos traços da responsabilidade civil que é mais atrelada a responsabilidade sem culpa (objetiva), não permitindo que danos injustos sigam sem reparação por ausência de regramento.

Segundo a professora Giselda Hironaka: "Organiza-se um sistema que não recusa a existência de um dano injusto, por isso indenizável, decorrente de conduta lícita". E continua, " Todo este novo perfil normativo traz enormes mudanças na aplicação do direito, exatamente porque confere ao magistrado uma saudável responsabilidade na composição pecuniária da

---

[27] Quanto al primo profilo ocorre muovere da alcune precisazioni. Innanzi tutto, non vi è uma relazione biunívoca trai l principio di *alterum no laedere* e il disposto dell'art. 2043 cod. Civ. Ciò perchè il principio há um significato più ampio, ricompredendo sì il precetto di astenersi dal violare diritti o interessi e ttuttavia giuridicamente rilevanti, ma opera anche in settori nei quali il ricorso all'art.2043. ALPA, Guido. *Trattato di Diritto Civille* Tomo IV: La Responsabilità Civile. Giuffrè Editore, p. 191.
[28] LOTUFO, Renan (Coord.). op.cit., p. 244.

indenização, tornando-se equânime e, por isso, mais justa, atuação esta que é inovadora entre nós, mas que tem por paradigma a moldura da *commom law*" (HIRONAKA, 2007).

As cláusulas gerais auxiliam e obrigam o Judiciário decidir sob o enfoque dos valores e exigências sociais. A preocupação da responsabilidade civil está em garantir dignidade como validação dos velhos pressupostos da responsabilidade e o dever de indenizar.

Perlingieri ensina que "a jurisprudência dos valores tem necessidade de afinar as técnicas da prevenção do dano, da execução específica, da restituição *in integro* e de ter à disposição uma legislação de seguros obrigatória e de prevenção social. O jurista, e especialmente o juiz, é chamado a exercer uma função de suplência em relação ao Poder Legislativo" (PERLINGIERI, 2002).

Na busca de uma responsabilidade civil como um instrumento de pacificação social e dar sentido no favorecimento das vítimas, fez com que a professora Giselda Hironaka defendesse tese de livre-docência questionando e ponderando sobre os elementos da responsabilidade como caráter de prevenção da ocorrência de danos e não mais em reparação dos danos já ocorridos. Elimina-se de vez a chamada responsabilidade subjetiva e sobre isso discorre na chamada *responsabilidade pressuposta*.

A ilustre professora ensina que: "A compensação e a reparação, porque são formas concebidas contemporaneamente para o reequilíbrio da vida social, não podem simplesmente procurar restabelecer um mesmo estado anterior de pouca cidadania. Clama também por obrigação e responsabilidade civil, mas pode – ou melhor, deve – fazer da responsabilidade civil um instrumento para garantia de direitos sociais e de exercício de direitos civis por todos os cidadãos, inclusive o direito à propriedade.

Se, todavia, se pretender apenas considerara responsabilidade civil como um simples instituto jurídico – que pode simplesmente ser reduzido à condição de ser uma garantia da propriedade – certamente a sociedade brasileira poderá deixar de contar com mais uma excepcional vertente endereçada a uma substancial alteração de uma cultura de violência e de exclusão social". (HIRONAKA, 2005 e 2007)

O instituto da responsabilidade civil que trata da culpa (subjetiva) não encontra mais guarida nos dias atuais para fim de solucionar os casos em que há dano. A preocupação da responsabilidade civil deve recair sobre a vítima e não mais no autor do dano. Este deve ser punido de tal forma para que haja inibição da eventual prática de outro dano[29].

Estabelecer um critério geral de responsabilização sobre os fatos e as circunstâncias que estão ao redor das atividades humanas de cunho econômico ou não é o que fundamenta hoje do instituto da responsabilidade civil.

Sabemos que o tema responsabilidade mostra-se ligado a reparação de danos, em especial, devolver à vítima um estado de recomposição. A realidade dos dias de hoje detecta uma preocupação de garantir o direito de alguém de não mais ser vítima de danos e este caráter de prevenção de danos busca espaço no sistema de responsabilidade civil[30].

Estamos, portanto, diante de uma crise da responsabilidade civil no que tange ao elemento culpa ou mesmo no que tange à sua forma objetiva.

Durante muito tempo a noção de culpa era o norteador para atribuição de responsabilidade civil e reparação de danos. Com a evolução da humanidade, e, principalmente no decorrer do século XVIII, com a revolução industrial, a revolução francesa e o movimento iluminista, a noção de culpa teve que ceder espaço para a noção de risco[31].

Verificamos na história da humanidade que a ideia de exigir reparação de dano está sempre atrelada a ideia de culpa e desde que provado quem foi o causador do dano. Todavia, as mudanças e avanços tecnológicos exigem do Estado uma outra forma de encarar a responsabilidade do agente quanto aos danos causados, em especial, por aqueles que desenvolvem atividade que oferecem risco à sociedade.

Ensina Hironaka que, "as mudanças sociais decorrentes da revolução industrial e do avanço tecnológico têm exigido do Estado uma intervenção crescente em favor do bem-estar e da justiça social, acentuando-se a importância do Direito como instrumento de planejamento econômico, multiplicando-se as normas jurídicas de programação social e estabelecendo-se novos critérios de distribuição de bens e serviços. O Direito evolui de

---

[29] HIRONAKA, Giselda, op.cit. pag. 150 e, nesse sentido, PEREIRA, Caio. *Instituições de Direito Civil*. 14 ed. Rio de Janeiro:Forense, Vol III, 2010, p. 506.
[30] HIRONAKA, Giselda, op.cit., p. 150.
[31] CAVALIERI FILHO, Sergio. *Programa de Responsabilidade Civil*. São Paulo: Malheiros. 2005, p. 155.

suas funções tradicionais repressivas para outras de natureza organizatória e promocional, estabelecendo novos padrões de conduta e promovendo a cooperação entre os indivíduos na realização dos objetivos da sociedade contemporânea" (HIRONAKA, 2005).

O que vemos, desta forma, é que a responsabilidade civil objetiva é tratada como exceção no Código Civil (parágrafo único do artigo 927) todavia, a responsabilidade subjetiva não mais combina com o estágio atual da vida moderna como sendo o fundamento da responsabilidade civil e principalmente não é condizente com os princípios constitucionais e a ordem social democrática[32].

Da exposição até aqui proferida, verificamos que todo ser humano pode potencialmente causar dano independentemente da prova de culpa, pois é inerente (pressuposta) a sua responsabilidade, sem se atentar a demonstrar culpa do agente.

Da análise dos princípios da dignidade da pessoa humana e da solidariedade social não há como não inferir que quem sofre dano não pode suportá-lo sem que seja indenizado. A ideia da responsabilidade pressuposta é mostrar que a culpa tornou-se modelo insuficiente para as novas exigências sociais sendo as pessoas responsáveis pelo risco que criam[33].

No direito europeu verificamos que essa linha a responsabilidade civil há muito tempo atrás foi acolhida no Tribunal Francês e a "primeira decisão fundamental da Corte de Cassação foi dada em 16 de junho de 1896, e ficou conhecida pelo nome de "l' arrêt Teffaine". Dizia respeito à morte acidental de um operário, em decorrência de uma explosão num rebocador a vapor. A Corte Suprema desencadeou, à época, um novo princípio, segundo o qual a pessoa era responsável pela coisa que lhe pertencia. O proprietário do rebocador não pôde, portanto, exonerar-se da

---

[32] GARCEZ NETO, Martinho. *Responsabilidade Civil no Direito Comparado*. São Paulo: Renovar, 2000,p.94 e HIRONAKA, Giselda , op cit., p. 89 a 92 e 153.
[33] Para Hironaka "há algo de intrínseco, de anterior, de pressuposto, na concepção do dever de reparar o dano causado; algo que está antes na essência do homem, ou mais que isso, está na essência da humanidade, da qual ele faz parte. A este algo – dentro de nós há uma coisa que não tem nome, e essa coisa é o que somos – se dá o nome de dignidade da pessoa humana". Responsabilidade Pressuposta. op.cit., p. 106 e 133. Também sobre o assunto, HIRONAKA, Gilseda (Coord.), op.cit. p. 164.

responsabilidade, provando a culpa do condutor do rebocador, e indenizou a viúva e as crianças do operário morto"[34].

Assim sendo, as noções de culpa ou nem mesmo o risco são considerados como fundamentos da responsabilidade civil, devendo, portanto, ocuparem outro patamar, o de fontes da responsabilidade civil[35].

Além disso, diante da atual concepção de dignidade humana que se tem, o dever de indenizar e reparar o dano é antes de tudo, um dever moral, pois se sabe que os danos das atividades humanas, são, invariavelmente, consequência das mesmas[36].

À medida que o nível de vida se eleva, mais cada um compreende ter a certeza de ser indenizado (a fatalidade não é mais aceita), o que se reflete muitas vezes, na transferência da indenização para ao coletividade[37].

O dever de indenizar deve ser fruto de uma construção jurídica, doutrinária e jurisprudencial (principalmente) baseada na própria condição do ser humano que, como tal, é essencialmente solidário e possui uma dignidade que lhe é inerente de tal modo que justifica a noção absoluta de indenização, e porque não, uma indenização que de tal modo impeça novos abusos por quem ocasiona ou ocasionou o dano[38].

Não basta apenas averiguar – dentro de uma perspectiva sociológica e jurídica – que a periculosidade da atividade com base na teoria do risco, seja apreciada de modo isolado. A vítima que é exposta ao risco da atividade perigosa tem o direito de obter a reparação dos prejuízos que ela suportou porque é inerente à essência do ser humano: a dignidade humana[39].

Segundo o Magistério de Moraes:

---

[34] HIRONAKA, Giselda (Coord.), op.cit., p. 165.
[35] HIRONAKA, Gilseda, op.cit. p. 162. Ripert, Georges. *A Regra Moral nas Obrigações Civis*. Campinas/SP:Bookseller, 2002, p.119 e 120.
[36] HIRONAKA, Gilseda, op.cit., p. 384. Hans Kelsen: "*O Direito é uma parte constitutiva da ordem moral, que o Direito é moral e, portanto, é por essência justo*". Teoria Pura do Direito. São Paulo:Martins Fontes, 2000, p. 72. ROSS, Alf. *Direito e Justiça*, 2ª ed.. Bauru/SP:Edipro, tradução Edson Bini, 2007, p. 89.
[37] GOMES, Luiz Roldão de Freitas. *Elementos de Responsabilidade Civil*. Rio de Janeiro: Renovar, 2000, p. 142.
[38] BARBOSA, Arykoerne Lima. *A responsabilidade pressuposta à luz do princípio da dignidade da pessoa humana e da aplicação do* mise en danger. In: Âmbito Jurídico, Rio Grande, XIV, n. 86, mar. 2011.Disponível: <http://www.ambitojuridico.com.br/site/?n_link=revista_artigos_leitura&artigo_id=9055&revista_caderno=7>.
[39] HIRONAKA, Gilseda, op.cit. p. 163.

"A dignidade é um valor espiritual e moral inerente à pessoa, que se manifesta, singularmente na autodeterminação consciente e responsável da própria vida e que traz consigo a pretensão ao respeito por parte das demais pessoas, constituindo-se um mínimo invulnerável que todo estatuto jurídico deve assegurar, de modo que, somente excepcionalmente, possam ser feitas limitações ao exercício dos direitos fundamentais, mas sempre, sem menosprezar a necessária estima que merecem todas as pessoas enquanto seres humanos. E continua o mesmo autor, "esse dever configura-se pela exigência do indivíduo respeitar a dignidade de seu semelhante tal qual a Constituição Federal exige que lhe respeitem a própria. A concepção dessa noção de dever fundamental resume-se e três princípios o direto romano: *honestere vivere* (viver honestamente), *alterum non laedere* (não prejudique ninguém) e *sun cuique tribuere* (dê a cada um o que lhe é devido)" (MORAES, 2011).

O Direito não mais consegue acompanhar a evolução social alavancada pelo grande desenvolvimento tecnológico e pela grande difusão de conhecimento. A responsabilidade civil não mais se concebe o irressarcimento das vítimas de danos oriundos de atividades que apresentem risco ou periculosidade considerável, de modo que, mesmo as excludentes percam seu espaço[40].

## 5 PROTEÇÃO DE DIREITOS PELA DIGNIDADE: *IN DUBIO PRO DIGNITATE*

Ao enunciar o Capítulo com a expressão *proteção de direitos pela dignidade* acabamos nos referindo à função do princípio da dignidade da pessoa humana pois, como visto, o mesmo constitui o núcleo essencial dos direitos fundamentais e encontra-se imune a restrições. Este princípio é limite à atividade restritiva do legislador.

O substrato da dignidade é entendida pelo a) sujeito moral e ético que reconhece a existência dos outros como sujeitos iguais a ele; b) pelo sujeito que deve merecer respeito à sua integridade psicofísica de que é

---

[40] BARBOSA, Arykoerne Lima., op. cit.

titular e, c) respeito a autonomia da vontade e pela sua escolha não ser marginalizado e excluído.

É por esta razão que "paralelo" ao princípio da dignidade, decompondo-o, reconhecemos os princípios da liberdade, igualdade e solidariedade que reconhecem a qualidade intrínseca do ser humano.

Desta forma, podemos reconhecer a prevalência desse princípio sobre qualquer norma constitucional e limitadora da atividade do legislador[41] quando por exemplo: limitando a disposição legal que prevê a penhora do único imóvel do fiador e que lhe serve de moradia e quando o mesmo tem outros meios de assegurar o crédito[42]. Neste caso, a função protetiva (e defensiva) da dignidade é de prevalecer um direito social (moradia) impedindo um retrocesso dos direitos fundamentais.

Nos dizeres de Giselda Hironaka: "O contorno fundamental da principiologia de amparo e o matiz de sustentação do viés axiológico de resguardo de uma tal reestruturação sistemática deverá estar, por isso mesmo, indelevelmente vinculado ao respeito à dignidade da pessoa humana, esta que é, enfim, o sentido e a razão de toda e qualquer construção jurídico-doutrinária" (HIRONAKA, 2007).

O mesmo raciocínio pode ser feito quando não se defere a denegação do benefício de IPI para portadores de deficiência física, o reconhecimento da alteração do nome no registro civil do transexual pois não se pode conceber exclusivamente o sexo como atributo instantâneo no ato de concepção mas pode-se inferir a partir do reconhecimento da esfera psíquica[43].

Ingo Sarlet salienta: " pressuposta a existência de um direito à vida, com dignidade e se tornando o caso de um doente terminal, vítima de sofrimentos atrozes e sem qualquer esperança de recuperação, sempre se poderá indagar a respeito da legitimidade da prática da eutanásia, justificando-a

---

[41] Alexandre de Moraes ressalta que "o princípio da dignidade da pessoa humana apresenta-se em uma dupla concepção. Primeiramente, prevê um direito individual protetivo, seja em relação ao próprio Estado, seja em relação aos demais indivíduos. Em segundo lugar, estabelece verdadeiro dever fundamental de tratamento igualitário dos próprios semelhantes". Op.cit., p. 49.

[42] Recurso Extraordinário nº 407.688-8/SP.

[43] SARLET, Ingo, op.cit., p. 130. Ainda se encontram impossibilitados os transexuais de obterem a alteração do sexo indicado no registro civil.

com base no argumento de que mais vale a pena morrer com dignidade". (SARLET, 2005)

No que tange a responsabilidade civil destaca-se que a responsabilidade objetiva não é hoje o único fundamento da responsabilidade civil no ordenamento jurídico, devemos ver que a vítima exposta ao risco da atividade perigosa tem o direito de obter a reparação dos prejuízos que ela suportou[44]. A ordem positiva deve acompanhar a essência do ser humano: a dignidade humana que se torna com núcleo mínimo e inalterável dos direitos fundamentais, tal como é o direito de ser indenizado.

A jurisprudência deve desempenhar papel importantíssimo no decorrer desse século, pois não só na responsabilidade civil, mas, bem como outros ramos terão suas bases e disciplinas reformuladas pelas Cortes jurisprudenciais, na medida em que o Direito não conseguirá acompanhar o desenvolvimento social, econômico, político, jurídico e tecnológico exclusivamente com base na norma[45].

A pessoa humana é elemento fundamental do Direito Privado e deve ser protegida em sua dignidade.

Da análise dos casos concretos e da evolução social, verificamos que o princípio da dignidade da pessoa humana é diretriz a ser seguida e ante a antinomia entre princípios ou destes com direitos fundamentais (vida, integridade física, etc), ainda que no âmbito constitucional, prevalece o princípio da dignidade da pessoa humana; jamais deve o núcleo essencial da Constituição ser violado e, portanto, sempre deve ser observado o postulado *in dubio pro dignitate*.

---

[44] *Mise En Danger* teoria desenvolvida por Geneviève Schamps, jurista Belga que trata em sua obra "*La Mise Em Danger: um concep fonateur d' un príncipe general de responsabilité*" (pode ser traduzida como uma ação de pôr em perigo ou expor a risco).e que é citada por citada por Giselda Hironaka em sua tese e que busca a verificação da existência, ou não, de um padrão de caracterização de determinadas situações que expõem as pessoas a determinado risco, desnudando e fragilizando as vertentes de exclusão de responsabilidades e buscando apresentar, isso sim, os responsáveis pela ocorrência de danos absolutamente ressarcíveis. HIRONAKA, Giselda. op.cit., p. 168 a 173.

[45] O fenômeno da constitucionalização do direito civil juntamente com o princípio da dignidade da pessoa humana, vem servindo como suporte para as novas teorias da responsabilidade civil bem como para fundamentar o reconhecimento de novos danos ressarcíveis. HIRONAKA, Giselda. op.cit., p. 168 a 173.

# CONCLUSÕES

O princípio da dignidade humana é o núcleo essencial da Constituição e que dá base a Estado Democrático de Direito. Cumpre este princípio, a função de limitar a atividade humana e estatal e de integrar os direitos fundamentais.

Sendo a dignidade a base que fundamenta qualquer legislação, o direito civil não pode estar fora dessa linha e é por isso o direito civil constitucional auxilia no papel de buscar um direito civil mas harmonizado aos princípios fundamentais, em especial, às necessidades existenciais da pessoa.

Ao se propor um direito civil mais atrelado aos princípios constitucionais direcionar-se-á a atividade humana na defesa da dignidade da pessoa humana mas também na redução das desigualdades, da marginalização e na construção de uma sociedade mais justa, solidária e plural.

Nesse sentido, a releitura da responsabilidade civil sob o aspecto civil-constitucional é indispensável, pois só assim será possível atender às demandas por indenizações com justiça e efetiva proteção a dignidade à pessoa humana.

A responsabilidade civil tem função preventiva e é consubstanciada no princípio *"neminem laedere"*, previsto no artigo 5º, inciso XXXV da Constituição Federal que garante não só proteção aos direitos ofendidos mas também de evitar a lesão

O papel dos tribunais tem fundamental relevância para alcançar os novos traços da responsabilidade civil que é mais atrelada a responsabilidade sem culpa, não permitindo que danos injustos sigam sem reparação por ausência de regramento.

Da análise dos casos concretos é que poderemos verificar que o princípio da dignidade da pessoa humana está sendo a diretriz sendo que se houver antinomia entre princípios ou destes com direitos fundamentais ainda que no âmbito constitucional, deve prevalecer o princípio da dignidade da pessoa humana, observando, portanto, o postulado *in dubio pro dignitate*.

# APÊNDICE JURISPRUDENCIAL

"APELAÇÃO CÍVEL. RESPONSABILIDADE OBJETIVA. ESTADO DO RIO GRANDE DO SUL. TORTURA. REPRESSÃO POR PARTE DOS AGENTES DO ESTADO. MÉTODOS DESUMANOS DE TRATAMENTO AO INDIVÍDUO DETIDO PELO APARATO ESTATAL QUE EXTRAPOLAM AS FUNÇÕES DO PODER DE POLÍCIA. DANOS MORAIS CARACTERIZADOS. QUANTUM. IMPRESCRITIBILIDADE RECONHECIDA. PRINCÍPIO DA DIGNIDADE DA PESSOA HUMANA."(Apelação Cível Nº 70037772159, Quinta Câmara Cível, Tribunal de Justiça do RS, Relator: Jorge Luiz Lopes do Canto, Julgado em 20/04/2011)

"REGISTRO CIVIL - Retificação - Assento de nascimento - Transexual - Alteração na indicação do sexo - Deferimento - Necessidade da cirurgia para a mudança de sexo reconhecida por acompanhamento médico multidisciplinar - Concordância do Estado com a cirurgia que não se compatibiliza com a manutenção do estado sexual originalmente inserto na certidão de nascimento - Negativa ao portador de disforia do gênero do direito à adequação do sexo morfológico e psicológico e a conseqüente redesignação do estado sexual e do prenome no assento de nascimento que acaba por afrontar a lei fundamental - Inexistência de interesse genérico de uma sociedade democrática em impedir a integração do transexual - Alteração que busca obter efetividade aos comandos previstos nos artigos 1º, III, e 3º, IV, da Constituição Federal - Recurso do Ministério Público negado, provido o do autor para o fim de acolher integralmente o pedido inicial, determinando a retificação de seu assento de nascimento não só no que diz respeito ao nome, mas também no que concerne ao sexo". (Tribunal de Justiça de São Paulo, Apelação Cível n. 209.101-4 - Espirito Santo do Pinhal - 1ª Câmara de Direito privado - Relator: Elliot Akel - 09.04.02 - V. U.)

Direito Civil – Recurso Especial – Transexual submetido à cirurgia de redesignação sexual – Alteração do prenome e designativo de sexo – Princípio da Dignidade da Pessoa Humana (STJ, Resp 1.008.398/SP – Min. Nancy Andrighi, j. 15/10/09, V.U.).

Declaratória de inexistência de débito, cumulada com indenização por danos morais. Apontamento do nome da apelada no cadastro de inadimplentes. Ausência de relação negocial entre as partes. Ré não observou o cuidado necessário na prestação de serviços, afrontando a dignidade da pessoa humana e expondo a autora à situação vexatória. Apelante deve assumir o risco profissional da atividade que exerce, não podendo atribuir a responsabilidade de seu procedimento abusivo às operadoras locais de telefonia. Relação de consumo se faz presente. Danos morais configurados. Verba reparatória condizente com as peculiaridades da demanda. Apelo desprovido (processo n° 0054040-03.2008.8.26.0114, rel Natan Zelinschi de Arruda, Campinas, 4° Câmara, DJ, 21/01/13)

Inexigibilidade de créditos, cumulada com indenização por danos materiais e morais. Apontamento indevido do nome do autor no cadastro de inadimplentes. Descontos irregulares no benefício previdenciário do recorrente. Contratos de empréstimo celebrados pelos recorridos com terceiros mediante fraude. Danos morais configurados. Ampliação da verba reparatória apta a sobressair, ante as peculiaridades...

Inexigibilidade de créditos, cumulada com indenização por danos materiais e morais. Apontamento indevido do nome do autor no cadastro de inadimplentes. Descontos irregulares no benefício previdenciário do recorrente. Contratos de empréstimo celebrados pelos recorridos com terceiros mediante fraude. Danos morais configurados. Ampliação da verba reparatória apta a sobressair, ante as peculiaridades da demanda. Indenização majorada para R$5.000,00, a ser paga por cada um dos integrantes do polo passivo, observa o equilíbrio, pois afasta o enriquecimento sem causa em relação ao apelante, bem como tem finalidade didática para que os apelados não reiterem a conduta inadequada. Princípios da razoabilidade e proporcionalidade levados em consideração. Apelo provido em parte.(processo n° 9143210-44.2009.8.26.0000, rel. Natan de Arruda, Suzano, 4ª Camara. DJ 21/01/13)

# REFERÊNCIAS

ALPA, Guido. Trattado di Diritto Civille T. IV: La Responsabilità Civile, Giuffrè Editore.

BARBOSA, Arykoerne Lima. A responsabilidade pressuposta à luz do princípio da dignidade da pessoa humana e da aplicação do *mise en danger*. In: **Âmbito Jurídico**, Rio Grande, XIV, n. 86, mar 2011. Disponível em: <http://www.ambito-juridico.com.br/site/?n_link=revista_artigos_leitura&artigo_id=9055&revista_caderno=7> acesso: 15/01/13

BASTOS, Celso Ribeiro.Hermêutica e Interpretação Constitucional, 2ª edição, São Paulo: Celso Bastos Editor, 1999.

CANOTILHO, J.J.Gomes, Direito Constitucional e Teoria da Constituição 7.ª Edição - 5.ª Reimpressão, Editora Almedina, 2008.

CAVALIERI FILHO, Sérgio. Programa de Responsabilidade Civil. 7. ed. São Paulo: Atlas, 2005.

COSTA, Judith Martins. O direito privado como um "sistema em construção" – as cláusulas gerais no projeto do Código Civil brasileiro. Revista dos Tribunais, nº 753/24, Ano 87, Julho/98.

_____. As cláusulas gerais como fatores de mobilidade do sistema jurídico. Revista dos Tribunais, nº 680, Ano 81, Junho/92.

COSTA, Mário Júlio de Almeida. Direito das obrigações. 7ª edição, Coimbra: Almedina, 1999.

DIAS, José de Aguiar. Da Responsabilidade Civil. 11. ed. Rio de Janeiro: Renovar, 2006.

DINIZ, Maria Helena. Curso de Direito Civil Brasileiro: Responsabilidade Civil. 16. ed. v. 7. São Paulo: Saraiva, 2011.

DONNINI, Rogério Ferraz. Responsabilidade Pós-Contratual, São Paulo: Saraiva, 2004

DUGUIT, Lèont. Fundamentos do Direito,tradução Marcio Pugliesi, Ed. Icone.

GAGLIANO, Pablo Stolze; PAMPLONA FILHO, Rodolfo. Novo Curso de Direito Civil: Responsabilidade Civil. 3. ed. São Paulo: Saraiva, 2010.

GARCEZ NETO, Martinho. Responsabilidade Civil no Direito Comparado. São Paulo:Renovar, 2000

GOMES, Luiz Roldão de Freitas. Elementos de Responsabilidade Civil. Rio de Janeiro: Renovar, 2000.

GOMES, José Jairo. Responsabilidade Civil e Eticidade, Belo Horizonte:2005, Ed Del Rey

HIRONAKA, Giselda Maria F. Novaes. Responsabilidade Pressuposta. Belo Horizonte: Del Rey, 2005.

_____. (coord.).Ensaios sobre Responsabilidade Civil na Pós-Modernidade, Porto Alegre:Magister, 2007.

KELSEN, Hans. Teoria Pura do Direito. São Paulo:Martins Fontes, 2000

LOTUFO, Renan (coord.). Direito Civil Constitucional, Caderno 3, Malheiros, 2002

MIRANDA, Jorge (coord.).Tratado Luso-Brasileiro da Dignidade da Pessoa humana, São Paulo: Quartier Latin, 2008, p. 1.093

MIRANDA, Pontes. Tratado de Dircito Privado, Tomo LIII, atualizado por Rui Stocco, RT, 2012

MORES, Alexandre de. Direitos Humanos Fundamentais: teoria geral, comentários aos artigos 1º a 5º da CF". 9ª ed., São Paulo: Atlas, 2011.

PIERLINGIERI, Pietro. Perfis do Direito Civil, Introdução ao Direito Civil Constitucional, 2ª edição, Rio de Janeiro:Renovar, 2002

REALE, Miguel. O projeto de Código Civil, situação atual e seus problemas fundamentais. São Paulo: Saraiva, 1986.

_____. O projeto do novo Código Civil após sua aprovação pelo Senado Federal. São Paulo: Saraiva, 2001.

ROSS, Alf. Direito e Justiça, 2ª edição, Bauru/SP:Edipro, tradução Edson Bini, 2007

SARLET, Ingo Wolfgan (org.). Constituição, Direitos Fundamentais e Direito Privado, 3ª edição, São Paulo: Livraria do Advogado, 2005.

_____. Dignidade da Pessoa Humana e Direitos Fundamentais, São Paulo: Livraria do Advogado, 4ª edição, 2006.

STOCO, Rui. Tratado de Responsabilidade Civil. 6. ed. rev., atual. e ampl. São Paulo: Revista dos Tribunais, 2004.

TEPEDINO, Gustavo. Temas de Direito Civil. Rio de Janeiro: Renovar, 2005.

VINEY, Genèvive. Traitè de droit civil, sob direção de Jacques Ghestin, Paris: LGDJ

VILLEY, Michel. Le Droit et Les droits de l'homme. Presses Universitaries de France

# ALGUMAS CONSIDERAÇÕES SOBRE AS INTERFACES DA LIBERDADE RELIGIOSA NA DIGNIDADE DA PESSOA HUMANA

*Silvia Araújo Dettmer*[1]

RESUMO

Este trabalho tem por objetivo analisar as possíveis interfaces da liberdade religiosa, que fazem referência à apreciação axiológica do direito com postulados de matriz judaico-cristã. Parte-se do pressuposto de que esta se estruturou em diversos *corpora*, como pedra angular do pensamento ocidental. O trabalho ancora-se na interdisciplinaridade teórica existente entre perspectiva jurídica e perspectiva filosófica; especialmente nas contribuições de Ferraz Junior (2010), em razão do tratamento dado ao paradigma hermenêutico-linguístico e seu alcance diante da crise de fundamento de decidibilidade vivenciada pelo (D)direito. Embora este seja apenas o recorte de um estudo de maior abrangência, uma análise preliminar nos leva a afirmar que o princípio da dignidade da pessoa humana constitui-se como regra diretiva no ordenamento jurídico para a efetivação da proteção do direito à liberdade religiosa.

**Palavras-chave:** Liberdade Religiosa; D(d)ireito; Dignidade da pessoa humana.

---

[1] Possui graduação em Direito pela Faculdade de Direito de Marília/SP (UNIVEM -1995) e mestrado em Direito pela Instituição Toledo de Ensino, de Bauru - SP (2002). Atualmente é Professora Adjunto I, do curso de Direito da Universidade Federal de Mato Grosso do Sul, Campus de Três Lagoas - MS. Doutoranda em Direito, no Programa de Direito Constitucional, da PUC/SP.

## ABSTRACT

This paper aims to analyze the possible interfaces of religious freedom, which refer to the axiological appreciation of the right with postulate of Judeo-Christian matrix. It starts from the assumption that this was structured in several corpuses, as the cornerstone of Western thought. The work is based upon in the interdisciplinary theoretical perspective between legal and philosophical perspective, especially on the contributions of Ferraz Junior (2010), because of the treatment given to the paradigm hermeneutic-linguistic and its scope in front of the crisis of foundation of decidability experienced by the (R)right. Although this is only the outline of a more comprehensive study, a preliminary analysis leads us to assert that the principle of human person dignity constitutes itself as a directive rule of the legal order for effective protection of the right to religious freedom.

**Keywords:** Religious Freedom, R(r)ight; dignity of the human person

## INTRODUÇÃO

Esse trabalho resulta de pesquisas bibliográficas motivadas pela disciplina Filosofia do Direito: Sistema[2] e Ordenamento, ministrada pelo professor doutor Tércio Sampaio Ferraz Junior, no curso de pós-graduação *stricto sensu* em Direito da PUC/SP.

Diante do cronograma apresentado para a realização do curso, algumas bibliografias citadas resgataram outras, estabelecendo, assim, reflexões estruturantes sobre esse novo modelo de sistema como "uma rede axiológica e hierarquizada de princípios gerais e tópicos, de normas e de valores jurídicos cuja função é a de, evitando ou superando antinomias, dar cumprimento aos princípios e objetivos fundamentais do Estado Democrático de Direito, assim como se encontram consubstanciados, expressa ou implicitamente, na Lei Maior" (FREITAS, 1995. p. 44).

---

[2] Historicamente localizada na Idade Média, a palavra sistema introduz-se no pensamento jurídico só no século XVIII, com grande repercussão no século XIX até nossos dias (...), pois a concepção do ordenamento como sistema é consentânea com o aparecimento do Estado moderno e o desenvolvimento do capitalismo (CF. FERRAZ JUNIOR, 2010. p. 2).

A concepção de sistema decorrente de uma estrutura hierarquizada e que se apresenta com as características essenciais de unidade e coerência são percebidas em Bobbio (1989, p. 37)[3], para quem, as normas não existem isoladamente, mas são ligadas umas às outras formando um sistema normativo complexo.

Neste contexto, adentra-se na tese geral da filosofia jurídica de Dworkin, em que a discussão sobre o direito não pode ser separada de questões de filosofia política. Sua teoria jurídica faculta ao entendimento do direito em um nível altamente abstrato, teórico e crucial para a feitura de argumentos jurídicos (GUEST, 2010, p. 85).

Alguns de seus importantes trabalhos se dirigem-se a temas de alta complexidade teórica e filosófica, como democracia e liberdade religiosa (MACEDO, 2010), cuja ideia preponderante está no dever das pessoas serem tratadas como iguais, cabendo ao Estado o dever de tratar os seus cidadãos com consideração e respeito. Para ele, a liberdade religiosa é sustentada pelo princípio da independência, de modo que os cidadãos decidam por si mesmos, questões de convicção pessoal e consciência (GUEST, 2010, p. 104). Para muitos, Dworkin torna o direito irremediavelmente subjetivo.

Essa temática é atual, instigante, multifacetária e aos poucos vem angariando cientificidade no tratamento do direito pátrio e apresentando diversos problemas vinculados à sua concretização, notadamente na sua conexão com os direitos fundamentais (SARLET, 2004, p. 78-85), dentre eles, a dimensão ontológica da dignidade da pessoa humana.

Assim, diante da relevância crescente do exercício do direito à liberdade religiosa e da gravidade dos conflitos religiosos e políticos que assolam o mundo com um sistema de tensão fundamentalista e a importância da presença cultural da religiosidade que entretecem o tema, busca-se uma reflexão quanto à crise tecnicista do positivismo jurídico. Tal fato repercute, na refração da racionalidade do sistema no Estado Democrático de Direito pautada na exigência de ordenar o material jurídico em casos complexos que assumem uma dimensão ideológica.

---

[3] Inspirado pelas concepções de Hans Kelsen cuja teoria está ligada à tradição filosófica do idealismo Kantiano e à fé na racionalidade, que se manifesta na lógica (Cf. LOSANO, 2010a, p. 135).

Não é fácil abordar o assunto religião, na atualidade, tendo em vista que é um tema complexo, de alta diversidade e peculiaridades. No seu exame inserem-se considerações de extrema relevância e delicadeza de questões relativas não só a temas de alta indagação, como também a aspectos pouco explorados da teoria dos direitos fundamentais (FERREIRA FILHO, 1994).

Salienta-se aqui que, o presente estudo encontra-se em fase *in itinere*, cujo fio condutor é o direito fundamental à liberdade religiosa com a finalidade de propor um método bibliográfico e exploratório que possa pesquisar em Durkheim (1996) a classificação das forças religiosas que inspiram sentimentos de respeito, repugnância e horror, juntamente com as características que definem a religião, dentre elas, o formalismo religioso (ibidem, p. 18)[4]; em Karen Armstrong, que traz a arraigada necessidade humana de buscar transcender os limites da condição terrena (ARMSTRONG, 2008), e demais aspectos históricos, sociológicos, antropológicos e filosóficos, ligados a questões religiosas.

Cita-se também, Ibn Khaldun, historiador do século XIV, que retrata Jerusalém como expressão de 'Cidade Santa', quase sempre usada para descrever a reverência de seus locais de culto e que se tornou o lugar essencial na terra para a comunicação entre Deus e o Homem (MONTEFIORE, 2013, p. 15).

Mas foi em Agamben que se encontrou uma série de investigações genealógicas sobre uma arqueologia do direto desdobrada sobre os paradigmas teológicos, jurídicos e biopolíticos que têm exercido uma influência determinante nas sociedades ocidentais (AGAMBEN; COSTA, 2006). Depreende-se o conceito de vida dentre os fundamentos de *homo sacer*, em que a sacralidade da vida, que se desejaria hoje fazer valer contra o poder soberano como um direito humano fundamental, exprime em sua origem a sua irreparável exposição na relação de abandono (AGAMBEN, 2010, p. 85).

Para ele, o sintagma *homo sacer* nomeia algo como a vida enquanto, na exclusão inclusiva, serve como referente à decisão soberana. Não a simples vida natural, mas a vida exposta à morte (a vida nua ou a vida sacra) é o elemento político originário (AGAMBEN, 2010, p. 86).

---

[4] Durkheim explica a importância primordial dada por quase todos os cultos à parte material das cerimônias. Esse formalismo religioso, muito provavelmente a forma primária do formalismo jurídico, advém de que a fórmula a pronunciar, os movimentos a executar, tendo em si mesmos a fonte de sua eficácia, a perderiam, se não se conformassem exatamente ao tipo consagrado pelo sucesso.

Agamben cita a obra de Ernst Kantorowicz, publicada na década de cinqüenta nos EUA, nascida de uma pesquisa sobre os precedentes medievais da doutrina jurídica dos dois corpos do rei[5], que trouxe a noção de um corpo místico ou político do soberano e que foi reconduzida a uma etapa importante da história do desenvolvimento do estado moderno (Ibidem, p. 92).

Salienta-se que o momento histórico vigente solicita uma abertura com relação às culturas e religiões diferentes, não somente para satisfazer um interesse técnico-cognitivo, mas também para estabelecer comparações e estreitar laços (BELLO, 1998, p. 169). Com tal fundamento, adentra-se o cerne da pesquisa ao analisar o conceito jurídico-constitucional de liberdade religiosa que encontra alusões sistemáticas no conjunto dos artigos de fé, desde a Idade Média, onde a discussão teológica revelou-se uma oficina de novos usos e significados do termo "sistema" (LOSANO, 2010b).

Essa investigação no decorrer do seu curso deparou-se com a arqueologia fenomenológica das culturas[6], em que o mundo não é somente o conjunto das coisas físicas, mas é constituído por toda a bagagem de experiências vivenciais que cada ser humano possui e compartilha com o grupo ao qual pertence.

Daí, Husserl (1998)[7] indicar o mundo circunstante conexo com o mundo-da-vida, ou seja, a vida natural de cada pessoa e, portanto, o

---

[5] Essa doutrina se ocupa com o inócuo aspecto, que segundo Bodin, caracteriza a soberania, ou seja, a sua natureza perpétua, pela qual a *dignitas* real sobrevive à pessoa física de seu portador. A teologia política cristã aqui destinava unicamente, através da analogia com o corpo místico de Cristo, a assegurar a continuidade daquele *corpus morale et politicum* do estado, sem o qual nenhuma organização política estável pode ser pensada;e é neste sentido que não obstante as analogias com certas concepções pagãs esparsas, a doutrina dos dois corpos do rei deve-se considerar germinada a partir do pensamento teológico cristão e coloca-se portanto como uma pedra miliar da teologia política cristã.

[6] Investigação regressiva que permite de certa forma, descobrir as várias formas de pensar o mundo. Esse método se mostra eficaz pela sua capacidade de remontar até às origens dos fenômenos e, portanto, não só descrevê-los na sua manifestação exterior, mas também evidenciar as fontes que os produziram (BELLO, 1998. p. 12).

[7] E. Husserl, pensador alemão, trouxe a expressão arqueologia fenomenológica no seu estilo e investigação cujas reflexões pessoais, escritas de forma estenográfica em 45 mil folhas, guardadas no arquivo da Universidade de Lovaina. Ele pensava escrevendo, esta maneira de proceder permitia-lhe deixar uma marca das suas análises, mas impedia-lhe de organizar as suas publicações, que sempre deixou aos cuidados dos seus assistentes, dentre outros; Edith Stein e Martin Heidegger. Husserl certamente não era um estudioso conhecido pelas suas investigações sobre as culturas e sobre as religiões. De fato, poucos conheciam os seus interesses neste sentido, porque, tais interesses foram revelados através da transcrição dos seus manuscritos particulares. In: *Culturas e religiões: uma leitura fenomenológica*. p. 17 e 107.

terreno a partir do qual se expressa os juízos individuais e as crenças. Por conseguinte, o mundo-da-vida natural é o mundo da tradição e caracteriza a unidade de um povo (BELLO, 1998, p. 46).

Não se propõe aqui uma pesquisa exaustiva dos fenômenos culturais e religiosos, sob o enfoque filosófico, muito menos apresentar com rigor cronológico a emergência histórica do direito à liberdade religiosa, mas, sim, buscar nestes aportes interdisciplinares, componentes que contribuam para desdobrar um tema de intenso conflito moral, numa hermenêutica sistemática constatada pelo regresso da questão de Deus à esfera pública.

Adota-se esse critério visando não somente a exegética explicitação ou a compreensiva determinação da significação dos textos-normas como objeto, mas aquela que numa intenção de justiça vise a obter do direito positivo as soluções que melhor realizam o sentido axiológico fundamentante que deve ser assumido pelo próprio direito, em todos os seus níveis e em todos os seus momentos (NEVEZ, apud FERRAZ JÚNIOR, 2009, p. 291).

Por esse prisma, em que pesem as referências bibliográficas aqui utilizadas, pode ocorrer que os capítulos não fiquem organizados como partes decorrentes de um argumento sucessivo, mas como tentativa de delinear conceitos e princípios oriundos da história da civilização em que foi se configurando e a distinção entre vida política e religião, por meio da crítica e o confronto entre experiências religiosas diferentes da mentalidade própria de cada indivíduo (BELLO, 1998, p. 53). Busca-se, para tanto, reconduzir a temática ao valor da dignidade da pessoa humana como elemento integrativo da matéria de direitos fundamentais.

## 1 A LIBERDADE RELIGIOSA NA LAICIDADE TEÍSTA

Desde os alvores da história da humanidade constata-se o caráter naturalmente social da religião. O fenômeno religioso, em consequência, constitui um fator social e, portanto, não pode deixar de ser considerado pelos ordenamentos jurídicos civis (ADRAGÃO, 2002, p. 31). O homem em todos os tempos tem demonstrado a sua preocupação com o Divino. Existe no ser humano uma consciência natural que o impulsiona nesta direção. Tal preocupação tem se manifestado de formas diferentes em distintas culturas e civilizações (KUCHENBECKER, 2004, p. 15).

O Brasil importou o catolicismo e também todas as religiões europeias, nomeadamente o espiritismo do francês Allan Kardec; e foi terra de acolhimento das religiões africanas (DELUMEAU, 2002, p. 729). Assim, os contatos religiosos mundializaram-se, proliferando-se em vários países ocidentais depois de muitos movimentos religiosos que apareceram desde os anos 1970 (Ibidem, p. 731).

Em 2011, palestrantes e conferencistas do Seminário Internacional sobre o Estado Laico e a Liberdade Religiosa, promovido pelo Conselho Nacional de Justiça e realizado em Brasília, levantaram questões relacionadas à garantia do respeito à liberdade religiosa num Estado plural e democrático de direito.

Com efeito, a importância e oportunidade do Seminário ligam-se ao fato de que tem surgido crescentemente, na esfera judiciária, questões de caráter administrativo ou judicial envolvendo as relações entre o espiritual e o temporal (MARTINS FILHO; NOBRE, 2011, p. 7). Questões polêmicas diante da presença de símbolos religiosos[8] têm sido levantadas, especialmente ao se notar menção ao aspecto religioso em diversas esferas e setores: em órgãos públicos, como em salas de audiências e tribunais; menção de Deus nas notas de dinheiro no país; os feriados judeus; a militância de bancadas religiosas na política; a imunidade tributária aos templos de qualquer culto[9], dentre outros, são algumas das apresentadas.

De tal modo, observa-se que pela manifestação do animismo, do politeísmo e por fim do monoteísmo, em algumas áreas culturais, é demonstrado que não se trata de um processo evolutivo, mas sim que o espírito humano se abre progressivamente para um contato cada vez mais pleno com a divindade (BELLO, 1998, p. 121), apesar do ateísmo e agnosticismo crescente na esfera mundial.

O ateísmo secularizado tem procurado sustentar que a religião condenou a razão a um longo exílio (HARRIS apud MACHADO, 2013, p. 62).

---

[8] Posição do Conselho Nacional de Justiça: os símbolos religiosos não devem obrigatoriamente ser retirados dos tribunais; os objetos seriam símbolos da cultura brasileira e não interferem na universalidade e imparcialidade do Poder Judiciário.
[9] Artigo 150, VI, 'b' CTN: o Supremo tribunal Federal considerou como cláusula pétrea.

Com a expressão "Deus morreu", Nietzsche[10] pretende salientar a incapacidade do homem moderno, largamente influenciado por uma visão naturalista do mundo, para aceitar a dimensão espiritual. Ele acreditava que Deus nunca existiu, mas estava plenamente consciente das implicações que daí resultaria, no plano moral (MACHADO, 2013, p. 60). Neste viés, a própria história do constitucionalismo moderno registra que Robespierre, revolucionário jacobino francês, apesar do seu anticlericalismo, reage de forma veemente contra o movimento de descristianização da França.

No entanto, o deão do ateísmo, o filósofo Antony Flew, veio reconhecer que a existência de Deus é uma conclusão racional e racionalmente irrefutável, sendo necessário discutir suas implicações políticas e jurídicas (Ibidem, p. 59). Torna-se inegável a discussão que vem se travando quanto ao papel que a religião desempenha na vida das pessoas, com grande repercussão no espaço público, nas instituições educacionais e no impacto da interpretação dos direitos fundamentais no Estado Constitucional, que tem na liberdade de consciência, uma das matrizes dos direitos fundamentais.

Apesar da liberdade religiosa gozar, hoje em dia, de tutela formal em quase todos os países do mundo, há muitos Estados em que se verifica aceitação pública teórica para não incorrer na reprovação internacional. Apesar disso ainda há recusa prática neste campo, em face da colisão cultural e de fronteiras que circulam e re-significam no tecido social. Assim, quanto à efetividade da liberdade religiosa no mundo, denuncia-se uma frequência de violações.

Na China, as autoridades prenderam um monge budista tibetano, depois que ele falou com o Relator Especial da ONU e em outro caso, prenderam um sacerdote católico na clandestinidade enquanto celebrava missa numa casa particular em Pequim, tendo aparecido morto horas depois. No Irã, um padre católico, nascido muçulmano e convertido ao cristianismo, foi encontrado enforcado em circunstâncias confusas, depois de vários pastores protestantes terem sido mortos (ADRAGÃO, 2002, p. 122).

Diante-de tais informações, cabe uma referência às concepções de Rawls (2002), sobre a neutralidade do Estado em matéria religiosa, e da obra de Machado (2013), que analisa o significado histórico-constitucional

---

[10] Obra: A Gaia Ciência.

do princípio da neutralidade do Estado e de algumas dificuldades que o mesmo tem colocado ao Estado Constitucional.

Não é por acaso que os direitos humanos enccontram-se hoje confrontados com importantes desafios, como sucede em Estados como a Turquia ou a França, cujos debates giram em torno da secularização do espaço público e do uso do véu islâmico, a polêmica européia em torno das caricaturas de Maomé e da liberdade de expressão ou a controvérsia gerada nos EUA com a construção de um centro islâmico no Ground Zero, a proibição dos minaretes muçulmanos na Suíça, dentre outros. Igualmente relevante é o ressurgimento do constitucionalismo assumidamente islâmico, em Estados como o Irã, o Iraque, a Turquia, o Egito, a Tunísia, a Líbia dentre outros (Ibidem, p. 15).

A União Internacional Humanista e Ética (IHEU) produziu o primeiro estudo referente à Liberdade de Pensamento 2012: Relatório Global sobre a Discriminação contra os humanistas, os ateus e os não-religiosos[11], que foi divulgado em outubro do mesmo ano. O enfoque recaiu no tratamento dispensado pelos países ao redor do mundo aos ateus[12] e de leis que negam o direito deles existirem, restringem sua liberdade de crença e de expressão, revogam seu direito de cidadania, restringem o seu direito de se casar e o acesso à educação pública, proíbem o exercício de cargo público, criminalizam a sua crítica da religião e executam-nos por deixar a religião de seus pais. Citou-se neste relatório, que a Constituição Federal brasileira, em seu artigo 5º, e leis infraconstitucionais protegem, a liberdade de consciência, religião ou crença; sendo considerado inconstitucional promover a intolerância religiosa no país.

---

[11] O relatório Liberdade de Pensamento 2012 está disponível em: <http://www.iheu.org>. Acesso em 19 de fev. de 2013.

[12] O relatório mostra que nos países islâmicos (Afeganistão, Irã, Maldivas, Mauritânia, Paquistão, Arábia Saudita e Sudão) ser ateu ou desertar da religião oficial pode trazer a pena capital. Em países europeus e nos EUA as leis favorecem os religiosos e suas organizações e tratam os ateus e humanistas como cidadãos de segunda classe. Em Bangladesh, Egito, Indonésia, Kuwait e Jordânia, a publicação de idéias ateístas ou humanistas sobre religião são totalmente proibidos ou limitados, conforme as leis de blasfêmia. Na Malásia, os cidadãos têm de se registrar como seguidores de religiões oficialmente reconhecidas: islã, cristianismo e judaísmo. A América Latina e América do Norte,embora tenham governo secular, há tratamento diferenciado a igrejas cristãs.

Recentemente[13], o texto original do projeto da Lei Geral das Religiões que foi vetado na Comissão de Assuntos Sociais (CAS) do Senado, definia o ensino religioso como parte integrante da formação básica do cidadão e garantia à assistência religiosa de qualquer credo nas instituições das Forças Armadas Brasileiras e o atendimento espiritual em hospitais e prisões, somente aos fiéis.

Essa postura política no poder legislativo brasileiro retrata que a neutralidade do Estado Constitucional resulta de um fundamento teísta, de valor axiológico judaico-cristã, cuja valoração positiva da dimensão espiritual do homem tem reflexos na interpretação constitucional (MACHADO, 2013, p. 142).

Diante da complexidade do tema, coloca-se o problema peculiar da burocracia decisória no ato de julgar. Há uma racionalidade nesse procedimento em relação à motivação, que o poder judiciário aduz para justificar o que se decidiu e o da racionalidade do que ele aferiu, que lhe permite realizar inferências justas sobre o que seria mais coerente admitir como propósito da lei (FERRAZ JÚNIOR, 2009, p. 292).

Nesse sentido, cabe mencionar a discussão sobre a liberdade de cátedra em universidades confessionais, que ocorreu em 2002 a partir da demissão de Debora Diniz da Universidade Católica de Brasília. O caso apesar de provocar uma imensa repercussão internacional, ainda encontra-se em trâmite na justiça.

Na jurisprudência, esse processo é uma referência nos tribunais brasileiros. O que foi discutido no Poder Judiciário, em particular no STF antes da CF/88, foram situações específicas em torno da extensão da autônima universitária, e não especificamente a liberdade de cátedra (SAMPAIO, 2001, p. 282). Diniz, Buglione e Rios (2006) discutem a pergunta de como se expressaria a liberdade de cátedra em universidades confessionais sobre temas relacionados aos direitos sexuais ou reprodutivos.

---

[13] Na data de 12/06/2013. Relator do projeto senador Eduardo Suplicy.

## 2 O DIREITO PRIVADO NA GÊNESE DO DIREITO PÚBLICO

### 2.1 Antecedentes históricos: importância substancial da religião na antiguidade

Na Antiguidade, a religião costumava andar intimamente associada à vida do povo, era uma experiência da comunidade (MACHADO, 1996, p. 9) onde a vida humana era entendida sob a perspectiva do cosmo e da natureza (KUCHENBECKER, 2004, p. 20). Cada nação, tribo ou clã tinha os seus deuses próprios que se supunham defender e proteger o povo, cada cidade tinha a sua tradição própria que mantinha com persistência (BURKERT, 1993, p. 35). Cumpria venerá-los e evitar-lhe as iras, em especial provocadas pela infidelidade ou mau procedimento de alguns membros da comunidade.

Heródoto, o pai da História, já contemplava a presença de variáveis culturais indispensáveis à sua compreensão; além disso, ele tinha uma enorme inclinação religiosa, o que aprofundava filosoficamente as suas interpretações com nítidos ingredientes de natureza metafísica. Para esse historiador, a cultura grega teria que ser interpretada dentro de um mosaico cujas diferentes composições incluíam aí a geografia, a etnografia, a filosofia, a religião etc (BRANDÃO; SALDANHA; FREITAS, 2012, p. 6).

Não aceitar a religião nacional ou não a praticar, equivalia, de certa maneira, a ser infiel ao próprio povo e a atrair sobre ele as iras da divindade; pelo que tal fato era geralmente considerado crime grave, punido, por vezes, até com a pena de morte (MIRANDA, 1978, p. 266).

A ideia religiosa foi, entre os antigos, o sopro inspirador e organizador da sociedade cuja vida privada era ordenada em todos os seus atos (COULANGES, 2009). Dentre os traços marcantes deste período destaca-se neste introíto, a relevância da religião, a comunhão no culto doméstico e a predominância da tradição religiosa na sociedade política considerada como uma transposição da estrutura familiar ao espaço cívico.

Neste teor, a compreensão do mundo antigo passa pelas clássicas observações de Fustel de Coulanges[14] em que família e cidade, com

---

[14] Embora a tese principal do autor consista em demonstrar que a mesma religião moldou a antiga organização da família e a antiga cidade-Estado, o autor fornece numerosas referências ao fato deque o regime de bens, baseado na religião da família e o regime da cidade eram, na

efeito, foram os grandes pólos formadores da sociedade antiga (COMPARATO, 2006).

O mundo grego-romano[15], em seu passado mais remoto, melhor compreende-se quando se leva em conta as suas crenças diante das instituições domésticas e sociais e das leis como princípio que lhes deu autoridade sobre o espírito dos homens. Verifica-se que nas mais antigas gerações, o fator religioso exerceu forte influência na estrutura e vínculo familiar ao governar almas, cultuar os mortos e reger a sociedade, derivando na criação de regras de conduta, em ritos de sepultamento, na necessidade de observar ritos tradicionais e fórmulas, sacrifícios nos templos e as refeições fúnebres. Essas regras e costumes eram atestados de modo formal e era um dever para os vivos satisfazer a necessidade do morto. Assim estabeleceu-se toda uma religião da morte, cujos dogmas podem ter desaparecido rapidamente, mas os ritos duraram até o triunfo do cristianismo (COULANGES, 2009).

Os mortos eram seres sagrados, respeitados, venerados e tidos pelos antigos gregos e romanos como bons, santos, bem-aventurados e deuses subterrâneos. Para defender esses postulados, Antígona busca apoio em uma lei acima da lei do Estado de Tebas para contrariar o decreto do governante Creonte, que condenou seu irmão Polinice à morte e proibiu o sepultamento (SÓFOCLES, 2012).

Antes de adorar Zeus, considerado o pai dos homens e dos deuses (ARISTÓTELES, 2010), o homem adorou os mortos, teve medo deles, dirigiu-lhes orações e esperanças. A potência que os antigos atribuíram a essas almas divinizadas pela morte faz crer que o sentimento religioso tenha começado com isso (COULANGES, 2009).

---

verdade, duas formas antagônicas de governo. A contradição dessa obra deve-se aparentemente à tentativa de Coulanges de tratar, em um mesmo conjunto, Roma e as cidades-Estados gregas (...). Não só o abismo entre o lar e a cidade era muito mais profundo na Grécia do que em Roma, mas somente na Grécia a religião olímpica, que era a religião de Homero e da cidade-Estado, era separada da religião mais antiga da família e do lar, e superior a esta (ARENDT, 2010, p. 29).

[15] Em certa medida, a religião grega foi-nos sempre familiar, mas ela é tudo, menos conhecida e compreensível. Aparentemente natural e, todavia, estranhamente atavística, refinada e simultaneamente bárbara, foi sempre tomada como guia na busca da religião em geral (BURKERT, 1993, p. 21).

A religião dos mortos parece ser a mais antiga que existiu nessas gerações remotas. Ela elevou o pensamento do visível para o invisível, do transitório para o eterno, do humano para o divino, mas não fez com que o homem antigo gozasse de liberdade da vida privada, pois, não conheceu a liberdade religiosa, nem a liberdade de educação (COULANGES, 2009). Cabia ao homem comum, suportar o fardo da vida: era a *polis*, o espaço dos livres feitos e das palavras vivas do homem, que poderiam dotar a vida de esplendor (ARENDT, 2001).

A ausência da liberdade individual, nesse período, era decorrência da cidade fundada com base numa religião e constituída como uma Igreja onipotente, com império absoluto exercido sobre seus membros, estabelecendo princípios e submetendo o cidadão às leis religiosas da cidade referentes ao serviço militar, aos bens, trajes, penteados.

O homem não tinha a escolha de suas crenças, esse fenômeno era limitado pela falta de liberdade de expressão e de ideais (KUCHENBECKER, 2004). Tinha de crer na religião da cidade e a ela submeter-se (COULANGES, 2009). Ilustra-se com ocorrido com Sócrates, filósofo grego que foi condenado à morte pela assembléia do povo ateniense como culpado de introduzir deuses novos na *polis* (COMPARATO, 2006).

Verifica-se que durante toda a história romana, a deferência para com a tradição herdada dos antepassados assumiu aspectos de um verdadeiro culto religioso, com todas as suas conseqüências dogmáticas. As novidades que surgiam ao lado dos usos e costumes ancestrais eram consideradas inaceitáveis e imorais. Neste sentido, Comparato (2006, p. 59) comenta que

> A preocupação romana com a observância dos costumes tradicionais, era de tal ordem, que se chegou, no período republicano, a atribuir a magistrados especiais, os censores, o poder de julgar e sancionar os desvios de comportamento pessoal, em todas as categorias de cidadãos, tanto na vida privada, quanto na pública. O culpado recebia uma nota de infâmia, que o inabilitava ao exercício das funções públicas e dos direitos políticos, especialmente o de voto. No edito que esses magistrados publicaram em 92 a.C., para anunciar como haveriam de exercer a função censória durante o tempo de seu mandato, o repúdio as inovações sociais foi expresso de modo peremptório, com a concisão própria do estilo romano.

Assim, não aceitar a religião nacional ou não a praticar, equivalia, de certa maneira, a ser infiel ao próprio povo e a atrair sobre ele as iras da divindade, pelo que tal fato era geralmente considerado crime grave, punido, por vezes, até com a pena de morte (MIRANDA, 1978, p. 266).

No final da Antiguidade persistiu, em estado latente, uma aceitação dos pressupostos do dualismo. Entretanto, surge a incompatibilidade entre o cristianismo e a ideia de religião política nacional própria das nações antigas.

Com a difusão do cristianismo, afirma-se pela primeira vez um dualismo: o âmbito religioso não depende do chefe político. Este dualismo serve de base necessária à primeira noção de liberdade religiosa; simultaneamente, ele constitui fundamento primordial para a limitação do poder político.

## 3 A DIGNIDADE HUMANA COMO FUNDAMENTO DO ESTADO CONSTITUCIONAL

Considerando-se a historicidade dos direitos, destaca-se a chamada concepção contemporânea de direitos humanos, que veio a ser introduzida pela Declaração Universal de Direitos do Homem de 1948, cujo preâmbulo proclamou a dignidade inerente a todos os membros da família humana e seus direitos iguais e inalienáveis como fundamento da liberdade, da justiça e da paz no mundo (CASTRO, 2010).

Deve-se registrar que a Declaração Americana dos Direitos e Deveres do Homem, editada em Bogotá, em 1948, afirma no preâmbulo, item 2º, que os "direitos essenciais do Homem" repousam sobre os "atributos da pessoa humana." A Convenção Americana relativa aos Direitos do Homem, o Pacto de São José da Costa Rica, de 1969, repete a fórmula. Fundam-se os "direitos fundamentais do Homem" nos atributos da pessoa humana. A Declaração sobre os Direitos do Homem, expedida pelo Conselho de Ministros da União Européia, em 1978, aponta em seu item 4º, que tais direitos decorrem da dignidade da pessoa humana (FERREIRA FILHO, 2010).

Observa-se que a concepção prevalente quanto à dignidade da pessoa humana, adotada pela doutrina dos direitos fundamentais, desenvolveu-se vinculada à cultura greco-romana-cristã (Ibidem). Numa expressão mais simples, pode-se afirmar que o Estado Constitucional Democrático da atualidade é um Estado de abertura constitucional radicado no princípio da dignidade do ser humano (BONAVIDES, 1993).

Assim, a consagração de um conjunto de direitos fundamentais tem hoje uma intenção específica: explicitar uma ideia de Homem, decantada pela consciência universal ao longo dos tempos, enraizada na cultura dos homens que formam cada sociedade e recebida, por essa via, na constituição de cada Estado concreto. Ideia de Homem que, no âmbito da nossa cultura, se manifesta juridicamente num princípio de valor, que é o da dignidade da pessoa humana (ANDRADE, 1987).

Immanuel Kant avançou uma influente proposta de entendimento da dignidade humana, condensada na fórmula objeto da dogmática constitucional contemporânea. De acordo, com ela, o indivíduo deve ser tratado como um fim em si mesmo, não podendo ser usado como meio para qualquer outro fim (KANT, 2003), centrando, portanto, na liberdade que cada ser humano tem de autodeterminar sua conduta.

Estudos apoiados pela Organização das Nações Unidas (ONU) indicam que a promoção da liberdade religiosa maximiza os direitos fundamentais. A chave dessa ligação encontra-se, no conceito de laicidade[16] e, consequentemente, na tolerância dentro do meio social. A esse conceito acrescenta-se a ênfase emprestada nas últimas décadas à problemática dos direitos fundamentais do homem, fazendo que a legitimidade das ordens jurídicas nacionais seja medida pelo grau de respeito e de implementação dos respectivos sistemas protetores dos direitos humanos, radicados essencialmente na premissa maior da dignidade (MIRANDA, 1993).

A Constituição Federal constitui no art. 1º, III, o princípio da dignidade da pessoa humana como fundamento do Estado Democrático de Direito. A doutrina vem dedicando-se ao tema, mencionando sua função hermenêutica, mas considera-se ainda pequeno o desenvolvimento da temática na ordem constitucional pátria.

Adentra-se que a dogmática jurídica, quando aplicada ao caso específico tem de ser interpretada, porque o direito é objetivo. Caso contrário, passa a ser analisado como mera abstração jurídica; e as pessoas, protagonistas do

---

[16] Bobbio (1983) ao definir cultura leiga e Estado leigo, usa as seguintes expressões: laicismo e laicado, que segundo ele, são comumente usadas nos países de língua latina.

processo, são transformadas em autor e réu e, não raras vezes, suplicante e suplicado, acarretando uma coisificação das relações jurídicas (STRECK, 1999).

Posto que este artigo centra-se o seu objeto de investigação na liberdade religiosa, destaca-se a importância da complexa vinculação da dimensão jurídico-constitucional da dignidade da pessoa humana aos direitos fundamentais. Ademais, para Sarlet (2010), para quem, para a dignidade da pessoa humana, aplica-se a noção referida por Bernard Edelman de que qualquer conceito, inclusive jurídico, possui uma história[17], que necessita ser retomada e reconstruída para, assim, apreender o seu sentido.

Streck (1999) cria suas próprias trilhas nessa busca ao analisar a linguagem, passando pela linguística até alcançar a semiótica e a hermenêutica filosófica, que traz abertura para uma hermenêutica jurídica crítica. Ele trata da crise de fundamento vivenciada pelo Direito e apresenta o paradigma hermenêutico-linguístico, em que situa o direito e a todos os que com ele trabalham, no universo do sentido e da compreensão.

Assim, a mediação da religião e a transmissão de informações sobre a religião, efetuam-se sempre por intermédio da língua, embora não apenas por seu intermédio e manifesta-se como um sistema suprapessoal de comunicação (BURKERT, 1993).

Para além da questão linguística, requer-se, como equivalência para estabelecer critérios para um alcance material de direitos fundamentais, a busca de direitos que lhes sejam equiparados, que apresentem um conteúdo e importância para a investigação. Esses direitos seriam os direitos análogos previstos na Constituição Portuguesa[18], mas que não são reconhecidos expressamente pelo texto constitucional de 1988. Esse fio condutor remete a uma interpretação implícita, deduzida do artigo 5º.§ 2º. da Constituição Federal.

---

[17] Só a história nos permite decompor uma instituição em seus elementos constitutivos, uma vez que nos mostra esses elementos nascendo no tempo uns após os outros. Toda vez, portanto, que empreendemos explicar uma coisa humana, tomada num momento determinado do tempo, quer se trate de uma crença religiosa, de uma regra moral, de um preceito jurídico [...], é preciso começar por remontar à sua forma mais simples e primitiva, procurar explicar os caracteres através dos quais ela se define nesse período de sua existência, fazendo ver, depois, de que maneira ela gradativamente se desenvolveu e complicou, de que maneira tornou-se o que é no momento considerado (DURKHEIM, 1996, p.VIII).
[18] Em seu artigo 17.

Aponta-se que na esfera do direito constitucional interno, a afirmação dos direitos fundamentais como categoria materialmente aberta e mutável processa-se por meio não somente da positivação, mas, sobretudo de uma transmutação hermenêutica e da jurisprudência, no sentido do reconhecimento de novos conteúdos reclamados diante de complexas situações e desafios, sem que sejam abandonados os esteios do Estado Democrático de Direito.

Por fim, a unidade e coerência interna das normas constitucionais norteadas pela dignidade da pessoa humana e que reconhece a variabilidade do conteúdo em dignidade de cada direito fundamental.

## CONSIDERAÇÕES FINAIS

A religião é tão antiga na vida das sociedades humanas como a própria pessoa, sua origem e razão de ser (ADRAGÃO, 2002, p. 13), e sempre ocupou um lugar de destaque na sociedade, surgindo historicamente ligada ao que existe de melhor e de pior na história da humanidade.

Assim, considerando-se a análise apresentada, o propósito do trabalho, sem a pretensão de esgotar o tema, e a importância fundamental no ordenamento jurídico brasileiro dos direitos fundamentais, destaca-se a primazia da liberdade religiosa.

Sobre os direitos fundamentais é possível formular teorias históricas, filosóficas e sociológicas (ALEXY, 2011. p. 30), dentre outras, cujos valores jurídicos são indissociáveis de vivências culturais, ideológicas e religiosas, comumente enraizados, que lhe conferem legitimidade e sentido. (MACHADO, 2009, p. 134).

Cumpre destacar, que resgatar essa essência é o que pretende a Constituição Federal de 1988 quando prevê a proteção de valores culturais e as formas de expressão. É uma tentativa de interpretação e de compreensão das normas constitucionais sobre a cultura, como sistemas em interações de signos interpretáveis e como produtora de valores. (SILVA, 2001. p. 17).

O mundo antigo, por meio da religião e da filosofia, enraizaram na matriz judaico-cristã, os valores da dignidade da pessoa humana, da liberdade e da igualdade. Essa perspectiva assume relevo como mecanismo hermenêutico que desemboca no surgimento do moderno Estado constitucional (SARLET, 2011, p. 36) e, consequentemente, nas implicações da eficácia e proteção da liberdade religiosa.

# REFERÊNCIAS

ADRAGÃO, Paulo Pulido. *A liberdade religiosa e o Estado*. Coimbra: Almedina, 2002.

AGAMBEN, Giorgio. *Homo Sacer: o poder soberano e a vida nua I*. Tradução: Henrique Burigo. Belo Horizonte: Editora UFMG, 2010.

ALEXY, Robert. *Teoria dos direitos fundamentais*. Tradução: Virgílio Afonso da Silva. São Paulo: Malheiros, 2011.

ANDRADE, José Carlos Vieira. *Os Direitos Fundamentais na Constituição Portuguesa de 1976*. Coimbra: Almedina, 1987.

ARENDT, Hannah. *Sobre a revolução*. Tradução: I. Moraes. Lisboa: Relógio d'Água, 2001.

ARENDT, Hannah. A condição humana. Tradução: Roberto Raposo. Rio de Janeiro: Forense Universitária, 2010.

ARISTÓTELES. *Política*. Tradução: Pedro Constantin Tolens. São Paulo: Martin Claret, 2010.

ARMSTRONG, Karen. *Uma história de Deus: quatro milênios de busca do judaísmo, cristianismo e islamismo*. Tradução Marcos Santarrita. São Paulo: Companhia das Letras, 2008.

BELLO, Angela Ales. *Culturas e religiões: uma leitura fenomenológica*. Tradução: Antonio Angonese. Bauru: EDUSC, 1998.

BOBBIO, NORBERTO. *A teoria do ordenamento jurídico*. Tradução: Cláudio de Cicco e Maria Celeste Santos. São Paulo: Polis; Brasília: UNB, 1989.

BOOBIO, Norberto. *Dicionário de Política*. Tradução: Luís Guerreiro Pinto Cacais [et al]. Brasília: UNB, 1983.

BONAVIDES, Paulo. *A Constituição aberta*. Belo Horizonte: Livraria Del Rey, 1993.

BRANDÃO, Cláudio; SALDANHA, Nelson; FREITAS, Ricardo. *História do direito e do pensamento jurídico em perspectiva*. São Paulo: Atlas, 2012.

BURKERT, Walter. *Religião grega na época clássica e arcaica*. Tradução: M.J. Simões Loureiro. Lisboa: Fundação Caloustre Gulbenkian, 1993.

CASTRO, Carlos Roberto Siqueira. *A Constituição aberta e os direitos fundamentais: ensaios sobre o constitucionalismo pós-moderno e comunitário*. Rio de Janeiro: Forense, 2010.

COMPARATO, Fábio Konder. *Ética: direito, moral e religião no mundo moderno*. São Paulo: Companhia das Letras, 2006.

COSTA, Flávia; AGAMBEN, Giorgio. *Entrevista com Giorgio Agamben*. Tradução: Susana Scramin. Niterói: Revista do Departamento de Psicologia da UFF, vol. 18, n. 1, Jan/Junho, 2006. Disponível em: <http://www.scielo.br/scielo.php?script=sci_arttext&pid=S0104-80232006000100011>. Acesso em: março de 2013.

COULANGES, Fustel de. *A cidade antiga*. Tradução Roberto Leal Ferreira. São Paulo: Martin Claret, 2009.

DELUMEAU, Jean. *As grandes religiões do mundo*. Tradução: Pedro Tamen Lisboa: Editorial Presença, 2002.

DINIZ, Débora; BUGLIONE, Samantha; RIOS, Roger Raupp. *Entre a dúvida e o dogma: liberdade de cátedra e universidades confessionais no Brasil*. Brasília: Letras Livres; Porto Alegre Livraria do Advogado, 2006.

DURKHEIM, Émile. *As formas elementares da vida religiosa*: o sistema totêmico na Austrália. Tradução: Paulo Neves. São Paulo: Martins Fontes, 1996.

FERRAZ JUNIOR, Tércio Sampaio. *Estudos de filosofia do direito*: reflexões sobre o poder, a liberdade, a justiça e o direito. São Paulo: Atlas, 2009.

_____. *Introdução ao estudo do direito*: técnica, decisão, dominação. São Paulo: Atlas, 2010.

FERREIRA FILHO, Manoel Gonçalves. *Direitos Humanos Fundamentais*. São Paulo: Saraiva, 2010.

FREITAS, Juarez. *A interpretação sistemática do direito*. São Paulo: Saraiva, 1995.

GONÇALVES FILHO, Manoel Gonçalves Ferreira. *Questões constitucionais e legais referentes a tratamento médico sem transfusão de sangue*. São Paulo: Parecer,1994.

GUEST, Stephen. *Ronald Dworkin*. Tradução: Luís Carlos Borges. Rio de Janeiro: Elsevier, 2010.

HUSSERL, Edmund. *A fenomenologia enquanto arqueologia*. In: BELLO, Angela. Ales. Culturas e religiões: uma leitura fenomenológica [Trad. A. Angonese]. Bauru: Edusc, 1998.

KANT, Immanuel. *Fundamentação da metafísica dos costumes*. Tradução: Edson Bini. São Paulo: Edipro, 2003.

KUCHENBECKER, Valter. O fenômeno religioso. In: *O homem e o sagrado*: a religiosidade através dos tempos. Canoas: ULBRA, 2004.

LOSANO, Mario G. *Sistema e estrutura no direito: das origens à escola histórica*. Tradução Luca Lamberti. São Paulo: WMF Martins Fontes, 2010b.

_____. *Sistema e estrutura no direito*: o século XX. v. 2. Tradução: Luca Lamberti. São Paulo: WMF Martins Fontes, 2010a.

MACEDO JR, Ronaldo Porto. Como levar Ronald Dworkin a sério ou como fotografar um porco-espinho em movimento. In: GUEST, Stephen. *Ronald Dworkin*. Tradução: Luís Carlos Borges. Rio de Janeiro: Elsevier, 2010.

MACHADO, Jónatas Eduardo Mendes. *Liberdade Religiosa numa comunidade constitucional inclusiva*. Coimbra: Coimbra, 1996.

_____. *Estado Constitucional e neutralidade religiosa. Entre o teísmo e o (neo)ateísmo*. Porto Alegre: Livraria do Advogado, 2013.

MARTINS FILHO, Ives Gandra da Silva; NOBRE, Milton Augusto de Brito. *O Estado laico e a liberdade religiosa*. São Paulo: LTr, 2011.

MIRANDA, Jorge. *Estudos sobre a Constituição*. Lisboa: Petrony, 1978.

_____. *Manual de Direito Constitucional*. Coimbra: Limitada, 1993.

MONTEFIORE, Simon Sebag. *Jerusalém: a biografia*. Tradução: Berilo Vargas e George Schlesinger. São Paulo: Companhia das Letras, 2013.

NIETZSCHE, F. W. *A gaia ciência*. São Paulo: Cia. das Letras, 2001.

RAWLS, John. *Uma teoria da justiça*. Tradução: Almiro Pisetta e Lenita Maria Rímoli Esteves. 2 ed. São Paulo: Martins Fontes, 2002.

SAMPAIO, Anita Lapa Borges de. *Autonomia universitária*. Brasília: UNB, 2001.

SARLET, Ingo Wolfgang. *Dignidade da pessoa humana e direitos fundamentais na Constituição Federal de 1988*. Porto Alegra: Livraria do Advogado, 2010.

_____. *Dignidade da pessoa humana e direitos fundamentais na Constituição Federal de 1988*. Porto Alegre: Livraria do Advogado, 2004.

_____. *A eficácia dos direitos fundamentais: uma teoria geral dos direitos fundamentais na perspectiva constitucional*. Porto Alegre: Livraria do Advogado, 2011.

SÓFOCLES. *Antígona*. Tradução Donaldo Schüller. Porto Alegre: L&PM, 2012.

STRECK, Lenio Luiz. *Hermenêutica Jurídica e(m) crise*. Rio Grande do Sul: Livraria do Advogado, 1999.

# OBSERVAÇÕES SOBRE A TEORIA ESTRUTURANTE DO DIREITO DE *FRIEDERICH MÜLLER*

*Vanessa Vilarino Louzada*[1]

RESUMO

O presente trabalho tem por escopo analisar a teoria estruturante do direito (Strukturiende Rechtslehre Theorie), do autor Friedrich Müller. É oferecida uma verificação quanto ao modelo dinâmico de concretização do direito proposto pela teoria estruturante em face do modelo estático do positivismo clássico. Nesse sentido, serão apresentados os pontos principais da teoria, considerados como os elementos da realidade na aplicação do direito os quais estão fundidos ao Estado Democrático de Direito, enquadrando-se no denominado pós-positivismo. Por fim, o trabalho busca indicar a possibilidade de adoção da referida teoria pelo sistema jurídico brasileiro, notadamente com o auxílio de uma nova hermenêutica a ser aplicada, sobretudo na interpretação constitucional.

**Palavras-chave**: Positivismo, Pós-Positivismo, Direito Contemporâneo, Teoria Estruturante, Concretismo, Metódica.

---

[1] Possui graduação em Direito pela Universidade de Ribeirão Preto, graduação em Psicologia pela Universidade Paulista, especialização em Processo Civil pela Universidade Presbiteriana Mackenzie e em Direito Ambiental pela Universidade Federal do Paraná - UFPR. Mestranda em Direitos Difusos e Coletivos pela Pontifícia Universidade Católica - PUC/SP. Atualmente é sócia da área de Relações de Consumo do escritório neolaw. Tem experiência na área de Direito, com ênfase em Direito Processual Civil, atuando principalmente nos seguintes temas: processo civil, ações coletivas e direito do consumidor.

## ABSTRACT

Tthe present work has the purpose to analyze the General Theory of Law (Strukturiende Rechtslehre Theorie), the author Friedrich Müller. It offered a check on the dynamic model proposed by the realization of the right structural theory in the face of static model of classical positivism. In this sense, presents will be presented the main points of the theory, considered as elements of reality in law which are fused to a democratic state, it fits into the called post-positivism. Finally, the paper seeks to indicate the possibility of adoption of this theory by the Brazilian legal system, particularly with the aid of a new hermeneutic to be applied, especially in constitutional interpretatio

**Keywords:** Positivism, Post-Positivism, Contemporany Law, General Theory of Law, methodical.

## INTRODUÇÃO

Dada a importância do texto constitucional, doutrina e jurisprudência buscam, aferir a aplicabilidade das normas programáticas que, embora a princípio tidas como desprovidas de eficácia plena e auto-executoriedade, são indiscutivelmente exigíveis, vez que traçam o perfil ideológico do texto constitucional.

A eficácia social e normativa das normas constitucionais programáticas, apesar de debatida historicamente pelos juristas e filósofos, ainda é objeto de polêmica. Sua importância é vital para a sociedade, visto que a concepção adotada direciona e obriga os órgãos do poder legislativo, executivo e judiciário, bem como toda a população de determinado Estado

Com efeito, não é mais possível admitir, atualmente, que a fundamentação de muitas das decisões judiciais provenha da mera relação lógica, estabelecida entre as normas individuais e os enunciados normativos previstos no ordenamento jurídico.

Nesse paradigma, o pós-positivismo surge, sobretudo, para embasar o Estado Democrático de Direito, importando não mais na positivação de direitos, mas na efetivação destes e da Constituição, compartilhando de teses de inspiração linguístico-pragmática. (nem todas as orientações são de ordem do pragmatismo).

Assim, a proposição Friedrich Müller um dos jusfilósofos alemães contemporâneos mais originais, oferece um novo modelo: a Teoria Estruturante do Direito, a qual encontra-se inserida num contexto pós-positivista e se propõe a tarefa de estruturar a ação jurídica a partir das exigências do Estado Democrático de Direito.

Aludida teoria apresenta uma nova perspectiva de aplicação do direito, em contraposição ao modelo positivista de atividade jurídica que buscava apenas aplicar uma norma pré-estabelecida, pronta para ser justaposta, resumindo o trabalho do operador do direito ao enquadramento do caso concreto ao texto legal, favorecendo uma compreensão mais verossímil do fenômeno prático da aplicação do direito. Considerando a norma não apenas um "dever-ser", mas um fenômeno composto de linguagem e fatos, colocando o ser e o "dever-ser" como elementos complementares, cujas relações os limitam entre si, e não como elementos reciprocamente excludentes[2].

O presente trabalho pretende apresentar as principais diretrizes acerca da teoria alemã na aplicação do Direito, bem como sua influência e tendências no pós-positivismo e no contexto no direito brasileiro, aspirando demonstrar a importância da teoria da metódica estruturante enquanto elemento decisivo da interpretação, sobretudo no direito constitucional na construção de um Estado Democrático de Direito e a importância de se buscar a máxima efetividade das normas programáticas na realização dos direitos fundamentais sem, contudo, ter a pretensão de esgotar o tema.

## 1 POSITIVISMO, PÓS-POSITIVISMO E TEORIA ESTRUTURANTE DO DIREITO

De forma geral, o positivismo surgiu principalmente como superação ao jusnaturalismo[3]. Nas palavras de Dimoulis (2006): "o positivismo

---

[2] CONTE, Christiany Pegorari. A aplicabilidade da teoria estruturante no direito contemporâneo face à crise do positivismo clássico. In: anais do XVII congresso nacional do CONPEDI. Brasília, nov. 2008.
[3] Embora atribuir ao positivismo a condição de mera antítese do direito natural não seja adequado.

jurídico se relaciona causalmente com o processo histórico de derrota do direito natural" e, igualmente, com "a substituição das normas de origem religiosa pelas leis estatais nas sociedades europeias da Idade Moderna"[4].

A transição de uma normatividade jusnaturalista para o direito positivo guarda relações com a recriação das funções do direito, de seus modos de operação e, muito especialmente, de sua base de legitimidade e validade, razão pela qual não se deve negar que o positivismo trouxe inegáveis vantagens ao desenvolvimento do direito, apontando conceitos claros e definidos, numa tentativa de torná-lo uma ciência sistemática e com decisões racionais e controláveis, a partir de uma neutralidade científica, bem como da apresentação de um sistema jurídico "completo", vale dizer, com uma resposta quase mecânica ao caso concreto (o que constitui verdadeira ilusão) e apontando o direito legislado como única fonte, pendendo o positivismo para um sistema fechado ou autopoiético e que, portanto, não admite interação com o meio exterior[5].

Ocorre que o modelo positivista tradicional concebe a norma jurídica como dado perfeito e acabado, posto pelo legislador à aplicação por parte de quem decide um caso concreto. A maior relativização dessa concepção se dá no âmbito da noção de interpretação, que para Kelsen, pode ser vista como um processo integrador do direito, mas apenas para o aplicador, que, enquanto autoridade, representa ainda a fonte geradora do direito.

A teoria estruturante do direito representa alternativa à concepção positivista de norma jurídica, procurando levar em consideração os elementos que efetivamente contribuem para a formulação da decisão. O idealizador da proposta, Friedrich Müler, apresenta-a em "Tipos da compreensão tradicional da norma" sob a forma de comentários às teorias de Hans Kelsen e Carl Schmitt.

Reconhecendo oportunidades dessa da técnica do Positivismo tradicional, Friedrich Müller, professor de Direito Constitucional e Teoria do Direito na Universidade de Heidelberg, Alemanha, criou em meados da década de 1960, a Teoria Estruturante do Direito.

---

[4] DIMOULIS, Dimitri. Positivismo jurídico: introdução a uma teoria do direito e defesa do pragmatismo jurídico-político. São Paulo: Método, 2006. p. 68
[5] CONTE, Christiany Pegorari. A aplicabilidade da teoria estruturante no direito contemporâneo face à crise do positivismo clássico. In: anais do XVII congresso nacional do CONPEDI. Brasília, nov. 2008.

À época, o positivismo formalista de Kelsen estava sendo bastante combatido, sobretudo pela Jurisprudência dos Valores com Gustav Radbruch, Karl Larez e outros. E nesse contexto, já haviam sido lançadas as obras de Theodor Viehweg, Tópica e Jurisprudência (1953), e a de Gadamer, Verdade e Método (1960).

De inicio Müller vai de encontro a um dos pilares da Teoria Pura de Kelsen ao trazer questões ligadas a Sociologia e Economia, dissociando-se ao inserir aspectos da realidade e a pré-compreensão do interprete.

Müller passa a defender a aplicação de um método que leva em consideração a realidade social na qual a lei está inserida e os elementos resultantes da interpretação dada a esta.

Situada no contexto pós-positivista, a teoria estruturante de Müller favorece uma compreensão mais verossímil do fenômeno prático da aplicação do direito. Considera a norma não apenas um dever-ser, mas um fenômeno composto de linguagem e fatos, colocando o ser e o dever-ser como elementos complementares, cujas relações os limitam entre si, e não como elementos reciprocamente excludentes[6]. A afirmação de que não existe norma jurídica antes do caso concreto erige a teoria de Müller ao movimento pósmoderno. Tomando o direito, do ponto de vista cognitivo, como sistema alopoiético, vez que pressupõe a interação do ordenamento com o meio exterior, admite a evolução e reconstrução do direito na *praxis* cotidiana. O modelo que coloca, além de possibilitar uma análise mais acurada da efetiva dinâmica verificada no direito, possibilita o desenvolvimento de uma metodologia racional da construção jurídica – o que interessa ao desenvolvimento da ciência e à prudência do controle democrático da atuação da autoridade.

Nesta esteira, desponta a Teoria Estruturante do Direito como uma teoria que reafirma as características apontadas pelo pós-positivismo, pois, na condição de teoria "impura", trabalha com o direito real de uma dada sociedade (e não somente com a sua forma geral), levando em consideração as peculiaridades desta, na medida em que apresenta a ideia segundo a qual a norma jurídica não corresponde apenas ao texto legal, fruto da legislação,

---

[6] CONTE, Christiany Pegorari. A aplicabilidade da teoria estruturante no direito contemporâneo face à crise do positivismo clássico. In: *ANAIS DO XVII CONGRESSO NACIONAL DO CONPEDI*. Brasília, nov. 2008. Disponível em:<http://www.conpedi.org/manaus/arquivos/anais/brasilia/03_197.pdf> Acesso em: 08 mai. 2013, 07:22:35

mas sim, é o resultado do trabalho concretizante do juiz, habilitado pela ordem jurídica para decidir os casos concretos que lhe são submetidos, não sendo a norma apenas um dever-ser, mas um fenômeno composto de linguagem e fatos, colocando o ser e o dever-ser como elementos complementares, com relações recíprocas, que se limitam entre si, constituindo uma resposta um ao outro, e não como elementos reciprocamente excludentes, dentro de uma noção composta de norma[7].

## 2 ANÁLISE DA CIÊNCIA JURÍDICA PARA MÜLLER

Müller aspira mostrar que a ideia de critérios absolutos não deve ser objetivo das ciências. As verdades são passiveis de mutação com as novas descobertas, e isso acontece não só nas ciências de espirito, mas também nas ciências da natureza.

Com isso, Müller (2007) afasta a tendência de buscar nas ciências objetivas o modelo ideal, no qual, através de um método, chegar-se-ia a uma verdade absoluta. Afirma que "nessa perspectiva, interessa menos a ciência jurídica a delimitação tradicional das ciências naturais do que, muito pelo contrario, a peculiaridade de norma jurídica e da sua normatividade especifica"[8]. Ou seja, não se devem procurar respostas na possível objetividade absoluta das ciências naturais, mas na peculiaridade característica da ciência jurídica, que diz respeito ao seu caráter eminentemente normativo.

Nesse contexto, Müller (2007) faz sua critica a Kelsen que trouxe uma noção de ciência sem se preocupar com a noção do *ser* relacionado (desenvolvida por Heidegger e Gadamer). Para Müller, em Kelsen, a norma jurídica é compreendida erroneamente como ordem, como juízo hipotético, como vontade materialmente vazia[9].

A teoria estruturante do direito de Müller oferece uma nova concepção de norma jurídica, de ordem composta (de *ser* e de *dever-ser*, de campo

---

[7] CONTE, Christiany Pegorari. A aplicabilidade da teoria estruturante no direito contemporâneo face à crise do positivismo clássico. In: anais do XVII congresso nacional do CONPEDI. Brasília, nov. 2008.
[8] MÜLLER, Friedrich. O Novo Paradigma do Direito – Introdução à teoria e metódica estruturantes do direito. São Paulo: Revista dos Tribunais, 2007. p. 13.
[9] MÜLLER, Friedrich. O Novo Paradigma do Direito – Introdução à teoria e metódica estruturantes do direito. São Paulo: Revista dos Tribunais, 2007. p. 13.

normativo e campo factual, de dados linguísticos e dados reais) e prática, para a concretização do Direito. A qual, sob essa ótica possui esboços de uma teoria concretista, que aposta em conciliar, na aplicação do direito, *norma* e *realidade*, partindo de um novo paradigma do centro teórico e operacional do direito.

## 3 EXAME DA TEORIA ESTRUTURANTE DO DIREITO

As letras de Müller (2007) expõe clareza a sua obra de forma sintética[10]:

> A teoria estruturante do direito – pode-se dizer resumidamente – encara a questão de relação ainda não resolvida entre o direito e a realidade, vendo-a não como um problema que deve ser superado em nome do fato ou da norma, mas no sentido de uma normatividade determinada, isto é, no sentido da co-constituição entre norma e fato. Apresenta-se, destarte, como uma teoria pós-positivista. Assim, a teoria estruturante do direito, como um conceito de conjunto que engloba dogmática, metodologia, teoria da norma e teoria da constituição, colocando-as em mutua relação, parte de uma posição fundamental – e diferenciada – que adota diante da controvertida relação entre direito e realidade.

A Teoria Estruturante do Direito propõe que a norma jurídica seja criada em face do caso concreto, isto é, ela não preexiste pelo simples fato de estar escrita nos códigos. O que se subtrai das codificações e das constituições, de maneira geral, são apenas textos de norma, que devem, através de um trabalho de concretização, serem transformados em normas jurídicas, a qual é o resultado de um trabalho de construção ou de concretização, que pode é percebida como:

> (...) produção, diante da provocação pelo caso de conflito social, que exige uma solução jurídica, a norma jurídica defensável para esse caso no quadro de uma democracia e de um

---

[10] MÜLLER, Friedrich. O Novo Paradigma do Direito – Introdução à teoria e metódica estruturantes do direito. São Paulo: Revista dos Tribunais, 2007. p. 13.

Estado de Direito. Para este tal fim existem dados de entrada (Eingangsdaten/inputs) – o caso e os textos de norma nele 'pertinentes' – e meios de trabalho (...)[11]

Nessa esteira, o direito normativo se encontra não na produção legislativa, mas nos julgamentos, sendo as codificações apenas um ponto de partida para a concretização, bem como um limite para a concretização legal e legítima, posto que possui, como premissas, os preceitos de um Estado Democrático de Direito.

O modelo apresentado pela Teoria Estruturante do Direito parte de um enfoque indutivo, cujo ponto de partida não se localiza em um conceito abstrato de norma jurídica, mas na realização concreta do direito.

Trata-se de uma teoria inovadora, posto que parte da prática cotidiana do direito, vale dizer, da análise de decisões jurídicas dos Tribunais e Cortes Supremas, notadamente do Tribunal Constitucional Alemão, cujos julgados causam impacto em todo o ordenamento jurídico.

A Doutrina do constitucionalista Alemão é composta pelos seguintes elementos: a dogmática, a metódica, a Teoria da Norma e a Teoria da Constituição[12].

Verifica-se uma pretensão pela transcendência da dogmática clássica, embora tal perspectiva não abandone determinados legados positivistas, não se trata de um *anti-positivismo*, mas de uma teoria *pós-positivista* do direito. A partir do aceite de uma reciprocidade complementar entre norma jurídica e realidade — que, por isso mesmo, intenta superar a redução da *norma* ao *texto de norma* — Müller demonstra a impossibilidade de uma concepção redutora do método jurídico às subsunções silogísticas — coisa que, aliás, sequer o próprio positivismo defendeu de forma unitária.

A metódica jurídica apresenta o modelo de geração do direito estruturado a partir das exigências do Estado de Direito ou modelo dinâmico de concretização. Tem por função a estruturação do processo de produção das normas, avaliando, identificando, classificando e organizando os elementos

---

[11] MÜLLER, Friedrich. O Novo Paradigma do Direito – Introdução à teoria e metódica estruturantes do direito. São Paulo: Revista dos Tribunais, 2007. p. 150.
[12] MÜLLER, Friedrich. O Novo Paradigma do Direito – Introdução à teoria e metódica estruturantes do direito. São Paulo: Revista dos Tribunais, 2007. p. 275.

de concretização, de acordo com critérios de preferência, e em função das exigências normativas, exigidas pelo Estado de Direito, tal como a segurança jurídica. O método, por sua vez, busca mitigar a distância entre a teoria e o texto da norma e a norma jurídica concretizada.

Ou seja, a Teoria Estruturante do Direito emprega o método indutivo para interpretação e aplicação da norma, isto é, parte dos problemas práticos (análise crítica destes), cuja concretização da norma é feita de modo consciente e refletido, explicado, fundamentado, compreensível, de tal forma que possa ser controlada por outros atores da vida jurídica em sociedade.

A direção para o jurista que trabalha na práxis não é a norma jurídica pronta para ser aplicada, mas apenas o *texto da norma* criado pelo legislador, conciliado à s circunstâncias factuais do caso oferecidas ao jurista para que este construa uma decisão.

Conte (2008)[13] leciona com clareza que:

> Partindo dos elementos dessas circunstâncias de fato, o jurista seleciona hipóteses sobreo texto da norma em meio ao conjunto de textos de normas publicados nos códigos legais – âmbito material (dados empíricos conexos à norma). Só depois de um processamento abrangente de todos os dados de linguagem do texto da norma o jurista pode selecionar, com ajuda do programa da norma, o conjunto parcial de nexos empíricos, aos quais cabe um significado normativo e que constituem, destarte, o âmbito da norma. Resultado: temos a norma jurídica composta pelo programa da norma mais o âmbito da norma ou norma jurídica individualizada em norma de decisão, produzida, desta feita, pelo aplicador do direito.

Esta parcela que é constituída, própria da concretização do trabalho jurídico foi eliminada do campo de visão do positivismo legal, encoberta pela ficção de uma lei pronta para ser aplicada e de uma ordem coesa dos conceitos jurídicos[14].

---

[13] CONTE, Christiany Pegorari. A aplicabilidade da teoria estruturante no direito contemporâneo face à crise do positivismo clássico. In: anais do XVII congresso nacional do CONPEDI. Brasília, nov. 2008.
[14] MÜLLER, Friedrich. O Novo Paradigma do Direito – Introdução à teoria e metódica estruturantes do direito. São Paulo: Revista dos Tribunais, 2007, p. 241

No que diz à Teoria da Norma, ponto alto da teoria, Müller ataca o *positivismo de Kelsen*[15], rompendo com a máxima de que dados exteriores ao direito não poderiam ser objeto da ciência do direito, isso porque no positivismo formalista, para o direito ser considerado ciência pura, as normas não poderiam estar ligadas a dados históricos, políticos e sociais.

Para Müller, a norma jurídica é feita pela parte prescritiva (programa normativo) e por elementos da realidade (âmbito normativo). Dessa forma, existe uma diferença entre norma jurídica e texto legal. A norma jurídica só é produzida no caso concreto, integrando elementos linguísticos e reais.

O objetivo do jurista Alemão foi encontrar as respostas reais ou respostas *concretas* a duas questões fundamentais: *a. O que ocorre "realmente" quando um ordenamento jurídico está em funcionamento, quando ele "funciona"? b. Que fazem os juristas "realmente" quando dizem interpretar ("aplicar a norma")?*[16]

Conforme Müller(2007):

> No plano da teoria da norma, o positivismo, ao perguntar pela positividade (descolada da realidade), acaba por perder a dimensão estruturante do direito, de onde brota a sua *normatividade*. O preço a pagar por este equívoco, além da contraposição entre a norma e realidade (i.é., entre ser e dever ser), é a confusão da norma com o texto da norma. A concepção pós-positivista, calcada na Teoria Estruturante do Direito, deverá reconhecer os nexos materiais que unem direito e realidade, ao mesmo tempo em que deverá fornecer uma reflexão sobre a práxis que possa torná-los fundamentáveis e discutíveis. Nesta direção, a validade (positividade), que só pode pertencer ao *texto da norma* (dado de conformidade aos padrões aceitos do Estado Democrático de Direito), será diferenciada da *normatividade*, esta sim característica das *normas jurídicas*[17].

Para tanto harmoniza o *ser* e o *dever-ser*; a norma e a realidade. De fato, não se trata de, uma vez mais, proclamar a dialética entre direito e

---

[15] Para Muller, o Positivismo de Kelsen é definido como sistema perfeito de normas jurídicas do qual se subtrai uma decisão através de um processo logico de subsunção.
[16] MÜLLER, Friedrich. Entrevista publicada no livro O novo paradigma do direito.
[17] MÜLLER, Friedrich. O Novo Paradigma do Direito – Introdução à teoria e metódica estruturantes do direito. São Paulo: Revista dos Tribunais, 2007 p. 209.

realidade, norma e fato, mas sim de abordar essa questão como problema da estrutura da norma e da normatividade.

A estrutura da norma indica a coesão entre os elementos conceituais de uma norma (programa normativo – campo normativo); e não as relações entre pontos de referência recebidos da teoria jurídica[18].

A normatividade é qualidade dinâmica da norma, cuja estrutura é composta pelo Programa de Norma (resultado da interpretação do texto da norma, formado à partir de dados primaciais de linguagem) mais dados reais, delimitando o denominado âmbito da norma (conceito a ser determinado estruturalmente e que se refere às partes integrantes materiais da normatividade que são co-constitutivas da norma)[19].

Nas palavras do constitucionalista Alemão(2007)[20]:

> A propriedade dinâmica que a norma jurídica compreendida como modelo de ordenamento materialmente caracterizado possui para influenciar a realidade que lhe deve ser correlacionada (normatividade concreta) e sernisso, por sua vez, influenciada pela própria realidade (normatividade factualmente determinada).
> (...)
> O texto de norma pode estimular com seu efeito sinalizador a concretização admissível, mas ele não pode conter substancialmente a instrução normativa. Contrariamente à suposição positivista de uma subsunção a significados previamente dados, o texto não pode ser o sujeito automático de uma derivação, mas influir apenas no trabalho (Leistung) ativo do sujeito real.

Portanto, a norma jurídica não é apenas um dado orientador apriorístico no quadro da teoria da aplicação do direito, mas adquire sua estrutura em meio ao processamento analítico de experiências concretas no quadro de uma teoria da geração do direito[21].

---

[18] JOUANJAN, Olivier. De Hans Kelsen a Friedrich Müller – Método Jurídico sob o paradigma pós-positivista. In: MÜLLER, Friedrich. O Novo Paradigma do Direito – Introdução à teoria e metódica estruturantes do direito. São Paulo: Revista dos Tribunais, 2007, p. 259-260.
[19] CONTE, Christiany Pegorari. A aplicabilidade da teoria estruturante no direito contemporâneo face à crise do positivismo clássico. In: anais do XVII congresso nacional do CONPEDI. Brasília, nov. 2008.
[20] MÜLLER, Friedrich. O Novo Paradigma do Direito – Introdução à teoria e metódica estruturantes do direito. São Paulo: Revista dos Tribunais, 2007, p. 239.
[21] MÜLLER, Friedrich. O Novo Paradigma do Direito – Introdução à teoria e metódica estruturantes do direito. São Paulo: Revista dos Tribunais, 2007, p. 241.

O exemplo do *iceberg é* conhecido metaforicamente para exemplificar a teoria; a ponta do *iceberg* seria formada pelos textos de normas (códigos, CF, etc). A parte inferior do *iceberg* seria formada pelos: dados Reais ou secundariamente linguísticos mais dados primariamente linguísticos. Ou seja, as codificações não passam de dados de entrada, configurando apenas a ponta do "iceberg" na construção da norma jurídica propriamente dita.

Ralph Christensen(2008)[22], tratando da aplicabilidade da Teoria Estruturante do Direito afirma que:

> (...) a distância entre o texto da norma e a decisão do caso deveria ser superada pela ponte da interpretação jurídica, cujos pilares básicos assentavam solidamente na norma jurídica previamente dada (...). A TED mostra com clareza que nenhuma ponte já existente nos pode aliviar do esforço de superar a distância entre o texto da norma e a decisão concreta. O que se exige, muito pelo contrário, é uma construção que atenda satisfatoriamente aos critérios técnicos de aferição de pressupostos pelo princípio do Estado de Direito.

A Revista de Teoria Jurídica da França sintetiza, por sua vez, a ideia de aplicabilidade da Teoria Estruturante do Direito com o seguinte pronunciamento: *se o valor de uma teoria do direito depende do fato de dar conta da realidade, então se pode estar certo de que a teoria estruturante do direito tem um grande futuro*[23].

Paulo Bonavides arremata:

> A teoria estrutural do direito tem sido inegavelmente um enorme esforço de reflexão unificadora, que prende de maneira indissociável a dogmática, a metódica e a teoria da norma jurídica, com amplitude e profundidade jamais ousadas por qualquer outra teoria contemporânea sobre os fundamentos do direito[24].

---

[22] CHRISTENSEN, Ralph. Teoria estruturante do direito. In: MÜLLER, Friedrich. O novo paradigma do direito: introdução à teoria e metódica estruturantes. Trad. Peter Naumann. São Paulo: RT, 2008, p. 244.
[23] MÜLLER, Friedrich. O Novo Paradigma do Direito – Introdução à teoria e metódica estruturantes do direito. São Paulo: Revista dos Tribunais, 2007, p. 14.
[24] MÜLLER, Friedrich. O Novo Paradigma do Direito – Introdução à teoria e metódica estruturantes do direito. São Paulo: Revista dos Tribunais, 2007, p. 232-233.

## 4 A CONCRETIZAÇÃO DA NORMA JURÍDICA

André Ramos Tavares (2006) assevera que o termo concretização tem sido usado, sobretudo na Alemanha, no sentido de atualização ou abertura dos textos normativos[25].

Essa *concretização* prevista nas obras de Müller e Hesse relata a existência de um texto legal que não é tido ainda como norma jurídica para se aplicar ao caso, uma vez que somente estará concretizado após a interpretação do caso concreto.

Nos vocábulos de Müller (2007):

> O Caráter geral do caso concreto precisa, como parte da estrutura do âmbito normativo, já ser inteiramente levado à norma em si, assim como o caráter particular da norma abstrata é mais precisamente especificado e atualizado como programa normativo. Visto que âmbito normativo e programa normativo nunca são reproduzidos de modo satisfatório no texto normativo, esses meios-termos, extrapolando os recursos da interpretação linguística, precisam ser decisão, como ordenamento parcial concretizado, é elaborada como fator da justiça material somente no caso particular se sua estrutura já estiver tipologicamente pré-delineada no âmbito normativo e for passível de concretização a partir dele como um componente da norma.[26]

Ou seja, o juiz não reproduz, mas produz, cria o direito levando em consideração a situação concreta posta no caso que esta sob o seu julgamento.

De se levar em conta que o processo de concretização[27] vai além da interpretação, sendo apenas um elemento, existindo ainda vários elementos

---

[25] TAVARES, André Ramos. Fronteiras da Hermenêutica Constitucional. São Paulo: Método, 2006. p. 58.
[26] MÜLLER, Friedrich. O Novo Paradigma do Direito – Introdução à teoria e metódica estruturantes do direito. São Paulo: Revista dos Tribunais, 2007. p. 263.
[27] Canotilho esclarece que concretizar a constituição traduz-se, fundamentalmente, no processo de densificação de regras e princípios constitucionais. A concretização das normas constitucionais implica um processo que vai do texto da norma (do seu enunciado) para uma norma concreta – norma jurídica – que, por sua vez, será apenas um resultado intermediário, pois só com a descoberta da norma de decisão para a solução dos casos jurídico-constitucionais teremos o resultado final da concretização. Esta <<concretização normativa>> é, pois, um trabalho técnico-jurídico; é, no fundo, o lado <<técnico>> do procedimento estruturante da normatividade. A concretização.como se vê, não é igual à interpretação do texto da norma; é, sim, a construção de uma norma jurídica.

de concretização a serem considerados como p auxilio de materiais legais, manuais didáticos, comentários, pareceres, precedentes jurisprudenciais, material de Direito Comparado e muitos outros elementos que transcendem o teor literal da norma.

Segundo Müller(2007)[28]:

> Essa propriedade do direito, de ter sido elaborado de forma escrita, lavrado e publicado segundo um determinado procedimento ordenado por outras normas, não é idêntica à sua qualidade de norma. Muito pelo contrário, ela é conexa a imperativos do Estado de Direito e da democracia, característicos do Estado Constitucional burguês da modernidade. Mesmo onde o direito positivo dessa espécie predominar, existe um direito constitucional consuetudinário com plena qualidade de norma. Além disso, mesmo no âmbito do direito vigente a normatividade que se manifesta em decisões práticas não está orientada lingüisticamente apenas pelo texto da norma jurídica concretizada. A decisão é elaborada com a ajuda de materiais legais, de manuais didáticos, de comentários e estudos monográficos, de precedentes e de material de Direito Comparado, que dizer, com ajuda de numerosos textos que não são idênticos ao e transcendem o teor literal da norma.

Entendendo que a decisão volitiva tem como elementos aspectos da justiça, normas morais e juízos de valor social, o autor da teoria estruturante julga necessária uma concepção de norma diversa, capaz de integrar o que efetivamente influencia na realização concreta do direito. Como a teoria pura do direito não admite no conceito de norma nada que apresente caráter metajurídico, coloca Müller que Kelsen em nada contribui para uma teoria da interpretação jurídica. Ainda que diante da plurivocidade de sentidos, a teoria pura mantém a norma com o mesmo vazio de conteúdo. Como os critérios de aferição da decisão volitiva encontram-se cada vez mais na direção metajurídica, seu estudo foge ao escopo da teoria pura do direito, que silencia quanto ao modo de sua realização.

Müller sustenta a necessidade de criação de um conceito de norma jurídica que adentre a sua estrutura, levando em conta os elementos que

---

[28] MÜLLER, Friedrich. Métodos de Trabalho de Direito Constitucional. São Paulo: Max Limonad, 2000. p. 55-56

efetivamente influenciam na formulação da decisão. A análise de "dados da linguagem", resultado da interpretação de dados linguísticos primaciais – "programa da norma" - associados a "dados reais", elementos metajurídicos conexos à norma, proporciona alcançar o "programa da norma", no dizer de Müller. Um perspectiva valorante do programa da norma torna capaz a definição do âmbito de aplicação da norma.

Portanto, a ideia de concretização visa corroborar que a *normatividade*[29] se dá na decisão do caso concreto[30], bem como confirma que a norma e seu texto são distintos e que esta *normatividade* não reflete necessariamente o que esteja positivado, indo além.

## 5 APLICABILIDADE AO SISTEMA JURÍDICO BRASILEIRO

O fracasso histórico do positivismo e o advento de uma nova sociedade, com anseios diversos da de outrora, bem como a necessidade da efetivação de direitos, mais do que a sua positivação, fez com que a Teoria Estruturante do Direito despontasse como uma resposta teórica e prática, às necessidades sociais, uma vez que torna operacional a prática cotidiana dos operadores do direito, não apenas na Europa, mas também ao Brasil, na medida em que propõe a avaliação do texto legal, e da realidade do caso concreto para a obtenção da norma jurídica aplicável[31].

A Teoria Estruturante do Direito apresenta um modelo que tem como premissa a analise da realidade econômico-sócio-cultural do país,

---

[29] Destaca Canotilho: "Da compreensão da norma constitucional como estrutura formada por duas componentes – o <<programa da norma>> e o <<domínio da norma>> - deriva o sentido de normatividade constitucional: normatividade não é uma <<qualidade>> estática do texto da norma ou das normas mas o efeito global da norma num processo estrutural e dinâmico entre o programa normativo e o sector normativo. Este processo produz, portanto, um efeito que se chama normativo, ou, para dizermos melhor, a normatividade é o efeito global da norma (com as duas componentes atrás referidas) num determinado processo de concretização. Compreende-se, assim, a necessidade de manter sempre clara a distinção entre norma e formulação (disposições, enunciados) da norma: aquela é objeto da interpretação; esta é o produto ou resultado da interpretação.»

[30] MÜLLER, Friedrich. Métodos de Trabalho de Direito Constitucional. São Paulo: Max Limonad, 2000. p. 61.

[31] CONTE, Christiany Pegorari. A aplicabilidade da teoria estruturante no direito contemporâneo face à crise do positivismo clássico. In: anais do XVII congresso nacional do CONPEDI. Brasília, nov. 2008

que influencia, sobremaneira, a aplicação do Direito, criando *noções operacionais, instrumentos analíticos e metodológicos que podem servir independentemente de cada Estado-nação, sua cultura social e sua cultura jurídica particulares*[32].

Tal teoria, em que pese conceda uma certa liberdade na interpretação do texto normativo para a concretização do direito, deve seguir limites impostos pelo Estado Democrático de Direito fundado nos direitos e garantias fundamentais.

A narrativa de Müller (2007) instrui que:

> (...) O Brasil é, graças a Constituição de 1988, um Estado Democrático de Direito em todas estas perspectivas. A Teoria Estruturante não se perde nem na Alemanha, nem por seu efeito sobe o Brasil. "fora do lugar", nem representa em seu país uma idéia "fora de lugar". O lugar ao qual ela pertence é precisamente esta forma de Estado Democrático de Direito fundado nos direitos fundamentais das pessoas. Para um país como o Brasil, que vem lutando sempre contra alguns demônios do passado e para a realização do Estado Democrático de Direito, uma tal transferência de teoria parece, no entanto, muito judiciosa e útil – sobretudo porque se trata, no caso da Teoria Estruturante do Direito, de uma teoria da práxis que não somente tem bases na teoria da ação, mas também tem fundamentos necessários da ordem ética[33].

No Brasil, a proposta de Müller é próspera, pois seu avanço é *buscar concretamente, ao integrar dados reais na estrutura normativa, alcançar uma norma de decisão, quer dizer, fazer valer a relação norma-realidade*[34].

É possível verificar julgados das cortes superiores brasileiras utilizando-se dos preceitos dessa teoria, o que vem a ratificar a contribuição da mesma no sistema jurídico brasileiro.

---

[32] MÜLLER, Friedrich. O Novo Paradigma do Direito – Introdução à teoria e metódica estruturantes do direito. São Paulo: Revista dos Tribunais, 2007, p. 312

[33] Friedrich Müller em entrevista concedida à Cecília Caballero Lois e Rodrigo Mioto dos Santos. In: MÜLLER, Friedrich. O Novo Paradigma do Direito – Introdução à teoria e metódica estruturantes do direito. São Paulo: Revista dos Tribunais, 2007, p.312.

[34] MAGALHÃES, Marco Túlio Reis. Sobre o caminho do constitucionalismo brasileiro no século XXI: considerações a partir do estágio atual da interpretação constitucional. In: ALBUQUERQUE, Paulo Antônio de Menezes & LIMA, Martônio Mont'Alverne Barreto (Orgs.). Democracia, direito e política: estudos internacionais em homenagem a Friedrich Müller. Florianópolis: Conceito Editorial, 2006. p. 565

Por exemplo no julgamento do HC 96821/SP, em que Supremo Tribunal Federal, levou em consideração, em seu julgamento, vários aspectos da realidade que circundava a questão, na tomada de decisão, uma vez que, sem esses aspetos, a conclusão final seria oposta a ementa que se transcreve abaixo:

> EMENTA: HABEAS CORPUS. PROCESSUAL PENAL. JULGAMENTO DE APELAÇÃO NO TRIBUNAL DE JUSTIÇA DO ESTADO DE SÃO PAULO JULGAMENTO. CÂMARA COMPOSTA MAJORITARIAMENTE POR JUÍZES CONVOCADOS. NULIDADE. INEXISTÊNCIA. OFENSA AO PRINCÍPIO DO JUIZ NATURAL. INOCORRÊNCIA. ORDEM DENEGADA. I - Esta Corte já firmou entendimento no sentido da constitucionalidade da Lei Complementar 646/1990, do Estado de São Paulo, que disciplinou a convocação de juízes de primeiro grau para substituição de desembargadores do TJ/SP. II - Da mesma forma, não viola o postulado constitucional do juiz natural o julgamento de apelação por órgão composto majoritariamente por juízes convocados na forma de edital publicado na imprensa oficial. III - Colegiados constituídos por magistrados togados, que os integram mediante inscrição voluntária e a quem a distribuição de processos é feita aleatoriamente. IV - Julgamentos realizados com estrita observância do princípio da publicidade, bem como do direito ao devido processo legal, à ampla defesa e ao contraditório. V - Ordem denegada (STF – HC 96821/SP - Min. RICARDO LEWANDOWSKI - Julgamento: 08/04/2010[35]

Tal caso não é exceção dentre os julgados pela nossa corte constitucional, o que pode ser diariamente visto quando se acompanha os julgamentos pela TV Justiça, onde os dados da realidade além de outros elementos subsidiários são constantemente utilizados pelos ministros para a tomada de decisão de um caso.

Desse modo, a teoria tem a capacidade de permitir a superação de um quadro que, muitas vezes, assola o judiciário brasileiro, no qual as decisões são muito próximas do texto legal, mas, ao mesmo tempo, tão distantes da Justiça e da realidade social.

---

[35] STF – Disponível em: http://www.stf.jus.br/portal/processo/verProcessoAndamento.asp?incidente=2648053. Acesso em 20.06.2013.

# CONSIDERAÇÕES FINAIS

Reconhecendo as falhas do Positivismo Normativista diante da concepção irrealista de norma como "dever-ser", dissociada do "ser", Fridiedrich Müller, jurista Alemão, afastou à ideia de que a norma jurídica corresponde ao teor literal das codificações, não aceitando o formalismo da Teoria Pura do Direito, face à evolução da sociedade. Com isso, desenvolve uma doutrina que utilizasse os dados da realidade para concretizar o direito, denominada de Teoria Estruturante do Direito.

Tal teoria ganhou notoriedade em permear o nascimento do que muitos denominam de pós-positivismo.

O método pós-positivista encontra-se diretamente comprometido com o Estado de Direito e com a Democracia, na medida em que reconhece que a normatividade não se justifica em prévias prescrições gerais, embora encontre nos textos normativos o seu limite.

A Teoria Estruturante do Direito apresenta um novo paradigma acerca da aplicação do direito. Para o constitucionalista alemão, nao apenas o texto legal, mas também os aspectos da realidade são essenciais para a formação da norma jurídica, a qual só seria produzida após a decisão de cada caso concreto, provendo seus elementos de dois grandes grupos: programa normativo e âmbito normativo.

Ou seja, a inovação apresentada por Müller, a qual propiciou o sucesso de sua obra, versa sobre a incorporação da complementação produtiva do julgador dentro na norma jurídica. Para Müller, não há apenas a aplicação de uma lei pronta e acabada, como defendia o positivismo. O texto da lei é apenas um dos elementos da norma jurídica, a qual deve ainda ser composta de forma adicional através de dados da realidade conectados ao problema. Essa harmonização entre o texto da lei e os dados da realidade constituem a norma jurídica e, por conseguinte, o direito.

Nessa esteira a teoria desenvolve outro olhar na aplicação da concepção direito, sobretudo quanto a positivista formalista, procurando levar em consideração os elementos que efetivamente contribuem para a formulação da decisão, aproximando o direito da realidade social, na medida em que preceitua a concretização da norma jurídica, a partir da verificação do texto legal (constitucional ou infraconstitucional) acrescentando-se a análise do caso concreto e a aplicação dos elementos de concretização, que permitem, através do trabalho realizado pelo operador do direito, o alcance da verdadeira norma jurídica aplicável.

Fundada nos imperativos legais e na necessidade de argumentação racional, seu método não apresenta uma teoria de aplicação do direito de forma ilimitada, ao contrário, deve seguir limites impostos pelo próprio Estado Democrático de Direito, através de seus textos normativos, os quais, conforme afirmado, representam o limite à concretização da norma.

Propõe quatro aspectos elementares: a dogmática, a metodologia, a teoria da norma e a teoria da constituição.

A dogmática proposta está em transcender a clássica, criando um pós-positivismo a partir do aceite de uma reciprocidade complementar entre norma jurídica e realidade.

A metódica jurídica apresenta o modelo de geração do direito estruturado a partir das exigências do Estado de Direito ou modelo dinâmico de concretização.

A Teoria da Norma, ponto alto da teoria, onde reside a maior critica ao positivismo de Kelsen, rompe com a máxima de que dados exteriores ao direito não poderiam ser objeto da ciência do direito, classificando a estrutura da norma em coerência entre os elementos conceituais de uma norma (programa normativo – campo normativo).

A concretização do direito, parte, pois, não só das características semânticas da linguagem, sendo co-caracterizada pela pré-compreensão acerca de situações de fato historicamente constituídas, que precede a discussão e solução do caso concreto.

A metódica estruturante, a princípio analisada no âmbito alemão, ganha destaque não só na Europa, mas também no âmbito nacional, auxiliando os constitucionalistas brasileiros contemporâneos, engajados pela democracia e pelo Estado de Direito, na busca pela efetividade plena da Constituição, ao objetivar garantir um controle racional das decisões, rejeitar o extremo legalismo e afastar-se do excesso de decisionismo.

Destaca-se, ademais, que tal teoria guarda relações com as propostas neoconstitucionalismo, uma vez que em sua aplicação prática esta relacionada com os princípios do Estado de Direito, incluindo o intérprete como co-participante do processo de criação do Direito e consequentemente estando mais próxima da justiça.

Finalmente, a Teoria Estruturante do Direito propõe, portanto, uma mudança de padrão, bem como a estruturação do direito a partir das exigências de um Estado de Direito. E, muito embora tenha sido construída em meados dos anos 60, continua inovadora e atual, com pertinência metodologia para utilização no direito brasileiro, propondo vasta técnica de reflexões e bons elementos argumentativos para sua aplicação.

## REFERÊNCIAS

BARROSO, Luís Roberto. Neoconstitucionalismo e constitucionalização do direito. O triunfo tardio do direito constitucional no Brasil. In.: Revista de Direito Constitucional e Internacional 58:129-173. São Paulo: Revista dos Tribunais, jan./mar., 2007.

BONAVIDES, Paulo. Teoria Estruturante do Direito de Friedrich Müller. Revista de Direito Constitucional e Ciência Política, 2, Rio de Janeiro, 1984, p. 249 e ss.

CANOTILHO, Jose Joaquim Gomes. Direito Constitucional. 6ª. ed. Coimbra: Livraria Almedina, 1993.

CHRISTENSEN, Ralph. Teoria estruturante do direito. In: MÜLLER, Friedrich. O novo paradigma do direito: introdução à teoria e metódica estruturantes. Trad. Peter Naumann. São Paulo: RT, 2008.

CONTE, Christiany Pegorari. A aplicabilidade da teoria estruturante no direito contemporâneo face à crise do positivismo clássico. In: anais do XVII congresso nacional do CONPEDI. Brasília, nov. 2008.

DIMOULIS, Dimitri. Positivismo jurídico: introdução a uma teoria do direito e defesa do pragmatismo jurídico-político. São Paulo: Método, 2006.

DINIZ, Maria Helena. Compêndio de introdução à ciência do direito. 18. ed. rev. e atual.São Paulo: Saraiva, 2006.

JOUANJAN, Olivier. De Hans Kelsen a Friedrich Müller – Método Jurídico sob o paradigma pós-positivista. In: MÜLLER, Friedrich. O Novo Paradigma do Direito – Introdução à teoria e metódica estruturantes do direito. São Paulo: Revista dos Tribunais, 2007, p. 259-260.

KELSEN, Hans. Teoria Pura do Direito. São Paulo: Martins Fontes, 2000.

LARENZ, Karl. Metodologia da Ciência do Direito. 3. ed. Lisboa: Fundação Calouste Gulberkian, 1997, p. 183.

MAGALHÃES, Marco Túlio Reis. Sobre o caminho do constitucionalismo brasileiro no século XXI: considerações a partir do estágio atual da interpretação constitucional. In: ALBUQUERQUE, Paulo Antônio de Menezes & LIMA, Martônio Mont'Alverne Barreto (Orgs.). Democracia, direito e política: estudos internacionais em homenagem a Friedrich Müller. Florianópolis: Conceito Editorial, 2006.

MÜLLER, Friedrich. Métodos de Trabalho de Direito Constitucional. São Paulo: Max Limonad, 2000.

MÜLLER, Friedrich. Teoria Estruturante do Direito. 3. ed. São Paulo: RT, 2009.

MÜLLER, Friedrich. O Novo Paradigma do Direito. 2. ed. São Paulo: RT, 2009.

STRECK, Lenio Luiz. Hermenêutica jurídica e(m) crise: uma explanação hermenêutica da construção do Direito. 8ª.ed.rev.atual. Porto Alegre: Livraria do advogado Editora: 2009.

TAVARES, André Ramos. Fronteiras da Hermenêutica Constitucional. São Paulo: Método, 2006.

TAVARES, André Ramos. Hermenêutica e concretização constitucional. In: In: Revista Brasileira da Estudos Constitucionais, IBEC/Ed. Fórum. n. 7, ano 2, jul./set. 2008.

# LETRAS Jurídicas

**Letrasdo Pensamento**

## QUEM SOMOS

*Editora LETRAS JURÍDICAS e LETRAS DO PENSAMENTO*, com quinze anos no mercado *Editorial e Livreiro* do país, é especializada em publicações jurídicas e em literatura de interesse geral, destinadas aos acadêmicos, aos profissionais da área do Direito e ao público em geral. Nossas publicações são atualizadas e abordam temas atuais, polêmicos e do cotidiano, sobre as mais diversas áreas do conhecimento.

*Editora LETRAS JURÍDICAS e LETRAS DO PENSAMENTO* recebe e analisa, mediante supervisão de seu Conselho Editorial: *artigos, dissertações, monografias e teses jurídicas* de profissionais dos *Cursos de Graduação, de Pós-Graduação, de Mestrado e de Doutorado, na área do Direito e na área técnica universitária, além de obras na área de literatura de interesse geral*.

Na qualidade de *Editora Jurídica e de Interesse Geral*, mantemos relação em nível nacional com os principais *Distribuidores e Livreiros do país*, para divulgarmos e para distribuirmos as nossas publicações em todo o território nacional. Temos ainda relacionamento direto com as principais *Instituições de Ensino, Bibliotecas, Órgãos Públicos, Cursos Especializados de Direito* e todo o segmento do mercado.

Na qualidade de *editora prestadora de serviços*, oferecemos os seguintes serviços editoriais:

- ☑ Análise e avaliação de originais para publicação;
- ☑ Assessoria Técnica Editorial;
- ☑ Banner, criação de arte e impressão;
- ☑ Cadastro do ISBN – Fundação Biblioteca Nacional;
- ☑ Capas: Criação e montagem de Arte de capa;
- ☑ CD-ROM, Áudio Books;
- ☑ Comunicação Visual;
- ☑ Consultoria comercial e editorial;
- ☑ Criação de capas e de peças publicitárias para divulgação;
- ☑ Digitação e Diagramação de textos;
- ☑ Direitos Autorais: Consultoria e Contratos;
- ☑ Divulgação nacional da publicação;
- ☑ Elaboração de sumários, de índices e de índice remissivo;
- ☑ Ficha catalográfica - Câmara Brasileira do Livro;
- ☑ Fotografia: escaneamento de material fotográfico;
- ☑ Gráficas – Pré-Impressão, Projetos e Orçamentos;
- ☑ Ilustração: projeto e arte final;
- ☑ Livros Digitais, formatos E-Book e Epub;
- ☑ Multimídia;
- ☑ Orçamento do projeto gráfico;
- ☑ Organização de eventos, palestras e workshops;
- ☑ Papel: compra, venda e orientação do papel;
- ☑ Pesquisa Editorial;
- ☑ Programação Visual;
- ☑ Promoção e Propaganda - Peças Publicitárias - Cartazes, Convites de Lançamento, Folhetos e Marcadores de Página de livro e peças em geral de divulgação e de publicidade;
- ☑ Prospecção Editorial;
- ☑ Redação, Revisão, Edição e Preparação de Texto;
- ☑ Vendas nacionais da publicação.

**CONFIRA!!!**

Nesse período a *Editora* exerceu todas as atividades ligadas ao setor **Editorial/Livreiro** do país. É o marco inicial da profissionalização e de sua missão, visando exclusivamente ao cliente como fim maior de seus objetivos e resultados.

### O EDITOR

A Editora reproduz com exclusividade todas as publicações anunciadas para empresas, entidades e/ou órgãos públicos. Entre em contato para maiores informações.

Nossos sites: www.letrasjuridicas.com.br e www.letrasdopensamento.com.br
E-mails: comercial@letrasjuridicas.com.br e comercial@letrasdopensamento.com.br
Telefone/fax: (11) 3107-6501 - 99352-5354 - 99307-6077

**RENOVAGRAF.**
contato@renovagraf.com.br
Fone:(11) 2667-6086